# Det nödvändiga greppet

Per Engdahl

# DET NÖDVÄNDIGA GREPPET

Ledaren i *Vägen Framåt* 1968-92

Bok & Tidskrift

Publicerad 2013 av Bok & Tidskrift.
© Copyright 2013 Bok & Tidskrift

Alla rättigheter förbehållna. Kopiering eller spridning av hela eller delar av denna publikation är förbjudna utan skriftligt tillstånd.

Tryckt i Storbritannien.

ISBN **978-91-637-2165-6**

Bok & Tidskrift

# Innehåll

FÖRORD. . . . . . . . . . . . . . . . . . . . . . . . . . . . . . . . . . . . . . . . . . . . . 9
DET SVENSKA LAGSAMHÄLLET . . . . . . . . . . . . . . . . . . . . . . . . . . . 10
VAD VI ÄR UTE EFTER. . . . . . . . . . . . . . . . . . . . . . . . . . . . . . . . . 13
SAMHÄLLETS FÖRVANDLING . . . . . . . . . . . . . . . . . . . . . . . . . . . . 16
ANTIKOMMUNISM – DET RÄCKER INTE! . . . . . . . . . . . . . . . . . . . . . 19
HAN FÖRKUNNAR EUROPA. . . . . . . . . . . . . . . . . . . . . . . . . . . . . . 22
DEN TREDJE STATSFORMEN . . . . . . . . . . . . . . . . . . . . . . . . . . . . . 25
DRAG INTE UT EN IDÉ I DET ORIMLIGA – INTE ENS
KORPORATISMEN!. . . . . . . . . . . . . . . . . . . . . . . . . . . . . . . . . . . . 28
MAKT PÅ GUNGFLY. . . . . . . . . . . . . . . . . . . . . . . . . . . . . . . . . . . 31
DVÄRGEN TILL JÄTTEN . . . . . . . . . . . . . . . . . . . . . . . . . . . . . . . . 34
OSVENSK FÖRETEELSE. . . . . . . . . . . . . . . . . . . . . . . . . . . . . . . . . 37
VAD ÄR UTVECKLING? . . . . . . . . . . . . . . . . . . . . . . . . . . . . . . . . 40
STOPPA KÄTTARJAKTEN . . . . . . . . . . . . . . . . . . . . . . . . . . . . . . . 43
TROTS PROPAGANDAN. . . . . . . . . . . . . . . . . . . . . . . . . . . . . . . . 46
U-LANDSHJÄLP ELLER U-LANDSFLUGA? . . . . . . . . . . . . . . . . . . . . . 49
PRICKEN ÖVER IET . . . . . . . . . . . . . . . . . . . . . . . . . . . . . . . . . . . 52
GLOBALT PERSPEKTIV . . . . . . . . . . . . . . . . . . . . . . . . . . . . . . . . 55
JUDISK INTERNATIONALISM . . . . . . . . . . . . . . . . . . . . . . . . . . . . 58
FRED OCH FÖRSVAR. . . . . . . . . . . . . . . . . . . . . . . . . . . . . . . . . . 61
EFTER TRONSKIFTET . . . . . . . . . . . . . . . . . . . . . . . . . . . . . . . . . 64
LINJEN OCH TRIANGELN . . . . . . . . . . . . . . . . . . . . . . . . . . . . . . 67
MAKTSTRUKTURER. . . . . . . . . . . . . . . . . . . . . . . . . . . . . . . . . . . 70
FRIHET. TOLERANS. ANSTÄNDIGHET. . . . . . . . . . . . . . . . . . . . . . . . 73
MÖNSTRET . . . . . . . . . . . . . . . . . . . . . . . . . . . . . . . . . . . . . . . . 76
ETT DYSTERT 25-ÅRSMINNE . . . . . . . . . . . . . . . . . . . . . . . . . . . . . 79
I-LAND OCH U-LAND . . . . . . . . . . . . . . . . . . . . . . . . . . . . . . . . . 82
MÄNNISKAN OCH MÖNSTRET . . . . . . . . . . . . . . . . . . . . . . . . . . . 85
FYRTIO ÅR. . . . . . . . . . . . . . . . . . . . . . . . . . . . . . . . . . . . . . . . . 88
REFERENSRAMAR . . . . . . . . . . . . . . . . . . . . . . . . . . . . . . . . . . . 91
DEN TREDJE VÄGEN . . . . . . . . . . . . . . . . . . . . . . . . . . . . . . . . . . 94
FRÅN HELGEANDSHOLMEN TILL SERGELS TORG . . . . . . . . . . . . . . . . 97
SÖNDERVITTRING. . . . . . . . . . . . . . . . . . . . . . . . . . . . . . . . . . . 100
SAMHÄLLE FÖR MÄNNISKOR . . . . . . . . . . . . . . . . . . . . . . . . . . . . 103
BLOD OCH BYGD. . . . . . . . . . . . . . . . . . . . . . . . . . . . . . . . . . . . 106
NEDGÅNG ELLER NYANPASSNING. . . . . . . . . . . . . . . . . . . . . . . . . 109

INGENTING ÄR SOM FÖRR .................................. 112
DEMOKRATINS SKOLA ...................................... 115
ÄR DET BÄTTRE MED ETT TVÅPARTISYSTEM? .................... 118
SPEL OM RÖSTER........................................... 121
EPOK I SLUTSKEDE ......................................... 124
NATIONALISMEN OCH MILJÖN ................................ 127
DEN GRÖNA VÅGEN ......................................... 131
VÅRT ANSVAR .............................................. 134
DEN REPRESSIVA TOLERANSEN .............................. 137
VARFÖR JUST KORPORATISM?................................ 140
I DEMOKRATISK ORDNING .................................. 143
DEN TREDJE VÄGEN ........................................ 146
MORAL OCH POLITIK........................................ 149
TANKAR INFÖR VALET ...................................... 152
MARXISMENS DRAKSÅDD .................................. 155
VÅLDETS HIMMELRIKE ..................................... 158
ÅT HÖGER ELLER VÄNSTER? ................................. 161
FRIHET MED FÖRHINDER.................................... 164
FÖRÄNDRINGENS DUBBELANSIKTE ........................... 167
INFÖR ATOMHOTET......................................... 170
KÄRNKRAFTEN.............................................. 173
DEN TREDJE KRAFTEN ...................................... 176
SKALL VI KAPITULERA FÖR KOMMUNISMEN?................... 179
DE VÄNSTERINTELLEKTUELLA ............................... 181
MAJ 45 – MAJ 75 ........................................... 183
WERNERS VÄNNER ......................................... 185
BYSANTISM PÅ VÄG ........................................ 187
LARS WERNER AVGÖR? ..................................... 190
DEN TREDJE KRAFTEN ...................................... 192
SANNOLIKHETER ........................................... 194
ÄGANDERÄTTEN ............................................ 197
"RÖRELSEN"................................................ 200
FONDKAPITALISMEN ....................................... 203
DEN ENDA FRÅGAN......................................... 205
SVENSK NATIONALISM ..................................... 208
DEKLARATION .............................................. 211
I OVISSHETENS TID.......................................... 214
DEMOKRATI ELLER KORPORATISM? .......................... 216
SIG LIKT OCH INTE SIG LIKT ................................ 219
NU FÅR NI SKÄRPA ER DÄRUPPE ............................ 221

| | |
|---|---|
| ATT KOPPLA KRAFTER | 224 |
| EFTER STÄMMAN | 227 |
| GÖR UPP! | 230 |
| TERRORISMEN | 232 |
| INSTITUTIONALISERING | 235 |
| ETT GAMMALT TEMA | 237 |
| EFTER ETT ÅRSSKIFTE | 240 |
| TVÄRS GENOM PARTIERNA | 242 |
| VÄRLD UTAN FRUKTAN | 245 |
| DEN DEMOKRATISKA ILLUSIONEN | 247 |
| KLASSKAMPENS FÖRBANNELSE | 249 |
| "MAGISTRARNA" | 251 |
| TRE ÖDESFRÅGOR | 254 |
| KORPORATISMEN OCH DESS GRÄNSER | 257 |
| VÄLFÄRDSSTATEN | 260 |
| INVANDRINGENS RISKER | 262 |
| ELIT, VISST – MEN FEL ELIT | 265 |
| PARLAMENTARISMEN | 268 |
| UTANFÖR VALDEBATTEN | 271 |
| BLOCKENS BAKGRUND | 274 |
| INFÖR 80-TALET | 277 |
| ROLLSPELET OCH TALKÖREN | 280 |
| HOTBILDER OCH MOTBILDER | 283 |
| DE TRE ELITERNA | 286 |
| MÖNSTER I UPPLÖSNING | 289 |
| DE ONDA TUNGORNA | 292 |
| DET NÖDVÄNDIGA GREPPET | 295 |
| VARFÖR JUST KORPORATISMEN? | 297 |
| MED SVERIGE SOM UTGÅNGSPUNKT | 300 |
| HALTANDE CENTER | 303 |
| DET SOCIALA ROLLSPELET | 306 |
| ROP I ÖKNEN | 308 |
| RAS ELLER KULTUR? | 310 |
| I STÄLLET FÖR JÄMLIKHET | 313 |
| RÖD ENSIDIGHET OCH GRÖN | 315 |
| PÅ ANDRA SIDAN HOPPLÖSHETEN | 317 |
| DE OLYCKSALIGA SEKTORERNA | 320 |
| "HUDFÄRGEN SPELAR INGEN ROLL" | 323 |
| NU HOTAR INDIVIDUALISMEN | 326 |
| 1984 | 328 |

VÄG UR FÖRVIRRINGEN........................................ 330
UPPMARSCH INFÖR VALET 1985............................... 332
KVARLEVA FRÅN FORDOM...................................... 335
SVENSK NATIONALISM......................................... 338
DEMOKRATI OCH HIERARKI..................................... 340
I SKARVEN MELLAN TVÅ TIDER................................. 342
IC:S BRANDFACKLA........................................... 344
BAKGRUND OCH NULÄGE........................................ 346
SÖNDERFALLETS ORSAKER...................................... 349
EUROPA KNACKAR PÅ DÖRREN................................... 351
MISSBRUKAD INTELLIGENS..................................... 353
NÄRDRÖMMAR................................................. 355
PUSSEL SOM INTE GÅR IHOP................................... 357
SVENSK OPPOSITION.......................................... 359
DET TYPISKT SVENSKA........................................ 361
FOLKVALD STATSMINISTER..................................... 363
GRYNINGSGLÖD............................................... 365
NY SAMHÄLLSSYN............................................. 367
VARFÖR EUROPA?............................................. 369
VID ETT SLUTANDE 80-TAL.................................... 371
REVOLUTIONSJUBILEET........................................ 373
EN STARK REGERING.......................................... 375
KÄRNAN I NYSVENSK SAMHÄLLSSYN.............................. 377
FRÅN 80-TAL TILL 90-TAL.................................... 379
DE UNIKA SVEARNA........................................... 382
NYTT STYRSYSTEM............................................ 385
HELGONFÖRKLARADE MARKNADSKRAFTER........................... 388
ELITTÄNKANDE............................................... 390
INVANDRINGEN............................................... 392
VALETS FACIT............................................... 394
DE GLÖMDA GRUPPERNA........................................ 397
TEKNIKEN GER OSS VINGBREDD, MEN............................ 399

Not: nr 7/70 och nr 6/73 var specialnummer och saknade ledarartiklar av Per Engdahl. Under 1985 utkom inget Vägen Framåt-nummer.

# FÖRORD

Under sju decennier presenterade den nysvenska rörelsens grundare och ledargestalt Per Engdahl regelbundet sina idéer och synpunkter i *Vägen Framåts* ledarartiklar. Där presenterade han sin ideologiska grundinställning från olika infallsvinklar – ofta dikterade av den politiska dagsdebatten. Artiklarna är således gränssnitt mellan idévärldens abstrakta bilder och sinnevärldens handfasta former. Där prövade han diverse tankefrön; idéer som ofta senare mognade och fann väg in i de nysvenska programskrifterna. Ledarna inleddes alltid av några intresseväckande, appellartade och sammanfattande rader, och de höll alltid därefter samma behagliga längd. Framför allt präglades de alltid av samma härliga förening av tankeklarhet och klart språk.

Boken avslutas med Per Engdahls sista ledare i *Vägen Framåt* från 1992. Att sammanställningen börjar det något symboliska året 1968 är inte följd av någon djupare tanke. En följande volym får måhända täcka 50-talet och den resterande delen av 60-talet.

Artikelsamlingen behöver inte nödvändigtvis läsas från pärm till pärm. Läsaren kan med utgångspunkt i innehållsförteckningen göra ett neddyk varhelst ett ämne behandlas, som för tillfället speciellt intresserar.

Att ställa Per Engdahls ledare sida vid sida är att skapa ett dokument som på ett lättillgängligt sätt möjliggör för läsaren att följa konturerna i den nysvenska idédebatten genom åren. De presenterar överskådligt kärnan i författarens ideologi. Visst blir det föga överraskande och oundvikligen en viss upprepning i ämnesval och argumentering och ett visst återgivande av dagspolitiska frågor och trätoämnen som kan kännas aningen inaktuella i dag. Men de har alla tagits med då boken vill vara ett komplett historiskt dokument över den tid den behandlar. Och ur den samlade enheten möter läsaren en styrka – i budskap, i övertygelse, i gärning – som inspirerar till politisk handling i dag.

*Bo Solberg*

*1968, nr 1 (januari):*

# DET SVENSKA LAGSAMHÄLLET

Den, som för sitt samvetes skull inte kan lyda lagen, måste ta konsekvensen och bli martyr – man måste lyda Gud mer än människor. Men den, som är satt att hävda lagen och anser detta rätt, får icke vika undan för folk, som längtar efter martyrkronor. Lagsamhället måste hävdas. Lag måste ändras i laga ordning.

Att slå vakt kring lagsamhället, är en gammal princip i svensk offentlighet. Den fick en symbol i Runebergs berömda dikt om landshövdingen i Fänrik Ståls sägner, den obeväpnade ämbetsmannen, som mötte de ryska erövrarna med handen vilande på Sveriges rikes lag. Men långt dessförinnan har lagen uppfattats som själva grunden för det svenska lagsamhället. "Land skall med lag byggas", stod det redan i den gamla västgötalagen med anor till en dimgrå forntid.

Det är denna känsla för lagens auktoritet, som varit förutsättningen för svensk medborgarfrihet. Lagen satte gränser för vad som var tillåtet och icke tillåtet. Dess bestämmelser gällde hög och låg, fattig och rik. "En rysk storfurste kan av tsaren häktas och piskas, utan att han kan göra något till sitt försvar, och en fransk hertig kan av konungen behandlas på samma sätt. Men om en svensk skattebonde har fullgjort sina lagliga förpliktelser, kan konungen inte kröka ett hår på hans huvud. Så vill jag då hellre vara skattebonde i Sverige än storfurste i Ryssland eller hertig i Frankrike." Dessa stolta ord, som en gång uttalades av den kanske mäktigaste mannen på Sveriges tron, Karl XII, står som ett lysande uttryck för det svenska lagsamhällets djupaste innebörd, för lagen som frihetsgaranti.

Det kan emellertid tänkas fall, då en människas samvete kommer i konflikt med lagens bestämmelser. Det mest klassiska exemplet på en sådan konflikt är den kristna fornkyrkans motsättning till det romerska kejsardömet. Att denna konflikt innerst inne bottnade i ett missförstånd från båda parters sida, gör den inte mindre betydelsefull ur principiell synpunkt. De romerska cesarerna fordrade, att medborgarna offrade till kejsaren som ett uttryck för sin lojalitet mot riket. De kristna hade bara en Gud. Att offra till kejsaren blev för dem ett avsteg från deras innersta trosföreställning. Därför vägrade de kejsaroffret. Nu förhöll det sig väl i verkligheten så att kejsarna icke inlade någon religiös innebörd i egentlig mening i kejsaroffret. Det var helt enkelt för dem detsamma som en trohetsförsäkring. När de kristna vägrade, uppfattade de detta som en revolutionär handling, ett uppsägande av tro och loven. De kristna däremot var beredda att lojalt tjäna kejsaren och riket i all den utsträckning, som fordrades av dem, men de ville inte kompromissa med sin religiösa tro. De uppfattade kejsaroffret som en religiös, inte en politisk handling.

I den process, som nu seglar upp i Förenta Staterna, gentemot fem män, vilka uppmanat de värnpliktiga att icke inställa sig till tjänstgöring i Vietnam och därmed trotsa klara lagbud, lär det knappast kunna talas om något missförstånd. Det rör sig om kända, aktade och högt uppsatta personer, som inte står och inte misstänks stå i tjänst åt samhällsomstörtande krafter. Det är personer, som anser Vietnamkriget stå i strid med hela den moraliska grund, på vilken Förenta Staternas författning vilar, och som därför anser det som sin mänskliga skyldighet att trotsa de lagar, med vilkas hjälp den amerikanska livsvägen enligt deras mening smutsas ner.

President Johnson däremot anser för sin del, att Vietnamkriget är en följd av Amerikas moraliska förpliktelser. Amerika får inte svika en bundsförvant, som fått lov om hjälp mot en obarmhärtig fiende, till på köpet en diktatur. Då skulle Förenta Staterna slutgiltigt ha spelat bort det förtroende i världen, som amerikanarna gör anspråk på. Det är medborgarnas rätt att kritisera denna inställning. Det medger Johnson helt och fullt. Men det är icke deras rätt att trotsa gällande lag eller i laga ordning tillkomna beslut.

Här har båda parter rätt. Om de fem anklagade anser, att deras samveten bjuder dem till olagliga aktioner, måste de vara beredda att ta konsekvenserna av detta. Om Johnson anser, att den politik, han för, är den ofrånkomliga konsekvensen av den amerikanska livsvägen, kan han visserligen i ett fritt samhälle tolerera kritik från dem, som tänker annorlunda, men han kan under inga omständigheter tolerera lagtrots.

Här är vi framme vid en konflikt, där det inte längre finns någon brygga mellan ståndpunkterna, och där en öppen kamp med styrkan som utslagsgivande faktor, är den enda utvägen. När värderingarna hos olika parter kommer alltför långt från varandra och ingendera parten anser sig kunna kompromissa, hamnar man i en sådan situation. I Sverige med sin jämförelsevis homogena befolkning och sin lugna samhällsutveckling har vi i stort sett varit förskonade från sådana konflikter. Man skulle möjligen kunna hänvisa till troende katoliker på 1500-talet, som nödgades gå i landsflykt vid reformationens införande. När därför i våra dagar vissa kommunistiska eller kommunistsympatiserande element försöker driva in en våldsaktivitet i svensk politik, måste det sägas ifrån, att det inte finns någon som helst grund för sådana metoder. Det finns ingen avgörande skillnad i värderingarna mellan de u-landsentusiastiska nyvänstergrupperna och det politiskt ledande skiktet i Sverige. Att åberopa samvetsnöd som motiv för äggkastning eller resande av livsfarligt vapen mot poliser, är med förlov sagt rena struntpratet. Å andra sidan är det naturligtvis alldeles riktigt, att ansvaret för sådana utslag av ungdomlig omdömeslöshet främst ligger hos hetsarna, hos dem, som öppnat de stora tidningarnas spalter eller radio-TV:s kanaler för en ensidig, hetsande och oemotsagd propaganda. Det bästa försvaret för det svenska lagsamhället är att tillämpa dess principer även inom politik, propaganda och informationsverksamhet. Det innebär, att alla parter, inte bara en, skall få komma till tals. Det var efter den linjen, vi förde kampen i fjol kring Sven Ohlin, en kamp, som slutade med fullständig seger. Och det är efter den linjen, som kampen skall fortsättas under det år, som nu är inne.

*1968, nr 2 (februari):*

# VAD VI ÄR UTE EFTER

Vi accepterar demokratins grundläggande värderingar. Just därför är vi inte demokrater. Ty demokratin mäktar inte i dag förverkliga sina egna avsikter. Vi måste ta nästa steg, steget till korporatismen.

Det har sagts många gånger förr, och det kommer att upprepas många gånger i framtiden: om frihet, rättssäkerhet, likhet inför lagen och folkligt medinflytande är värden, som demokratin bekänner sig till, så bekämpar vi demokratin, därför att den inte kan förverkliga dessa värden. Det är sålunda inte demokratins grundläggande värderingar, som vi opponerar oss emot. Dem accepterar vi i fullt samma utsträckning som demokratin.

Orsaken till att demokratin går mot ett misslyckande består dels i att den har en verklighetsfrämmande ideologi som utgångspunkt för sitt tänkande och sitt handlande, dels på att dess konstruktion av stat och samhälle är föråldrad. De ständiga hänvisningarna till folkviljan, dvs. till något, som inte existerar i sinnevärlden, hävdandet att alla människor skall ha lika stort inflytande, och att majoritetsbeslut i alla situationer är den överlägsnaste formen för beslut trasslar gång på gång till frågor, som utan dessa tvångsföreställningar skulle kunna få en förnuftig lösning. Talet om att det är en förtjänst hos demokratin, att den också tillåter felaktiga beslut, är ett synsätt, som bara kan gå hem hos intellektuella paradoxmakare. Det finns inte ett statskick i världen, som kan utesluta felaktigheter, så den "förtjänsten" delar demokratin med alla andra styrelsesätt.

Nu är det väl i verkligheten inte så värst många människor, som bryr sig om den demokratiska ideologin, den s.k. överideologin. Verkligt betydelsefull är emellertid den sociala strukturförändring, som är på gång, och som demokratin inte har några spärrar mot: samhällets gradvisa förvandling till ett teknokratiskt överklassamhälle. Man har särskilt på LO-håll lagt märke till den ökning av inkomstskillnaderna, som börjat göra sig gällande under de senaste åren. Detta är emellertid inte det farligaste. Än värre är den förskjutning i mentaliteten, som börjat skymta, och som bl.a. kommer till uttryck i nymarxisternas försök att sätta likhetstecken mellan Marx tal om proletariatets elit och de intellektuella. Enligt denna tolkning av marxismen skulle de intellektuella framstå som proletariatets naturliga ledare. Här möter vi en ideologisk motivering för det teknokratiska maktövertagandet. Den specialutbildade personal, som sätter sig till rätta överallt i förvaltningsorgan, storföretag och organisationer, börjar i stigande grad att känna sig som den ledande klassen i samhället, den, som vi andra skall buga oss för. Det börjar redan talas om en viss teknik vid umgänget med myndigheter, en teknik, som syftar till att hålla vederbörande på gott humör, att undvika allt, som kan såra vederbörandes prestigekänsla, och att understryka den ställning av beroende, som man står i, och som smickrar myndighetspersoners fåfänga. Folk, som inte lärt sig jargongen i skrivelser och framställningar, rättframma människor, som utan omsvep ger uttryck för sina känslor och sina erfarenheter, kan råka mycket illa ut redan i dagens Sverige. Hur skall det då inte bli i en framtid, då teknokratins maktställning konsoliderats.

Det är hela denna utvecklingstendens, som Nysvenska Rörelsen vänder sig emot. Vi vill ett samhälle, där varje människa skall kunna få vara sig själv och ändå respekteras både av medmänniskor och myndigheter. Vi vill ett samhälle, där känslan av samhörighet mellan människor inbördes och mellan människorna och samhället är djupare och framför allt varmare än nu. Vi vill ett samhälle, där människans duglighet och egenskaper skall avgöra hennes plats i den gemensamma arbetsprocessen, och där varje människa skall dömas inte efter den typ av arbete, hon utför, utan efter det sätt, på vilket hon utför den henne anförtrodda verksamheten. Vi vill ett samhälle, där normerna för den mänskliga samlevnaden skall präglas av ansvarskänsla och medmänsklighet, alltså vare sig en extrem moralism eller en extrem libertinism. Det eftersträvansvärda är varken den krampaktiga tvångsmoralen eller den ohämmade hållningslösheten utan ett tillstånd, där livsglädje och pliktkänsla, självständighet och solidaritet ingått förening. Vi vill ett samhälle, där så många människor som möjligt engageras i aktivt arbete för samhällets framåtskridande. Vi vill ett samhälle, där var och en erhåller de befogenheter, som är nödvändiga för att han eller hon skall kunna fullgöra sina uppgifter.

Det är därför vi vill korporatismen. Om det i demokratin inte finns någon djupare känsla för det område, där man är verksam – det finns folk som påstår, att så inte är fallet – så måste vi skapa den känslan. I nutidens svåröverskådliga virrvarr av händelser och förhållanden måste vi bygga in ett system, som gör överskådligheten möjlig och framför allt ger människorna en ankarplats, en sfär, inom vilken de kan känna sig trygga. Vi måste skapa ett gemensamt grundbeteende för människor med olika uppgift och olika ställning, ett grundbeteende så smidigt att det möjliggör största möjliga antal individuella variationer. I korporationer, kommuner, landsting och riksorgan kan människor få otaliga verksamhetsområden, där de kan göra sig gällande. Alla verksamheters beroende av varandra skapar förutsättningar för enheten i framtidens samhälle. Den i korporationerna liksom även i kommunerna uttryckta mångsidigheten i det moderna samhället skapar samtidigt förutsättningarna för individuellt särpräglade insatser och nödvändiggör respekten för det olikartade. Korporatismen kan förverkliga, vad många demokrater drömt om men hittills inte fått se uppfyllt.

*1968, nr 3 (mars):*

# SAMHÄLLETS FÖRVANDLING

**Den amerikanske ekonomen och samhällskritikern John Kenneth Galbraith har i sin bok om den nya industristaten gjort en lysande sammanfattning av den samhällsanalys, som sedan mer än ett årtionde legat till grund för den nysvenska åskådningen.**

John Kenneth Galbraith har blivit ett världsnamn. Han är en av Förenta Staternas främsta nationalekonomer. Han var ekonomisk rådgivare åt president Kennedy. Han tjänstgjorde några år som amerikansk ambassadör i New Delhi. Redan för ett par år sedan gjorde han sig ett litterärt namn genom sin bok om överflödets samhälle, en bok, som dock var något överskattad. Det är han själv medveten om, när han formulerar inledningskapitlet till sin nya bok om industristaten. Den är ett verk i toppklass.

Galbraith skjuter helt och hållet sönder själva grunden till den aktuella svenska debatten om storfinansen. Inflytelserika politiska riktningar i Sverige och inflytelserika opinionsbildare har för sig, att den sociala striden fortfarande gäller kampen mellan arbetare och kapitalister. De sistnämnda företräds av ett fåtal familjer – i vårt land brukar man tala om femton. Det är mot dessa kapitalister, som slutstriden skall föras för ett nytt samhälle, där de breda lagren ges en helt annan och säkrare ställning i samhället.

Verkligheten ser inte alls ut på det viset, konstaterar Galbraith. Under feodaltiden var det innehavet av jord, som skänkte makt, prestige och socialt anseende. I och med den nya tekniken och behovet av kapital för att utnyttja den, blev det innehavet av kapital, som skänkte makt och samhällsställning. Tillgången på kapital var knapp i förhållande till efterfrågan. Det nya näringslivet organiserades på så sätt, att ägarna av kapital blev ägare till produktionsmedlen. Aktiebolaget blev den ändamålsenliga formen för denna organisation. I aktiebolaget var det aktieägarna, som kontrollerade företaget.

Detta lät sig lätt göra, eftersom tekniken var rätt enkel och marknaden föga komplicerad. Så småningom växte emellertid bolagen. Stora mäktiga koncerner växte fram. Möjligheten för aktieägarna att utöva kontroll minskades. Man började då utse någon representant för kapitalintressena, som hade intelligens, kunskaper och ledarförmåga att ta hand om firman eller koncernen. Galbraith exemplifierar med de stora namnen i amerikansk industrihistoria, namn som Rockefeller, Morgan, Guggenheim, Ford o.s.v. Men även denna epok blev övergående.

Den tekniska utvecklingen gjorde skötseln av företagen alltmera komplicerad. Samtidigt blev kapitalinvesteringarna allt våldsammare. Kapital uppbringades emellertid inte till största delen genom enskilt sparande. Det uppbringades inom företagen själva, genom att vinstmedlen användes för nya investeringar. Detta innebar, att planeringen av produktionen blev allt mer maktpåliggande. Forskning, experiment, marknadsundersökning, utformning av produkten, genomförandet av produktionen, marknadens bearbetning via reklamen och slutligen själva försäljningen, allt detta blev ett enda sammanhängande helt, för vars genomförande det blev nödvändigt med ett allt intimare samarbete mellan en rad specialutbildade fackmän på olika områden. Företags- eller koncernchefen kunde inte längre på egen hand fatta beslut. Han blev mer eller mindre beroende av de fakta, som hans medarbetare på olika områden lade fram. Därmed gled den verkliga makten steg för steg över från företagaren i egentlig mening till den grupp av människor, som Galbraith kallar teknostrukturen.

Detta innebar en viss avspänning i förhållandet mellan företagen och arbetarna. Teknostrukturen består av anställda, som har sina löner på samma sätt som arbetarna. I forna tider arbetade de anställda för att berika ägarna. Detta förhållande föreligger inte längre. Bolagsstämmorna har förvandlats till betydelselösa ceremonier utan någon som helst makt över skeendet inom firman. Själve chefen är ytterst beroende. Motsatsförhållandet till arbetarna har därmed mejslats ner till frågor om detaljer i lönesättning eller arbetsvillkor.

Även i förhållandet till samhället och staten har förhållandet ändrats. De stora företagen är beroende av den utbildning, som samhället ställer till förfogande. Staten är i sin tur beroende av de stora företagens verksamhet. Det föreligger ansatser till en utjämning mellan administrationen och teknostrukturen.

Galbraith skiljer mellan fyra olika motiv för arbetsinsatser: tvånget, vinsten, identifikationen och adaptationen. En människa tvingas av hunger eller rädsla för repressalier att arbeta. Det är det mest primitiva motivet. Vinsten, den högre lönen lockar henne. Det är nästa stadium. Hon är intresserad av sitt arbete, hon identifierar sin egen målsättning med företagets. Det är nästa steg. Och slutligen: hon anpassar sig efter arbetets villkor för att sedan själv kunna påverka skeendet i överensstämmelse med sin personliga inställning.

I jordbrukssamhället spelade tvånget en betydande roll. Där levde man under knapphetens stjärna. I industrialismens barndom var vinstmotivet, lönen, dominerande. Men allteftersom kapitalismen har tonats ner, kommer de båda sistnämnda motiven, identifikationen och adaptation, att växa i betydelse.

Det finns risker i utvecklingen. Galbraith är inte blind för dem. Teknostruktur och administration kan smälta samman till en ny överklass. Men det finns positiva tendenser också. Arbetsmotivets förskjutning från tvång och vinstbegär till identifikation och adaptation pekar fram mot en ny och djupare samhälls- och företagsmoral.

Synpunkterna känns igen. Hotet från den framväxande teknokratiska överklassen är en betydligt reellare fara än de redan undergrävda kapitalisternas maktställning. Behovet av samverkan och personligt burna insatser måste bli grunden för framtidens samhälle. Det är själva huvudtanken i den samhällssyn, som vi brukar kalla den korporativa.

*1968, nr 4 (april):*

# ANTIKOMMUNISM – DET RÄCKER INTE!

Vi är antikommunister, därför att kommunismen förverkligat det röda överklassamhälle, som vi värjer oss emot. Men vi bekämpar i lika hög grad den utveckling i väster, som med demokratiska förtecken leder oss fram till samma överklassvälde.

Det finns en bild av verkligheten, som ofta målas upp av den professionella amerikanska antikommunismen. Världen består av två läger: kommunisterna och deras motståndare. I Moskva och Peking finns det en sammansvärjning mot mänskligheten, som målmedvetet arbetar för att erövra jordklotet och lägga alla folk under ett kommunistiskt tyranni. Alla oroligheter, allt missnöje, alla revoltrörelser i världen kommer till genom intriger från den röda sammansvärjningen. Gentemot dessa djävulens barn står Guds barn, som överallt försvarar de mänskliga värdena och den gudomliga världsordningen gentemot Satan i Peking och Moskva. I spetsen för denna det godas värld går Amerikas Förenta Stater. Denna bild av verkligheten är enkel, klar och lättfattlig. Den har egentligen bara ett fel: den stämmer inte.

Om vi först tittar på den kommunistiska sidan, finner vi, att kommunismen på Stalins tid fungerade som en enhetlig organism runt hela världen, en organism, som hade sin hjärna på Kreml. Men sedan den grymme kaukasiern gick ur tiden, har åtskilligt hänt. Ja, det hade faktiskt börjat hända redan medan han levde.

Den kinesiska kommunismen har frigjort sig ur det sovjetiska greppet och gått sin egen väg. Medan Peking och Moskva i den populära antikommunistiska propagandan framställs som tvillingsyskon, vilkas interna motsättningar bara är småfnurror på en outslitlig röd tråd, är spänningen dem emellan den kanske mest betydelsefulla i världen just nu och kanske än mera lite längre fram. Den är betydligt allvarligare än spänningen mellan Förenta Staterna och Sovjetunionen.

Vidare har den latinamerikanska kommunismen råkat i konflikt med den sovjetryska. Dess guerillaideologi skiljer sig betänkligt från ryssarnas ortodoxa marxism, och Fidel Castro har t.o.m. iscensatt en process mot en kubansk kommunistgrupp, därför att denna varit för ryssvänlig. Samtidigt visar kommunismen i de östeuropeiska satellitländerna allt starkare tendenser att markera den nationella egenarten och luckra upp det ursprungliga strängt centraliserade systemet. Världskommunismen är inte längre den enhet, som den fordom var, och sovjetregeringens försök att få till stånd en världskongress för att återställa sammanhållningen, stöter på allt våldsammare motstånd från övriga kommunistländer.

Gentemot denna bild av djävulens barn står en lika brokig bild av Guds barn. Den mest utpekade amerikanska antikommunistorganisationen, CIA, är starkt infiltrerad av liberala kretsar. Det var CIA, som drev fram den amerikanska dolkstöten mot Diemregimen i Vietnam och därmed grundlade de amerikanska motgångarna. Antikommunistiska är vissa pacifistiska kretsar. Antikommunistiskt är Spanien, Portugal och Sydafrika liksom militärregimen Grekland. Antikommunistisk är också en stor del av den svenska socialdemokratin.

Uppfattningen om Amerika som den självskrivne ledaren för världens antikommunism är ingalunda allmänt accepterad. Här är det Frankrike, som går i spetsen för kritiken av amerikanarna.

Om vi sedan tar upp själva samhällsutvecklingen på ömse sidor om den "oöverstigliga" gränslinjen, så finner vi, att i väster makten i näringslivet glider över till en grupp tekniska specialister, vilka steg för steg håller på att svetsas ihop med de statliga administratörerna till en ny överklass. Samtidigt finner vi, hur administratörernas övermakt på den östra sidan framkallat ett växande tryck från näringslivets tekniska specialister, som kräver större rörelsefrihet och mindre statlig kontroll. Man eftersträvar där samma jämvikt mellan den nya teknokratins olika komponenter som i väster.

Att mot bakgrunden av denna verklighet dela upp världen i två läger, de onda och de goda, är minst sagt verklighetsfrämmande. Vi är motståndare till kommunismen och vi förblir det, därför att kommunismen förkroppsligar det diktaturstyrda överklassamhälle av röda utsugare, som vi med alla medel kommer att värja oss mot. Men vi är också motståndare till den västliga utveckling, som med demokratiska förtecken håller på att ge oss ett samhälle av ungefär samma typ som kommunismen. Vi är inte beredda att i supermakternas inbördeskamp engagera oss på den ena sidan bara för att den utåt kallar sig antikommunistisk, och därmed prisge Sveriges och Europas självständighet. Vi företräder Europas och västerlandets urgamla syntes av frihet och solidaritet, av auktoritet och rättvisa. Och vi kommer att hävda dessa värden både mot amerikansk och sovjetrysk teknokrati. Vi är antikommunister, javäl. Men denna antikommunism är inte primär. Den är en logisk följd av vår bekännelse till de västerländska värdena, till nationen, till friheten, till likheten inför lagen, till det folkliga medinflytandet i samhällsarbetet, kort sagt till den samhällsdröm, som tar form i korporatismen.

*1968, nr 5 (maj):*

# HAN FÖRKUNNAR EUROPA

**Det var inte bara en Sverigevän, det var också en skarpsinnig analytiker av det moderna industrisamhället och av Europas aktuella problem, som regeringen förde fram, när den inbjöd den franske publicisten J. J. Servan-Schreiber, till Stockholm.**

I början av maj besöktes Sverige av den kände franske publicisten Jean-Jacques Servan-Schreiber. Han är författare till den nu världsbekanta boken "Den amerikanska utmaningen", som kommit ut i en svensk översättning på Bonniers förlag. Till Sverige var han inbjuden av statsminister Erlander som regeringens gäst.

Det har väl aldrig hänt, att en tidningsman kommit till Sverige under så officiella hedersbetygelser, som Servan-Schreiber. Regeringens åtgärd att bjuda in honom var också sällsynt välmotiverad. Servan-Schreiber är inte vara en stor beundrare av Sverige. Han företräder dessutom en inställning till vår tids avgörande frågor, som på väsentliga punkter är riktig. Hans bok bör läsas och köpas av alla, som vill göra sig en bild av aktuell samhällsdebatt, där den är som bäst.

Som samhällstänkare är den franske publicisten beroende av Galbraith. Dennes uppfattning om utvecklingen från den av aktieägarintressena dominerade kapitalismen till den av specialistgrupperna bestående teknostrukturen inom det moderna industriella systemet delas helt av Servan-Schreiber. Och det är med utgångspunkt från denna uppfattning av verkligheten, som han tar upp den kastade amerikanska handsken i Europa.

Servan-Schreiber är inte antiamerikansk. Han delar inte alls den skränande nyvänsterns Amerikahat. Vad han vill, är ett fritt, förenat och likaberättigat Europa vid sidan av de båda andra supermakterna, Förenta Staterna och Sovjetunionen. Som det nu är, håller amerikanarna på att förvandla Europa till en amerikansk koloni. Och detta beror främst på européerna själva, på deras konservatism, deras oförmåga eller ovilja att

## DET NÖDVÄNDIGA GREPPET 23

tänka modernt, att ta upp nya och djärva idéer, att själva utnyttja sina möjligheter. Och när de inte tar upp dem, ja då gör amerikanarna det.

Folk i allmänhet har för sig, att det är amerikanarnas överlägsenhet på kapitalmarknaden, som möjliggör deras grepp om Europa. Servan-Schreiber blåser sönder den såpbubblan. Det är tvärtom så, påvisar han, att amerikanarna gladeligen ligger i Europa och arbetar med europeiskt kapital. Nej, det är amerikanarnas överlägsenhet i teknologiskt kunnande, deras större djärvhet, deras modernare företagaranda, som fäller utslaget. I de stora amerikanska koncernerna finns det både ett kunnande och en expansionsvilja, som saknas i Europa. Den gemensamma marknaden skulle ha kunnat möjliggöra en koncentration av krafterna tvärs över gränserna. EEC skulle ha kunnat organisera ett gemensamt utnyttjande av resurserna, som gjort oss jämbördiga på det teknologiska området med amerikanarna. Här har EEC hittills misslyckats, inte minst på grund av den gaullistiska franska politiken, som Servan-Schreiber starkt kritiserar.

Det enda land i Europa, som verkligen hållit jämna steg med Amerika, är Sverige. Med hänvisning till en undersökning, som gjorts av den kände amerikanske prognosforskaren Herman Kahn, hävdar han, att det bara kommer att finnas fyra länder, som år 2000 ligger i toppen av den industriella utvecklingen, nämligen Förenta Staterna, Kanada, Japan och Sverige. Sovjetunionen kommer att rycka upp vid sidan av Tyskland, Frankrike och England och bli en industriell B-grupp, en grupp med hög levnadsstandard men utan den självständighet och den initiativkraft, som kommer att känneteckna A-gruppen.

Servan-Schreiber menar emellertid, att denna utveckling kan bromsas och bli en annan, om de europeiska folken äntligen gör allvar av sina integrationssträvanden och gör Europa till en verklig enhet. Han har fått direkt stöd från Herman Kahn, när han hävdar, att de olika folkens nationella särart i Europa kommer att tryggas och inte hotas av ett samgående mellan Europas stater. Det är synpunkter, som vi sedan tio eller femton år konsekvent hävdat i Vägen Framåt.

Servan-Schreiber tillhör den franska vänstern. Men han är självständig också gentemot den. Hans kritik sammanfaller i icke ringa utsträckning med den, som vi själva brukar göra oss till tolk för. Han kritiserar vänstern, för att den är alltför gammaldags, alltför dogmatisk, alltför bunden vid sentimentala känslor och verklighetsfrämmande paroller. Han vill en vänster, som ser verkligheten i vitögat, sådan den är. Vänsterns sociala reformvilja anser han vara Europas fördel framför Amerika. Den får inte spolieras. Men den kan upprätthållas blott om vi anpassar oss till den moderna industriella verkligheten, menar han.

Och det kan vi helt instämma i. Men frågan är då, vad det skall tjäna till att upprätthålla de gamla slitna uttrycken höger och vänster. De personer, som i dag utgör huvudparten av teknostrukturen i modern industri, torde närmast räkna sig som högerorienterade. Att de just utgör en av de mäktigaste hävstängerna i den utveckling, som Servan-Schreiber bejakar, lär väl ingen kunna bestrida. Det förefaller därför förnuftigt att slopa de gamla värdeladdade klyschorna om höger och vänster. Det är helt nya politiska och ideologiska frontlinjer, som verkligheten skapar förutsättningar åt i dag.

Visst kan man göra randanmärkningar mot ett och annat hos Servan-Schreiber precis som mot Galbraith. Det kan man med alla politiker och alla författare. Och vi skall återkomma till detaljer i Servan-Schreibers resonemang i fortsättningen, liksom vi tagit upp Galbraith från olika synpunkter. Det väsentliga i denna friska franska appell till Europa måste emellertid hälsas med tillfredsställelse. Det är debattinlägg av den arten, som vi behöver, debattinlägg, som i sin klarhet skär tvärs igenom det nymarxistiska och gammalborgerliga tungomålstalandet.

*1968, nr 6 (juni):*

# DEN TREDJE STATSFORMEN

**Varför kallar sig inte nysvenskarna för demokrater? Varför betecknar de inte sitt program som korporativ demokrati? De frågorna har ofta ställts under årens lopp. Här kommer svaret.**

Under årtionden har det gång på gång frågats både från utomstående och från nytillträdande medlemmar, varför den nysvenska rörelsen säger sig vara antidemokratisk. En socialdemokrat sa vid ett tillfälle i en diskussion: Ni borde egentligen kalla er ädeldemokrater, för om jag har fattat er rätt, så vill ni genomföra det, som vi socialdemokrater har velat men inte lyckats med. Vid ett annat tillfälle sa en borgerlig politiker, som inledde en diskussion vid en nysvensk sammankomst: Jag har fått en helt annan uppfattning av Nysvenska Rörelsen än jag förut haft. Det enda jag inte begriper, är ert tal om att ni inte är demokrater. Jag har sällan diskuterat i en krets, som verkat så demokratisk. Det händer ofta att man frågar: Varför definierar ni inte ert mål som korporativ demokrati?

Naturligtvis finns det ingenting, som hindrar oss rent formellt att använda en annan terminologi. Men vore något vunnet med en sådan ändring? Stalin talade på sin tid om folkdemokrati. Därmed avsåg han en kommunistisk diktatur. I Hitlers "Min kamp" talas det om germansk demokrati. Därmed avsågs den nationalsocialistiska führerstaten. Ulbrichts diktaturstat heter officiellt Tyska Demokratiska Republiken. Skulle vi nu komma med korporativ demokrati – ett uttryck, som för övrigt användes av Mussolini – så skulle det fullkomligt meningslösa i ordet demokrati vara totalt. I förlängningen på en sådan urvattning av begreppen ligger det tillstånd, då all saklig debatt blir omöjlig och bara det rena tungomålstalandet blir kvar.

Den politiska begreppsförvirringen har tydligt framträtt på allra sista tiden i debatten kring våldstendenserna i världen. De, som kritiserar detta våld, brukar ofta säga, att vi i våldets ställe måste hävda de demokratiska formerna. Och med demokratiska former menar man då lagbundna former. Ett demokratiskt samhälle blir liktydigt med ett lagsamhälle. I verkligheten är emellertid demokrati och lagsamhälle två olika begrepp. Demokratin själv har på många håll genomförts med våld. Revolutionerna i Frankrike 1789 och 1848 var typiska våldsaktioner. Den stora revolutionen i England på 1600-talet, revolutionen i Tyskland 1918, det amerikanska upproret 1776 genomfördes också med våld. Konservativa strömningar har ofta sökt hävda lagsamhället mot demokratiska genombrottsförsök på revolutionär väg. Man kan hundraprocentigt instämma med den opinion, som i dag brännmärker våldsmetoderna. Men man behöver fördenskull inte acceptera demokratin som den bästa av alla styrelseformer.

Och här är vi framme vid själva sakinnehållet i den antidemokratiska kritiken. Om vi betecknar sådana ting som medborgerlig frihet, personlig rättssäkerhet och folkligt medinflytande som demokratiska värden, så kan man erkänna dessa värden lika övertygat som någon demokrat men ändå ställa sig kritisk mot demokratin, därför att demokratin genom sin inneboende automatik till sist förkväver dessa värden. Det har gång på gång – inte minst på dessa spalter – klargjorts, varför detta är fallet. Demokratin är på väg att med demokratiska förtecken förvandlas till ett teknokratiskt överklassamhälle, som i sin typ kommer diktaturen snubblande nära. Resonemanget är, att demokratin var ett uttryck för våra frihetssträvanden under industrialismens tidigaste skeden. Nu har den socialstrukturella förvandlingen av samhället hunnit så långt, att demokratin inte längre förmår bemästra problemen. Därför är tiden inne att ta steget över till ett nytt och mera avancerat statsskick, en samhällsform, som bättre anpassat sig till de nya förhållandena än demokratin. Det är denna nya samhällstyp, vi kallar den korporativa.

Nu invänder man: Detta må i sig vara riktigt. Men det begriper inte folk. De tror, att är man inte demokrat, så är man diktaturanhängare. Den kritik mot demokratin, som på sistone kommit fram på vänsterkanten, har lett till en ny ståndpunkt. Om demokratin inte klarar problemen, får man acceptera någon form av diktatur. T.o.m. Dagens Nyheter har publicerat en artikel, kallad "Goda och dåliga diktaturer", skriven av en bland tidningens statsvetenskapliga medarbetare, fil lic. Bengt Alexandersson. Minskad tilltro till demokratin åstadkommer ökad förståelse för diktaturen.

Detta sistnämnda påstående är riktigt i nuläget; den saken intygar den här antydda DN-artikeln. Men det bevisar just riktigheten av vårt tillvägagångssätt i Nysvenska Rörelsen. Vi har envist hävdat, att debatten måste frigöras från sitt beroende av den orealistiska föreställningen, att demokrati och diktatur är de enda tänkbara statsformerna. Det är nödvändigt, att folk får ögonen upp för möjligheten av en tredje typ av samhällsordning, ett tredje statsskick, som kan förverkliga demokratins ideal av frihet, rättssäkerhet och folkligt medinflytande men samtidigt också skapa en ordning, som ger uttryck åt en fördjupad solidaritet, en större medmänsklighet. Vi förlorar möjligheten att göra den insatsen, om vi laborerar med ordet demokrati som ett tomt slagord, ett honnörsord utan innehåll i stället för att låta ordet bli ett uttryck för en konkret och i dag delvis passerad historisk verklighet. Därför att vi försvarar den västerländska kulturens grund av förnuft, saklighet och empirism, behåller vi en terminologi, som i nuläget kan vara inopportun, men som i längden blir en borgen för att vi menar vad vi säger, för att vi också i motvind står fast vid det, som blivit vår övertygelse.

*1968, nr 7 (juli):*

# DRAG INTE UT EN IDÉ I DET ORIMLIGA – INTE ENS KORPORATISMEN!

Människan har många behov. Ibland är de motsägelsefulla. Hon längtar efter trygghet. Hon vill ha det lugnt och bekvämt. Men hon vill också ha spänning, dramatik, äventyr. Människan är aldrig riktigt belåten. Det är kanske därför, som hon just är människa. Hon vill leva, som hon är van. Men samtidigt vill hon uppleva något nytt. Vanan kan bli leda. Och förnyelsen kan bli rotlöshet. Vi kan tycka om att ströva fritt. Men vi kan också gå vilse.

Det är detta, som gör, att man aldrig skall dra ut en idé i det orimliga. Varje idé, varje samhällsform, har alltid vissa huvudproblem, som den vill lösa, problem, som just för ögonblicket är de mest trängande. Detta betyder emellertid, att vissa andra problem, som i stunden förefaller mindre påträngande, kan bli försummade. De kommer då att förr eller senare göra sig påminda.

Korporatismen löser trygghetsproblemet, ger människan ett fotfäste i den moderna tillvaron, gör överblicken lättare och därmed också förståelsen för den utveckling, som vi är med om. Vi har förändringar, äventyr och dramatik i vår tid nästan till övermått. Vi upplever världshändelserna i TV. Vi lever med i kriserna – Vietnam, Biafra, Tjeckoslovakien – som vore vi själva medagerande. Vi upplever spänningen, när hela Frankrike råkar i revolt och de Gaulle kommer hem och klarar hela krisen. Men skulle vi få en värld, som bara är välordnad, lugn och harmonisk, skulle vi med andra ord slå över till motsatt ytterlighet, då skulle vi bli hysteriska. Titta bara på folkhemmet med all sin ordning och sin välfärd. Där ställer man nu till med bråk bara för att man är trött på det händelselösa, det odramatiska i folkhemslunken.

## DET NÖDVÄNDIGA GREPPET 29

När vi sätter in korporatismen som lösningen på ögonblickets brännande problem, så är vi därför medvetna om att vi inte får låta korporationerna bli allt. Om vi talar om den korporativa staten, då måste vi göra klart för oss, att detta uttryck bara säger, att staten bygger på ett samhälle, organiserat i korporationer. Men vi låter inte korporationerna utse statsledningen. Vi kan någon gång i framtiden tänka oss, att riksdagen väljs i korporativa valkretsar. Men det får vi se, när systemet börjat fungera. Dessförinnan behåller vi en riksdag ungefär sådan som nu, bara med den skillnaden, att vi inte vill ha några spärrar i valordningen. Vi vill ge alla grupper, alla riktningar samma chans att bli företrädda. Vad är det för en demokrati, som är rädd för friheten? Som sätter spärrar för nya grupper och därmed ger monopol åt de bestående? En verklig folkrepresentation skall väl representera hela folket, inte bara några välgödda partiapparater. Fritt fram för alla grupper, också för nykomlingar. Och samma chans för alla, inte ekonomiska privilegier åt dem, som redan sitter vid köttgrytorna.

Men får vi för många partier, kan vi inte få en stark regering, svarar demokraterna. Jo, det kan vi visst det. Vi låter folket välja statsminister – låt säga vart sjunde år, ungefär som man väljer president i det nuvarande Frankrike. Folk behöver ledare. De vill ha människor, de kan se upp till, människor, de kan följa, människor som förkroppsligar vad de drömmer om och önskar. Stjärnorna, poppidolerna, kungligheterna, som matchas fram i veckopressen, är ett uttryck för behovet av "hjältar". Och alla skriverier om "kändisar" är ett uttryck för samma sak.

Visst kan vi skapa idoler inom korporationerna; industrichefer som är nyskapare, pioniärer på nya jordbruksmetoder, toppinsatser inom vårdyrkena o.d. Men det kan inte hjälpas – det blir ingen riktig spänning över den typen av stjärnor. Striden kring ett statsministerval kan ge mera färg och innehåll, mera dramatik åt utvecklingen. Diktaturernas styrka har just varit deras förmåga att göra en enda man till massornas idol. Hitler och Mussolini, Ho Chi-Minh, Mao Tse-tung och Fidel Castro – det är ungefär samma sak, det är hjältedyrkan i modern tappning. Demokratins rävspel i korridorer, utskottsrum och kanslihus kan vara spännande för dem, som är med. Men för folk i allmänhet är allt detta ett ganska motbjudande schackrande. Att den svenska demokratin varit så pass stabil, som den varit, beror främst på att vi haft tre ledargestalter, som gjort skäl för namnet: Hjalmar Branting, Per Albin Hansson och Tage Erlander. Den sistnämnde har vi alltför nära inpå oss för att ännu riktigt ha perspektiv på. Men bara det faktum, att han varit regeringschef längre än någon annan i en demokrati, att han kunnat hålla sig i fullt fria val, där oppositionen ständigt haft möjlighet att kasta honom ur sadeln, att Sverige under hans tid som regeringschef ryckt upp i den allra högsta toppen av världens industriländer, kommer att göra honom till en person, som man kommer att minnas, så länge svensk historia överhuvud taget fortsätter att skrivas.

Om vi hade överlämnat åt korporationerna att utse regering, då hade vi fått ett intrigspel bakom stängda dörrar, som ställt folk utanför. Då hade korporatismen till slut inte blivit bättre än teknokratin. Det är därför vi vill ha fria val till statsminister och till riksdag, och det är därför vi vill ha folkomröstningen som en skiljedomare mellan regering och riksdag, om de blir osams. Vi vill korporatism – men inte korporatism i det orimliga.

*1968, nr 8 (augusti):*

# MAKT PÅ GUNGFLY

Tage Erlanders regeringstid har varit en ständig brottning med svårigheter och motgångar, ett ständigt uppkravlande ur vågdal efter vågdal, alltså något helt annat än den idyll man föreställt sig. Inför den 15 september frågar man sig, om han ännu en sista gång skall lyckas.

I 22 år har Tage Erlander varit svensk regeringschef. Det är rekord i den moderna demokratins historia. Under nästan hela denna tid har hans ställning varit hotad. Hans makt har varit en makt på gungfly. Endast genom en sällsynt förmåga att segt hålla ut också i besvärliga situationer, endast genom en obruten vilja att med alla krafter spända kämpa sig upp ur vågdalarna, har han lyckats med detta konststycke. Och nu frågar sig ett helt folk med hopp eller förargelse: Skall han lyckas en gång till?

När Per Albin Hansson den 6 oktober 1946 oväntat gick ur tiden, drogs Erlander fram ur det nästan okända och blev med ens centralgestalten i svensk politik. Socialdemokraterna, som haft majoritet i Andra kammaren under kriget, hade förlorat den 1944 och fått bakslaget bekräftat vid kommunalvalen 1946. Kommunisterna hade rysk segervind i sina fanor. Borgerlighetens anstormning var våldsam. Det var nu, som myten om det socialdemokratiska vanstyret skapades. Det var nu, som en samlad borgerlig presskör gick till angrepp mot Wigforss, symbolen för den socialistiska ränningen i svensk politik. 1948 års val skulle äntligen störta den svenska arbetarregeringen och ge plats för taburetthungriga borgare.

Det blev inte så. Den 25 februari störtades den tjeckiska demokratin genom en från Moskva iscensatt kupp. Det kalla kriget skärptes. Det blåste upp en isvind kring kommunisterna. Tage Erlander kämpade som ett lejon i valdebatterna. Och vann. Låt vara med knapp nöd.

Så knapp att han försökte få med bondeförbundet, där Axel Persson Bramstorps sjukdom gjort Gunnar Hedlund till t.f. partiledare. Men

Hedlund tvekade. Erlander fick fortsätta ensam. Wigforss gick av åldersskäl. Episoden Hall i Västerås, efterträdaren, blev en politisk fars med färg av Grönköping. Sköld fick rycka in och rädda regeringens prestige. Så kom kommunalvalen 50. Erlander stärkte sina positioner. Hedlund började bli resonabel. Fast han förhandlade med högern och folkpartiet i det längsta, innan han beslöt sig.

Samregerandet med bönderna blev ingen dans på rosor. Erlander och Hedlund trivdes visserligen mycket bra tillsammans, men den borgerliga trumelden ökade i styrka. Centern tappade röster 52, 54, 56. Trycket blev för hårt. ATP blev den fråga, som centern valde för att lämna regeringen. Så följde den strid, som socialdemokraterna vann på 27 röster i Närke och en nedlagd folkpartiröst i Andra Kammaren, ATP-striden. Det var sannerligen en seger med ett nödrop. Men Erlander utnyttjade den och återtog en del av sin förlorade terräng 1960 för att två år senare göra sitt verkliga segerval – tillbaka till folkmajoriteten från 1940.

Äntligen tycktes den av hårda vindar omsusade regeringschefen kunna gå en ljusnande framtid till mötes. Men ingalunda. 60-talets nya vänstervindar började blåsa upp även i Sverige. Hilding Hagberg gick som kommunistledare. Hermansson trädde till. Ryssarnas charmoffensiver tinade upp det kalla krigets atmosfär. Och i avspänningens tecken gick Hermansson till sin stora valseger 64. Samtidigt började oviljan med den borgerliga splittringen driva fram ökad borgerlig samling. Mittenpartierna gick ihop. Högern dämpade vissa extrema tongångar. Och så kom socialdemokraternas stora nederlag 66.

Och nu står Tage Erlander åter vid randen av en ättestupa. Borgfreden mellan de tre oppositionspartierna har icke brutits, trots att de är oeniga på en rad punkter. Hermansson manövrerar försiktigt men målmedvetet för att suga upp vänstervindarna. Så kommer – precis i det rätta ögonblicket – skrällen i Prag. Socialdemokraterna insåg blixtsnabbt situationens möjligheter. Samma morgon, som radio och TV berättade om den ryska inmarschen, gick appellen ut till arbetarkommunerna att anordna demonstrationer, som kunde suga upp den kokande folkvreden. Hermansson hade kommit i en besvärlig situation. För att rädda sitt skinn – ty nu blåste det ordentligt – fördömde han ryssarna i lika fräna ordalag som alla andra. En av hans anhängare var så desperat att han brände en rysk flagga. Vänsterpartiet Kommunisterna höll på att tappa huvudet. Den socialdemokratiska pressen gick till våldsamt angrepp mot kommunisterna och deras medlöpare. Var finns i dag alla demonstranterna, frågade Dala-Demokraten. Olof Palme höll ett brandtal inför

## DET NÖDVÄNDIGA GREPPET 33

15.000 Malmöbor, som avbröt honom med ständiga applåder, och som med andlös spänning lyssnade till hans berättelse om hur han som studentpolitiker vid en kongress i Prag i tio dagar förgäves försökt få ordet men ständigt nedbuats, om hur en dansk talare nerklubbades av ordföranden, som var rysk ungdomsledare och sedan skulle bli säkerhetschef (Sjeljepin). Det var tongångar, som gick hem i alla läger. Man har hetsat mot Sydafrika, mot USA-politiken i Vietnam, mot Rhodesia och Portugal, man har anordnat demonstrationer och flygbladsräder, men jämfört med stämningen den 21 augusti verkar allt detta oäkta och uppkonstruerat. När ryssarna gick in i Prag, kände svenskarna, vad det gällde. Då kunde man för en gångs skull tala om en folkvilja.

Skall Prag än en gång rädda Erlander? Det finns en fråga, som i det sammanhanget är ömtålig. Det är försvarsfrågan. Är man beredd att här fatta Yngve Holmbergs utsträckta hand, hans förslag om ny fyrpartiuppgörelse i TV just den 21 augusti, då är det allt annat än säkert, att 1968 blir den borgerliga triumf, som man förmodat. Och i så fall måste man fråga, om det äntligen skall gå upp för tre partier eller i ett par av dem, att nationens uppdelning i ett borgarblock och ett arbetarblock är en orimlighet, att hela det föråldrade partitänkandet i Sverige måste upplösas till förmån för nya konstellationer och nya frontlinjer, anpassade till en tid, som är något helt annat än Karl Staaffs, Arvid Lindmans och Hjalmar Brantings sekelskifte.

*1968, nr 9 (september):*

# DVÄRGEN TILL JÄTTEN

Hur vore det, om socialdemokrater efter en i sak negativ debatt med partier utan alternativ började diskutera alternativet utan parti? Bortom kommunism och kapitalism skymtar dock redan korporatismen.

Sedan 1968 års val gjort socialdemokratin till den obestridde jätten i svensk politik, kan det synas förmätet för att inte säga löjligt av den lika obestridde dvärgen, den allra betydelselösaste faktorn i samma politik, att hävda upp sin röst och säga: Varför inte en dialog, en dialog just mellan dvärgen och jätten.

Ändå ligger det väl trots allt en viss sanning i det gamla ordstävet om små sår och fattiga släktingar. Sår, därför att vi i den nysvenska rörelsen under mer än två årtionden varit de pariastämplade i svensk offentlighet. Släktingar, därför att vi på så många punkter har en med socialdemokratin gemensam målsättning – då främst det sociala slutmålet: det klasslösa samhället.

Vi skulle i dag kunna tala om tre ideologiska alternativ i samhällsdebatten, det liberala, det statssocialistiska och det korporativa. Var står socialdemokratin i dag i förhållande till dessa tre ståndpunkter?

Det liberala alternativet har sina främsta företrädare i folkpartiet, det statssocialistiska hos kommunisterna. Av samtliga ståndpunkter är det liberala på lång sikt det minst realistiska. Det är i själva verket orimligt. Hävdandet av en individualistisk linje, en extremt privatkapitalistisk ekonomi är en hopplös uppgift i ett samhälle, där just på grund av den tekniska utvecklingen behovet av samordning är större än någonsin. Det statssocialistiska är mer tidsenligt.

Men här kommer värderingarna in i bilden. Statssocialismen leder renodlad till myrstackens samhälle, det uppifrån dirigerade robotkollektivet. Det fungerar som ett utpräglat teknokratiskt överklassamhälle.

## DET NÖDVÄNDIGA GREPPET 35

Människans behov av frihet, av möjligheter att hävda sin personliga egenart, står i klar strid med den statssocialistiska lösningen. Behovet av jämlikhet, uppfattad icke som likhet utan som likaberättigande, är starkt understruket i aktuell debatt. Det hotas också av statssocialismen, vars jämlikhet blir detsamma som yttre likriktning av attityder och vanor, men som i själva verket döljer en total brist på verklig jämlikhet mellan det teknokratiska överskiktet och den stora massan av människor.

Återstår det korporativa alternativet. Det riktar sin udd mot båda de föregående ytterligheterna. Å ena sidan skapar korporatismen med sin klara och logiska uppbyggnad av samhället, sin anpassning till den moderna verklighetens sociala och ekonomiska struktur, en möjlighet just för den samordning, som statssocialismen eftersträvar. Men samtidigt skapar den genom sin företagsreform och sitt hävdande av den korporativa självstyrelsens principer ett skydd mot statens envälde och mot uppkomsten av en teknokratisk överklass. Medan den liberala lösningen i princip koncentrerar makten till ett fåtal kapitalägare och den statssocialistiska till ett fåtal teknokrater, sprider korporatismen makten över hela fältet genom att skapa system av olika uppgifter, där varje grupp i samhället får sin uppgift med de däremot svarande befogenheterna.

Socialdemokratin har i detta val stått i kampställning mot en borgerlighet, som dominerats av det liberala synsättet. Detta har främst varit fallet med folkpartiet. Men högern har i påfallande grad fallit undan för liberalismens yviga självtillräcklighet. Inom oppositionen har egentligen bara centern avvikit genom att på punkt efter punkt markera en egen linje, som bl.a. i TV:s stora slutdebatt framkallade livliga instämmanden från statsminister Erlanders sida. Hermansson har – mera lågmält än någonsin – sökt hävda den statssocialistiska synen. Men förgäves.

Socialdemokratin har alltså sagt nej till båda ytterligheterna i aktuell debatt. Krister Wichman har kommit att stå som den främste talesmannen för en näringspolitik, som syftar till ett samspel mellan statligt-kommunala och de enskilda insatserna i näringslivet. Han har vid tillkomsten av ASEA-Atom givit ett praktiskt exempel på vad han syftar till.

Men – och här skulle vi vilja sätta fingret på den ömma punkten – saknar inte socialdemokratin den egna eller om man så vill den nya ideologiska utgångspunkt, som är förutsättningen för en tredje ståndpunkt, varken liberal eller statssocialistisk? Riskerar den inte, att i sin strävan till samspel mellan statligt och enskilt ge den statliga faktorn en sådan tyngd, att balansen går förlorad och det hela vippar över åt statssocialistiskt håll med ett teknokratiskt överklassvälde som följd? Det socialdemokratiska ledarskiktet önskar icke den utvecklingen – detta är nog uppenbart. Men måste det i så fall inte skaffa sig en ny ideologisk förankring, en ny utgångspunkt för sitt samhällsarbete? Det är hög tid att man ställer den frågan just nu – inte minst i Kanslihuset.

Korporatismen är i själva verket den logiska konsekvensen av socialdemokratins öppet deklarerade strävan mot en tredje ståndpunkt, som varken är kommunistisk eller liberal men inte heller en diffus kompromiss mellan bådadera. Det är här dvärgen kommer in på scenen.

*1968, nr 10 (oktober):*

# OSVENSK FÖRETEELSE

Det är typiskt för dagens debatt, att en mängd föreställningar och synpunkter inte får användas. De är icke "inne". De strider mot den rena läran. Vi tar oss friheten att bryta mot dessa tabuföreskrifter i ett meningsutbyte, som annars stelnar till intelligensfritt jasägeri och meningslöst tungomålstalande.

Osvensk företeelse – ja varför inte kasta ut denna utmanande formulering med en gång. Ty det är just om en företeelse, som slagit slint här i Sverige det skall handla, nämligen om parlamentarismen.

Från liberalt håll klagas det i högan sky över att parlamentarismen inte fungerar här i landet. Det främsta argumentet för en borgerlig samling i Sydsvenska Dagbladet är uppfattningen, att bara ett tvåpartisystem kan göra den parlamentariska demokratin levande igen. Parlamentarismen är det väsentliga, det som man till varje pris vill rädda undan det socialdemokratiska enpartiväldet, det tyranni, under vilket vi i dag anses sucka.

Vad innebär då parlamentarismen, sådan den uppfattas av dagens liberaler, de må nu vara beroende eller oberoende? Det är ett system, där folket uppdelas i två läger – i vårt fall ett arbetarblock och ett borgarblock. Dessa båda läger skall ömsevis inneha makten. Det skall alltså finnas ett mellanskikt, som än röstar på den ena, än på den andra sidan. Detta lilla skikt av s.k. marginalväljare skall företräda den s.k. folkviljan, som enligt demokratisk teologi är den store anden med all makt i sin hand. De båda lägren skall i valen beteckna varandra som en hemvist för de skummaste avsikter, för total inkompetens och för skrupelfri demagogi. Samtidigt skall vartdera lägret framställa sig självt som en samlingspunkt för alla ädla känslor och avsikter liksom för höjden av sakkunskap och vidsyn. Genom att marginalväljarna än röstar si och än så, skall systemet fungera. Det skall bli växlingar vid makten och allt skall vara god demokrati.

Hela denna föreställningsvärld är så bottenlöst enfaldig, att man inte begriper, hur eljest vettiga, kunniga och begåvade människor kan ta den på allvar. Att parlamentarismen fungerar i England, beror på att den där har en historisk tradition; den har blivit en inkörd form för statslivet, som går tillbaka på helt andra förutsättningar än dem, som dagens parlamentariska profeter förkunnar. Den engelska parlamentarismen går tillbaka på det aristokratiska samhället under 1700-talet, då makten var samlad hos ett jord- och kapitalägande fåtal. Partierna företrädde olika åsikter, olika temperament inom en och samma socialgrupp med jämförelsevis likartade sociala och ekonomiska intressen. Det förefinns rivalitet inom varje överklass och naturligtvis också i den engelska 1700-talsaristokratin. Men de är sällan större än att de kan klaras av inom familjen. Helt annat är motsatsförhållandena mellan skilda sociala klasser i det moderna samhället. Striden mellan arbetare och borgare under högkapitalismens tid gjorde parlamentarismens partimotsättningar till en spegelbild av den klasskamp, som rasade i hela samhället. Nu har kampen mellan kapitalister och proletärer i stort sett ebbat ut. Nu är det inte ett kapitalistiskt hot utan ett teknokratiskt, som vi måste se upp för. Men den borgerliga samlingens apostlar vill bygga en svensk framtidsförfattning på ett redan övervunnet socialt mönster och därmed politiskt konservera en lyckligtvis snart utebbad klasskamp.

Svenska folket har inte fallit till föga för denna grumliga förkunnelse. Typiskt för 1968 års val är inte bara, att socialdemokraterna vann en av sina största segrar, utan också att det parti, som är minst intresserat av borgerlig samling, nämligen centern, var det enda borgerliga parti som gick framåt. När man ondgör sig över Hedlunds s.k. nonchalans efter valet, glömmer man bort, att Hedlund aldrig åtrått ställningen ledare för en samlad s.k. borgerlighet med komplexbetonad avsky för socialdemokratin som främsta kännemärke. Hedlund är minst sagt en sval anhängare av det parlamentariska tvåpartisystem, som kommer Olof Wahlgrens skrivmaskin att sjunga hosianna på Sydsvenska Dagbladets redaktion.

Ett parlamentariskt system har aldrig slagit väl ut i Sverige. Vi hade det efter 1765, då Hattarna suttit vid makten sedan 1738. Men det blev en kort period av maktväxling. Den 19 augusti 1772 slog Gustav III till. Och svenska folket sa ja. Självaste Bellman skrev ett kuppkväde, som sjöngs med entusiasm på krogarna i Stockholm.

Så hade vi ett annat parlamentariskt intermezzo på 1920-talet. Det slutade med Per Albins maktövertagande 1932. Och hans regim varar ännu. När Per Albin dog, tog Tage över. Och honom lyckades inte ens hela den samlade borgerligheten få omkull, när de blåste som värst i sina lurar häromsistens. Borgerligheten har haft tillgång till både pengar och inflytande. Den behärskar 80 % av den svenska dagspressen. Ändå sitter Erlander säkrare än någonsin. Det här är inte parlamentarism, säger oppositionen. Än sen då. Det är kanske just därför, som vi haft världens lugnaste utveckling och ligger i täten av världens industrinationer. Svenska folket bryr sig inte om parlamentarismen. Denna från England importerade styrelseform, som gått bra bland lorder och kolonialkrämare, tycks trots intensiv propaganda inte tända här hemma i vårt gamla envisa bondeland. Konstatera detta först som sist, och skippa parlamentarismen!

Det betyder inte, att vi skall avskaffa partierna. Men ge dem en annan uppgift än att i varje situation säga motsatsen till vad regeringen säger. Motvalls käring som politisk idealgestalt blir i längden påfrestande. Till sist blir man lika träig som Bertil Ohlin eller lika tunntom som Sven Wedén. Låt centern koncentrera sig på jordbruks- och småföretagarfrågor, låt högern bli expert på försvar och rättssäkerhet och kanske också vissa handelsproblem, låt folkpartiet ta hand om frihetsproblemen och Vänsterpartiet Kommunisterna om Harlekins millioner. Sedan skulle regeringen kunna plocka in än den ene, än den andre från olika partier, alleftersom det behövs en besjälad kraft för en viss fråga, som blir aktuell, och som något av partierna har särskilt intresse för. Det blir inte en permanent samlingsregering i vanlig mening, men det får en del av samlingsregeringens fördelar utan att riskera dess väsentliga nackdel, en allt initiativförkvävande permanent kohandel.

Så nog finns det framkomstvägar för ett fritt statsskick i det här landet även utan parlamentarism, bara man har en smula fantasi och en smula sinne för svenska realiteter.

*1968, nr 11-12 (november-december):*

# VAD ÄR UTVECKLING?

**Förändring är nödvändig, men det är förändring till det bättre, vi måste eftersträva. Om vi accepterar varje förändring som framsteg, skulle folkvandringstidens kulturförfall vara ett framsteg, och Grekland, juntans land, vara ett framstegets eldorado.**

Iden politiska diskussionen förekommer det två motsatspar, som innebär detsamma: liberaler och konservativa eller radikaler och reaktionärer. De förstnämnda leden anses företräda utveckling och framåtskridande, de sistnämnda stillastående eller tillbakagång. Till det förstnämnda lägret räknas bl.a. socialister, kommunister och anarkister, medan kapitalister, högergrupper och fascister fogas in i det sistnämnda.

Redan denna uppställning är ohållbar. När man i dag analyserar öststaternas politiska förhållanden, talar man även där om liberaler och konservativa, varvid de förra utgörs av riktningar, som vill luckra upp den kommunistiska ordningen, medan de grupper, som slår vakt kring det marxistiskt-leninistiska arvet kallas konservativa. Hur kan kommunismen som helhet då kallas radikal? Att med högergrupper, vilka försvarar den bestående kapitalistiska ordningen sammanställa fascistiska strömningar, är lika meningslöst: här kan bara hänvisas till kravet på "socialisazione", d.v.s. den korporativa företagsreformen, i Mussolinis sista fascistiska republik eller den radikala fackföreningspolitiken i Peróns Argentina, en regim, som överallt stämplats som fascistisk. Det är uppenbart, att det i dag finns förbindelselinjer mellan peronism och fidelism i Latinamerika. Var går gränsen mellan radikal och reaktionär? Synbarligen går den helt utanför det fidelistiska likaväl som det peronistiska lägret, medan strömningar, som till det yttre är liberala och samverkar med USA, bär upp en del av de latinamerikanska militärdiktaturerna. Här ser det ut, som om liberalerna i verkligheten är de reaktionära, de som försvarar det bestående.

## DET NÖDVÄNDIGA GREPPET 41

På en del håll, där man betecknar sig som radikal, tycks utveckling och framåtskridande vara liktydigt med förändring. Och ju våldsammare, ju snabbare denna förändring är, desto radikalare anser man sig vara. Konsekvenserna av detta synsätt är, att vi i folkvandringstiden skulle se en av de radikalaste framstegsperioderna i Europas historia. Folkvandringarna innebar en radikal förändring. Hela den kulturvärld, som byggts upp i det romerska imperiets hägn, slogs sönder. Gränserna vidgades. Det kulturmönster, som höll samman Medelhavsvärlden, upplöstes brutalt och hänsynslöst. Normer för mänsklig samlevnad ersattes antingen med den rena normlösheten eller med primitiva beteenden, som saknade möjlighet att bära upp en högkultur. Frans G. Bengtsson har gett oss en god bild av detta tillstånd i essaysamlingen om de långhåriga merovingerna. Tidevarvet i fråga fyller alla nuliberala krav på förändring. Men samtidigt var det ett oerhört fall bakåt, som det skulle ta tusen år att övervinna.

Det har varit en allmän uppfattning i Sverige, att vår egen samhällsutveckling under de senaste hundra åren varit en förändring till det bättre, en förändring, som inneburit framsteg på de flesta områden. Den svenska samhällsomvandlingen har emellertid icke skett genom våldsamma omstörtningar. Inga revolutioner, inga inbördeskrig har givit någon yttre dramatik åt detta skeende, som i verkligheten inrymt en kanske större dramatik än många våldsamma omkastningar i andra folks historia.

Detta innebär självfallet icke, att varje revolution skulle vara förkastlig. En reaktionär förtryckarregim, som vägrar att låta tala med sig, kan bara fejas undan på revolutionär väg. På den punkten har nyvänstergrupperna i princip rätt. Det bör emellertid framhållas, att under sådana omständigheter det är revolutionens uppgift att skapa ett nytt och mera ändamålsenligt mönster, som sedan kan fungera, skapa tradition och möjliggöra en successiv reformpolitik. Den ryska revolutionen blev upptakten till en dynamisk samhällsutveckling. Frågan är bara, om det ryska systemet rymmer de möjligheter till förnyelse och nyanpassning som är ofrånkomliga, om ett system skall bli varaktigt och progressivt. I Kina har man gått för långt, när det gällt att vidmakthålla dynamiken. I fruktan för ett nytt rött mandarinvälde har man slagit sönder de ansatser till en ny förvaltning, som vuxit upp ur revolutionen, och följden har blivit, att man måst ge armén den verkliga makten för att undvika kaos och sönderfall. Maos radikala folklighet håller på att sluta som militärdiktatur!

När man i dag på många håll även utanför våra gränser betraktar den svenska utvecklingen som föredömlig, är det inte för att det svenska samhället skulle sakna brister. Den nuvarande arbetslöshetskrisen, framkallad av strukturrationalisering, urbanisering och ideologisk splittring, har ställt det svenska samhället inför en helt ny problematik, som det ännu icke kunnat bemästra. Det är nu, vi måste visa, om det finns anpassningsmöjligheter inrymda i systemet, om vi är beredda att lämna hävdvunna former för politisk verksamhet och social samverkan och acceptera nya, som är modernare och effektivare. Vi åstadkommer icke detta genom kårhusockupationer eller gatubråk. Vi åstadkommer det genom att de ansvariga instanserna står i kontakt med utvecklingens strömdrag och vet att själva dra riktiga slutsatser av skeendets djupströmmar och förändringarna i deras riktning. Kan nya grupper, som knackar på porten, veta med sig, att de kommer till tals? Kan nya djärva mål proklameras utan att omgående diskrimineras? Olof Palmes och Sven Mobergs ändrade inställning till UKAS, hårt kritiserad i Dagens Nyheter som vingleri, är i verkligheten ett riktigt manövrerande. Prestige har här inte fått stå i vägen för saklighet.

Att vi i rymdfärdernas, automationens och atomenergins tidevarv behöver förändringar även politiskt och socialt är självklart. Men inte vilka förändringar som helst. Vi behöver förändringar, som för framåt. Och det får vi inte, om vi tror oss kunna se bort från det arv, som vi bär på. Familjen finns kvar från mänsklighetens allra första stadium. Nationen är en produkt av jordbrukssamhällets årtusenden. Industrisamhällets, d.v.s. det tredje historiska stadiets nya bildning blir korporationen, den gemenskap, som är anpassad till det nya tekniska samhällets struktur. Men korporationen röjer inte familjen och nationen ur vägen. Vi måste räkna med en treklang, låt vara att både familj och nation kommer att få en annan ställning i det nya sammanhang, där nya möjligheter kommit att vidga mänsklighetens horisonter.

*1969, nr 1 (januari):*

# STOPPA KÄTTARJAKTEN

Man talar om antikommunistisk hysteri. Men det är i Sverige ingenting gentemot den antifascistiska hysteri, som grasserar likt en sjukdom i våra opinionsbildande media. Vi vill spränga mörkmännens och förtryckarnas likriktning i ett samhälle, som annars blir allt otrivsammare.

När demokratin en gång bröt igenom – det är länge sen nu – stod medborgarfrihet och tolerans högt i kurs. Var och en skulle få framföra sina synpunkter och verka för sin övertygelse, även om den bröt av mot det bestående. I det fria meningsutbytet såg man en väg till förnyelse och framsteg.

Det är som sagt länge sen i dag. Nu börjar mörkmännen, renlärighetsivrarna, likriktarna och förtryckarmänniskorna åter att sticka upp huvudet. Och de gör det i demokratins allt annat än heliga namn. Ett typiskt exempel är den utbredning, som kättarstämplingen av oliktänkande fått i den nutida demokratin. Det har gått en jämmerlåt genom hela svenska pressen. Den ekar i radio och TV. Den upprepas, så snart tillfälle givs. Det är en enda klagolåt över den illasinnade ton, med vilken man på många håll behandlar den skuldlösa och för höga ideal kämpande kommunismen. Joe McCarthy, den amerikanske senatorn, som i början av 50-talet blev världsbekant genom sina utskott mot oamerikansk verksamhet, har fått bli symbolen för det, som man kallar "kommunisthysterin". Man gör gällande, att det finns mäktiga grupper, som utmålar varje opposition mot det bestående som kommunism. Anarkister, syndikalister, socialdemokrater och extrema liberaler kallas utan vidare för kommunister. Och i och med att en person åsätts denna stämpel, riskerar han att bli föremål för utfrysning ur samhällets gemenskap, för trakasserier och förföljelser av upprörande slag.

Bakom detta tal om en antikommunisternas hysteri ligger det åtskilligt, som stämmer. Detta gäller främst Förenta Staterna. Men även i

Europa har det funnits och finns vissa tendenser i liknande riktning. Och att dessa tendenser står i klar strid med frihetens och toleransens grundsatser, är ovedersägligt.

Men det går för långt, när man kallar varje kritik av kommunismen som en form av hysteri. På många håll hävdar man, att all antikommunism är onyanserad, ointelligent och reaktionär. Den okunnighet, den charmlöshet, det platta snusförnuft och den salvelsefulla och bigotta enfald, som alltför ofta kännetecknar de med kommunismen samarbetande grupperna, ger dem sannerligen ingen rätt att beskylla andra för brist på intelligens eller kunskaper.

Det är helt enkelt rena ynkedomen, när dessa kretsar i Sverige beklagar sig över, att de inte får komma till tals. I verkligheten har de en publicitet, som mångdubbelt överträffar deras verkliga andel i folkopinionen. Och därtill kommer, vilket särskilt bör understrykas, det faktum, att de själva företräder en hysteri, som här i landet är oerhört överlägsen den antikommunistiska, nämligen den antifascistiska. Allt, som dessa grupper inte gillar, stämplar de som fascism eller nazism. Lyndon Johnson är fascist. De Gaulle är fascist. Tage Erlander och den svenska socialdemokratin är fascistisk. Vi har inte glömt plakaten med inskriften: Hitler, Mussolini, Verwoerd, Lyndon Johnson. Den antifascistiska hysterin är i Sverige en fullkomlig epidemi, som grasserar i våra opinionsbildande media likt en motbjudande sjukdom.

Och på denna punkt har hysterikerna inom extremistgrupperna stöd av de etablerade grupperna. Ett typiskt exempel är det sätt, på vilket Armas Sastamoinens från början till slut ovederhäftiga och sällsynt torftigt skrivna bok om nynazismen togs emot. Han fick ett Bonnierpris för sin insats. Det personregister, som han tillfogat bokens senare upplagor, och som kom till på direkt begäran från den liberala pressen, har sedan använts som en proskriptionslista i klar McCarthy-stil. När Göteborgs skolstyrelse vägrade Sven Ohlin att bli rektor år 1967, hänvisade man typiskt nog till Sastamoinens register. Inte bara kommunisterna utan också socialdemokraterna, folkpartiet och högern gick med i kättarjakten. Visserligen tog högerledaren i brev avstånd från sin partivän i Göteborg, och visserligen visade det sig lönlöst för skolstyrelsen att söka stöd hos den socialdemokratiska regeringen, men redan det faktum, att de "demokratiska" partierna i rikets andra stad kunde enas kring denna skumma affär, visar hur maskstungen demokratin i verkligheten är, och hur djupt den antifascistiska hysterin sitter.

## DET NÖDVÄNDIGA GREPPET 45

Det finns en ofrånkomlig idégemenskap mellan Nysvenska Rörelsen och demokratin: vi är liksom demokratin anhängare av frihet, rättssäkerhet, folkligt medinflytande och öppen debatt. När vi kritiserar demokratin, är det främst därför att dessa värden hotas av den utveckling, som i demokratins namn håller på att leda fram till ett teknokratiskt överklassamhälle med en byråkraternas diktatur som politisk konsekvens. När vi för fram korporatismen, är det därför att korporatismen på ett långt bättre sätt än demokratin garanterar just friheten, rättssäkerheten och det folkliga medinflytandet. Vi ställer oss tvivlande till de intellektuella grupper, som i dag talar om socialism, men som i verkligheten kommer att driva fram en de intellektuellas diktatur över förslavade massor. Vi är helt överens med våra motståndare, om det gäller att söka få fram större saklighet i debatten. En person, som icke är kommunist, skall inte heller kallas för kommunist. Däremot menar vi, att en person, som är kommunist, också skall våga stå för det. Han har samma rätt som andra till sin övertygelse. Men då kräver vi också, att en person som icke är fascist eller nazist, inte heller skall kallas fascist eller nazist. Och först som sist kräver vi, att ingen skall förföljas, trakasseras eller utfrysas på grund av sin åskådning. Vi samverkar med alla, som vill vara med om en kamp mot mörkmännen, likriktarna och förtryckarna i dagens samhälle. Vi bekänner oss till Sverige, det land, som blev vår förpliktelse i världen. Vi bekänner oss till den medmänsklighet, som är den andliga kärnan i korporatismen, och som skall växa ut till en samnationalism, en folkens förening i arbete för en gemensam mänsklig kultur. Och vi begär att få denna tro respekterad. Vår kamp för denna respekt är en kamp för friheten.

*1969, nr 2 (februari-mars):*

# TROTS PROPAGANDAN

Radio och TV har gjort propaganda för de nya vänsterriktningarna i större utsträckning än för några andra strömningar. Dagens Nyheter och Aftonbladet har ställt sina kultursidor till förfogande. Ändå är dessa riktningar fortfarande fåtaliga utegrupper. Varför?

Vi har många gånger framhållit i Vägen Framåt, att nyvänstergrupperna ingalunda har fel i allt vad de kommer med. Tvärtom är deras kritik av det bestående systemet ofta befogad. Talet om byråkratisering stämmer. Talet om att den "korporativa" makten, rätten att företräda en intressegrupp inom ramen för det bestående, ligger hos socialdemokraterna, medan den hegemoniella makten, makten att dirigera opinionen och behärska samhällsstrukturen, ligger i borgerliga händer, är också riktig. Borgerligheten företräds på opinionsbildningens område främst av en av de femton familjerna, nämligen Bonniers. Riktigt är också påståendet om att den sociala utjämningen håller på att bromsas upp; den synpunkten har för övrigt vunnit spridning långt utanför nyvänsterns egna led. Riktigt är också talet om att Sverige inte kan isolera sig utan är en del av världen och måste leva med i världens nöd och vånda likväl som i dess framsteg.

Vad är det då, som gör, att nyvänstern inte slagit an på den stora allmänheten, att den på så många håll möts med kalla handen? Dels beror det förstås på metoderna. För att göra sig uppmärksammad, har man använt medel, som kommit normalt folk att reagera och reagera mycket kraftigt. Sådana tillställningar som kårhusockupationen, Båstadskravallerna, äggkastningen mot en amerikansk ambassadör, bränningen av amerikanska flaggan o.d. åstadkommer rakt motsatt effekt mot den avsedda. Ensidigheten i den utrikespolitiska inställningen slår inte heller. Även de, som är kritiska mot amerikansk politik, opponerar sig mot det rabiata fördömandet av Förenta Staterna. Sådana uttryck som Sivar Arnérs "Jag hatar Amerika" väcker inte någon genklang. Den starka

DET NÖDVÄNDIGA GREPPET 47

kommunistorienteringen framkallar också motreaktioner. Inmarschen i Tjeckoslovakien framkallade starka antikommunistiska känslor i vida folklager, och ryssarnas inblandning i de nordiska förhandlingarna har inte heller stärkt kommunismens inflytande. Nyvänstern försöker komma ur detta dilemma genom att i stället knyta an till Mao Tsetung och Kina. Men maoism och dubbelmaoism gör ett närmast löjligt intryck på folk. Vi är ändå inte kineser. Våra kunskaper om kinesiska förhållanden är inte överväldigande, och det är därför svårt att entusiasmera gemene man för något så fjärran och främmande som Kina, även om man håller honom i okunnighet om de ohyggliga blodsoffer, som den kommunistiska revolutionen kostat – Peking erkänner själv tre millioner, men fackföreningarna i Amerika har räknat ihop rapporterna om avrättningar i från provinsorganen i Kina och kommit fram till fjorton millioner. I båda fallen är siffrorna skrämmande. Inte ens engagemanget för kommunistsidan i Vietnam har blivit någon verklig succés. Utöver den rätt betydande grupp ungdomar, som fångats av Vietnampropagandan står folk i allmänhet rätt likgiltiga; det märker man inte minst i samband med nysvenska flygbladsräder.

Därtill kommer, att nyvänstern är hopplöst splittrad både organisatoriskt och ideologiskt. Kommunistiska, nuliberala och anarkistiska synsätt blandas om varandra i en oöverskådlig röra. Någon bärande positiv och konkret framtidslinje finns över huvud taget inte. Den ensidiga individualism, som präglar vänstergruppernas ståndpunkt till rasproblemen – det finns inga variationer mellan rasgrupperna, bara mellan människorna som enskilda individer – står i bjärt kontrast mot kollektivismen i det kommunistiska tänkandet, inte minst i Maos folkkommuner. Denna motsättning mellan extrem kollektivism och extrem individualism, mellan kravet på demokrati ända ut – stormötena i skolorna – och rätten för ett intellektuellt fåtal att bestämma på de okunniga massornas vägnar, går inte heller ihop. Man vädjar till de intellektuella med resonemang, som intellektuellt är fullkomligt ohållbara.

Att man ändå fått ett visst grepp om den akademiska ungdomen beror inte så mycket på förkunnelsens halt som på den naturliga oron just nu bland alla de studenter, som med ovisshet och ängslan ser fram mot den tid, då de skall konkurrera om de otillräckliga platserna på en ansträngd arbetsmarknad. Här utbildas åtminstone inom vissa sektorer för många studenter. Man ser arbetslösheten som ett hot vid horisonten. Bristen på lärare i förhållande till elevantalet skapar svårigheter i studierna. De mänskliga kontaktmöjligheterna mellan olika universitetsnivåer är betydligt mindre än förut och ökar känslan av osäkerhet. I sådana lägen blir människor ofta desperata. Och det är i desperationens tecken, som extremismerna skjuter fart.

Det stora flertalet svenskar låter emellertid inte fånga sig av till synes meningslösa jippon i nyvänsterstil. Inte ens Sven Wedéns amerikanska halmhattar gick hem. Han blev visserligen idol hos nyhögern på kuppen, men nyhögern, främst företrädd av Demokratisk Allians, är lika extrem som nyvänstern och lika fjärran från verkligheten.

Om strukturrationaliseringen, ytterligare påspädd genom LO-utspelet i avtalsrörelsen, skulle skärpas, kan det politiska klimatet i Sverige bli ett annat. Det är emellertid inte troligt, att extremister till höger eller vänster kommer att nämnvärt profitera på en sådan utveckling. De kan göra demagogi men de kan inte komma med någon positiv lösning. Och det är konkreta lösningar, som folk behöver, inte tomma demonstrationer. En kris i Sverige kan ge tillfällig vind i seglen inom begränsade kretsar för en extrem förkunnelse. Men i längden blir det en politik i mitten, en politik, som tar hänsyn till alla parter i det sociala samspelet, en politik, som håller kontakt med verkligheten, som kommer att ta hem spelet.

*1969, nr 3 (april):*

# U-LANDSHJÄLP ELLER U-LANDSFLUGA?

Det finns alldeles för mycket av oäkta flåspatos, av spekulationer i det, som "är inne" i den nuvarande u-landspropagandan. Bara ett förenat Europa i samverkan med USA och Sovjet kan förverkliga målsättningen: full jämlikhet mellan i-länder och f.d. u-länder.

99 Allt är känsla", skrev Goethe en gång i Faust. Han skrev med den överbetoning, som ofta är lyrikens kännemärke, men som den för dikten lyhörde inte missförstår. Goethe polemiserade mot 1700-talets ensidiga intellektualism. Logik och förnuft övertygar inte. Det måste finnas en känsla bakom, om ett budskap skall tända.

Och nog finns det känsla i den propaganda, som i dag stormar fram på gator och torg, i radioapparater och på TV-rutor. Känsla till övermått. Det är i själva verket logiken och förnuftet, som saknas. Kanske behövs denna bildstorm, detta de nya vederdöparnas raseri. Det bestående samhället håller på att stelna. Kulturklimatet har börjat kännetecknas av en slags auktoritär torka. Nu svalar skyfallen över markerna. Men vattnet rinner bort lika hastigt, som det kommit forsande.

Upproret mot det bestående, porrfloden, u-landsflugan och studentkravallerna har klargjort tomheten inte bara i det, som angrips, utan också hos dem, som angriper.

Låt oss ta ett färskt exempel – Cabora Bassa. Portugiserna har projekterat ett väldigt kraftverk vid Sambesifloden i södra Moçambique. Det kommer att leverera mer ström än något annat kraftverk i Afrika. Det kommer därmed att mäktigt bidra till världsdelens industrialisering. Dessutom kommer det att skapa en stor sjö ovanför kraftverket och göra Sambesi segelbar. Detta innebär en väsentlig förbättring av kommunikationerna i detta område.

Men eftersom nu renläriga demokrater ogillar Portugal och dess afrikanska politik, så bör Cabora Bassa-projektet bojkottas. Det tilltänkta kraftverket kommer nämligen att förse Sydafrika med ström. Därmed stärks Sydafrikas ekonomi. I stället bör landet undergrävas liksom hela södra Afrika. Man eftersträvar en katastrof för de vita regimerna. Därmed skall marken beredas för de svarta s.k. befrielserörelserna. Sedan dessa väl störtat de vitas makt, må man börja bygga Cabora Bassa.

Samtidigt har vi ett utmärkt exempel på att svarta regimer ingalunda behöver betyda befrielse. Medan upphetsade fanatiker demonstrerade mot ASEA:s deltagande i det portugisiska projektet, håller en svart regim på att utrota ett helt områdes befolkning. Nigerias folkmord i Biafra är nu uppmärksammat över hela världen. När Biafras frihetskamp började, var det veterligen bara en tidning i Sverige, som klargjorde fakta och krävde stöd åt Biafra. Det var Vägen Framåt. Labourregeringen i London stödde med benäget amerikanskt samtycke den nigerianska regeringen i Laos. Sovjetunionen stod på samma sida. Den svenska opinionen följde som vanligt de stora förebilderna. Det tog ett år, innan opinionen började svänga. Anledningen skall vi inte analysera just nu, även om den kan vara nog så intressant. Det är emellertid uppenbart, att vi här har exempel på ett blodigt rasförtryck, utövat av svarta. På samma sätt bevittnar vi ett blodigt rasförtryck av svarta från ett arabiskt överskikt i Sudan. Också här är de svenska demonstranterna märkbart återhållsamma. Det har funnits exempel på rasförtryck i Indien, som praktiskt taget helt förtigits i den svenska pressen.

Dessa fakta framkallar en olustig förnimmelse av något oäkta. Man åberopar moraliska principer, när det passar de egna intressena. Man ersätter moral med cynisk realism, när detta gagnar ens syften. Man erkänner Nordvietnam. Men man erkänner inte Biafra. Och detta motiverar man med att man inte vill stöta sig med majoriteten av afrikanska stater. Var tog moralen vägen? Saken är den, att en rad afrikanska stater rymmer rasliga minoriteter, som förtrycks av det härskande skiktet. En seger för Biafra skulle stimulera andra förtryckta grupper i Afrika att också resa sig. Denna handräckning åt förtryckta vill man inte ge, därför att man är lierad med förtryckarna.

Det enda naturliga är väl en politik, som tar hänsyn både till den moraliska grundvärderingen och det genomförbara. Först måste vi slå fast, vart vi syftar, och sedan måste vi välja de vägar, som leder oss dit. I annat fall åstadkommer vi raka motsatsen till det vi ville. Målsättningen är djärv, och den måste vara djärv. Den kan inte nöja sig med mindre än att hela den nuvarande u-världen lyfts upp till samma plan, ekonomiskt, socialt, politiskt och kulturellt, som i-världen. Detta kan inte ske på

## DET NÖDVÄNDIGA GREPPET 51

diktamen från i-länderna. Men inte heller utan i-ländernas medverkan. Vi måste söka åstadkomma ett samspel mellan progressiva u-landskrafter och ansvarsmedveten i-landserfarenhet. Det kan komma att innebära, att i-länder eller i-landskrafter delvis kommer att styra utvecklingen i u-länderna, innan den inhemska befolkningen hunnit växa in i de nya rollerna. Att ersätta kolonialmakternas förvaltning med färgade klickvälden är att komma ur askan i elden. I-länderna måste emellertid eftersträva en aktivering av de inhemska krafterna. I slutronden är det dock u-länderna själva, som måste lösa sina egna problem. Därför måste tredje världens självförtroende ökas. Den portugisiska insatsen i Cabora Bassa kan en gång komma att bli till välsignelse för millioner afrikaner. En betydande minoritet i Frelimo, upprorsrörelsen i Moçambique, är motståndare till bojkotten; den tror på sin framtid!

U-landshjälp får inte bli u-landsfluga. Visst är engagemang nödvändigt, visst måste starka känslor kopplas in, om vi skall lyckas i Asien, Afrika och Latinamerika. Men det räcker inte med känslor. Och det är definitivt oriktigt med fanatism. Det finns för mycket av oäkta flåspatos, för mycket av spekulation i vad som "är inne", för mycket av partipolitisk fanatism i den propaganda, som bedrivs.

I verkligheten är problemet om u-ländernas jämlikhet så väldigt, att bara ett förenat Europa i samverkan med Förenta Staterna och Sovjetunionen kan lösa det. Vi är inte ens framme vid Europa. Det är här vi måste sätta in första stöten. Men den vägsträckan, den som ligger allra närmast, har u-landsfantasterna helt enkelt glömt bort.

*1969, nr 4 (maj):*

# PRICKEN ÖVER IET

Borgerligheten är inbegripen i trätor, nyvänstern tungomålstalar, och socialdemokraterna grubblar på sina Martasbekymmer. Hittar vi inte den sökta visionen, glider vi in i en framtid, som ingen av oss vill ha.

Medan socialdemokratin över hela linjen slår ut sin stora jämlikhetsoffensiv, samtidigt som den nya näringspolitiken – samverkan mellan staten och näringslivet – steg för steg förs vidare, är de borgerliga partierna inbegripna i småträtor – om vad vet man knappast. Inom högerpartiet skall visserligen en utjämning mellan Yngve Holmberg och Gösta Bohman ha kommit till stånd, men irritationen inom partiet är lika stor som någonsin. Man börjar redan få höra viskningar om ett nytt högerparti. Den ständiga undfallenheten, oförmågan att hävda sin egen linje, sicksackandet mellan reaktionär nejsägaranda och nuliberal verklighet gör stora grupper av högerväljare allt olustigare. Inom folkpartiet ser det föga bättre ut. Den klavertrampande Sven Wedén går på för fullt. Sedan han avlagt sin amerikanska halmhatt, har han i stället gripit S:t Görans svärd för att krossa den stora draken Olof Lagercrantz, ett bullrande drama med starka stänk av burlesk medeltidskomik. Partiets mera seriösa politiker förfasar sig över detta pajaseri, som dock onekligen har färg. Per Ahlmark, tittar fram i kulissen och väntar på befordran, men gamla ringrävar med komplex mot arga unga män ber honom vänta än ett tag. Och så centern. Hedlunds stora enmansteater, där kronprinsarna virvlar runt som löven om hösten och ingen riktigt vet, vad han eller hon egentligen är ute efter. Det är inte underligt, att Gunnar Unger i Svenska Dagbladet känner sig mäkta dyster över detta rekord i borgerlig splittring.

Så alldeles helt med enighet och framåtanda är det emellertid inte heller i det socialdemokratiska lägret. Visst talar man där om ideologi och reformer, om målmedvetet framtidsskapande, om kamp för dem, som har det svårt i nutidens samhälle. Men också där är det någonting, som fattas, pricken över iet, som ingen lyckas hitta.

I riksdagshuset sitter en grupp socialdemokrater med Alva Myrdal som ordförande och den unge riksdagsmannen Mats Hellström som sekreterare. Gruppen kom till efter den extra partikongress, som inkallades efter 1966, kongressen efter nederlaget. Den skall reda ut jämlikhetsfrågorna. Och till den ändan har gruppen satt i gång en väldig apparat. Hela den aktiva partikadern han engagerats i det s.k. Rådslag 69, ett system av diskussionsgrupper, som skall besvara en rad konkreta frågor, uppställda i ett med statistiska och med andra uppgifter försett material, som partiet skickat ut.

Det finns en svårighet, som denna grupp har brottats med, en avvägning mellan den konkreta reformpolitiken i nuet och den framtidsvision, som måste utgöra reformernas och den konkreta handlingens riktpunkt. Det har uttalats farhågor för att det hela bara skall bli vision, att ingenting praktiskt skall komma ut ur arbetet. Den farhågan är obefogad. Det är tvärtom den stora visionen, som vi just nu har mest behov av.

På den praktiska politikens område finns det ingen brist på vare sig uppslag eller direkta förslag. Sven Aspling är just nu i färd med att genomföra en sedan länge behövlig förvaltningsreform på sjukersättningens område, Krister Wickman har satt i gång en utredning om de statsanställdas medinflytande i statsföretagen, Camilla Odnoff har de ensamstående mödrarnas problem tätt inpå sig o.s.v. Men allt detta är bara delreformer inom ramen för den bestående ordningen, lappar på ett kläde, som blir alltmer förslitet i den rasande utvecklingstakten. Erlander talar med jämna mellanrum om föränderlighetens samhälle. Men vari dessa förändringar består och vart de leder, får vi nästan aldrig reda på. Och då kan man med fog uppställa frågan, om de reformer, som man samlas kring, leder dit man syftar. Det kan t.o.m. hända, att reformerna tillsammantagna ger oss ett samhälle, som varken vi eller någon annan vill ha. Det bara blev så.

Vi har använt bilden förr, men det skadar inte att upprepa den. När man skall bygga ett hus, måste man ha en arkitektritning. Man måste ha en samlad idé om vad huset skall ha för ändamål, hur det skall utformas för att tjäna detta ändamål och hur det skall se ut. Det förhåller sig på samma sätt med samhället. Vi kan inte nöja oss med ordet "blandsamhälle". Det ordet kan betyda snart sagt vad som helst. Vi måste radikalt ställa frågan: Kan vi med det nuvarande samhällets sociala och ekonomiska struktur lösa de problem, som möter oss, på ett tillfredsställande sätt? I den nysvenska rörelsen besvarar vi den frågan med ett klart nej. Konstruktionen av våra företag, typen på våra organisationer, ja hela vårt samhällstänkande utgår från ett klassamhälle, där rivaliteten är det väsentliga, rivaliteten mellan olika intressen i företaget, mellan olika klasser i samhället, mellan olika löntagargrupper på arbetsmarknaden, mellan olika partiapparater vid valen o.s.v. Denna typ av samhälle är en produkt av det läge, som blev en följd av den industriella revolutionen, den moderna teknikens genombrott. Men detta läge ligger nu ett till två hundra år tillbaka i tiden. Tekniken har utvecklats vidare. Demokratin, som skulle bli ett jämlikhetens samhälle, håller på att bli grunden för ett nytt teknokratiskt överklassamhälle. Arbetare och bönder håller på att förvandlas till kvalificerade men också privilegierade minoriteter, medan de tjänsteyrken, som kommer att växa offantligt i omfång i framtiden, kan komma att bli ett nytt proletariat. Ingen vill ha det så. Men det kan ändå bli så.

Det är detta faktum, som nödvändiggör visionen. Vi måste skapa oss bilden av ett samhälle, där alla dessa olägenheter är avvecklade, ett samhälle, där samverkan, livsglädje och medmänsklighet ges en betydligt bredare plats än i ett amerikaniserat konkurrenssamhälle, där tillfredsställelsen av en arbetsinsats får tävla med det trånga och kortsynta vinstbegäret. Det är detta samhälle, vi velat teckna i korporatismen. Att bara krampaktigt hålla fast vid demokratin som en sekt vid en dogm, det är att bromsa utvecklingen, att snöpa de krafter, som skulle kunna frigöra oss ur nuets förlamning. Från småträtande borgargrupper är ingenting att vänta. Nyvänsterns tungomålstalande verkar närmast avskräckande. Socialdemokratin, den stora tungvikten i svensk politik, tycks trots allt vara alltför bunden av dagens Martasbekymmer. Så nog finns det en uppgift, en verkligt betydande uppgift, i 70-talets Sverige för den rörelse, som under årtionden av motvind lyckats behålla sin andliga vitalitet och hålla framtidsvisionen levande.

*1969, nr 5 (juni):*

# GLOBALT PERSPEKTIV

**1800-talet behärskades av engelsk teknik, engelskt kapital och engelsk världsmakt. I dag befinner sig nya världsmakter, Förenta Staterna, Sovjetunionen och Kina, Indien, arabvärlden och Latinamerika, alla på kollisionskurs. Europas ening är den enda vägen till säkrad fred.**

Den världspolitiska situationen i dag är en frukt av det andra världskrigets utgång. 1800-talet behärskades i icke ringa utsträckning av England. Det var i England, som den industriella revolutionen började. Från England spred sig tekniken till den europeiska kontinenten och till den amerikanska. England behärskade ett världsvälde, som historien icke dittills sett motstycke till. England var den store kapitalexportören både till kontinenten och till Förenta Staterna. Den amerikanska utvecklingen finansierades delvis ända fram till första världskriget med tillskott av europeiskt kapital. Den amerikanska expansionen möjliggjordes av europeisk invandring. Först efter 1918 var Förenta Staterna fullt oberoende av Europa. Det är nu, som en utveckling i motsatt riktning börjar. Amerika blir kapitalexportören. Detta faktum blev emellertid av världspolitiskt avgörande betydelse först efter det andra världskriget, då Europas beroende av Amerika blev otvetydigt.

Den kommunistiska revolutionen i Ryssland och sovjetväldets konsolidering under mellankrigstiden ledde fram till Sovjetunionens ställning som Amerikas medtävlare i och med utbrottet av det kalla kriget. Sovjets dominerande maktställning i världen kommer emellertid att bli en episod. Kinas uppmarsch som världsmakt i klar motsatsställning till Sovjetunionen ställer Moskva i ett dubbelt försvarsläge. Å ena sidan måste ryska intressen hävdas mot amerikanska, å andra sidan mot kinesiska. Detta har medfört ett amerikanskt-ryskt närmande, som tvivelsutan innebär en försvagning av den ryska positionen.

Förenta Staternas aspirationer på den ledande ställningen i världen hotas emellertid från två håll, dels inifrån genom den växande oron i det amerikanska samhället, och dels utifrån genom Latinamerikas frigörelse ur det nordamerikanska beroendet. Latinamerika med dess billiga arbetskraft och dess naturrikedomar har länge exploaterats av det amerikanska näringslivet. I den mån USA:s grepp om denna kontinent lossnar, förlorar landet något, som hittills varit ett amerikanskt styrkebälte. Monroedoktrinen hör oåterkalleligen till historien.

Det är en ödets ironi, att Kuba, det lilla land, som Förenta Staterna frigjorde genom det spansk-amerikanska kriget 1898, d.v.s. den aktion, genom vilken Förenta Staterna inträdde i världspolitiken, just skulle bli det land, som öppnast och mest framgångsrikt vågat trotsa den amerikanska suprematin i Latinamerika. Den latinamerikanska kontinentens utveckling kan komma att betyda tillkomsten av en helt ny maktfaktor på den världspolitiska scenen och därmed rubba hela den mondiala balansen.

Den inre oron i Förenta Staterna kommer i växande grad att suga åt sig amerikansk energi. Så länge det ännu fanns ny mark att odla, nya naturfyndigheter att exploatera inom USA:s gränser, kunde den amerikanska kapitalismen som präriebufflar vältra fram över kontinenten. United Steel, Betlehem Steel, Anaconda, Fordkoncernen, Standard Oil, aluminiumtrusten och allt vad de heter, dessa amerikanska finansjättar, växte fram ur en process, där människor av alla raser och nationaliteter blandades om varandra i ett kokande, rykande, virvlande svep framåt. Nu är landet exploaterat från Atlanten till Stilla havet. Nu börjar de nationella grupperna framträda som enheter i enheten. Negerproblemet är ett typiskt exempel. Försöket att vidmakthålla den gamla inställningen, rasintegrationen, har redan misslyckats, och i rörelser som Black power sticker en ny nationalism upp huvudet, en nationalism, som hotar Amerika med ständiga konflikter och ytterst nationens stelnande i ett nytt kastsamhälle.

Den osäkra faktorn i detta spel heter Europa. Det är från Europa, som Amerika skapats, Förenta Staterna och Kanada likaväl som Latinamerika. Sovjetunionen är ett utflöde av europeisk expansion. Från Galicien norr om Karpaterna har slaverna vandrat österut och format i hård kamp med mongoliska ryttarfolk den ryska rikskärnan. Det kommunistiska Ryssland betyder en påspädning av idéer, som alla kommit från väster. Europeisk kultur, europeiska idéer och europeisk teknik har satt i gång processen i den färgade världen, i Japan, i Indien, i arabvärlden och i det svarta Afrika. Europeiska idéer har ytterst inspirerat också Mao Tse-tungs Kina. Det är Europas civilisation, som förändrat världen.

## DET NÖDVÄNDIGA GREPPET 57

Men samtidigt ligger detta Europa förlamat av splittring. Förenta Staterna, Sovjetunionen och Kina, Indien, Latinamerika och arabvärlden är nya maktfaktorer, som alla är inne på kollisionskurs. Den enda möjligheten att skapa ordning, att säkra världen mot ett tredje världskrig, är Europas ening. Detta skulle i ett slag förändra hela världsläget. Västeuropa är i dag helt beroende av Förenta Staterna. Det är amerikansk företagsamhet, amerikansk teknik och amerikansk framåtanda, som steg för steg gör Europa till amerikanska satelliter. Samtidigt hålls Östeuropa i ett sovjetryskt järngrepp. I det ögonblick Västeuropa frigör sig från det amerikanska beroendet genom en ekonomisk, militär och politisk integration, kommer det sovjetryska greppet om Östeuropa att lossna; pressen från Kina kommer att framtvinga en sådan lösning. Inmarschen i Tjeckoslovakien var en akt av desperation för att hävda ett välde, som i längden ändå är ohållbart. En gång kommer vi att få bevittna sovjettruppernas uttåg. D.v.s. om Europa enas.

Denna enhet är möjlig endast om Tyskland och Frankrike på allvar går samman, om duon Gaulle-Adenauer får bli ett varsel, inte en episod. England är i dag helt beroende av Amerika. Englands inträde i Europa fordrar som förutsättning en kontinental samling, som av de västeuropeiska ländernas industripotentialer skapar en enda enhetlig potential. Därmed blir sugkraften från kontinenten större än den från Amerika.

Sverige kan i detta sammanhang komma att spela en betydligt större roll än dess folkmängd möjliggör. Dels har vi Europas mest avancerade samhällssystem och Europas självständigaste politiska ställning. Vår neutralitet i två världskrig gör oss till den naturliga bryggan mellan förut motsatta poler i Europa. Sveriges nära anslutning till den bankruttmässiga engelska politiken måste ersättas med en nyorientering främst mot Frankrike men i den franska orienteringens kölvatten också till Västtyskland och Italien. Våra goda förbindelser till Sovjetunionen bör vidmakthållas och befästas. Därmed bör Sverige kunna medverka till en fredlig form för den kanske betydelsefullaste nyordningen i historien, tillkomsten av ett enat Europa som en brygga mellan öst och väst, som en garanti för den samling av industrivärlden, som ger oss möjligheten att med förenade krafter lösa den tredje världens problem och därmed skapa en balans i världen, som inte bara blir en maktbalans, utan också ett uttryck för rättvisa och ömsesidighet folken, raserna och kontinenterna emellan.

*1969, nr 6 (augusti):*

# JUDISK INTERNATIONALISM

**Israels tillkomst är ett uttryck för judisk nationalism. Nu går den judiska internationalismen till angrepp även mot Israel med krav på utplåning av all nationell identitet i världen.**

Gunnar Fredriksson har i Aftonbladet publicerat tre artiklar kring fyra judiska inlägg om Israel, inlägg, som samtliga är mer eller mindre kritiska mot staten Israel eller dess tillkomst. Intressantast av dessa inlägg är Isac Deutschers, främst därför att det är det principiellt mest genomförda. Isac Deutscher företräder den typiskt judiska internationalismen. Han kommer från ett ortodoxt judiskt hem i Polen, uppfostrades i den mosaiska trosbekännelsens anda, omgavs av urgammal judisk tradition men bröt med alltsammans och blev internationalist, ateist och kommunist. Han uteslöts därför ur den judiska gemenskapen och bannlystes av sin familj. Sin kommunistiska tro har han emellertid inte förblivit trogen. Den stalinistiska versionen av kommunismen förde honom över i det läger, där föredettingar i stil med Artur Koestler och Ignazio Silone hamnade, idealister med en socialistisk vision, som sett sina drömmar stelna till is i den moskovitiska isvinden. De har sedan gått skilda vägar som fallet ofta är med intellektuella särlingar.

Isac Deutscher blev först och främst internationalist. Men han blev det utifrån judiska förutsättningar. Som ateist blev talet om judarna som Guds egendomsfolk meningslöst för honom. I konsekvens med sin inställning måste Deutscher bli anhängare av en total konfessionslöshet. Men inte nog med det. Han kräver också ett upphävande av identifieringen med det egna folket. Här är varken jude eller grek, varken tysk eller amerikanare, varken neger eller vit. Här är alla världsmedborgare. Endast därigenom kan judarna uppnå den trygghet, som de eftersträvar. De kan alltså uppnå den blott genom att upphöra att vara judar. Men villkoret för att detta skall bli möjligt är, att vi svenskar upphör att vara svenskar, att amerikanarna upphör att vara amerikanare och afrikanerna

DET NÖDVÄNDIGA GREPPET 59

upphör att vara afrikaner. Inte bara total konfessions- utan även total nationslöshet blir konsekvensen av hans resonemang. Visserligen förstår han bakgrunden till Israels tillkomst. Det är nazismens judeförföljelser, som tvingat judarna att söka skydd i en exklusivt judisk gemenskap. Nazismen å sin sida är en produkt av kapitalismen, säger Deutscher, en uppfattning, som historiskt och konkret är ohållbar, men som redan på 20-talet energiskt förfäktades av kommunistiska eller kommunismen närstående teoretiker och agitatorer.

Isac Deutschers inställning är både logiskt och mänskligt begriplig. Men den är helt orealistisk. Det internationalistiska idealet är dessutom inte ens önskvärt. Hur skall den mänsklighet se ut, som både i fråga om trosformer och nationell differentiering totalt utjämnats till en enda jämngrå massa? Om vi antar, att den drömmen skulle kunna förverkligas, vilket knappast är möjligt, så skulle följden bara bli, nya gemenskaper, nya lojaliteter. Och därmed nya motsättningar och nya konflikter. Internationalismens nivilleringsprogram måste då också fullföljas med en total nivellering också på det sociala området. Men hur skall det kunna ske i en värld, där arbetsvillkor, utbildning och målsättning är och måste vara så skiftande på grund av det moderna industrisamhällets egen karaktär? Nivelleringens genomförande skulle betyda en återgång till mänsklighetens mest primitiva stadium, till tiden före den yngre stenåldern, d.v.s. före jordbruket.

Det råder inte tvivel om att sionismen ser betydligt klarare på problemen. Den judiska gemenskapen är ett faktum liksom alla andra nationella gemenskaper. Att försöka upphäva eller utplåna de nationella mönstren är en omöjlighet. Titta bara på bolsjevikerna i Ryssland. De försökte. Men tsarernas gamla pyramidsamhälle med anor från faraonernas Egypten har bara levt upp igen, ännu intensivare och mera utpräglat än förr, i de röda tsarernas Sovjetunionen. Och titta på Mao Tse-tung. Han skulle göra om Kina från grunden. Resultat: kejsarkulten återuppstod i en utsträckning som aldrig förr – det var bara titeln kejsare, som byttes ut mot titeln ordförande. För att hindra en byråkratisering, satte han i gång med en kulturrevolution. Men i verkligheten upprepade han bara ett urgammalt kinesiskt mönster. Långt före Kristi födelse krossade kejsar Chi Hung-ti den bestående feodala samhällsordningen, avsatte de adliga ämbetsmännen och ersatte dem med ofrälse folk. Och när den gamla klassen försökte expandera igen via den makt, som deras skrifter och därmed deras doktriner utövade, lät Chi Hung-ti bränna upp hela deras litteratur i en orgie av bokbål över hela Kina. Det var kulturrevolutionens första upplaga, tre tusen år före den senaste. Mönstret går igen. Låt oss acceptera faktum. Vi människor är olika som individer. Vi är olika som grupper. Denna olikhet kan vi inte komma ifrån. Den är därtill ett värde. Ty det är ur spänningen mellan olikheterna, som utvecklingen drivs fram. Vad vi måste eftersträva är en form för samverkan i tjänst åt det, som är gemensamt. Europas ening är ett uttryck för en sådan strävan. Drömmen om en enad värld, byggd på självständiga folk och raser i samverkan, är ett fjärmare uttryck för samma synsätt. Israel är en produkt av den drömmen.

Visst är det ett faktum, att den israeliska staten kommit till genom en erövring. Visst har Palestinaflyktingarna moralisk rätt att kräva full ersättning. Visst är den arabiska nationalismen med dess sammanpressade fond av grämelse och harm minst sagt begriplig. Men hur mycket i denna värld har kommit till i moraliskt fullt hedervärda former? Israels existens är ett intresse också för oss andra. Möjligheten för ytterligare judisk invandring till Israel likaså. I-världen har resurser att ge araberna fullgod kompensation. Här bör judarna och vi andra samverka för att uppnå en rimlig lösning. Ju avlägsnare den dagen ter sig, desto nödvändigare blir en europeisk samling. Ty endast ett förenat Europa kan i längden garantera Israels bestånd på grundvalen av fred och rättvisa i Närmare Östern.

*1969, nr 7 (oktober):*

# FRED OCH FÖRSVAR

Inför de fantastiska perspektiv, som den moderna tiden öppnat, ter sig trätorna i världen småfuttiga. Men sådant det nu är, kan vi aldrig nå fram till förnuftiga förhållanden och verklig fred utan ett starkt försvar – garanten mot inkräktare och angripare.

Däruppe på månen härskar den absoluta ödsligheten. Inget liv, inget porlande vatten, inte ens luft att andas. Bara brännande sol över stekvita sandvidder eller söndersprängda klippor och svart skugga, ogenomtränglig. Och så svart himmel med flammande ljuspunkter, en natthimmel i världsrymdskyla.

Runtomkring denna lysande blå planet, denna jord, som såg människan födas, utbreder sig den stora tomheten. Mars, vår närmaste planetgranne, förefaller vid närmare betraktande rätt ödslig och ogästvänlig, den också. Och på Venus ryker sandstormarna i en temperatur, där allt levande, som når dit, måste förintas, om det inte bepansrar sig med ett värmeskydd utan like. Och längre ut mot rymden, där jätten Jupiter cirklar runt med sina tio månar, där Saturnus prålar med sin lysande ring, där Uranus och Neptunus ännu är okända världar, och där den köldkrympta Pluto glider fram i sin väldiga ellips kring den fjärran solen, överallt i detta gigantiska område, som i själva verket bara är vårt allra närmaste grannskap, tycks inga möjligheter finnas för levande liv. Sen tar det fyra ljusår till nästa stjärna.

Visst har vi anledning att känna vår litenhet inför detta gigantiska universum, där vi rör oss på ett dammkorn. Men samtidigt måste vi fyllas av en eggande känsla av mening, uppgift och ansvar. Åtminstone i den del av universum, som ligger oss nära, är vi ensamma. Vi är väsen med ett eget medvetande om oss själva, med tankeförmåga och skaparvilja. Det finns hos oss något av den drift, som vi föreställer oss ha verkat, när en gång universum kom till. I dag är jorden vårt hem och rymden vår uppgift.

## DET NÖDVÄNDIGA GREPPET

Verkar inte inför dessa perspektiv de små futtiga konflikterna mellan länder, raser, partier och religioner som något obegripligt i all sin enfald, all sin småskurenhet, all sin uppblåsta meningslöshet? Vi har väldiga projekt framför oss. Vi har tekniska och vetenskapliga resurser, med vilkas hjälp vi steg för steg skulle kunna avskaffa fattigdomen på jorden och inrikta hela vår kraft ut mot de ändlösa vidderna med deras ännu okända möjligheter.

Att i detta läge diskutera, hur vi skall kunna försvara den lilla del av vår jord, som vi kallar Sverige, är på sitt sätt groteskt. Sverige är en liten del av jorden, liksom jorden är en liten del av solsystemet. Men utan denna lilla del skulle solsystemet vara livlöst och utan möjlighet till viljestyrd utveckling. Här på vår befolkade planet är varje del en meningsfylld enhet med sin uppgift, sin utkorelse i det stora sammanhanget. Så länge vi inte hunnit fram till den insikt, vi måste fram till, insikten om att jordens folk hör ihop, jordens folk måste samverka för gemensamma mål, måste vi se till, att det som redan nu byggts upp, inte raseras av destruktionens och de okontrollerade lidelsernas krafter. Vi har byggt detta land genom århundraden och årtusenden. Vi har format dess mönster i samspel med de förutsättningar, som ges inom dess gränser. Detta lilla folk har arbetat sig fram till en ledande ställning i världen – tekniskt, vetenskapligt och socialt. I över hundrafemtio år har det lyckats oss att bevara vår fred. Vi har genomfört djupgående förändringar av vårt samhälle utan blodiga omvälvningar eller uppslitande strider. Kärnan i vår nationalism är en önskan att så förvalta vårt pund att vi kan bli ett föredöme bland folken: det målet formulerades redan av Per Albin Hansson.

Men därmed har vi också en förpliktelse att försvara detta land mot var och en, som vill förslava det eller förinta det. Vi har inga anspråk på andra. Men vi fordrar, att det, som är vårt, respekteras. Vi erkänner vår skyldighet att som ett välbärgat folk göra en insats för deras likaberättigande, som har det sämre än vi. Men den skyldigheten kan vi bara som ett fritt folk fullgöra. Och sådan världen i dag är, kan Sveriges frihet garanteras endast av ett starkt försvar.

De som vägrar att här fullgöra sin medborgerliga skyldighet, de som smiter från sin värnplikt, är osolidariska mot sitt folk och bör ta konsekvensen av det. Det finns människor, som på grund av vissa egendomliga religiösa föreställningar blir vapenvägrare. Dem kan man i religionsfrihetens namn befria, även om man i ärlighetens namn måste säga, att man befriar dem som mindre vetande. Men de, som av politiska skäl drar sig undan, de som inte vill göra sin skyldighet, därför att de inte vill försvara

## DET NÖDVÄNDIGA GREPPET 63

oss mot en kommunistisk angripare, dem finns det inget förbarmande med. De sviker sitt land, därför att de sätter sina egna fördomar högre än Sverige. Den propaganda, de i dag utvecklar, är propaganda för förräderi. Det är hög tid att sätta in motpropagandan.

Vi behöver ett försvar så starkt, att det aldrig behöver fungera. Men samtidigt behöver vi en utrikespolitik, som målmedvetet syftar till en värld utan krig. Ett förenat Europa är ett steg på den vägen. Att man i ledande svenska kretsar i dag är rädd för det steget må vara hänt, i ett läge, då Europas enhet ännu ter sig oviss och risken finns för ett indirekt engagemang i NATO. Men när tvekan motiveras av andra skäl, småfuttiga partipolitiska maktspekulationer, då måste vi protestera. Ett enat Europa är ett ofrånkomligt framtidsmål. Men bara ett delmål. Förr eller senare måste kretsen vidgas. Det är en enad värld, vi eftersträvar. En värld med hela rymden som arbetsfält.

*1969, nr 8 (november):*

# EFTER TRONSKIFTET

**Socialdemokratin har fortfarande greppet om svensk politik. Men har den därför greppet om svensk samhällsutveckling? Det finns anledning att ställa den frågan.**

Ledarskiftet i det socialdemokratiska partiet hade föga gemensamt med ett republikanskt presidentval. Det gick snarare till i rent monarkiska former. Det försök, som gjordes av Agne Gustafsson i Lund, att få till stånd en kampanj för Gunnar Sträng, kvävdes i sin linda, och den lundensiske statsvetarens framträdande på partikongressen gav bara Sträng tillfälle att hylla Olof Palme, samtidigt som han meddelade, att han med partivännernas samtycke tänkte stanna kvar som finansminister. Det har han också gjort med besked.

Ledarskiftets formella inramning var mycket skickligt iscensatt. Palmes tacktal till Erlander var ytterst noga förberett. Det framfördes i en avspänd anda utan tom retorik. Det var Palmes hittills mest imponerande framträdande. Den borgerliga press, som i åratal haft Palme till strykpojke, föll helt till föga. På socialdemokratiskt journalisthåll har man varit förvånad över den borgerliga uppslutningen i hyllningskören för underbarnet på statsministerposten. Det har hjälpt de socialdemokratiska funktionärerna att utplåna oron mot den i arbetarkretsar som alltför intellektuell betraktade Palme. Orsaken tycks emellertid ha varit, att Palmes sätt att agera i detta sammanhang framkallat så starka sympatier i de borgerliga tidningarnas läsekrets, att man helt enkelt inte vågat skriva annorlunda.

Tage Erlander har visat upp ett förvånat ansikte inför den ringa uppmärksamhet, som debatterna vid kongressen väckt. De har knappast märkts. I vilken grad dessa meningsutbyten påverkat utvecklingen inom partiet låter sig emellertid inte avgöras med den tillgång, som utomstående har till fakta. Ovedersägligt är, att socialdemokratins ledande män framträdde en efter en för att under åhörarnas jubel lägga upp riktlinjerna

## DET NÖDVÄNDIGA GREPPET 65

på var sitt område för framtidens politik. Våra socialdemokratiska vänner får ursäkta, men det intryck, som utomstående fick, kom tanken gång på gång att snudda vid ett enda ord – Nürnberg.

Detta intryck av ett statsbärande parti, som bestämmer, var skåpet skall stå, förstärktes självfallet av den borgerliga oppositionens totala splittring, av dess fullständiga brist på ett alternativ till den nuvarande politiken. Gunnar Heléns debut som folkpartiets starke man har knappast förändrat bilden. Den man, som mer än någon annan bär ansvaret för oordningen och villervallan i den svenska skolan av i dag, och som inledde sin politiska återkomst med bråk om sin ämbetsbostad på residenset i Växjö, lär knappast bli någon verkligt farlig motståndare för vare sig Olof Palme eller Gunnar Sträng. Det delvis återupplivade mittensamarbetet med dess udd mot Moderata Samlingspartiet bådar inte heller gott för en samlad borgerlig attack mot regeringen. Yngve Holmberg tycks visserligen fortfarande vara beredd att ta örfilar från mitten och därmed vända den andra kinden till, men i längden lär hans väljare inte bli hågade att backa upp vilka förödmjukelser som helst. Någon råg i ryggen får det väl ändå krävas, också om man kallar sig moderat.

Socialdemokratin är alltså fortfarande den absolut dominerande kraften i svensk politik. Ändå måste man fråga sig, om socialdemokratin verkligen har grepp om utvecklingen. Den stora jämlikhetsdebatt, som skulle bli signalen till en ideologisk förnyelse, håller på att fullkomligt urarta. Dels tycks ingen part i svensk politik veta, vad den menar med jämlikhet. Dels har skattefrågorna på ett olycksaligt sätt skjutits i förgrunden. Det hela håller på att sluta med en mer eller mindre larvig debatt om en ökning av arvs- och förmögenhetsskatterna. Här är vi framme vid en mycket väsentlig punkt i dagens samhällsutveckling.

Faran för en ökning av klasskillnaderna kommer i dag inte från kapitalägarna. Deras stora inflytande i det förflutna berodde, som Galbraith mycket riktigt påpekat, på kapitalets knapphet under industrialismens uppmarschtid. Nu finns det möjlighet, att när man vill, driva upp mycket stora kapitalkoncentrationer. Det torde icke minst Krister Wickman vara medveten om. Kapitalets makt har minskat enligt lagen om tillgång och efterfrågan. I stället är det teknologiskt kunnande, administrativt handlag och samhällstekniskt vetande, som är utslagsgivande. Det är detta, som skapar förutsättningarna för den nya teknokratiska överklassen. Åtskilliga vänstergrupper är i själva verket bara politiska förtrupper till denna nya klass. För dem är det ett rent maktintresse att kämpa ner alla de grupper, som kan tänkas göra motstånd mot deras totala maktkonsolidering. Man fruktar ett samgående mellan arbetare och sparare till försvar för gemene mans rättigheter gentemot en allsmäktig teknokrati. Jämlikheten blir ett tillhygge i den nya klassens maktkamp, som kommer att kastas bort, så snart man nått sitt syfte och kämpat ner de farliga motståndsnästena.

Det är på denna punkt, man undrar om socialdemokratin ser klart. Dess huvudmassa önskar sist av allt en teknokratisk utveckling. Men den domineras just nu av ett klart feltänkande. Den tror, att det klasslösa samhälle, som vi eftersträvar, måste vara ett samhälle utan hierarki, d.v.s. utan en rangordning mellan befogenheter och uppgifter olika samhällsfunktioner emellan. I verkligheten är det väl så, att det klasslösa samhället mer än något annat måste ha en effektivt fungerande hierarki för att över huvud taget vara funktionsdugligt. Det enda alternativet är ett klassamhälle. Här måste debatten skapa klarhet. Krister Wickmans ekonomiska politik har många positiva drag. Men endast om den medvetet gestaltas som ett övergångsskede. Samspel mellan stat och näringsliv kan, om det vill sig illa, främja den teknokratiska utvecklingen. Därför måste de många mobiliseras till kamp för en fortsatt förnyelse fram till det korporativa samhället, den ända samhällsform, som förverkligar kravet på att folkets väl skall gå före pamparnas.

*1970, nr 1 (januari):*

# LINJEN OCH TRIANGELN

Vad är egentligen höger? Vad är vänster? Kortleken är blandad, och de gamla märkena håller inte längre. Utvecklingens spjutspets är inte vänsterpunkten på en linje utan spetsen på en triangel.

D et är något särskilt med den svenska julen. Den börjar egentligen långt i förväg. Först i mollackord: grå novemberskymning kring domsöndagens dova basunstötar. Men så flammar det till, när det första adventsljuset tänds, när gatorna lyser upp i ljuseffekter den första skyltsöndagen med granrisgirlander omvirade av rött och de glada melodierna spelande från högtalare eller kringvandrande blåsorkester. Så kommer Lucia, ljusdrottningen i mörkret. Och så till sist som höjdpunkten i detta nordiska karnevalscrescendo själva julen med en yster julafton och en stämningsmättad juldagsmorgon.

Men hur många är det, som egentligen i dag upplever allt detta så helt och fullt och intensivt, som de flesta skulle önska? Det är, som lade det sig från år till år alltmer av damm över sedernas och traditionernas glittrande spindelnät. Julmånaden håller på att bli jäktmånaden. Julen håller på att kommersialiseras. Det är, som hölle alltsammans på att sakta frätas sönder inifrån. Typiskt för denna smygande process är en artikel, som Dagens Nyheter för något år sedan publicerade på sin kultursida själva julafton. Den bar titeln "Den heliga familjen" och var skriven av Barbro Backberger. Artikeln var ett angrepp på den västerländska familjeinstitutionen som sådan. Detta var julstämningen i Sveriges största morgontidning.

Därmed är vi framme vid den dubbla omfattningen. Julens kommersialisering kommer från höger. Det är de merkantila intressena, som här hänsynslöst utnyttjar traditionsvärdena och därmed radikalt urholkar dem. Barbro Backbergers angrepp kommer från vänster. Det är antitraditionalism, det är hela det kulturkomplex, som kan sammanfattas i ordet nuliberalism, som går till angrepp från rakt motsatta utgångspunkter.

Här har vi fått ett typexempel på kortlekens blandning, på det orimliga i att numera använda begreppen höger och vänster som fasta punkter i det politiska eller kulturella tänkandet. Vad är i dag höger? Vad är vänster? Yngve Holmbergs enda exempel på ett läge, där han kan tänka sig censur, är framförandet av en fascistisk pjäs på en svensk teater. Då skulle högerledaren vara med om polisingripande. Mot kommunistiska pjäser kan han inte opponera sig, sådana förekommer ju på löpande band redan nu. Samtidigt läser vi om hur i Italien kommunistiska arbetardemonstranter råkar i strid med vänsterstudenter, vilka attackeras av nyfascister. Det betyder alltså, att en högerledare kan betrakta fascismen som sin värsta fiende, medan kommunister och fascister kan slåss på samma front mot en gemensam motståndare. Red ut höger- och vänsterbegreppen i det sammanhanget, om Ni kan.

I Sverige kallas det högerpolitik att hävda nationella intressen. Men i Vietnam är nationalismen en utpräglad vänsterföreteelse. I Sverige uppfattas det som högervridet, om man försvarar svenska traditioner, men i Afrika är det vänsterpolitiker, som söker blåsa liv i de nationella traditionerna, medan högerorienterade politiker faller undan för dem amerikanska infiltrationen. Höger- och vänstertänkandet saknar en djupdimension. Det rör sig utefter en enda linje. Dess ena ändpunkt är yttersta högern, dess andra är yttersta vänstern. Men denna linje har ingen motsvarighet i verkligheten. I dag måste vi i stället räkna med en triangel. Det gäller inte att lägga sig till höger eller vänster i triangelns bas utan försöka placera sig i spetsen av triangeln, spetsen, som har linjer både till höger- och vänsterpunkterna på baslinjen. Det är detta, vi försökt framhålla i Nysvenska Rörelsen. Man har stämplat oss som vänstervridna, därför att vi erkänner det berättigade i en hel del av nyvänsterns samhällskritik. När nyvänster säger, att socialdemokraterna förvaltar det kapitalistiska samhället, medan makten över opinionsbildningen ligger i liberala händer, då har nyvänstern rätt. Det borde vem som helst kunna säga, bara efter att ha sett sig om i det svenska samhället av i dag. Man anklagar oss för att vara högerextremister, därför att vi kritiserar både demokrati och kommunism, precis som om detta skulle betyda, att vi vill tillbaka till något äldre skede i utvecklingen. Man inser inte, att i dag både konservatism, demokrati och kommunism är förankrade i det bestående, och att en verklig framstegsrörelse följaktligen måste befinna sig i opposition mot alla dessa tre faktorer i samtiden. Vi opponerar oss mot konservatismen, därför att den saknar förståelse för utvecklingens djupströmmar, för den förändring, som sker – inte på ytan utan i själva

## DET NÖDVÄNDIGA GREPPET 69

grunden av samhällsstrukturen. Vi opponerar oss mot demokratin, därför att den utan att märka det håller på att förvandlas till ett teknokratiskt överklassamhälle, som innebär ett olidligt förtryck. Vi opponerar oss mot kommunismen, därför att dess samhällstyp i själva verket innebär samma teknokratiska förtryckarregim, som demokratin är på väg mot. Det är snart bara de yttre formerna, som skiljer.

Vi är anhängare av den nationella traditionen hos varje folk, och vi tror, att just nu, när förändringen är större än någonsin, dessa nationella traditioner har ett större värde för stabilitet och trygghet än någonsin tidigare. Vi är anhängare av personlig frihet, av rättssäkerhet och likhet inför lagen, av folkligt medinflytande över hela linjen, ty utan frihet ingen kultur, utan rättssäkerhet ingen social trygghet och utan folkligt medinflytande ingen motståndsvilja mot nedbrytande och upplösande krafter i samtiden. Vi tror inte, att nuliberalismens hejdlösa njutnings- och driftmoral kan göra annat än skada i samtidens utveckling; vad vi behöver är solidaritet, samkänsla, medmänsklighet.

Det är samverkan mellan likaberättigade folkgrupper, som kan bära oss fram genom den förvirrade nutidens alla svårigheter. Det är denna inställning, som är själva grunden till vår korporatism. Vi vill det klasslösa samhället, men detta kan fungera endast om det finns en ur folkets alla lager rekryterad hierarki, ett system av funktioner, anpassat till nutidens behov och förutsättningar. Vi tror, att hög materiell standard är ett värde, blott om den får bli den jordmån, ur vilken människoanden kan hämta näring till nya djärva insatser och nyskapande projekt. Vi slår vakt kring varje tumsbredd av den mark, som de många i landet har erövrat av social trygghet och socialt framåtskridande, men vi gör det i tecknet av det gamla mästerordet: Människan lever icke av bröd allena.

*1970, nr 2 (februari):*

# MAKTSTRUKTURER

**Det svenska samhället behärskas av ett fåtal kapitalägare, som äger industrin, bankerna och pressen. Regeringen kan icke gå utanför den av kapitalmakten uppdragna ramen. Motmedlet är maktens överflyttning till stormöten – Stämmer denna samhällssyn?**

Det har på sistone blivit ett väldigt diskuterande här i landet om hur man skall fatta beslut och vem, som skall fatta dem. Man talar om «maktstrukturen», ett av dessa många nya uttryck, med vilka sociologer och psykologer översvämmar böcker och tidningar. Med maktstruktur menas närmast det system av insatser med olika befogenheter, som reglerar ett lands styrelse. För vissa strömningar har maktstrukturens utformning blivit det väsentliga problemet. Man utgår ifrån att makten i det nuvarande samhället ligger i händerna på ett fåtal kapitalägare. Dessa behärskar en stor del av industrin och bankerna. De har hand om de stora varuhuskedjorna, möjligen med undantag för Domus. De har ett fast grepp över pressen. 80 % av de svenska tidningarna är borgerliga. I verkligheten har detta fåtal kapitalägare en betydligt större makt än regeringen. Denna ges visserligen
rätt att inom ramen för det bestående samhället företräda arbetarnas intressen, men blott i den utsträckning, som kapitalägarna tillåter. Det främsta medlet att bryta denna maktstruktur och skapa en ny är den industriella demokratin. Arbetarna måste ges ett reellt inflytande i företagen. Mera moderata kretsar vill ha arbetarrepresentanter i styrelserna. Men de verkligt konsekventa menar, att all makt skall samlas hos arbetarna och utövas via beslut på stormöten, där alla har säte, stämma och rösträtt. Stormötesdemokrati är den enda verkliga demokratin, den enda form, som förverkligar demokratins grundprinciper. Om vi granskar denna uppfattning, finner vi för det första, att talet om kapitalägarnas allmakt inte stämmer. Koncentrationsutredningen visar, att exempelvis familjen Wallenberg behärskar företag, där dess aktieinnehav

bara uppgår till 5 %. Det måste alltså vara något annat, som förklarar familjens inflytande. Och det är inte svårt att upptäcka, vad det rör sig om. Wallenberggruppen har visat sig besitta en utomordentlig förmåga att fiska upp och samordna folk med företagaranda och teknologiskt kunnande, att skapa en effektiv arbetande industriell teknostruktur. Det är överlägsenheten i teknologi och företagsorganisation, inte i kapital, som alltmer blir det väsentliga. För det andra visar striden mellan Riksbanken och Svenska Handelsbanken i den s. k. Hasselbladsaffären, att regeringen ingalunda är något maktlöst verktyg åt en s.k. storfinans. Utgången blev som bekant, att Handelsbankens verkställande och vice verkställande direktörer tvingades avgå, alltså en fullständig seger för regeringen. Kanslihuset är idag starkare än storbankerna. För det tredje har stormötesformen för beslut redan visat sig omöjlig. Stormötena trasslade till situationen vid malmfälten i sådan utsträckning att de ansvariga strejkledarna till sist tvingades att handla och besluta i direkt strid mot stormötesmajoritet. SECO:s stormötesexperiment har inte slagit bättre ut; de har snarast bidragit till att bringa hela skoldemokratin i vanrykte. De studier i massans beteende, som framlagts av moderna gruppsykologer, torde för övrigt vara tillräckligt för att man på förhand skulle kunna utdöma idén som orimlig. Den överhängande risken i den nuvarande utvecklingen är uppkomsten av en helt ny maktstruktur, där makten samlas hos ett fåtal toppmän i industrin och bankerna, i organisationerna och i statsförvaltningen. Med hjälp av datamaskiner, som de maktägande kan manipulera genom finurlig programmering, förvandlas det stora flertalet människor till maktlösa verktyg åt den härskande teknokratin. Impopulära åtgärder skylls på datamaskinernas utslag i fullt medvetande om att vardagsmänniskan inte har förutsättningar att kontrollera resultatens förutsättningar i den manipulerade programmeringen.

Det är gentemot denna utveckling, som vi sätter in korporatismen. Ur korporativ synpunkt är det inte i första hand fråga om en ny maktstruktur utan om en ny struktur av arbetsuppgifter och samverkan. Varje maktstruktur är i själva verket bara en del av ett mönster för människornas handlande. Vi skall göra en elektrisk installation där hemma och tillkallar en elektriker. Han råder oss att vidta vissa åtgärder. Och vi följer hans råd, därför att vi vet, att han är sakkunnig och i övrigt en rejäl människa. I verkligheten är det elektrikern, som bestämmer. Detta generar oss inte alls. Vi anser snarare, att det är en fördel att få rätta sig efter någon, som förstår saken bättre än vi själva, därför att han råkar kunna just det området. På samma sätt är det i alla livets skiften. En maktkonflikt uppstår först om vi misstänker, att specialisten tänker lura oss eller utnyttja sina specialkunskaper för att tillskansa sig orättmätiga fördelar på vår bekostnad. Slutsatsen blir, att makt alltid måste kombineras med förtroende. Att skapa ett samhälle, där så många människor som möjligt anser fördelningen av befogenheter vara rimlig och ändamålsenlig blir följaktligen det väsentliga problemet, inte att bygga ett samhälle, där alla människor skall besluta om allting. Det är just detta, som är den grundläggande skillnaden mellan korporatism och demokrati. Korporatismen vill skapa ett system, där uppgifter, inkomster och befogenheter svarar mot varandra, och där förhållandet mellan arbete, inflytande och ekonomiskt vederlag blir ett uttryck för vårt allmänna rättsmedvetande. Demokratin vill oberoende av människors olikhet skapa ett system, där alla har samma befogenheter, samma inkomster och samma makt. Det ena blir ett samhälle för människor, det andra för robotar.

I det korporativa företagets styrelse sitter det lika många anställda som aktieägare. Det personliga initiativet får nytt svängrum. I korporationernas samtliga stämmor, styrelser och andra organ sitter företagare, tjänstemän och arbetare sida vid sida. Här kommer verksamhetsgrenens gemensamma uppgifter och strävanden till uttryck. Samhället som helhet företräds av staten, och dess opartiskhet i förhållande till olika verksamheter kommer till uttryck bl.a. i kravet på en folkvald statsminister. Här finnes en fördelning av inflytande, som ger alla medbestämmanderätt, medan demokratin, i sin yttersta konsekvens företrädd av stormötena, nivellerar de många i en grå och maktlös massa, styrd uppifrån av en allsmäktig och människofientlig teknokrati.

*1970, nr 3 (mars-april):*

# FRIHET. TOLERANS. ANSTÄNDIGHET.

**Det ekonomiska klimatet hårdnar i vårt land. Men också det andliga trycket. Likriktningen, den målmedvetna indoktrineringen, fortsätter. Nu måste motkrafterna samlas.**

När svenska ungdomar med glödande ögon talar om revolutionen, får man en känsla av verklighetsfrämmande och en smula överspänd romantik. Och sammalunda är fallet, när man lyssnar till utbrotten av hjältedyrkan inför den kinesiske Mao, den oöverträfflige, eller Vietnams starke man, Ho Chi-Minh eller de sydamerikanska regnskogarnas drömmande revolutionär, Che Guevara. Men bakom allt detta ligger det realiteter, som vi vanliga människor lätt förbiser inför de lite bisarra upptågen och de himlastormande proklamationerna. Det ligger en känsla av vanmakt och vantrivsel i det bestående samhället. Och sådana känslor är ungdomarna inte ensamma om.

Vi andra har emellertid blivit förslöade av vardagslunken. Vi har vant oss vid, att allt klarar sig till sist, att lönerna stiger, att den tekniska utvecklingen går framåt och når ända upp till månen, att vetenskapen kommer med ständigt nya rön och nya upptäckter, och att allt nog innerst inne är rätt väl beställt. Vi har det ändå rätt hyggligt. Varför skulle vi ta risker genom att bråka om ting, som vi i alla fall inte behärskar?

Nu är det emellertid ett faktum, att olusten sprider sig även bland vanligt folk. Det framhölls i samband med byggnadsarbetarnas kongress, att en arbetare under 30-talet i regel hade råd med en tvårummare, men att han nu måste tänka sig för både en och två gånger, innan han förbinder sig att betala de hyror, som i dag utgår för moderna tvårummare. En sådan lägenhet kan i dag belöpa sig till 700 kronor i månaden. Det innebär, att många människor får betala hälften eller mer av sin inkomst bara för bostaden.

Det är främst kostnadsstegringen inom bostadssektorn, som gjort skattetrycket till en realitet. Den del av våra inkomster, som inte är bunden vid automatiska utgifter, blir allt mindre. Och detta betyder, att vi får allt mer begränsad rörelsefrihet, när det gäller att tillfredsställa våra personliga behov och önskningar. Livet blir inrutat. Tristessen växer. Och därmed olusten.

Men det är inte bara det ekonomiska klimatet, som hårdnar. Det andliga trycket börjar också att få sina verkningar. Förut har det bara varit sådana oppositionsgrupper som Nysvenska Rörelsen, man medvetet kättarstämplat. Men nu börjar det också bli grupper till vänster som håller på att råka i onåd! Demonstrera gärna, skrik och protestera. Men hota inte makten. Då dras tyglarna åt.

Det svenska folket utsätts dagligen och stundligen för en målmedveten indoktrinering, som försiggår utan att andra synpunkter får göra sig gällande. Här spelar radio och TV huvudrollen. Pressen går visserligen i stort sett i samma riktning, men här finns dock vissa variationer. Den nyligen publicerade opinionsundersökningen om massmedias ställning i folkmedvetandet är skrämmande. Det visar sig, att de flesta svenskar tror, att TV ger de allsidigaste och tillförlitligaste nyheterna. Radion, som i verkligheten är både sakligare och mera nyanserad, kommer långt efter, likaså tidningarna. Denna opinion visar på ett skrämmande sätt, hur primitivt man fortfarande reagerar i Sverige. Det är emellertid uppenbart, att indoktrineringen aldrig lyckas helt. Så är det t. ex. bara en tredjedel av svenska folket, som håller på Israel. Arabstaterna har i verkligheten lika många sympatisörer, även om de illegala guerillaorganisationerna med deras sabotagedåd bara har ett fåtal anhängare. Grekland däremot ogillas av 81 %, medan bara 4 säger klart ja till juntan. I fallet Israel–araberna finns det en motpropaganda, som har sitt centrum i vänstergrupperna, och denna har onekligen haft en viss effekt. I fallet Grekland däremot finns det praktiskt taget ingen som helst motpropaganda. Och det finns heller inget konkret intresse, som är knutet vid greksympatier, möjligen med undantag för vissa turist- och resebyråer. Här kan alltså indoktrineringen spela för fullt.

När det gäller utomsvenska problem låter folk sig utan motstånd fångas av propagandan, därför att de uppfattar den som saklig upplysning – de är inte personligt engagerade och har varken intresse eller önskan att inta någon egen ståndpunkt. När det gäller inomsvenska problem är förhållandet ett annat. Reaktionerna mot en ohejdad invandring har sålunda inte kunnat slås ner av likriktarna. Dock är det märkbart, att

## DET NÖDVÄNDIGA GREPPET 75

man särskilt i akademiska och därmed besläktade kretsar lätt faller för de liberala argumenten. Antalet av dem, som börjar uppmärksamma det starka trycket på opinionen, är emellertid i snabb tillväxt.

Vad som främst behövs just nu är en offensiv framstöt mot den andliga likriktningen. Det måste skapas nya ideologiska centra, som kan gå i närkamp med opinionsmonopolet. Vissa kristna grupper har gjort försök i den riktningen. Men dessa gruppers ensidiga fixering på vissa religiösa och moraliska problem och deras undfallenhet och medlöperi i avgörande politiska frågor har gjort dem till helt ofarliga och menlösa företeelser, som just därför tolereras. De kristna grupperna har ännu inte vågat inse, att deras eget dåliga utgångsläge beror på att deras grundvärderingar står i strid med de grundvärderingar, som just nu behärskar svensk demokrati. Utan att angripa denna grundfaktor, blir deras strid i övrigt meningslös.

Vi får emellertid inte möta fanatism med fanatism. Det vi eftersträvar är frihet. Men frihet är omöjlig utan tolerans. Och en ofrånkomlig förutsättning för bådadera är anständighet i uppträdande och i umgänge med olikatänkande. Intoleransen stryper friheten. Fanatismen kväver anständigheten. Det är typiskt för läget, att fanatismen och oanständigheten i dagens massmedia kom till uttryck i en skjutjärnsintervju med Ture Rantatalo i Kiruna. Kommunisten Rantatalo hade äventyrat den härskande teknokratins positioner. Alltså bemöttes han med exakt samma metoder, som man i årtionden använt mot oss. Det är så, de skall spolas, de som inte böjer sig för makten.

*1970, nr 4 (maj):*

# MÖNSTRET

**Varför handlar människor på ett ofta oförklarligt sätt? Styrs de bakifrån av hemliga makter? Är nutidshistorien ett marionettspel, där osynliga krafter drar i trådarna? Den frågan ställer sig många. Vi har ett annat svar.**

Det är mycket vanligt, när man diskuterar svårförklarliga förhållanden i det politiska livet, att folk frågar sig: Vem är det, som ligger bakom? Vem är det, som styr? Och vad har dessa bakomliggande krafter eller personer för avsikter? Det är rätt begripligt, om folk, som kommer i beröring med t.ex. Nysvenska Rörelsen, ställer sig sådana frågor. Hur är det möjligt, att man i massmedia riktar beskyllningar mot Er, som förefaller helt orimliga? Man har tillgång till vad Ni skrivit. Man bör utan svårighet kunna sätta sig in i Era tankegångar. Och behöver man någon ytterligare förklaring, är det lätt att ringa upp och fråga. Hur kan det då komma sig, att man i årtionden driver en sådan propaganda, som man faktiskt gör?

Ofta blir vi i Nysvenska Rörelsen beskyllda för räddhåga. Varför svarar Ni inte? Varför skriver Ni inte i tidningarna, vad Ni verkligen vill? Varför säger Ni inte rent ut i radio och TV? Varför vågar Ni inte gå i öppen debatt med era motståndare? När vederbörande får reda på sanningen – vi vägras att skriva, vi vägras att förklara vad vi vill i radio och TV, vi vägras att gå i debatt med oliktänkande i massmedia – då skakar man på huvudet och tror, att vi kommer med undanflykter.

Man är i allmänhet på det klara med att de ledande i vårt land är rätt hyggliga och anständiga människor. Men varför låter de då denna propaganda oemotsagd gå vidare? Räddhåga, säger somliga. Men folk går längre. Här måste finnas någon makt i bakgrunden, som dirigerar spelet, en makt, som ingen vågar trotsa, en makt, som till varje pris vill hålla Er nere. Och sedan är det inte långt till föreställningen om en hemlig världsmakt, som på något mystiskt sätt styr människorna som vore de pjäser i ett marionettspel. Antisemitismen ligger på lur bakom närmaste gathörn.

Den typen av resonemang har förekommit även i andra sammanhang. När för tio år sedan några oansvariga personer målade ett hakkors på synagogan i Köln, spriddes detta blixtsnabbt genom världens alla nyhetsbyråer, och det ledde fram till ett hakkorsmålande i fem världsdelar. Vips hoppade en representant för World Jewish Congress fram i BBC och berättade, att det fanns en hemlig central i Malmö, som dirigerade hela spelet. Vi satt häruppe på Östra Förstadsgatan och tryckte på bruna knappar, så kom det hakkors på väggar och plank från Tromsö i norr till Kapstaden i söder, från Melbourne i öster till Ottawa och La Paz i väster. Samma föreställning om en mystisk makt, som på helt oförklarliga vägar lyckas styra människorna efter sina dolska planer och avsikter.

En medlem av Sveriges regering sa en gång: Jag begriper mycket väl, vad Ni vill. Ni vill kasta allt i en smältdegel för att sedan få fram något, som är bättre än det bestående. Ni anar bara inte, hur ofantligt låsta vi är, hur lite vi i verkligheten kan göra av allt det som vi ville. Den mannen kom sanningen betydligt närmare än alla spekulanter i hemliga makter och dolda händer. Den enskilda människan liksom samhället behärskas i mycket större utsträckning än man föreställer sig av ett mönster. Inom varje grupp utbildar det sig ett särskilt sätt att vara, särskilda former för umgänget, för de yttre reaktionerna, ett för gruppmedlemmarna gemensamt socialt beteendemönster. Varje enskild människa har alltid en personlig egenart, som skapar förutsättningen för hans eget individuella mönster, men då behovet av trygghet är det kanske mest framträdande draget hos normalmänniskan, försöker människan i regel anpassa sig efter det gemensamma. Man undertrycker drifter och behov, som irriterar omgivningen, man söker anpassa de åsikter eller i varje fall de öppet uttalade åsikterna efter det allmänt gångbara. Det är närvaron av detta gemensamma mönster, som möjliggör ett samhälles existens.

Ett sådant mönster är inte något en gång för alla givet. Det utvecklas. Det påverkas utifrån av impulser från omvärlden och inifrån av enskilda människor, som är starka nog att vilja trotsa konventionerna och ge mönstret en annan struktur. Det påverkas av människornas intressen: förändringar i de ekonomiska förutsättningarna, i människornas villkor, medför alltid förr eller senare förändringar också i mönstret. Men det är påtagligt, att mönstret som regel är mera konservativt än de faktorer, som påverkar mönstret. Det är mycket vanligt, att en rad politiska, sociala, ekonomiska eller kulturella föreställningar dröjer kvar, trots att de faktorer, som givit upphov till dem, för länge sedan är försvunna. Det föreligger ofta ett visst spänningsförhållande mellan den dynamiska verkligheten och det trögrörliga mönstret.

Om man nu plockar fram de exempel, som inledningsvis drogs fram, är det inte svårt att se, att de här berörda företeelserna hänger samman med ett handlings- och tankemönster, som i stort sett vuxit fram ur det andra världskriget. Flertalet av de människor, som upplevde den stora katastrofen, blev så fixerade vid sina känslomässiga sympatier och antipatier och så bundna vid de föreställningar om verkligheten, som dikterades av dessa känslor, att de ännu – ett kvartssekel senare – inte lyckats frigöra sig. Verkligheten har sedan krigsslutet radikalt förändrats. Men mönstret har inte följt med. Känsloupplevelsen den gången var så stark, att ingenting av vad som sedan har hänt, varit tungt nog att rucka på det då invanda och innötta. Vi behöver inte några hemliga världsmakter eller några dolda händelser för att förklara det bisarra och motsägelsefulla i dagens situation. Det är spänningen mellan mönster och fakta, som gör den aktuella verkligheten så sammansatt och de mänskliga reaktionerna så orimliga. Den s. k. ungdomsrevolten är med alla sina underligheter en första begynnande reaktion mot det låsta, det neurotiskt inkrökta i nuläget.

Att rucka på mönstret, att bringa det i överensstämmelse med den faktiska, inte den inbillade eller propagandagjorda verkligheten är i dag en av de väsentligaste uppgifterna i allt verkligt framstegsarbete.

*1970, nr 5 (juni):*

# ETT DYSTERT 25-ÅRSMINNE

**För 25 år sedan slutade det andra världskriget. Vi utlovades en värld utan nöd och fruktan. Vilken värld har vi fått?**

Fortfarande – 25 år efter krigsslutet – utmålar propagandan segermakterna i andra världskriget som en ljusets riddarvakt, medan de besegrade framställs som djävlar i människohamn. Denna propaganda har helt och hållet dirigerats av segermakterna. De besegrade får inte komma till tals. Denna totala brist på objektivet, som det neutrala Sveriges massmedia nästan dagligen ger prov på, är ett uttryck för dåligt samvete. Propagandan är ett försvar för de idag maktägande. De fruktar, att sanningen om hur det verkligen förhöll sig, skall undergräva deras maktmonopol. Det första världskriget slutade med Versaillesfreden. Den har fått ett välförtjänt dåligt rykte. Men den innebar dock ett fredsslut. Det andra världskriget har ännu icke nått fram till en sådan slutpunkt. Efter 25 år har segrarna inte kunnat enas om ett fredsfördrag. Världens uppdelning efter kriget bestämdes i Jalta, där Roosevelt, Churchill och Stalin fattade beslut å hundratals miljoner människors vägnar. Tre alkoholiserade män med undergrävd hälsa, psykiskt och moraliskt nergångna, delade upp världen i den heliga demokratins namn. Whiskyn och vodkan flödade med de makabra sarkasmerna om massmord på tyska patrioter. Härhemma såg folk med vördnad på Roosevelt som en renhjärtad idealist, på Churchill som en hjältegestalt och på Stalin som en ny tids kejsar Augustus. Kriget i Europa slocknade i bombdånet över führerbunkern i Berlin. Blodshämnden började. Och till sist släppte Amerika atomkrigets helvete lös över världen. Det blev slutpunkten, demokratins och kommunismens gemensamma seger. På försommaren fick vi veta, att nu när Hitler och Mussolini var borta, skulle allt ordna sig. Vi skulle få en värld av fred, samförstånd och demokrati. Visserligen rådde ännu diktatur i Sovjetunionen, men detta ansågs blott som en historisk övergångsform, nödvändig för att ryssarna skulle hinna ikapp västern. Kommunism och demokrati ansågs bygga på samma värderingar. Hela denna världsbild har visat sig vara en enda stor bluff. Hermann Schimmel träffade några månader efter krigsslutet en företrädare för den amerikanska ockupationsmakten och uttryckte då en förmodan, att hatkampanjen skulle vara slut och försoningen komma igång. Nej, svarade amerikanen. Det är först nu det börjar. Och han blev sannspådd. Under ett helt kvartssekel har kampanjen mot Tyskland rasat i press, radio och TV hela den demokratiska världen över. Vårt eget land har hört till de mest fanatiska i detta sammanhang. De tyska grymheterna, uppförstorade till orimlighet, kan vi utantill. Men de allierades insatser vet de flesta ingenting om. Här gäller det inte bara sovjetmassakrerna i Polen, Rumänien, Ungern och Östtyskland. Den demokratiska sidan var inte bättre. 200.000 människor mördades kallblodigt i Frankrike efter befrielsen. 17.000 människor mördades bara i staden Turin i Italien. Den tjeckiska demokratins massmord i samband med sudettyskarnas fördrivande, de otaliga offren för flyktingjakten från de östtyska provinserna, de vidriga mordprocesserna i Nürnberg och Landsberg, allt detta förtigs och slätas över. Ty skulle människorna här få veta sanningen, då skulle de ännu maktägande segrarna totalt förlorar ansiktet.

Dagen ungdom vet mycket lite om vad som verkligen hände för 25 år sedan. Men vad som inte kunnat hemlighållas är amerikanarnas metoder i Vietnam. Amerika var i maj 45 världens av alla hyllade föredöme i demokrati och humanism. Och alla vet, att England, demokratins vagga, hjälpte Nigeria att slå ner det för sin frihet kämpande Biafra bara för att säkra sina egna oljeintressen. Och att sovjetmakten, de små folken beskyddare, slog ner ungrarna och tjeckerna i blod när de begärde sin frihet. Vi kan idag fastställa, att den värld, som föddes i maj 45, är en värld av mera nöd och större fruktan än någonsin förr, en värld i skuggan av det atomkrig, som den största bland demokratier gjort till verklighet.

Visst fanns det människor, som trodde på idéer, bland segrarna. De kämpade för friheten, för freden, för samarbetet mellan folken. Men det fanns lika många, som trodde på idéer bland de besegrade, trodde på folkgemenskapen, klassutjämningen, på ett Europa, behärskat av «den anda, som en gång byggde katedralerna i Reims och Avignon, i Speier och Köln». Det fanns idealister, det fanns riktiga människor på båda sidor. Det faktum, att segermakterna misslyckats, att världens kris blivit permanent efter kriget, får inte förleda oss att önska en återgång till det gamla, en återuppståndelse av strömningar och samhällsformer, som gick under i det stora nederlaget. Vad vi idag behöver, är en förening

## DET NÖDVÄNDIGA GREPPET 81

av det bästa i båda dem kämpande lägren. Den religionskrigsstämning som propagandan upprätthållit, måste brytas. Blodshämndens primitiva ideal måste brytas sönder. Segrarna tog över fascismens och nationalsocialismens sämsta sidor: likriktningen, fanatismen och intoleransen. Det är dessa sidor hos den besegrade parten, som måste övervinnas. Låt oss komma bort från de onda minnena. Låt oss se framåt. Det var detta vi drömde om, när tyska SS-officerare och franska motståndsledare bänkade sig vid samma bord vid Malmökongressen i maj 51. Det är detta, den nysvenska rörelsen kämpat för genom åren i tecknet av de tre punkterna: korporatism, samnationalismen och ny humanism.

*1970, nr 6 (juli):*

# I-LAND OCH U-LAND

**Kritiken mot u-landspolitiken växer. Därför måste vi ställa frågan klart: Har de rika i-länderna ansvar för de fattiga u-länderna? Är det ett intresse för i-länderna att bara tänka på egna problem?**

Den s.k. biståndshjälpen till underutvecklade länder är lika full av missgrepp och skandaler som av högröstad idealism i pubertetsfalsett. Smarta firmor har passat på att sälja maskiner och verktyg, som de inte kunnat bli av med och som egentligen bara haft skrotvärde. Eländet har fraktats för dyra pengar till Asien, Afrika eller Latinamerika, där det lastats ur och så småningom helt förfarits. Anslagna kontantbelopp har hamnat i fickorna på korrupta företrädare för u-ländernas nya överklass.

Den svenska u-landshjälpen torde i stort sett lyckats undvika dessa biståndspolitikens värsta avarter. Härifrån har man i stället gjort andra missgrepp, främst bottnande i en naiv liberal jämlikhetsideologi. Man har ställt institutioner till u-länders förfogande, som haft en för svenska förhållanden avpassad standard, men som man i u-länderna inte haft någon användning av. Det har rört sig om en i pur välvilja åstadkommen felprojektering.

Steg för steg har man emellertid kommit underfund med dessa missförhållanden och sökt rätta till dem. Det kan emellertid inte hjälpas, att de missgrepp, som gjorts, framkallat en växande ovilja mot u-hjälpen över huvud taget. Man hänvisar till missförhållanden härhemma, behov, som inte tillgodoses, handikappade, som får dra sig fram under mycket svåra omständigheter, glesbygder, som förtvinar, därför att det inte finns resurser att hålla dem vid liv o. s. v. Och man frågar sig, om det finns någon mening i att skicka ut massor av pengar till u-länderna, samtidigt som folk får brottas med oöverstigliga svårigheter i Sverige.

Man börjar också ifrågasätta idealismen hos den ungdom, som så högljutt basunar ut sitt "engagemang". Är det verkligen idealism, som ligger bakom? Eller är det möjligheten av en karriär i en vinstgivande

## DET NÖDVÄNDIGA GREPPET 83

FN-administration, som lockar? Att det finns folk med sådana bevekelsegrunder är nog ostridigt. Men det är felaktigt att här generalisera. Det finns otvivelaktigt också en idealism, som är äkta. Och sådan bör man ta vara på.

Det skulle vara en fördel för alla parter, om hela u-landsdebatten fördes över på ett mera sakligt och mindre känsloladdat plan. Det är nämligen uppenbart, att u-landsbiståndet i verkligheten ligger i i-ländernas intresse. Vi har exempelvis i Europa en överproduktion på livsmedel, samtidigt som man svälter på andra håll i världen. Alltflera forskare hävdar i dag, att vi med moderna metoder skulle kunna få fram tillräckligt mycket livsmedel för att tillgodose den växande mänsklighetens behov och därmed avvärja den hungerskatastrof, som annars hotar.

Detta kan emellertid inte ske utan verksamma insatser från i-ländernas sida. Det är vi, som sitter inne med den avancerade forskning och den utvecklade teknik, som är nödvändig för att vi skall få fram större skördar på ökade åkerarealer, förbättrade lagringsmöjligheter i tropikerna och nyframställning av födoämnen ur växter och träd, som ännu inte utnyttjats i detta sammanhang och sist men icke minst ur havet.

Samtidigt måste emellertid u-ländernas köpkraft ökas. Detta i sin tur förutsätter en förbättrad folkhälsa. Bristande näringstillförsel under de tidigaste levnadsåren undergräver en människa både fysiskt och psykiskt. När man talar om lättjan i många länder, glömmer man bort, att det här inte är fråga om lättja i vår mening utan om en nedsatt arbetsförmåga, bottnande i barnsvält.

I den mån dessa missförhållanden kan undanröjas och de höga födelsetalen i u-länderna pressas nedåt, åstadkommes en helt annan jämvikt i världen än vi nu kan se fram emot. Tillfredsställandet av mänskliga behov minskar de mänskliga aggressionerna och undanröjer åtskilliga orsaker till ett kommande världskrig.

Att missgrepp begåtts och skandaler förekommit i den nuvarande biståndspolitiken motiverar därför inte en förkastelsedom över biståndspolitik som sådan. Däremot är det uppenbart, att de väldiga problem, som den tredje världen brottas med, inte kan lösas genom begränsade allmosor från olika i-länder. Här krävs en samlad insats av en samlad i-värld. Detta betyder, att vi först och främst måste fram till ett förenat Europa. Detta skulle mycket snabbt öka våra produktionsmöjligheter och därmed vår möjlighet att hjälpa u-länderna utan att sänka vår egen standard. En samverkan mellan Europa, Förenta Staterna, Sovjetunionen och Japan skulle sedan betyda en förut oanad chans att lyfta svälthotade människomilliarder in i en bättre och mera tryggad tillvaro.

När man menar, att vi först skall lösa våra egna problem och sedan gripa oss an med u-ländernas, är man inne på ett villospår. Socialpolitiken på det nationella och biståndspolitiken på det internationella planet måste gå hand i hand, måste inspirera varandra, tjänstgöra som ömsesidiga pådrivare. Världens länder är i dag så beroende av varandra, sammanhangen på olika håll så intimt sammanfogade i ett nät av impulser runt hela vår jord, att en isolering i nationalstater, som ängsligt försöker gömma sig för varandra, kan bli vägen till den stora slutkatastrofen.

*1970, nr 8 (september):*

# MÄNNISKAN OCH MÖNSTRET

Varje samhälle har ett handlings- och tänkemönster, som de flesta omedvetet är beroende av och handlar efter. Bara ett fåtal vågar trotsa detta mönster. Det är på dem, framsteget vilar.

Hur många har egentligen frågat sig, varför vi räcker fram högra handen, när vi hälsar? Och varför en människa blir förolämpad, om vi inte gör det? Vi har fått vissa vanor så inpräntade i oss, att de verkar självklara. Vi har också vant oss vid vissa tankegångar och omdömen. Vem förnekar i dag religionsfriheten? Vem vägrar att anställa någon, därför att han är pingstvän eller ateist? Det är vederbörandes ensak. Men annorlunda är det, om någon opponerar sig mot härskande politiska värderingar. Där ingår det i mönstret, att man skall se upp. Den bestående ordningen, demokratin, är i fara.

Att det finns en motsägelse i religionsfriheten å ena sidan och den politiska förföljelsen å den andra, är det just ingen, som ens lägger märke till. Den rådande ordningen är för de flesta något naturligt. Det skall så vara. Den, som inte begriper det, är antingen lite tokig eller också en farlig person. Det ingår i vanetänkandet, att en kommunist skall hylla Sovjet. Opponerar han sig som Hermansson vid inmarschen i Prag, då anses han som vinglig eller falsk. Beskylls någon för att vara nazist, skall han slå ihop klackarna, domdera som på ett exercisfält och spotta på socialdemokrater och judar. Gör han inte det, då måste man se särskilt noga upp, ty då är det något verkligt lurt, som ligger bakom.

När arbetarrörelsen började i Sverige, utmålades "kapitalisten" till boven i det sociala dramat. Han upplevdes som en hänsynslös och kallhamrad utsugare med en välmående stofthydda i en pälsfodrad rock och med en tjock cigarr mellan fingrarna. Hemma hos sig upplevdes han som en hygglig vem som helst. Av dem som kände honom var det ingen som upptäckte något demoniskt, snarare tvärtom. Men arbetarna träffade honom inte i hemmiljö. Därför tillvitade de honom alla möjliga skräckinjagande egenskaper. Och till sist trodde de själva på sina sagor.

I dag är det teknokratens tur. Vi är på väg mot ett samhälle med en ny teknokratisk överklass. Men vem är han då, denne fruktade förtryckare? En ung man kommer upp på ett kontor. Han skall ta över ledningen. Han ser trevlig ut. Han har ett förekommande sätt. Han är balanserad och vänlig. Han skulle aldrig komma på idén att kalla personalen för "djävla idioter". Han sätter sig vid sitt skrivbord och räknar. Vid vissa tider sitter alla på kontoret och dricker kaffe. Då resonerar de om sitt arbete. Onödig spilltid, säger nykomlingen, civilekonomen. Så och så många minuter nyvunnen arbetstid genom bortrationaliserad kaffepaus. Och så bort med väggarna! Ett ljust kontorslandskap, där alla ser alla. Varje slöjobb observeras. Ökad effektivitet. Specialisering. Var och en får sitt speciella jobb. Ökad färdighet. Sedan blir samspelet mellan olika specialister en ren organisationsfråga.

Trivseln försvinner. Arbetsglädjen försvinner. Nere i det undermedvetna börjar hatet födas, först ordlöst, omedvetet, gnagande. Sedan alltmer öppet, alltmer medvetet. Revoltstämningen kommer närmare.

Civilekonomen i elfenbenstornet märker ingenting. Han har följt effektivitetens regler. Allt i minsta detalj kalkylerat. Precis som han lärt sig. Så märker han, att något händer. Minerna. Tonfallen. Åthävorna. Det verkar fientligt. Civilekonomen begriper ingenting. Han har velat skapa ett mönsterföretag. Han har t.o.m. ställt höjda löner i utsikt. Ändå jäser det.

Civilekonomen har glömt en faktor i sin kalkyl. Han har glömt människan. Och nu håller den psykologiska faktorn, denna ogripbara mänskliga frihetsvilja, på att slå sönder hela kalkylen.

I det kapitalistiska mönstret handlade människorna var och en som mönstret föreskrev. I det nya teknokratiska handlar de på samma sätt. Politikerna sugs in. Visst talar de som förut om valfriheten, om människors jämlikhet, om trivseln i folkhemmet. Men i praktiken anpassar de sig. Skatterna är höga nog. För att inte göra dem ännu högre, måste de ta hänsyn till effektivitetskravet. Automationen kräver väldiga kapitalinsatser. Därför måste avsättningen garanteras – så eller så. Annars rubbas hela den ekonomiska samhällsbalansen. Valfrihet, bara den inte äventyrar gjorda investeringar. Jämlikhet, javisst. Men produktionen måste löpa, och de som svarar för den måste ha möjlighet att göra det. Åsiktsfrihet – ja men den får inte störa jämvikten mellan härskande maktcentra. Då kan allt ramla.

## DET NÖDVÄNDIGA GREPPET 87

Politikerna är beroende av mönstret. Civilekonomer, tidningsmän, TV-folk, ämbetsmän, företagschefer, lärare, alla är beroende av mönstret. Det är hyggligt folk, de flesta. Men ingen vill göra sig omöjlig. Det är bara få som har psykisk och fysisk styrka nog att bryta nya vägar, att öppet trotsa mönstret. Men dessa få är i alla tider framstegets verkliga bärare.

Om vi skall undgå den teknokratiska gastkramningen, den, som gör alla ledande funktionärer, politiker, industriledare, bankmän, journalister, forskare och TV-experter till teknokrater, då måste vi ändra själva grunden till samhället. Men har Ni hört ett enda ord om detta i 1970 års valrörelse? De verkligt väsentliga frågorna ur människans synpunkt lyser med sin frånvaro. Brottsligheten berörs bara i förbigående. Invandringen tiger man om. Knarklangningen mörklägger man. Vår andliga målsättning, själva kärnan i kulturproblemet, är det ingen som tar upp. Och allra minst är det någon, som vågar röra vid samhällsgrunden. Fladdriga KDS-ljus, pubertetsyra maoister och liberala långhårsrevolutionärer är bara lite skum över den kompakta ytligheten. Priserna de närmaste månaderna. Lönerna de närmaste månaderna. Skatterna de närmaste månaderna. Det är allt de har att komma med, de som bär ansvaret för vårt öde.

*1970, nr 9 (oktober):*

# FYRTIO ÅR

En historia, full av umbäranden och försakelser men också med ett skimmer av nya idéer, nya perspektiv, nya gnistrande infallsvinklar. En historia, full av dramatik, av spänning, av oväntade situationer. **En historia mot alla odds. En historia som icke blir förgäves.**

Den 28 oktober 1930 grundade en handfull politiska meningsfränder på ett studentrum vid Sturegatan i Uppsala den första nysvenska gruppen. Den fick namnet "Det Nya Sverige". Själva ordet "nysvensk" hade kommit till något dessförinnan. Flera ungdomar hade den gången varit intresserade av fascismen. Men när nationalsocialismen från Tyskland vällde in över vårt land, vägrade de att vara med. Italien låg långt borta. Få av dåtidens fascistsympatisörer hade några italienska språkkunskaper. Detta innebar, att fascismen tolkades om efter svenska förutsättningar. Den blev aldrig ett hot mot vår nationella integritet.

Annorlunda var det med nationalsocialismen. Den kunde knyta an till den tyskorientering, som blev dominerande i stora delar av vårt kulturliv redan på Oscar II:s tid. Tyskland var vår granne i söder, en övermäktig granne, som med sitt inflytande kunde översvämma oss. Vi behövde som så många gånger förr i svensk historia det latinska inflytandet som motvikt. Endast därigenom kunde vi behålla vår svenska egenart.

Det var som en medveten replik till importen av tysk nationalsocialism, den nysvenska rörelsen kom till. Själva ordet nysvensk innebar samtidigt en udd mot den nationella konservatismen. Svenskheten kan hållas levande blott genom en ständig förnyelse. En radikal nygestaltning av samhällsformer och statsskick kan vara en nödvändig anpassning till nya tiders förhållanden. Fasthållandet vid det bestående kan verka kvävande på en levande tradition. Den franska revolutionen hade inneburit en förstärkning av traditionerna från Frans I:s och Ludvig XIV:s Frankrike. Den ryska revolutionen hade kommit tsarernas pyramidsamhälle att återuppstå i ny och tidsmedveten form. Revolutionerna hade här betytt en pånyttfödelse av den nationella traditionen.

Det var sådana överväganden, som låg bakom den första nysvenska gruppens tillkomst. Bakgrunden var det slutande 20-talets

## DET NÖDVÄNDIGA GREPPET 89

vågmästarparlamentarism med dess svaga minoritetsregeringar, dess arbetslöshet och dess klasskamp. Kapitalismens okontrollerade pendling mellan högkonjunktur och lågkonjunktur framkallade kravet på större planmässighet i ett lands ekonomi. Den nysvenska rörelsen accepterade planhushållningens idé men ville fördenskull inte kväva privatinitiativet. Den ville finna en form som kunde förena bådadera. Och den fann den i korporatismen.

Den gången var det korporativa programmet ett medel att övervinna statens svaghet. Efter kriget, då staten blev starkare än någonsin, blev samma korporativa idé ett vapen mot ett kvävande statligt förmyndarskap. Och nu på 70-talet framstår den som ett medel att förhindra utvecklingen till ett teknokratiskt överklassamhälle med ett ständigt arbetslöshetshotat tjänsteproletariat. Klarare kan smidigheten i detta program knappast illustreras.

Redan på 30-talet skilde sig den nysvenska rörelsen från andra nationella grupperingar. Det var framförallt dess annorlunda inställning till socialdemokratin och arbetarrörelsen. Rickard Lindström, en av den svenska socialdemokratins främsta dåtida ideologer, kom att utöva ett avgörande inflytande på den nysvenska åskådningens utformning. Hans bok "Socialistisk vardag" blev något av en nysvensk idéskrift. Betydelselöst var inte heller inflytandet från dåtidens radikala strömningar inom kyrkan. Nathan Söderblom uttalade sin sympati för rörelsens strävanden, och Emmanuel Linderholm, den kyrkliga vänsterns mest stridbare företrädare, var inskriven medlem. Samtidigt kom det också sympatier från kyrkans yttersta höger. Säveprosten Ivar Rhedin, känd som braståndare i Göteborgs Stiftstidning, nedlade stridsyxan mot Linderholm, när han fick veta, att denne var med i rörelsen.

Önskemål om en ening av alla s.k. nationella krafter gjorde sig starkt gällande under hela 30-talet. Man hävdade, att det var ledande funktionärers rivalitet, som hindrade enigheten. Från vår sida svarade vi, att det enligt vår mening var djupgående åsiktsskillnader som utgjorde huvudorsaken. För att emellertid inte framstå som oresonliga, accepterade nysvenskarna ett förslag om samgående med Nationella Förbundet, från vars radikala flygel vi fått åtskilligt stöd, och med vilken vi även hade gemensamma medlemmar. Samröret med Nationella Förbundet innebar emellertid blott, att kampen mellan radikala och konservativa element inom rörelsen skärptes. Fr.o.m. september 1941 tvingades därför nysvenskarna att åter gå sin egen väg.

Krigsperioden framstår i dag för de flesta ibland oss som ett mörkt mellanspel. Nysvenska Rörelsen sympatiserade med en axelseger. Även om Tyskland hade segrat, skulle det varit så försvagat av krigsansträngningarna och dess folkmängd jämförd med USA och Sovjet så begränsad, att vi aldrig behövt riskera samma tyska övermakt som vi sedan fick en rysk-amerikansk. Europa hade på ett annat sätt varit intakt. Vi skulle då i högre grad kunnat hävda en svensk linje.

Denna ståndpunkt mötte motstånd dels från den stora opinion, för vilken en allierad seger var det enda tänkbara, och för vilken Sovjetunionen var en demokrati i vardande. Men dels också från den grupp, som i Tyskland såg det stora fosterlandet, och som i verkligheten var mera tysk än svensk. Vi befann oss i en dubbel polemikställning, som upphörde, först när vi i maj 1945 beslöt att vad som än hände kämpa vidare för den nysvenska linjen, som var vår livsavgörande övertygelse. De bruna hjältarna såg vi försvinna som råttor i sina hål "med idén gömd i sina hjärtan" som de uttryckte sig. Förföljelserna satte in. Men också uppgifterna. Baltutlämningen kom. Vi befann oss i händelsernas centrum. Vi såg människor utan fritt fosterland, utan fotfäste i världen, jagas som villebråd av demokratins polismakt, samtidigt som Stalins atomspioner gick i skyddad skytteltrafik mellan Narvik och Torneå. Den upplevelsen gav oss viljan att kämpa vidare och inte låta oss imponeras av segrarmakternas övermäktiga propaganda. Det var kanske inget större hjältedåd, men vi är ändå glada över dem, vi kunde rädda.

Det är kvartseklet efter kriget, som har blivit den nysvenska rörelsens stora uthållighetsprov, vår långa marsch! Ideologin har utformats vidare, anpassats efter nya vetenskapliga rön och nya konkreta erfarenheter. Nu står vi vid ingången av 70-talet med en klar ståndpunkt, med en utformad framtidslinje och med ett kontaktnät över hela Europa. Nu kan ingen beskylla oss av import av främmande långods. Nu har vi nått utöver drömmen från 1930: vi har inte bara byggt upp en svensk ideologi, vi har fört en svensk samhällssyn ut över Europa. De fyrtio åren har inte varit förgäves.

*1970, nr 10-11 (november-december):*

# REFERENSRAMAR

Det finns en extrem vänstermiljö, som är aktiv, utåtriktad och full av politiskt medvetande. Det finns en mera diffus nationell miljö, som också står utanför det bestående samhället. Dessa grupper har olika referensramar. Vad menas med det? Och vad har det för konsekvenser?

Som det många gånger påpekats, vimlar den moderna diskussionen av lärda uttryck, som de flesta människor inte har mycket hum om. Ett av dessa nya ord är "referensram". Med detta uttryck menas den mängd av kunskaper, som en människa eller grupp har, och som man kan anknyta till i ett resonemang. Ett utbildad fysiker har sålunda en massa kunskaper, som man kan förutsätta som kända fakta, och som man därför inte behöver förklara, när man talar med honom. En metallarbetare känner till åtskilligt om sin verksamhet i fabriken, om maskinernas sätt att fungera, om arbetarorganisationens fördelar och brister, om fackföreningens arbete och olika löneförhållanden inom verkstadsindustrin. Allt detta är för honom självklart; det behöver inte närmare påpekas. Däremot känner han inte till de fakta, som för fysikern är självklara, lika lite som fysikern känner till de fakta, med vilka metallarbetaren rör sig. De har olika referensramar.

Detta gäller också i politiska sammanhang. Den som var med redan på 20- och 30-talet, kunde konstatera, att socialdemokraterna hade en helt annan politisk utbildning än borgarna. Socialdemokraterna och i ännu högre grad kommunisterna var skolade i ideologiskt tänkande. Det var däremot inte borgarna. De bedömde en fråga från fall till fall. De hade alltid ett kort perspektiv. De hade i verkligheten en mindre politisk referensram än socialdemokrater och kommunister. Resultatet blev att socialdemokraterna nästan alltid var borgarna överlägsna i debatter och meningsutbyten. Genom sin större referensram hade socialdemokraterna vidsträcktare möjligheter att sätta in frågorna i ett längre sammanhang än borgarna. Dessa hamnade lätt i självmotsägelser, därför att det inte fanns något ideologiskt samband – i varje fall inte så påtagligt – mellan deras olika ståndpunktstaganden.

I dag kan vi möta samma skillnad vid en jämförelse mellan de olika vänstergrupperna och de s.k. nationella. De förra har en rikhaltig litteratur till sitt förfogande. De är politiskt medvetna på ett annat sätt än genomsnittsmänniskan. De nationella är ofta okunniga om vad den moderna problematiken egentligen består i. De lever delvis kvar i föråldrade föreställningar, vilkas innebörd de aldrig riktigt gjort klart för sig. De är på sitt sätt politiskt underutvecklade.

Men samtidigt har de nationellt sinnade en känsla för traditionens värden, för den reella gemenskap, som nationen utgör, i långt större grad än vänstergrupperna. De nationella strömningarna har en känslomässig resonansbotten, som är betydligt mera jordnära än de osammanhängande känslorna till vänster. Vänstergrupperna är på denna punkt mentalt underutvecklade. De skiljer sig dessutom från exempelvis 20- och 30-talets socialdemokrater och kommunister genom att de inte har någon preciserad ideologi. De har inte själva skapat något nytt. De har inte ens gjort anspråk på det. Den vanligaste ideologiska benämning, som de använder, är nymarxism, dvs. ett försök till uppiffning av en gammal 1800-talsideologi. Samtidigt knyter en del av dem an till anarkistiska strömningar i det förflutna, medan andra talar om en maoism, vars kinesiska bakgrund de ofta har föga kunskap om.

Vi kan alltså konstatera, att vänstergrupper och nationella grupper har helt olika referensramar. Om vi använder sådana ord som fädernesland, nationellt arv, svensk egenart, ras, ödesgemenskap, har alla dessa ord en mer eller mindre positiv klang i det nationella lägret. Till vänster har de antingen en rent negativ eller också en rent likgiltig innebörd. Om vi däremot gör en social strukturanalys, dvs. söker klargöra hur demokratin utvecklar sig till ett teknokratiskt överklassamhälle med en byråkratisk diktatur som följd, då tycker man på nationellt håll, att detta är något mycket krångligt, som man helst inte vill syssla med. På vänsterhåll spetsar man emellertid öronen och blir intresserad.

Om man konstaterar, att det kapitalistiska systemet i dag står i strid med nationalismens värderingar, att ekonomin måste baseras på den nationella helheten som förutsättning, inte på kalkylen i det enskilda fallet, då är man inte avvisande på nationellt håll, men man förstår inte riktigt frågeställningen; man är van att tänka i kapitalistiska kategorier. Till vänster erkänner man fast tveksamt, att här har nationalismen resulterat

## DET NÖDVÄNDIGA GREPPET 93

i slutsatser, som man utifrån sina egna vänstervärderingar ställer sig sympatisk till. Det finns en gemensam nämnare mellan nationalismen och vänstern. I båda fallen är man avogt inställd till det bestående samhället. I båda fallen önskar man något annat, något nytt. Det gäller då att finna en för båda lägren gemensam referensram. Detta kan endast ske, genom att den nationella sidan görs medveten om den moderna problemställningen i samhället och intresseras på ett helt annat sätt än tidigare för samhällsfrågor av typ social strukturförvandling eller problemet natur, teknik och människa. Samtidigt måste vänstergrupperna göras medvetna om den enorma hävstång, som den nationella samkänslan utgör. Med vietnamesernas kamp mot amerikanarna som bakgrund borde detta inte vara omöjligt. De måste göras medvetna om att nationell samkänsla inte står i motsättning till mellanfolkligt samarbete, att exempelvis svensk nationalism kan göras till ett verktyg för Europatanken och på lång sikt för världsfederalismen. Vi behöver i dag en sammanhållen front av nyskapande och framstegsvänliga krafter inför den inre upplösning av det bestående, som vi överallt ser tecken till. Splittergrupper kommer det alltid att finnas, men det spelar mindre roll, om vi blott lyckas skapa en kärna som håller. Det är för att forma den kärnan vi måste bygga ut en de revolterande gruppernas gemensamma referensram.

*1971, nr 1 (januari-februari):*

# DEN TREDJE VÄGEN

**Kapitalism? Nej! – Kommunism? Nej! – Blandekonomi? Nej! Den stora syntesen: Korporatismen? Ja!**

Ett av de närmaste årtiondenas stora dilemman är motsättningen mellan behovet av samordning och planering och önskvärdheten av decentralisering och inflytande för de många, sa Olof Palme i riksdagens allmänpolitiska debatt. Det var en synpunkt, som man helt kan instämma i. När det däremot gäller frågan, hur man skall komma ur detta dilemma, är samstämmigheten mellan oss och statsministern kanske inte lika fullständig. Det stora motsatsparet i den moderna industrialismens utveckling, kapitalismen och kommunismen, har vuxit fram ur de båda nämnda ytterligheterna. Kapitalismen är ett uttryck för decentraliseringens princip. Dess ideologi är den liberala individualismen. Var och en är sin egen lyckas smed. Var och en skall ges möjlighet att själv skapa sig sin ställning, att själv utveckla sina möjligheter, att själv i fri konkurrens med andra förtjäna vad han förmår. Kapitalismen utgår från en mängd mot varandra tävlande företag, där det bara finns en lojalitet, nämligen den mot det egna företaget. Kommunismens utgångspunkt är den rakt motsatta. Den bygger sitt samhälle på principen om allas gemenskap, manifesterad i staten, samhället eller hur man nu vill uttrycka det. Dess ideologi är ensidigt kollektivistiskt. Den ersätter de fria marknadskrafternas ekonomi med den centraliserade planhushållningen. Socialdemokratin säger nej till båda dessa samhällssystem. Den går in för vad den kallar blandekonomi. Detta är emellertid ingen tredje väg utan ett försök till kompromiss, där man än accepterar kapitalistiska utgångspunkter, än anlägger socialistiska synsätt, allteftersom det passar för ögonblicket. Fri konkurrens slår man vakt om, när detta hindrar uppkomsten av maktgrupperingar, som man anser hota den egna ställningen. Reglering och dirigism för man fram med sociala trumpetstötar, när man därigenom får grepp om en sektor, som man vill behärska. Storbanker och storindustrier samverkar man vänskapligt med i vardagslag, medan man, så snart det stundar till val, bullrar om storfinansens ondskefulla konspirationer mot folkligt medinflytande och mänsklig jämlikhet. Det finns något falskt, något oäkta i hela denna attityd. Å ena sidan erkänner man öppet, att det enskilda näringslivet svarar för 95 % av hela den svenska produktionen och därför är vår främsta välståndsskapande kraft. Å andra sidan framställer man varje åtgärd att stimulera denna produktion som ett handtag åt ett girigt och folkfientligt fåtal. Å ena sidan talar man om dugligheten hos industrins ledare och tekniker. Å andra sidan utmålar man dem som hänsynslösa utsugare. Om en forskare engageras av ett företag, för att studera och kontrollera dess produkter, löper denne automatiskt risken att i massmedia stämplas som en av skrupelfria och ondskefulla makter helt beroende figur, en person, som för snöda pengar sålt sin vetenskapliga heder. Samtidigt blir varje ärligt försök från statsledningens sida att närma sig näringslivet och bygga upp ett fruktbärande samarbete utsatt för ständig misstänkliggörande: smygsocialisering, maktmonopol, inkompetensvälde. Här möter vi blandekonomins verklighet, speglad i motsättningar som den skulle överbygga, men som den istället håller på att fördjupa. Den kamp som nu utkämpas bakom blandekonomins kulisser, är en strid mellan den retirerande kapitalistiska klassen och den framryckande teknokratin. För den stora majoriteten människor betyder teknokratins seger i denna kamp ett minskat inflytande, en ökad otrygghet och ett fördjupat beroende. Blandekonomin löser inte 70-talets strukturproblem. Den för oss inte närmare utan fjärmare jämlikheten. Vi måste finna ett system, som möjliggör både ett större medinflytande för de många och en större planmässighet i stort, både decentralisering och samordning. Här lägger emellertid de demokratiska fördomarna hinder i vägen. Jämlikheten har blivit en karikatyr av sig själv. Alla människor skall ha samma inflytande, samma utbildning, samma ekonomiska standard. Det är orimligt även som mål och rättesnöre, orimligt därför att det är naturvidrigt. Resultatet blir jämlikhetens totala sammanbrott, illustrerat av lyxhotell för utlandsturister och slumbostäder för utlandsarbetare. Den demokratiska principen måste ersättas med den funktionella. Om vi som ideal uppställer kravet på ett samhälle, där alla människor skall kunna leva i trygghet, kunna tillfredsställa sina rimliga behov och önskningar, kunna umgås med dem de önskar utan hinder av sociala fördomar, då måste samhället organiseras så att det förverkligar dessa önskemål. Det måste fungera. Men tack vare demokratiska felföreställningar fungerar inte samhället som man förutsett. Och då tvingas man till eftergifter, som till sist framkallar motsatsen till vad man åsyftat. Utvecklingen i kommunistländerna, nu senast i Polen är en talande vittnesbörd om den saken. Lösningen ligger i korporatismen. Den gör varje företag till en gemenskap, där företagsledaren är tungan på vågen mellan anställda och aktieintressenter, där alla parter har samma intresse av företagets framgång, där samspelet är naturligt mellan levande kapital och penningkapital – ty arbetskraften är också ett kapital, en tillgång i varje företag. Korporationerna, som innesluter alla inom ett visst verksamhetsområde, skjuts in som en mellanmakt mellan staten å ena sidan, och företagen och de enskilda människorna å den andra. De ger samhällsstrukturen en helt annan balans och blir därigenom ett skydd för människornas frihet, rättstrygghet och rörelsemöjligheter. Korporatismen suddar ut den skarpa gränslinjen mellan företag, där staten har aktierna och där enskilda har dem, eftersom varje företag äger sig självt. Utmålandet av företagarna som folkfientliga spekulanter i andras arbete kommer att upplevas som orimligt av de många, därför att kontakterna mellan olika funktioner blir andra och bättre. Staten blir inte på samma sätt som nu en fiende till den enskilde. Den blir den naturlige samordnaren, en moralisk, drivande kraft som växer fram ur samspelet mellan människorna och lever genom detta sampel. Visst finns det vanföreställningar både till höger och vänster som måste övervinnas om vi skall bli mäktiga en sådan förnyelse. Visst måste den ensidiga materialismen i dagens tänkande få ge vika för en djupare känsla av solidaritet, av meningsfullhet, av gemensam målinriktning.

Men vad som hänt under de senaste hundra åren visar, att vi kan genomföra förändringar och förnyelser. Varför skulle vi just nu behöva stanna upp utvecklingen? Låt oss ta oss samman och arbeta vidare.

*1971, nr 2 (mars):*

# FRÅN HELGEANDSHOLMEN TILL SERGELS TORG

Politiskt, socialt, ekonomiskt och kulturellt är den svenska stabiliteten rubbad. Det växer fram en ny opinion utanför de hävdvunna strömfårorna. Det är inte en dag för tidigt.

När nyvänstergrupperna på allvar började göra sig gällande under senare delen av 60-talet, rubbades den ideologiska och kulturella stabiliteten i Sverige. Visserligen var nyvänsterns angrepp av negativ karaktär. Man gick utanför de ramar som demokratin formellt dragit upp. Men intensiteten i angreppen på skillnaden mellan liv och lära hos de maktägande var så stark, att även de ideologiska banden började töjas.

När arbetarna i Kiruna gjorde uppror mot LKAB, rubbades den sociala stabiliteten i Sverige. Hela det system på avtalsmarknaden, som ytterst bottnar i vad man kallat Saltsjöbadsandan, råkade i upplösning. SACO–SR-konflikten bara fullföljer denna utveckling.

När tvåkammarriksdagen på Helgeandsholmen vid årsskiftet ersattes av enkammarriksdagen på Sergels torg, rubbades den politiska stabiliteten i Sverige. Denna hade tidigare varit en frukt just av tvåkammarsystemet. Socialdemokratins maktställning har inte berott på att partiet hela tiden haft folkets förtroende i form av en majoritetsställning, utan på att Första kammarens socialdemokrater hela tiden räddade regeringen, även om majoriteten i Andra kammaren var opålitlig.

Första kammarens roll är ett egendomligt uttryck för historiens leklynne. När Louis de Geer utformade tvåkammarsystemet, motiverade han Första kammarens existens med behovet av en balanserad kraft, som skulle hindra tillfälliga kastvindar i opinionen att göra politiken ryckig och sammanhangslös. På grund av att kamrarna från början fick olika social sammansättning – Första kammaren var överklassens och Andra böndernas och småfolkets kammare – blev tvåkammarsystemet fram till 1918 uttryck för klassmotsättningarna i samhället, alltså något helt annat än vad de Geer avsett. Men sedan även Första kammaren demokratiserats och fått samma underlag som Andra, kom denna kammare att fungera precis så som dess upphovsman velat. Men nu är denna kammare borta. Nu är regeringen beroende antingen av stöd från VPK eller av samverkan med ett eller flera borgerliga partier. Palme har i motsats till Erlander inga gemensamma voteringar att falla tillbaka på. Följden är, att politiken blivit osäkrare än förr i samma ögonblick som hela det sociala systemet råkat i gungning.

I förlängningen på denna utveckling skymtar redan det ögonblick, då även den ekonomiska stabiliteten, själva grundförutsättningen för vår reformpolitik, kommer att rubbas. Detta ögonblick är inne, när regeringen tvingas att devalvera den svenska kronan. Elaka tungor gör gällande, att man i Kanslihuset velat provocera SACO till en konflikt för att därigenom skaffa sig en syndabock, som man kan skylla devalveringen på. Det är nämligen så uppenbart, att även regeringen inser det, att en krondevalvering betyder en verklig törn åt det svenska anseendet i världen. Och därmed också ett hot mot Sveriges ställning på den internationella marknaden.

Läget blir inte bättre av att opinionen inom de olika riksdagspartierna är sällsynt splittrad. Moderata Samlingspartiet har bara nödtorftigt täckt över den spricka, som striden mellan Holmberg och Bohman var ett uttryck för. Bohman ligger utåt lågt för att få rådrum att lappa ihop det sönderrivna högerklädet, men ännu vet ingen om han lyckas. Folkpartiets inre spänningar kan vi gå förbi; de hör till detta partis klassiska mönster. Allvarligare är läget inom centern, där ingen av de två kronprinsarna, Fälldin och Antonsson, har verkligt partiledarformat, och där bara en tredje kraft i stil med Per Olof Sundman skulle kunna rädda situationen.

Inom socialdemokratin är förvirringen ännu större än i de borgerliga partierna. Den gamla trygga svenska arbetarrörelsen, företrädd av sådana män som Tage Erlander, Gunnar Sträng och Sven Andersson, möter i dag ett växlande tryck från den nya intellektuella partikader, som nu börjar översvämma Kanslihuset med Palme, Wickman, Feldt, Lidbom, Lennart Geijer och Ingvar Carlsson, män med helt andra utgångspunkter och helt andra synsätt än det gamla gardet. Palme har visserligen som statsminister sökt överbygga dessa motsättningar, men har hittills inte visat upp den handlingskraft och den personliga auktoritet, som detta fordrar. Om därtill flera medlemmar av regeringen i sin personliga vandel tillåter sig ting, som man helt enkelt inte vill återge, undergrävs ytterligare respekten för både regeringen och det parti den företräder.

## DET NÖDVÄNDIGA GREPPET 99

Hur invävt allt är i vartannat här i landet visar sig hos VPK, där mönstret är precis detsamma som hos de övriga, alltså en växande motsättning mellan olika grupper och synpunkter. Hermansson företräder närmast en extremposition av socialdemokratin: han vill öka skatteprogressiviteten och förmögenhetsskatterna, han vill införa rent konfiskatoriska arvsskatter, som om dessa inte redan nu var konfiskatoriska, och han vill öka skattetrycket på företagen. Detta tvingar honom att solidarisera sig med regeringen i SACO–SR-konflikten, medan många av hans partivänner helt går på SACO:s linje. C-H Hermansson och Benne Lantz i samma parti: nej det håller inte.

Det är en riktig uppfattning av tingen som kommit vänstergrupperna att opponera sig mot hela systemet och förklara det livsodugligt. Men dessa grupper har inte något alternativ. Genom att de i stort sett accepterar demokratin och driver den ännu längre, är de i verkligheten bara en integrerad del av just systemet. Det är typiskt, att de framkallat en motreaktion på andra kanten. Själva hyllar de Mao och möjligen Sovjet. Motgruppen, Demokratisk allians, hyllar Amerika. Men det är varken Sovjetunionen eller Förenta Staterna det gäller; det är Sverige.

Det är här den utomparlamentariska opinionen måste rättas till. Vi behöver en pådrivande faktor, som varken går till den ena eller den andra ytterligheten utan söker finna en svensk mittenlinje. Det är här den nysvenskarörelsen kommer in i bilden. Varken höger eller vänster, varken borgerlig eller proletär men spetsen på triangeln, svensk, europeisk, mänsklig. Vi är på väg mot en ökad polarisering av vårt politiska liv. I sådana lägen råkar känslorna i svallning och demagogin firar triumfer. Men i det läget är det vår uppgift att se till, att det dock till sist blir förnuftet, som tar hem spelet. Det är inte en revolution vi behöver utan en ny startpunkt. Våra vapen är inte brutaliteten och nerbusningen utan övertygelsen och charmoffensiven. Inte någonstans på ytterkanterna utan mitt bland det arbetande svenska folket skall det nya vi se fram emot bli grundat.

*1971, nr 3 (april):*

# SÖNDERVITTRING

Tage Erlanders avgång blev det lysande slutet på en epok. Den började, när Per Albin Hansson tog makten 1932. Den fullföljdes av Erlander. Men 1969 blev en milstolpe. Då började söndervittringen. Nu finns det inget alternativ i varje fall inte inom det parlamentariska fältet.

Tiden mellan 1932 och 1969 kommer att framstå som en jämförelsevis enhetlig epok i svensk historia. Den dominerades av två personligheter, Per Albin Hansson och Tage Erlander.

När Per Albin Hansson bildade sin regering, hade han visserligen hunnit göra sig omtyckt även utanför socialdemokratin främst tack vare sitt gemytliga sätt och sin förmåga att lyssna till andras synpunkter. Men det var han som signerat nedrustningsbeslutet den 25 maj 1925, och detta låg honom till en början i fatet. Den njugga inställningen i försvarsfrågan 1936 var inte heller ägnad att öka glansen kring hans person. Däremot hade kohandeln med bondeförbundet verkat utjämnande liksom det växande samarbetet mellan fackföreningsrörelsen och arbetsgivarna. Så småningom gled Per Albin Hansson över till en försvarsvänlig inställning, och det blev han som under kriget genomförde den största upprustningen i vårt folks historia.

Det svenska 30-talet kännetecknades av en samverkan mellan olika grupper. Klasskampsparollerna tonades ner. Som framtidsideal lyste drömmen om ett klasslöst samhälle. Den fick en lysande förespråkare i Ernst Wigforss, epokens kanske största politiska begåvning.

Samarbetstanken visade sin hållbarhet under kriget, då samlingsregeringen dämpade de politiska motsättningarna och den ekonomiska åtstramningen genomfördes av Wigforss med Gustaf Borgström som medhjälpare. Efter Per Albin Hanssons död 1946 fullföljdes hans politik av Tage Erlander. Det socialdemokratiska maktinnehavet hängde visserligen ofta på en skör tråd: Valrörelsen 1948 klarade partiet med ett nödrop,

## DET NÖDVÄNDIGA GREPPET 101

och ATP-striden i mitten av 50-talet vann det endast med hjälp av en enda röst, den fronderande folkpartisten Ture Königson. Tage Erlander lyckades emellertid tillvinna sig ett förtroende, som nästan överträffade Per Albin Hanssons. Han fick ställningen som en sorts vicemonark, delvis höjd över partierna. När han omsider avgick och efterträddes av Olof Palme, fick vaktavbytet i toppen hart när karaktären av ett tronskifte. I verkligheten visade det sig vara mer än så. Erlanders avgång blev den lysande finalen på ett tidevarv. Det beror varken på bristande begåvning eller bristande karaktär, att Palme kommit att bli symbolen för en begynnande söndervittring. Det är som hade alla nedbrytande krafter samlat sig till utbrott i det ögonblick Palme blev vald. Det hade visserligen redan inletts med nyvänstergruppernas framfart i regimens utmarker. Men denna tendens kom att markeras på allvar genom strejken uppe i Malmfälten. Den har förts vidare i den ännu pågående konflikten mellan SACO–SR och staten. Oron på arbetsmarknaden är ett uttryck för instabiliteten i den rådande ordningen. Knarkepidemin, den tilltagande alkoholismen, kriminaliteten och den växande våldsmentaliteten framträder skarpare än när dessa företeelser skymdes av det ständiga ekonomiska framåtskridandet och det påtagliga sociala lugnet. Nu är både lugn och stabilitet borta. Nu flyter destruktionens krafter samman i en process, som allt intensivare undergräver och fräter sönder det bestående samhället.

Man söker dölja folkhemmets utförsbacke genom att hänvisa till de visioner, som leder socialdemokratin mot framtiden. Man söker återuppväcka den förtvinade idealiteten genom att föra ut ett nytt evangelium i jämlikhetens tecken. I själva verket har man varken visioner eller jämlikhet. Man har ingen klar målsättning, ingen målmedveten ekonomisk linje att följa, inget framtidsideal som kan egga och sporra. Visionerna är såpbubblor som spricker, så snart man tittar på dem. Den jämlikhet man förkunnar verkar ihålig och oäkta, när man samtidigt med en strävan att pressa ner SACO-folkets standard, trissar upp lönerna för sina kommunråd och landstingsdirektörer till belopp, som mångdubbelt överstiger vad gemene man kan drömma om. När den senaste opinionsundersökningen klarlade, att socialdemokraterna blott förfogar över 36,9 procent av väljarkåren, kan det visserligen sägas, att sådana undersökningar aldrig är tillförlitliga. Men även om siffran i verkligheten skulle vara högre är tendensen dock fullt klar. Socialdemokraterna är på väg bakåt i det svenska samhället.

Vem eller vad kommer sedan? Vänsterpartiet Kommunisterna skulle ha vissa chanser att suga upp missnöjda socialdemokratiska röster. Hermansson är ur många synpunkter en socialdemokrat i opposition. Men han har inte sitt parti med sig. I norr är man stalinistisk. I söder lutar man åt maoistiska strömningar. I norr är man trogen Moskva. I söder vill man göra revolution på egen hand. VPK är alldeles för splittrat för att i dagens läge kunna spela en verklig roll.

Centern? Knappast. Kohandeln med presstödet var ett politiskt misstag. Fälldin får rycka upp sig åtskilligt, om han skall kunna tända. Antonsson gör för obetänkta utspel. Han har som taktiker vissa drag gemensamma med Gunnar Heckscher. Med honom vet vi hur det gick. Och Per Olof Sundman? Han har ännu så få bakom sig att bara ett mirakel med Hedlund som trollkonstnär skulle kunna få honom vald. Centern är alldeles för velig. Skulle den dessutom svika i striden om Ritsemprojektet och därmed rädda regeringen undan VPK:s vrede, så lär nog Gyllensten få rätt, när han i DN kallar centerns dubbelspel i Ritsemfrågan för ett bortspelande av väljarna.

Nej, alternativet till den bestående regimen finns inte. I varje fall inte inom det parlamentariska fältet. Upplösningstendenserna fortsätter över hela linjen. Inte ens moderaterna kan hålla ihop, sedan de nu valt om och valt Bohman.

Men det är i tider av upplösning och söndervittring, som det nya mognar och tar form.

*1971, nr 4 (maj):*

# SAMHÄLLE FÖR MÄNNISKOR

**Framtidsperspektivet lyser med sin frånvaro i diskussionen kring löner, priser och investeringar. Vi tror på en hantverkets och småföretagsamhetens renässans i skuggan av automationen i tjänst åt människan.**

O taliga gånger har det upprepats, att den aktuella utvecklingen går mot allt större enheter. De mindre företagen slås ut eller köps upp av de större. Storföretagen slås ihop till jättekoncerner. Med gigantiska griparmar sträcker sig dessa moderna mammutar över gränserna och blir multinationella truster med resurser och maktmedel, större och starkare än de flesta stater.

Men denna trend är bara ena sidan av utvecklingen. Om industrin genom högrationalisering och automation minskar sin andel i befolkningen till bara 30 procent och om jordbruket bara tar 5 – eller kanske bara 3 % – vad skall då de överblivna 65 ta sig till?

Det finns två fördelar med automationen, som man inte alltid kopplar ihop. Den ena är den nya arbetsmiljön. I och med att maskinerna nästan helt övertar det mänskliga muskelarbetet, i och med att hela processen från råvaran till den färdiga produkten är ett enda stort sammanhang, som drivs fram av en serie mekaniskt hopfogade och exakt samspelande maskiner, blir arbetarens uppgift en annan än förr. Lokalen kan bli vackrare, trivsammare. Arbetet blir renare och mera intressant. Varje arbetare förvandlas till en liten ingenjör. Det smutsiga, det människoovärdiga under industrialismens första tid kan vrakas. Proletären försvinner som en mänsklig figur i det europeiska samhället. Automationen blir på denna punkt en av vägarna till klasslösheten.

Automationens andra verkan är standardiseringen, som nu drivs till sin yttersta konsekvens. De automatiserade fabrikerna kan till mycket låga priser förse oss med de standardartiklar, som vi behöver, vilkas utformning inte spelar någon större roll – i varje fall inte ur estetisk synpunkt.

Dessutom kan industrin tillverka element, som sedan kan sammanfogas på olika sätt och till olika ändamål. Däremot kan en automatiserad industri inte framställa produkter med en individualiserad utformning, produkter med mycket korta serier. Det lönar sig helt enkelt inte.

Vi får alltså ett behov av företag, som sätter ihop elementen till färdiga varor, monteringsföretag, som med fördel kan vara små eller medelstora. Inom byggnadsindustrin kan ett sådant samspel mellan automatiserad framställning av element – byggklossar – och sammanfogning av dessa till färdiga byggnader ge arkitekturen helt nya möjligheter, särskilt om vi har en hel Europamarknad till förfogande och då kan utnyttja de stora möjligheter till omväxling och formrikedom, som en sådan produktion möjliggör. En totalstandardisering av hopfästningsmekanismerna gör kombinationschanserna hart när obegränsade.

Det är emellertid inte bara denna typ av industri, som ligger i luften. En ökad köpkraft hos de breda lagren medför en ökad möjlighet att efterfråga alltmer unika produkter. Samtidigt frigör industrin genom sitt minskade behov av arbetskraft en mängd människor för nya uppgifter. Vi kan emotse en renässans för hantverket, inte minst konsthantverket. Både monteringsfirmorna och hantverksföretagen kommer att ge människan helt andra möjligheter att arbeta individuellt, att känna sig ett med sin uppgift. Den tekniska utvecklingen ger oss på så sätt förutsättningarna till en frigörelse från tempoarbetets själsdödande enahanda och skapar ramen kring en ny jämvikt mellan människan och hennes arbete.

Det är beklämmande, att dessa perspektiv nästan helt saknas i den aktuella svenska debatten. Vi står mitt uppe i en lönerörelse, som så gott som uteslutande tar fasta på dagens situation och de kortsiktiga intressen, som för ögonblicket dominerar. Fortsätter vi på detta sätt, stänger vi dörren till framtiden. Vi låser in oss i de cirklar, som omger oss idag. Vi permanentar det klassamhälle, där maktfullkomliga teknokrater håller på att ta över, och där de folkliga manifestationerna av livsvilja och självhävdelse steg för steg kvävs i den härskande klassens byråkratiska järngrepp. LO:s låglöneprofil är i och för sig ett brott mot denna vidarerullning utmed det sista motståndets väg. Men den är felaktigt upplagd. Man löser inte låglöneproblemen i låglönebranscherna genom att skriva på ett fördelaktigt avtal. Kan inte de överenskomna vederlagen betalas ut, så går företagen överstyr. Resultatet blir arbetslöshet. Men det är också i längden ödesdigert, om bara de starkaste organisationerna och de mest gynnade branscherna skall få handla efter behag, gärna på de övrigas bekostnad. Det är annars huvudlinjen i den moderna trenden.

## DET NÖDVÄNDIGA GREPPET 105

Nej, årets avtalsrörelse visar bara alltför tydligt, att vi helt måste förnya avtalsväsendet. Vi måste göra en arbetsvärdering för att sedan på dess grund bygga upp en löneskala, något i stil med forna tiders statliga lönereglemente. Målet måste bli att så anpassa lönerna att var och en erhåller den del av det gemensamma produktionsresultatet, som hans insats berättigar honom till. Att helt förverkliga denna önskedröm är omöjligt. Framtidens avtalsrörelser kommer därför att kretsa kring orättvisor och felaktigheter i arbetsvärderingarna. Även om vi i förväg kan säga, att ett visst problem aldrig till fullo kan lösas, får vi inte väja för att gripa oss an med det. Avtalsrörelserna håller på att urarta i sådan utsträckning, att något måste göras. Samspelet mellan lön och prestation, den sociala lönen, måste därvid bli riktningsgivande.

Bakom urartningen på arbetsmarknaden ligger urartningen i politiken. Någon sa för en tid sedan, att vi har en mycket dålig regering men tyvärr en ännu sämre opposition. Uttrycket må vara retoriskt tillspetsat. Det rymmer dock en belysande sanning. Svensk politik saknar nu en verklig målsättning. Jämlikhetsdebatten kunde ha blivit upptakten till något nytt och skapande. Men den halkade snabbt in i det vanliga parlamentariska käbblet. Och därmed blev den en belastning i stället för en hävstång. Vi skulle behöva en vårbräckning också i svensk politik. Men där har höstdimmorna en sällspord förmåga att bli permanenta.

*1971, nr 5 (juni-juli):*

# BLOD OCH BYGD

**Den krasst ekonomiska kalkylen är i dag den enda, som demokratin fäster sig vid. Det är därför, som värderingar från andra håll åter börjar bli aktuella. I Tredje riket talade man om blod och bygd (Blut und Boden). Översatt till 70-talets språk skulle det heta människa och miljö. Aktualiteten är obestridlig.**

Hallstämplade värderingar, ansedda som självklara, börjar plötsligt bli omoderna och misstänkta. Gamla värden, som för länge sen förpassats till historiens sophög, dyker upp på nytt, låt vara i nya former och med nya kombinationer. På 30-talet talade man om blod och bygd. Det finns ett samband mellan människan och den bygd, där hon lever, ett samband, som inte ostraffat kan brytas.

Denna tes hävdades med energi av Tredje rikets jordbruksminister, Walter Darré. 1945 fejades den undan precis som allt annat, som de besegrade stod för. Bondens samhörighet med torvan, folkets känsla av gemenskap med sitt land, stämplades som en reaktionär tankegång. Ibi bene, ubi patria, där jag har det bra, där har jag mitt land – detta minst sagt tvivelaktiga romarspråk fick åter en rangplats bland tidens visdomsord. Man förkunnade läran om de nya nomaderna. Människan skall inte känna sig bunden till någon viss plats. Hon skall vara beredd att när som helst flytta någon annanstans. Inte heller skall hon vara bunden av ett visst yrke. Hon skall i varje situation kunna byta sysselsättning. Det moderna samhällets rörlighet fordrar en ny nomadmänniska. Därför är korporatismen en reaktionär styggelse. Den skapar en känsla av samhörighet mellan människan och hennes verksamhet, hennes uppgift. Den binder henne psykologiskt genom att den kommer henne att identifiera sig med något, som borde vara ett tillfälligt sätt att tjäna så mycket pengar som möjligt, men som i korporatismens atmosfär blir något av ett kall, en livsuppgift. Förtjänsttänkandet befordrar rörligheten och därmed effektiviteten. Standarden stiger. Det lovar oss kalkylen.

# DET NÖDVÄNDIGA GREPPET 107

Förkunnarna av detta evangelium har emellertid glömt bort ett litet ord i sin ordlista. Det ordet är rotlöshet. Med den vurm för utländska termer, som kännetecknar dagens kulturklimat, har man gjort uttrycket alienation till ett av de mest använda modeorden i dagens debatt. Alienation betyder ensamhet och främlingskap, alltså precis detsamma som rotlöshet. Men det är varken Hitler eller Mussolini, som fått leverera uttrycket; det är Karl Marx. Och det är inte rastokiga och judehatande nazister, som anammat det, utan FNL-svärmande ungdomar på den yttersta vänsterkanten. I förortens betongmastodonter sitter folk inplockade som varor i en lagerlokal. De är alla ensamma. De saknar alla den naturliga samhörigheten med en naturlig omgivning. I storföretagens mammutorganisationer är varje man och kvinna en kugge bland maskiner, ett levande ting, som drivs att fungera, som vore det dött, ett nummer i en produktionsstatistik. Vad som görs, varför det görs, och vem det görs för, det har den enskilde kuggen ingen aning om. Han eller hon gör sina handgrepp, skriver ut sina räkningar och fakturor eller ritar någon liten del av det stora hela för att sedan gå hem, titta på TV och gå och lägga sig. Liv är alltid rörelse, blodfull och meningsladdad rörelse. Men detta är inte liv. Det är bara rörelse.

Byalagen är ett typiskt uttryck för upprorsstämningen mot det bestående. Människor kräver att själva få forma den miljö, där de lever. Det fanns ingen, som la sig i hur bönderna förr i världen byggde sina gårdar med stugor och stall och ladlängor. Människan och naturen var ett. Eller se på de gamla städerna med de vackra husen, de ombonade gränderna, de öppna torgen och promenadstråken. Det var människor och miljö i samspel.

Nu dirigeras allt av ett fåtal stora – Kommunförbundet, HSB, Skånska Cement, de kommunala bostadsbolagen o.s.v. Allt planeras, avgörs och styrs uppifrån. Människan får bara foga sig. Det är detta, människan i dag revolterar emot.

70-talet vill inte tillbaka till något, som en gång var. Det är inte historieromantiskt. Det vill tillbaka till livet. Och det kommer att bli historiemedvetet. Hela vår moderna civilisation är dock en produkt av den historiska utvecklingen. Den innesluter – medvetet eller omedvetet – alla föregående tidevarv. Det börjar också de många att ana. Därför opponerar vi oss, när man i våra städer river 16- och 1700-talshusen med deras stämning av gammal förfinad kultur. Ty dessa hus, dessa miljöer ger oss ett yttre uttryck för vår samkänsla med generationerna bakåt likaväl som framåt. Vi opponerar oss mot att svensk historia halvt utraderats från skolschemat. Svensk ungdom berövad sin identitet – det är en skändlighet. Vi opponerar oss mot en invandring, som går över alla anständighetens gränser, och som kan komma att förstöra hela vårt folk och äventyra vår framtid.

Vi svärmar inte för Robinson Crusoe eller Tarzan. Vi svärmar inte ens för Adam i paradiset, innan han uppfann fikonlövet. Sådant överlämnar vi med varm famn åt nudistiska skådespelare på Malmö Stadsteater eller på huvudstadens revyscener. Vi är barn av det tjugonde århundradet. Vi är medvetna om dess möjligheter. Kultur är för oss historiens grundvärde, myten i vår vision. Kultur är människans omkoppling av utvecklingens naturvuxna drivkrafter i tjänst åt en mänsklig målsättning. Men kulturen urartar, om sambandet med naturen, med det organiskt växande, klipps av och förtvinar. Och det är just vad som håller på att ske. Det är därför vi protesterar. Det är därför vi vill något nytt och annorlunda. Vi tror på människans skaparkraft. Men vi erkänner också, att den kraften kan förvandlas till en förströelsedrift. Utan ett harmoniskt samspel mellan natur och kultur, går kulturen under. Det är därför vi försvarar almarnas rätt att stå gröna också bland gatstråk av asfalt och sten.

*1971, nr 6 (september):*

# NEDGÅNG ELLER NYANPASSNING

**Framtidsalternativ.**

Kurt Samuelsson påpekar i en artikel i Vecko-Journalen, att en företagsovänlig politik gynnar storföretagen på de smås och medelstoras bekostnad. Det hårda skattetrycket drabbar de mindre företagen i högre grad än de kapitalistiska jättarna. Samhällets fortskridande byråkratisering nödvändiggör kontakter med statsförvaltningen, som är lättare att uppnå för de stora än för de små. Om ett storföretag går omkull, betyder detta både samhällsekonomiskt och sysselsättningspolitiskt mycket mer än om ett småföretag raderas bort. Detta ger de redan förut gynnade storföretagen större möjligheter att få fram lättnader i kritiska lägen. Den tekniska utvecklingen, sammankopplad med reklamens tillväxt, gynnar den billiga kvantiteten på kvalitetens bekostnad. Utsvältningen av tusentals mindre företag och dödshotet mot hela näringsgrenar – textil, konfektion, läder – gör näringslivet allt ensidigare och produktionen alltmer schablonmässig. Vi tvingas steg för steg att acceptera ett allt mindre urval av varor, som via reklamens makt tvingas på oss. Vi blir samtidigt alltmer beroende av utomstående makter.

Den tekniska rationaliseringen motiveras med att den förbilligar produktionen och sänker priserna. Den effekten har vi inte sett alltför mycket av i praktiken. Men även om en prissänkning på en viss varugrupp kan komma till stånd, måste denna vägas mot den bristsituation eller det beroendeförhållande, på andra områden, med vilken vi fått betala prissänkningen. Rationalisering kan bli felrationalisering. Det finns en gräns, utöver vilken stegrad rationalisering betyder fördyring i stället för tvärtom. En helt ny uppfinning kan åstadkomma ett verkligt framsteg. Men radikala uppfinningar är något annat än vanlig rationalisering. Nyuppfinningar kan minska i stället för att öka antalet maskiner och produktionsomvägar.

Räntesatser, kreditspärrar och skatter minskar i dag tillgången på finanskapital, samtidigt som en slentrianmässig expansion av det bestående realkapitalet med olika åtgärder privilegieras. Detta verkar hämmande på den svenska kapitalbildningen och i än högre grad på verkliga nyetableringar. Då emellertid näringslivets funktion kommer att nödvändiggöra investeringar, blir vi i växande grad beroende av utländskt, främst amerikanskt kapital. Därmed kommer det allt ensidigare och alltmer förvuxna svenska näringslivet att steg för steg införlivas med de Amerikastyrda multinationella trusterna och bli beroende av deras intressen och deras politik. Möjligheten att med prispolitiska manipulationer göra de svenska företagen vinstlösa kommer att växa. Skatteunderlaget krymper. Människorna blir fattigare.

Om Sverige, samtidigt som denna utveckling fortskrider på hemmaplan, ställer sig utanför den europeiska integration, som är på gång, kommer hela vår nationella situation att förvandlas. Medan det övriga Europa genom samordning av sina resurser rycker upp till en av världens supermakter, blir Sverige en bakgård med sjunkande levnadsstandard, krympande resurser och utplånat inflytande. För cirka 1000 år sedan stod vi i en liknande valsituation. Handeln över de ryska floderna med det bysantinska kejsardömet och den arabiska stormakten bar upp vår ställning. Det persiska silvret gav oss vår rikedom. Så sinade silvergruvorna i Hindukusch. Östhandelns förutsättningar försvann. Det var då, som Olof Skötkonung ville genomföra en omorientering västerut men hindrades av företrädaren för den konservativa köpmannaklassen i Birka, Horgny Lagman, som drev igenom en fortsättning av östpolitiken. Följden blev, att Danmark och Norge övertog ledningen i Norden, medan Sverige för århundraden framåt blev en halvt bortglömd glesbygd. Låt oss inte göra ett sådant val en gång till.

Om vi skall kunna hävda oss i framtiden och undvika att samhällsmiljön fortsätter att försumpas, måste vi radikalt omvärdera förutsättningarna för vår ekonomiska politik. Vi måste vidta åtgärder, som hejdar den ständiga centraliseringen till jätteföretag och storstadsregioner. Vi måste ställa kapital till förfogande för nyetableringar. Vi måste göra det lockande att pröva nya vägar. Vi måste engagera ett långt större antal människor i det medvetna framstegsarbetet – just nu blir det i stället allt färre. Ett helt nytt förhållande måste skapas på arbetsplatserna. Begreppen arbetsgivare och arbetstagare måste ersättas med begreppet medarbetare i samverkan. Kampen mot de sociala klassfördomarna måste intensifieras. Allt arbetes ära och allt ägandes ansvar måste bli en levande realitet,

## DET NÖDVÄNDIGA GREPPET 111

inte bara en vacker fras. Volvochefen Per Gyllenhammars ord i TV om den intellektuelle på verkstadsgolvet pekar framåt. Skattepolitiken måste så konstrueras, att den bromsar felrationaliseringar och därmed också en fortsatt krympning av det svenska näringslivets mångsidighet. Konsumentpolitiken måste i första hand motverka den billiga kvantiteten och skapa sinne för kvalitet och skönhet. Vi hävdar inte vårt oberoende i konkurrens med Amerika genom att bli så lika Amerika som möjligt utan genom att bli annorlunda, genom att för världen uppvisa, att det finns andra vägar att gå än jättetrusternas. Tekniken kan icke förbli ett redskap i människans tjänst om den förvandlas till en rustning så tung, att vi inte orkar bära den. Det är på tiden, att vi börjar anpassa våra åtgärder och vår politik inte efter de omedelbara verkningarna utan efter deras följder i framtiden. Försummar vi överblicken och det långa perspektivet, är vägen bakåt oundviklig.

*1971, nr 7 (oktober):*

# INGENTING ÄR SOM FÖRR

**Gunnar Sträng är den oförbrännelige optimisten. Men räcker hans fasta handlag och starka nerver till för att rädda det bestående? Utvecklingen har sina underströmmar, och vi kan i längden inte motstå deras tryck.**

En dåres meningslösa flaxande med armarna, medan han ränner omkring i ett gammalt rum, där mörkret tätnar och de gistna möblerna går sönder, när han stöter ihop med dem – det är bilden man får av svensk politik just nu. Socialdemokraternas regering, den som en gång formades av Per Albin Hansson och fördes vidare av Tage Erlander, börjar se ut som en ruin av sig själv med Olof Palmes gnisslande som en trasig vindflöjel uppe på tornet. Några sista rester av det gamla gardet sitter ännu kvar, men de verkar alltmer som kringskurna kungar i en verklighet, som blivit annorlunda.

De spelar med förtvivlans mod, dessa veteraner med Gunnar Sträng i spetsen. De vet att allt i världen har sin övergång, att det gäller att hålla ut också i onda tider. När de nya männen är villrådiga, håller de järnhårt fast vid sin linje. Vi skall igenom. Det finns något patetiskt, något av tro trots allt i denna attityd, den enda som man kan ha aktning för, även om man innerst inne tvivlar. De karska stämmorna ekar på något sätt ihåligt likt röster ur det förgångna i ett växande tomrum.

Och lika spökligt är oppositionens agerande. Tre partiledare flyttar sina brickor, flyttar dem efter gammal vana, precis som om ingenting hänt. Den trygge och stabile Fälldin, den verserat kylige Helén och den fryntligt elegante Bohman – alla har de sin profil, men ingen av dem höjer sig över de andra, ingen av dem tänder. De prutar och de bjuder över, allt eftersom de politiska konjunkturerna svänger. De sitter lika fast i den sprängda idyllen som motspelarna på Kanslihuset. De gör sina utspel, som de inte ens själva tycks tro på. För något skall de ta sig till. Det hör ju till pjäsen. Och som den halvt etablerade, halvt utstötte

DET NÖDVÄNDIGA GREPPET 113

utvecklar Hermansson hela sin charm i spetsen för en skara, som inte riktigt vet om den är folkhemsk eller folkrysk, om den är parlamentarisk eller revolutionär.

30-talet och 50-talet var två jämförelsevis solida årtionden i svensk samhällsutveckling. Det mellanliggande 40-talet präglades av ett världskrig, men det ändrade föga i den politiska situationen härhemma. 60-talet blev något annat. Men det märktes inte från början. Tage Erlander höll fortfarande rodret i sina vana händer. Den yttre fasaden var ännu oberörd av nya strömningar. Men under ytan hade ett kraftspel kommit i gång, som till sist skulle förändra det mesta.

Det var under 60-talet som vi åt upp de investeringar, vi varit så stolta över under det föregående decenniet. Det var då som nyvänstern gjorde sitt stojande och brokiga intåg i svensk offentlighet, ifrågasättande på punkt efter punkt förhållandet mellan liv och lära hos de makthavande. Det var då som knarket kom. Det var då som porren i strida strömmar vällde ut över vårt land för att spränga sexvallen. Det var då Olof Lagercrantz entusiastiskt talade om en ny frihetstid. Men det var också då som vår ekonomiska struktur på allvar började förändras, förändras utan att vi riktigt märkte det. Det var på 60-talet som vi invaderades av utländsk arbetskraft och hela den svenska samhällsbilden blev en annan. Det var på 60-talet som glesbygderna började övergå till slumbygder, medan storstäderna bara växte.

Ändå var 60-talet inget nydaningens årtionde. Den gamla optimismen från demokratins glada dagar levde ännu kvar uppe på ytan. Man uppfattade alla nya infall som positiva tecken. Vildvänstern larmade men inte mot härskande doktriner: den bara krävde att liv och lära skulle stämma överens. Den var lika skräckslagen för något verkligt nytt som makthavarna själva. Men i sitt unga nit råkade den gång på gång säga för mycket. Istället för att stärka demokratin, som den önskade, undergrävde den demokratin. Dess roll blev därmed en annan än den avsett. Den förberedde en kommande omvälvning men en helt annan än den själv syftat till.

Visst fanns det även på 60-talet öppna ögon, som genomskådade FNL-romantikens såpbubblor och den Amerikafrälsta ytligheten på andra sidan. Men alla var upptagna av sina progressiva debatter, och ingen lyssnade till viskningen från utkanten: Du dåre, i denna natt...

Nu står vi där. Arbetslösheten bara växer. Firma efter firma slår igen sina portar. Köerna förlängs utanför arbetsförmedlingarna. De äldre har satts på undantag. De yngre får inte jobb. De svällande grupperna av akademiker kan inte sysselsättas i yrken, där deras studier har någon betydelse. Utmed de löpande banden och i restaurangkökens matos står främmande människor, som talar andra språk och har andra vanor, men som tar det arbete andra ratar. Jugoslaver och turkar arbetar för fullt, medan sysslolösa svenska ungdomar står och hänger i gathörnen, i kostymer som de köpt för pengarna från arbetslöshetskassorna.

Förvandlingen började i Kiruna. Eller rättare sagt: där kom den upp till ytan. Maktens män söker krampaktigt behålla masken. Men folk tror dem inte längre. Ungdomen fräser, men makten snäser. Än så länge. Här och var vilda strejker, kortvariga incidenter likt blinkningar från röda lampor. Ändå klamrar sig makten fast vid det förgångna. Ändå försöker den upprätthålla välfärdsmyten. Kris – kanske – men den går över. Utanför maktens cirklar ojar sig folk, kvirrar och svär. Men ser inte någon annan väg. Och fogar sig.

Och Olof Palmes regering väntar på miraklet, miraklet Richard Nixon. Det är han som skall vända den amerikanska konjunkturen. Och därmed vår egen. Nordvietnams trognaste vänner i världen sätter sin tillit till amerikanerna. När skall också den bubblan brista?

*1971, nr 8 (november-december):*

# DEMOKRATINS SKOLA

**Kanske kommer det allra svåraste vid en svensk förnyelse att bli utbildningen. De oerhörda försummelser, som den nuvarande skolpolitiken innebär, kommer att fordra en mycket effektiv efterutbildning om vi skall kunna återfå vår gamla tätposition i världen.**

Det finns få om ens något ämbetsverk i Sverige, som är omgivet av en så kompakt impopularitet som Skolöverstyrelsen. Att en viss typ av myndigheter, som har att kontrollera lagars efterlevnad e.d. tidvis kan bli utsatta för folks misstro och avoghet, är rätt naturligt. Skolöverstyrelsen befinner sig inte i den situationen. Dess impopularitet är helt självförvållad.

Nu skulle man visserligen kunna invända, att Skolöverstyrelsen blott har att verkställa de beslut, som fattats av regering och riksdag, och att oviljan därför främst borde drabba de båda statsmakterna. Ur en synpunkt sett är detta riktigt. Reaktionerna mot Ingvar Carlsson står för övrigt i full överensstämmelse med detta faktum. Han uppfattas emellertid som ett med sin SÖ. Men denna kan inte utan vidare två sina händer. Det är en rad funktionärer just i Skolöverstyrelsen, som medvetet och energiskt drivit fram det nuvarande skoleländet, och som därför måste iklä sig en god del av ansvaret för resultatet. Att detta är bedrövligt, torde de flesta vara ense om.

SÖ och dess supporter hävdar självfallet motsatsen. När man påvisar den katastrofalt sjunkande kunskapsnivån, får man svaret att jämförelsen inte bör göras mellan dagens skola och dess avsikter. Frågan bör vara i vad mån skolan har lyckats förverkliga sin nuvarande målsättning eller inte. Ty denna målsättning är en helt annan än gårdagens.

Man har då rätt att vänta sig en klar redogörelse för denna målsättning. Vad är det som skolan skall bibringa eleverna? Vad är det som nutidens elever kan, men som forna tiders svävade i lycklig okunnighet om? Något entydigt svar på denna fråga är svårt att hitta. Å ena sidan säger man sig vilja sänka fordringarna på olika nivåer, för att alla skall kunna följa med. Å andra sidan gör man upp kursplaner med en ambition, som är totalt ogenomförbar i verkligheten, och som skulle ha varit det även i en skola av den äldre typen. Motsättningen mellan de ambitiösa kursplanerna å ena sidan och den jämlikhetsgrundande urvattningen av deras praktiska tillämpning å den andra skapar en ohållbar situation, enbart ägnad att försvåra skolans arbete.

Här stöter två ideologiska linjer samman. Den ensidiga uppvärderingen av det intellektuella kopplas ihop med en jämlikhetstanke, som innerst inne är en tro på alla människors likhet. Om nu intellektuella färdigheter är det värdefullaste i samhället och samtidigt alla människor skall göras lika, måste envar, även om han eller hon har en påfallande låg intelligenskvot, bibringas dessa färdigheter. Detta är visserligen omöjligt; man gör inte en obegåvad människa begåvad vilka metoder man än använder, lika lite som man kan förvandla en ko till en häst. Målsättningens orimlighet tvingar lärarna till ett meningslöst tragglande med de mindre läslustiga, medan läsbegåvningarna undandras möjligheten att helt och fullt utveckla sina anlag.

Den värdering som här kommer till uttryck är typisk för den frammarscherande teknokratin. Den nya överklassen i vardande är till sitt väsen intellektuell. Det är alltså en anpassning till ett nytt klassamhälles mentalitet som får prägla skolan, samtidigt som den egalitära rendensen, jämlikheten, medför smulor åt den stora hopen från de teknokratiska herrarnas bord.

Parallellt med jämlikheten löper den nuliberala frihetslinjen. Var och en har rätt att bestämma över sig själv och sitt handlande. Här får icke göras någon skillnad på arbetare och direktör, på ung och gammal. Alla har samma rätt. Ingen får tvingas. Följden av detta synsätt är den mångomvittnade disciplinlösheten i skolorna. Buslivet i klassrummen, det legaliserade skolket och det öppna trotset mot lärarnas auktoritet gör skolans ställning allt vanskligare. Den hållningslöshet, den brist på precision och punktlighet, den vana vid trots mot varje form av överhet, som ungdomen får sig till livs i dagens skola, kan bli minst sagt ödesdiger för framtidens arbetsliv.

Övervärderingen av det intellektuella som social statussymbol har också medfört ett försummande av yrkesutbildningen. Detta skall nu hämtas igen, om vi får tro Ingvar Carlsson. Men vid närmare påseende visar sig den nya yrkesdelen av gymnasieskolan så full av rent intellektuella ämnen att hela talet om de praktiska yrkena verkar rent hyckleri.

## DET NÖDVÄNDIGA GREPPET 117

Även efter avslutad nioårig grundskola skall praktisk ungdom utan teoretiska intressen tvingas genomlida lektioner, som de inte har intresse för, och dessa lektioner blir därmed ett rent lidande för de lärare, som tvingas syssla med dem.

Den sociala klassutjämning, som är nödvändig, om framtidens samhälle skall kunna fungera, måste skolpolitiskt förverkligas efter helt andra riktlinjer. En för alla gemensam allmänbildning eller – för att använda ett modeord – för alla gemensamma referensramar, måste eftersträvas. Men detta måste innebära ett minimum av grundkunskaper på olika områden. Skolan måste sedan differentieras på så sätt, att olika begåvningstyper hänvisas till för dem anpassade studievägar. Detta kan göra studietiden kortare för alla. Därmed möjliggörs också mindre klasser och ökad personlig kontakt mellan lärare och elever, varigenom bl.a. undervisningen kan effektiviseras. Olika yrkesgrupper i samhället måste ges samma sociala status. Ett viktigt led i denna strävan är skapandet av ett för hela folket gemensamt grundbeteende. Detta möjliggör relationer mellan människor på de mest skiftande områden, där nu klassgränser, skyddade av olikhet i beteende och vanor, sätter spärrar för eljest naturliga och önskvärda mänskliga kontakter. Hemmet och familjen bör ges nya sociala uppgifter, samtidigt som tillhörigheten till ungdomsorganisationerna bör göras obligatorisk. På så sätt kan hem och ungdomsrörelse komplettera skolan och avlasta den från uppgifter, som den i grunden icke är gjord för. Disciplin och ordning måste åter bli en grundläggande princip i skolans liv. Samverkan mellan lärare och elever är också något att sträva efter och skapa former för, men detta får icke gå ut över lärarnas auktoritet och befogenheter.

Resultatet av dagens skola blir en rotlös, okunnig och neurotisk massa, som redlöst hamnar i klorna på det nya teknokratiska herreskiktet. I dess ställe vill vi ha en skola, som formar fria och arbetsglada människor i ett korporativt folksamhälle. Rätten till studier får inte beskäras. Men tvånget att bli intellektuell måste avvisas. Alla arbetens likavärde måste hävdas. De som längre fram i livet vill hämta igen vad de anser sig ha gått miste om i skolan, bör få göra det via vuxenutbildningen. Den är ett av de viktigaste inslagen i framtidens skolpolitik. Dess utbyggnad skapar förutsättningen för en ungdomsskola, väsentligt rationellare och väsentligt trivsammare för både lärare och elever än det missfoster som demokratins skola utvecklats till.

*1972, nr 9 [=1] (januari-februari):*

# ÄR DET BÄTTRE MED ETT TVÅPARTISYSTEM?

**Det finns inga avgörande skillnader mellan socialdemokrati och borgerlighet. Ett tvåpartisystem skulle föra ett steg vidare på den politiska fattigdomens väg. Vi vill ha ett verkligt regimskifte.**

Särskilt på borgerligt håll är man missbelåten med det nuvarande politiska systemet i Sverige. Som en väg till förnyelse pekar man på tvåpartisystemet efter engelsk modell. Om de borgerliga partierna kunde samsas i en och samma fålla, skulle läget bli ett helt annat, säger man. Då skulle vi äntligen få ett alternativ till socialdemokratin. Vi skulle få två stora politiska block i inbördes tävlan om makten. Nu sitter socialdemokratin i orubbat bo sedan snart 40 år. Att bryta detta maktmonopol har sedan årtionden framstått som borgerlighetens ständigt ouppfyllda önskedröm.

Men skulle det egentligen bli så mycket bättre med två partier? Skulle ett borgerligt parti kunna ställa upp ett alternativ till socialdemokratin? Eller skulle tvåpartisystemet bli ungefär detsamma som det nuvarande och det hela sluta med en enda stor besvikelse? Vi fruktar, att det sistnämnda skulle bli fallet.

Redan nu är skillnaden mellan de borgerliga partierna ytterst liten. Det finns olika meningar bland de ledande i de tre partierna om den ena eller den andra frågans lösning. Men den skillnaden är i verkligheten inte större än de skillnader, som bakom kulisserna förekommer inom socialdemokratin. Att det går att finna gemensamma lösningar visar tydligt den uppgörelse, som nyligen träffades mellan de tre, ett samgående, som förorsakat åtskilligt rabalder inte minst i den socialdemokratiska pressen.

Vad väljarna angår, så är åsiktsskillnaderna dem emellan ännu mindre. Eller rättare sagt, de går tvärs igenom partierna. Det finns moderater, som har mera gemensamt med vissa centerväljare än de har med åtskilliga bland de egna partikamraterna. Ur väljarsynpunkt finns det ingenting som skulle hindra en partisammanslagning.

Men vad som är ännu mer väsentligt är att det inte finns några avgörande skillnader mellan borgerlighet och socialdemokrati. Man skulle kunna säga, att socialdemokraterna trycker något mer på det allmänna, borgarna något mer på det individuella. Här rör det sig emellertid om nyanser. Det myckna talet om "socialism", som drivs fram av de högljudda men numerärt fåtaliga vänsterextremisterna, behöver man inte ta så allvarligt. När det kommer till kritan, bryr sig socialdemokraternas stora kader rätt lite om dessa uppskruvade propagandaaktioner. Det är mestadels luftballonger, som lyser grant så länge det varar, men som spricker vid första bästa påfrestning.

Detta innebär att en borgerlig politik bara i mindre detaljer skulle skilja sig från den socialdemokratiska. Norge och Danmark har båda upplevt borgerliga regeringsexperiment. Gemene man har inte märkt det. Livet har gått sin gilla gång oberoende av de s.k. maktskiftena. Allt har förblivit vid det gamla. Och så kommer det också att bli i Sverige. Ett tvåpartisystem förändrar i verkligheten föga av den demokratiska politikens innehåll.

Därtill kommer, att ett tvåpartisystem ytterligare skulle skärpa likriktningen i svensk debatt. Den ideologiska motsättning mellan liberalism och socialism, som man skulle stryka under vid valtillfällena, skulle inte bli annat än tillfälliga och ytliga uppvisningar i torftig politisk retorik. Ett tvåpartisystem skulle, när allt kommer till kritan, bli ett steg vidare på den politiska utarmningens väg och därmed ett led i demokratins inre upplösning.

Vi skulle – om vi håller på ett fritt samhälle – behöva en rad olika politiska grupperingar, som företrädde olika intressen, olika uppgifter och olika värderingar i det moderna samhället. De politiska grupperingarna skulle ges möjlighet att verka fritt och oberoende av ensidigt valtaktiska synpunkter. Parlamentarismens avveckling till förmån för ett system med direkt folkvald statsminister ger oss en möjlighet att lösa regeringsfrågan utan att koppla in riksdagspartierna. En korporativ samhällsorganisation skulle betyda en radikal förändring av hela samhällsstrukturen. De gamla klassgränserna skulle suddas ut. Helt nya intressekombinationer skulle uppstå. Den ensidiga materialism, som nu behärskar både borgerlig och socialistisk politik, skulle ersättas av en ny samhällsmoral, där det allmännas, rikets intressen skulle på ett annat sätt än nu präntas in i folkmedvetandet och solidariteten bli något annat än en tom fras vid högtidliga tillfällen.

Låt oss därför säga det rent ut: Nysvenskarörelsen är både praktiskt och principiellt motståndare till tvåpartisystemet. Vi vill ha ett verkligt regimskifte, som i grund förändrar förutsättningarna för den fortsatta samhällsutvecklingen. Det parlamentariska systemet är ett uttryck för en social verklighet, som inte längre finns. Det låser fast utvecklingen vid föråldrade klasspolitiska tankegångar och institutioner. Både liberalism och marxism tillhör det förflutna. Vårt århundrade kräver nya idéer, som på ett annat sätt än de föråldrade partidoktrinerna står i överensstämmelse med det moderna samhällets villkor. Därför söker vi tvärs igenom de gamla partigränserna samla en växande opinion kring korporatismens idé, kring ett samhällsideal, som bygger på likaberättigade socialgrupper i samverkan kring en gemensam statsledning, en statsledning som förkroppsligar den nationella gemenskap, som bygger på social samverkan, ekonomisk rättvisa och mänsklig värdighet.

*1972, nr 2 (mars):*

# SPEL OM RÖSTER

**Oppositionen kan enas men bara kring demagogiska utspel.**

Om Ni tror, att vi överdriver, när vi påstår, att demokratin överlevt sig själv, så gå upp och sätt er på riksdagsläktaren och följ de s.k. debatterna. Då kommer Ni snart underfund med att vi haft rätt.

Visst kan demokratin reformeras. Man har alltid kunnat sätta nya lappar på gamla kläden. Sålunda har vi fått en i stället för två kammare, vi har fått debatter, sega som gummi och långdragna som klister. Remissdebatten har bytt namn och kallas den allmänpolitiska debatten. Men samtidigt har vi fått två debatter: den allmänpolitiska och finansdebatten. Den förstnämnda har flyttats fram, så att inte bara regeringens statsverksproposition utan partiernas 1400 motioner ligger på bordet. Statsministern har bytt plats med oppositionsledarna och börjar. Sträng håller sig något i bakgrunden. Men han tar skadan igen under finansdebatten som följer, när statsverkspropositionen remitterats till utskotten. Denna debatt blir delvis en upprepning av den föregående.

Debatternas främsta uppgift är att ge massmedia stoff för sensationsjournalistik. Något vettigare ändamål tjänar de knappast. Vem tog hem en poäng, vem satte dit motspelaren, vem gjorde en blunder, vem vann en talarronda, vem gjorde mål? Knivkastningen följs från pressläktaren ungefär som vore det en fotbollsmatch.

Om man jämför den allmänpolitiska debatten med finansdebatten kan det konstateras, att den sistnämnda var den sakligt värdefullaste men samtidigt den kortaste, den som väckte minst uppseende i massmedia. I den allmänpolitiska debatten inledde Palme med ett anförande, som tog upp en ideologisk aspekt. Det var jämlikhetens sociala demokrati med dess krav på solidaritet människor och samhällsgrupper emellan, som bar upp Palmes inlägg. Fälldin hade föga att säga i det sammanhanget, och inte heller Gunnar Helén hade något att tillägga. Det var Bohman, som tog upp den kastade handsken och som motpol till Palmes idéer förde fram moderaternas ägardemokrati. Denna ideologiska duell väckte stor uppmärksamhet i pressen. Det var den inte värd. Palme var med förlov sagt rätt ihålig. Han svängde sig med allmänna talesätt och motiverade sin ståndpunkt med hänvisning till socialdemokraternas förflutna. Bohman kunde lika lite den här gången som tidigare klargöra, vad moderaterna egentligen menar med ägardemokrati.

Annars tycker man, att partiet borde ha hunnit med den saken, så många år som man nu idisslat begreppet. Menar man, att all egendom i landet skall delas upp på medborgarna? Hur skall det gå till? Eller går man ut från Gösta Bagges gamla tes om kronans frihet vid varje inköp? Det betyder, att den som har 100 kronor är 10 gånger friare än den, som bara har 10. Ett sådant resonemang verkar närmast marxistiskt: friheten är en följd av välståndet. Den synpunkten skulle Palme kunnat haka på. Men det gör han inte. När moderaterna förfäktar en materialistisk samhällssyn, blir Palme en himlastormande idealist. Han talar sig varm för solidaritet. Och här är han onekligen överlägsen Bohman. Hur skall det samägande, som är ofrånkomligt antingen företagen är kapitalistiska, kooperativa, statsägda eller korporativa, kunna fungera utan solidaritet?

Sakligt sett var Gunnar Helén den bäste i den allmänpolitiska debattens partiledarronda. Han gjorde en utmärkt analys av JO-institutionens ställning och varnade för att detta organ till rättssäkerhetens skydd skulle urholkas och bli skäligen verkningslöst. Han pekade på vådorna av småföretagsamhetens tillbakagång och ställde sig skeptisk till en alltför långtgående koncentration till storföretagen. Men detta inlägg gick i stort sett massmedia förbi. Det rymde inte några sensationer på buskisnivå. Fälldin var bra inte på grund av vad han sa utan på grund av hur han sa det. Fälldin håller på att bli den jovialistiske popartisten på folkhemmets lite dammiga revyscen. Fortsätter han i samma stil, blir centerpolitiken show business för hela slanten.

I finansdebatten spelade arbetslösheten en huvudroll. Det var väntat. Men den fick konkurrens från Skärholmsfruarna. Fälldin antydde möjligheten av en prissänkning på livsmedel genom subventioner via statskassan. Helén och Bohman hade inte något färdigt recept. De nöjde sig med att skylla prisstegringarna på regeringens inflationspolitik. Men så kom Sträng. Då började det blåsa i kammaren. Sträng var i toppform och citerade "Veckans affärer", som hade berättat, att köpruschen före jul blev betydligt större än väntat. Bilhandeln hade stigit under januari och fortsatte att stiga. Med hörbar förtjusning läste finansministern upp glada säljresultat på färg-TV-apparater, kylskåp och andra dyrare grejor.

# DET NÖDVÄNDIGA GREPPET 123

Sådana nyheter pekar inte på sjunkande köpkraft, tyckte Sträng. Han avvisade frankt varje tanke på att bryta jordbruksavtalet.

Men allteftersom tiden gått, har regeringen fått ge vika. Jordbruksminister Ingemund Bengtsson har kallat till sig de båda toppmännen i jordbruksorganisationerna, Sigge Oskarsson och advokat Håkansson för att diskutera en subventionering av den prisstegring, som blir en följd av att dessa priser är indexreglerade. Enligt jordbruksavtalet skall bönderna den 1 juli tillföras ytterligare 134 millioner plus den summa, som indexregleringen medför. Den sistnämnda summan beräknas till omkring 80 millioner. Det är denna, som staten skulle överta. Den förstnämnda får fruarna trots allt punga ut med.

Det är en kompromiss, som regeringen erbjuder konsumenterna. Den torde främst ha kommit till på grund av trycket från en planerad borgerlig samling kring subventionslinjen. Fälldin har fallit för fruarna. Helén och Bohman har dragits med i fallet. Och nu söker regeringen hejda skredet genom en kompromiss. Man går med halva vägen. Trycken från de egna leden torde ha spelat en icke obetydlig roll i sammanhanget. Det var ju på prisstegringarna, som vännen Wilson föll i England.

Den inslagna vägen är emellertid minst sagt riskabel. Den innebär på lång sikt ett hot mot det svenska jordbruket. Samtidigt innebär den en fortsatt urholkning av den enskilda människans ansvar. Redan nu subventioneras hyrorna. Så kommer maten. När kommer kläderna? TK-industrins nödläge bör när som helst kunna framlocka krav i den vägen. Allt detta betyder skattestegring. Ty någonstans ifrån måste dock pengarna tas. Observera, att det är den borgerliga oppositionen, som driver fram denna utveckling. Den tycks om möjligt vara ännu mera kortsynt än regeringen. Så nog är det på tiden, att vi börjar få ett verkligt alternativ i svensk politik i stället för den röstfiskarkarusell, som snurrar allt vildare i plåtlådan vid Sergels torg.

*1972, nr 3 (april–maj):*

# EPOK I SLUTSKEDE

**Landets försvar rustas ner, men regimen rustas upp. Mindre pengar till försvar och jordbruk men mera till tidningar och TV. Detta är symptom på en väg utför.**

Det blir allt uppenbarare, att den nuvarande regimen befinner sig i en krissituation. Med regim menar vi då inte speciellt den socialdemokratiska regeringen. Vi syftar på hela det bestående systemet, hela det s.k. etablissementet.

Det har funnits flera positiva drag i detta system. Till dem hör den balans, som uppnåtts mellan arbetsmarknadens parter, den strävan att göra upp intressekonflikter genom överläggningar och sammanjämkningar. Till dem hör den progressiva karaktären i näringsliv och forskning, och dit hör sist men icke minst det starka försvaret och det till självförsörjning anpassade jordbruket. Till de positiva dragen hör också en deklarerad strävan att tillgodose olika samhällsskikts berättigade krav på en rimlig andel i framåtskridandets frukter, viljan att hjälpa efterblivna och handikappade grupper och en viss tendens att avskaffa sådana yttre former, som understryker klassmotsättningar och orättvisa sociala värderingar.

Men parallellt med dessa positiva drag har systemet hela tiden inrymt negativa sidor, som förr eller senare måste spränga sönder det hela. Den samhällsstruktur, som systemet är ett uttryck för, är i själva verket ingenting annat än det gamla kapitalistiska klassamhället med dess socialgrupp 1, socialgrupp 2 och socialgrupp 3. Detta faktum kommer inte bara till uttryck i uppdelningen av arbetsmarknaden i löntagare och arbetsgivare utan också i löntagarnas uppdelning i arbetare, tjänstemän och akademiker. Hela vårt organisationsväsen är uppbyggt på klasstänkandets grund. Inte ens sådana utanför arbetsmarknaden stående organisationer som Köpmannaförbundet, Industriförbundet, Sveriges Hantverks- och Småindustriförbund, Lantbrukets riksförbund m.fl. har kunnat frigöra sig från klasstrukturen i samhället. Dessa organisationer representerar ensidigt företagarparten. Uttrycket "näringslivets män" är förbehållet företagarna, ja närmast storföretagarna, trots att tjänstemän och arbetare i lika hög grad måste betecknas som näringslivets män.

Därmed har det bestående samhället kommit att konservera de gamla klassmotsättningarna. De finns manifesterade i hela organisationsväsendet. När man från vänsterhåll hävdar, att socialdemokratin förvaltar det kapitalistiska samhället och inom ramen för dess värderingar och institutioner söker tillvarata arbetarnas intressen så har man i verkligheten rätt. Det förhåller sig faktiskt så.

På det politiska området har systemet ensidigt slagit vakt kring parlamentarismen, även om man får ge oppositionen rätt, när den säger, att parlamentarismen knappast fungerat. Vi har ju praktiskt taget haft samma regering i fyrtio år. Men fiktionen av ett system, där partierna skall växla vid makten, har hela tiden vidmakthållits. Tuschstrecket mellan borgerlighet och socialdemokrati har hållits levande, trots att den har föga med den bakomliggande verkligheten att skaffa. Det parlamentariska systemet bidrar liksom organisationsstrukturen till bevarandet av föråldrade föreställningar och fördomar i vårt offentliga liv.

Kulturpolitiskt har systemet burits upp av en ensidig individualistisk materialism. I dess hägn har statustänkandet vuxit upp och frodats som aldrig förr. Jakten efter materiella fördelar har behärskat hela den andliga samhällsbilden. Valrörelserna har varit gigantiska mutkampanjer, där partierna tävlat om att med andras medel till grund utlova allsköns fördelar till sina väljare. Kompensationsprincipen har gång på gång slagit sönder utjämningstendenser i avtalsrörelserna. Den allt vildare jakten efter pengar och status har gjort människorna rotlösa och nervösa. För att tillfredsställa de allt högre ställda anspråken har de makthavande tvingats att ställa ut växel efter växel på framtiden.

Och nu är vi framme vid den tid, när växlarna börjar förfalla. Det börjar tryta i statskassan. Skattetrycket är så högt att man inte utan våda kan ytterligare höja det, i varje fall inte i fråga om de skatter, som drabbar gemene man. Prisstegringen har samtidigt blivit ett nästan olösligt problem. Det dubbla trycket av skatter och priser knappar in på den enskilda människans marginaler i sådan utsträckning, att hon får allt mindre svängrum för sin egen personliga behovstillfredsställelse. Det myckna talet om allt vad hon får för skattepengarna – utbildning, sjukvård, barnbidrag, folkpensioner osv. – går inte riktigt i folk längre. Folk menar i växande grad, att det inte finns någon proportion på värdet av dessa förmåner och värdet av alla de pengar, som de tvingas betala i skatt. Självfallet kan man från olika utgångspunkter diskutera det berättigade i en sådan värdering. Man måste ändå konstatera, att den i dag är en realitet, som man måste ta hänsyn till.

Vad gör i detta läge politikerna? Jo, för att komma ur klämman, så raserar de två av hörnpelarna i systemet, försvaret och jordbruket. Försvaret anses enbart tärande ur ekonomisk synpunkt, och jordbrukets utövare är så få, att de röstmässigt inte spelar någon nämnvärd roll i jämförelse med konsumenterna. Alltså kan man utan risk för att förlora platsen vid köttgrytorna gå lös på dessa båda institutioner.

Den tilltagande knappheten går emellertid inte bara ut över skatter och priser. Ett av regimens viktigaste medel att styra opinionen, nämligen pressen, brottas med växande svårigheter. Utvecklingen av TV visar sig vara så dyrbar, att även här knappheten börjar göra sig gällande. I detta läge rycker staten in med en hjälpande hand. Reklamskatten har kommit till för att finansiera dels fallfärdiga tidningar, dels ett stöd åt TV, som skall onödiggöra alltför stora licenshöjningar, dels en utvidgad konsumentupplysning. Partistödet utökas. I samtliga fall gäller det regimens privata maktintressen. Pressen, dvs. de tidningar, som är knutna till de i riksdagen företrädda och av stat och kommun finansierade partierna. TV, demokratins främsta propagandaorgan med känselspröt ända in i de många hemmen i vårt land, måste hållas uppe i full utsträckning. Annars skulle de med stora uppoffringar vidmakthålla publikationerna i stil med Vägen Framåt kunna konkurrera på lika villkor. Detta vore ett allvarligt hot mot systemet. I konsumentupplysningen får regimen ett kärkommet medel att styra folks vanor och bestämma vad människor bör behöva och inte behöva, något, som i ett trängt ekonomiskt läge blir en livsnödvändighet för de härskande. Och till sist partierna – totalitarismen fullbordas.

Försvarspolitiken, jordbrukspolitiken, reklamskatten, de konstgjorda kryckorna åt press och TV och manipulerandet med konsumenterna, allt pekar i en och samma riktning: Systemet är på väg utför.

*1972, nr 4 (juni-juli):*

# NATIONALISMEN OCH MILJÖN

Också när det gäller kampen mot naturförstöringen kommer nationalismen att bli den främsta drivkraften. Samhörighetskänslan mellan människorna och jorden är bålverket mot den rotlösa internationalismens förstörelseverk. Det är internationalismen i kapitalistisk eller kommunistisk dräkt, som likt präriebränder förhärjar vår planet.

U nder mellankrigstiden brukade man säga om dåvarande Nationernas Förbund, att det som politisk institution var rätt misslyckat, men att det kunde åstadkomma åtskilliga nyttiga ting, när det gällde sådant, som låg utanför de politiskt infekterade frågorna. På sitt sätt kan man säga detsamma om Förenta Nationerna. De verkligt brännbara ämnena som konflikterna i Närmare Östern och Vietnam tycks FN ha föga om ens någon möjlighet att påverka. När det däremot gäller sådana saker som utbildning, familjeplanering och jordbruksteknik i u-länder, har FN varit betydligt framgångsrikare. Miljövårdskonferensen i Stockholm, som gått i FN:s regi, har också varit en positiv insats av värde.

Det är visserligen sant, att etablissementen runtom i världen ofta tar rätt ytligt på dessa problem. I massmedia har miljöförstöringen och dess följder ibland fått karaktären av sensationsstoff. Man gör en bra söndagsbilaga i en stor tidning, där man plockar ihop alla etablerade "domedagskändisar" som skribenter, för att citera Werner Aspenström i hans utmärkta radiodrama om Nineve, staden som förstördes. Å andra sidan är det uppenbart, att larmsignalerna om gifterna i naturen och i vår föda, om de ödesdigra utsläppen i världshaven och atmosfären, om risken för uttömning av jordens råvarutillgångar och annat dylikt skapat en opinion för åtgärder, som är oundgängligen nödvändig. Miljödebatten har i själva verket förändrat hela det västerländska kulturperspektivet.

Under de senaste två- till tre hundra åren har vi uppfattat historien som en ständig utveckling, en väg framåt och uppåt. Vissa bakslag har kunnat noteras, men de har bara upplevts som tillfälliga. Så småningom har mänskligheten övervunnit dem och fortsatt sitt naturliga framåtskridande.

Denna optimistiska historiesyn har bekräftats av den sagolika expansion som industrialismens genombrott medfört. Teknikens landvinningar har framstått som bevisen för människans förmåga att behärska naturen, att övervinna alla hinder i sin väg, att fördjupa sitt vetande och sprida välståndet till allt vidare folkskikt.

Redan det första världskriget gav denna historiesyn en första törn. Hur förhöll det sig egentligen med en mänsklighet, som påstod sig vara upplyst, men som oaktat ställde till med historiens blodigaste krig? Det andra världskriget gjorde pessimismen än djupare. Det slutade med atombomberna över Nagasaki och Hiroshima. Och så följde slag i slag rapporterna om förgiftningen av luften, vattnet och jorden som en direkt följd av den industrialism, som utgjorde själva grunden för våra s.k. framsteg. Pessimismen grep omkring sig. Den ljusa utvecklingstron från förkrigstiden fick lämna rum åt en växande undergångsstämning. Oswald Spengler hade efter första världskriget profeterat om västerlandets undergång. Men han trodde på en pånyttfödelse. Nutidens katastrofprofeter siar om den dag, då möjligheterna till mänskligt liv på jorden försvunnit, då historien helt enkelt upphör. Man talar om mänsklighetens kollektiva självmord.

Vi börjar faktiskt komma tillbaka till föreställningarna om de fallande tidsåldrarna och den slutliga världskatastrofen. Under antiken talade man om mänsklighetens försvunna guldålder. Den följdes av silveråldern och kopparåldern, som skulle ända i mänsklighetens undergång genom väldiga naturkatastrofer. Orsaken till denna historiens fallande båge var den moraliska upplösning, som människorna lät komma sig till last. En Herrens ängel drev henne ut ur lustgården. Och hon fick höra de sträva orden: I ditt anletes svett skall du äta ditt bröd.

Gösta Erhensvärd kunde inte ha formulerat det med magistralare enkelhet. När vi förgiftat vår omgivning och gjort slut på våra tillgångar måste vi gå tillbaka till det gamla bondesamhället. Förbränningsmotorernas, atomkraftens och månfärdernas tidevarv kommer att bli en overklig episod i mänsklighetens historia, något som aldrig kommer att kunna upprepas.

Inför detta perspektiv kommer vår uppfattning om näringsliv, vetenskap och samhällsformer att förändras. Hela den politiska problematiken blir en annan. Det stora målet blir inte längre allt djärvare expansion.

## DET NÖDVÄNDIGA GREPPET 129

Det blir i stället kampen för att överleva, kampen för att så ställa om produktionen, att våra resurser bevaras för framtiden och vår omgivning inte tar skada. Välfärdssamhällets luftiga drömmar om ständigt ökande materiella tillgångar och därmed ständigt ökat välstånd för de många, en utveckling med ideliga löften åt passivt konsumerande massor, kommer att ersättas av ett samhälle, där människans insats för en tryggad framtid blir det väsentliga, och där fördenskull nya, i vår tid glömda, psykiska krafter kommer att mobiliseras. En sådan omställning kan demokratin inte åstadkomma.

Demokratin bygger på tävlan mellan partier, som för att få röster nödgas komma med allt fagrare löften åt väljarna. Demokratin är en tummelplats för jultomtarnas strid om de väljande barnskarornas gunst. Den är ett direkt miljöhot.

Men varken en diktatur i egentlig mening eller ett teknokratiskt överklassamhälle kommer att kunna lösa problemet. Hotet mot miljön är i dag så stort att det blott kan övervinnas med stöd av de mångas engagerade insatser. Människorna ute i arbetslivet måste bli medvetna om vad det gäller och därmed om sitt ansvar. Den enda samhällsform, som här kan skapa den nödvändiga kontakten mellan en stark och målmedveten statsledning och fria grupper på alla områden av samhällslivet, är korporatismen.

Också detta faktum har med önskvärd tydlighet kommit fram vid naturvårdskonferensen i Stockholm. Mäktiga ekonomiska särintressen av både privat och statlig karaktär har skymtat bakom förhandlingarna. De politiska vibrationerna kring överljudsplanen, det överkänsliga vågskvalpet kring oljeutsläppen och sist men icke minst den skandalösa strykningen av Hannes Alfvéns föredrag om atomenergin har till fullo berättigat sådana komplement till konferensen som det i privat regi anordnade Miljöforum.

Miljöfrågorna måste därför bli en av de väsentligaste punkterna på den progressiva nationalismens program. Vi måste här bygga upp ett medvetande och en kampvilja inte bara i Sverige utan runtom i Europa, ja så småningom även i de andra världsdelarna. Den samling av progressiva nationalister, som diskuterades vid den nysvenskariksstämman i pingst, kommer att få särskild styrka genom att dess gemensamma sociala strukturkrav, kravet på en korporativ omdaning av samhället, står i direkt kontakt med kampen mot miljöförstöringen. Nationalism och miljökamp hänger ihop. Man behöver bara tänka på den roll, som landskapet spelar i nationell diktning och nationellt känsloliv. Kärleken till den egna jorden, till sjöarna och bergen, till skogarna och slätterna, till "gräsen i Thule" är en drivkraft med osedvanlig styrka i dagens förvirrade situation. Det räcker inte med myndigheter och institutioner för att åter skapa jämvikt mellan människan och världen; det måste bli rörelser, framvuxna ur folkdjupen, som bärs upp av en beslutsam vilja att säkra en fortsatt framtid åt de olika folken på vår blå planet.

## DET NÖDVÄNDIGA GREPPET                                    135

desamma genom tiderna. Till dem hör det mänskligas avgörande roll i varje läge. Och därmed också människans ofrånkomliga ansvar – i det lilla likaväl som i det stora.

Vad är det vi egentligen vill? Vi befinner oss i ett läge, som har många vägar in i framtiden att välja på. Tekniken har gett oss oanade möjligheter. Men dessa möjligheter har också sina tidigare oförutsedda gränser. Maskinerna skulle bli de medel, med vilka vi skulle lyfta upp människorna ur deras slaveri under musklerna och göra dem fria för nya skapande uppgifter. I stället har de fått bli våra herrar. De har hjälpt oss till en ökad produktion. Men på bekostnad av jordens råvarutillgångar i en sådan utsträckning, att vi börjar se källans botten. En vacker dag stannar maskinerna, därför att oljan är slut, metallerna är slut, elkraften räcker inte, och jorden är utsugen. Till på köpet har luften och vattnet förgiftats.

Så behöver det nu inte bli. Men det beror på oss själva, om vi kan ändra historiens färdriktning. Om hagalenskapen även i fortsättningen skall bli vår främsta drivkraft, förkroppsligad i produktionsstegringstabeller och lönsamhetskalkyler, då går vi raka vägen mot katastrofen. Lugnar vi däremot ner tempot på det materiella området och inriktar oss på en fördjupad social och kulturell utveckling, grundad på de tekniska möjligheter som står till buds inom ramen för råvarukällornas begränsning, då blir med ens utsikten friare och framtiden ljusare. Detta kräver emellertid en medveten omställning av vårt sätt att resonera, att planlägga och att handla. Det räcker inte med att ett fåtal elitmänniskor inser riskerna och varnar. Det räcker inte med att ett politiskt fåtal försöker vrida om rodret. Trycket från de många kommer att omöjliggöra de fås ansträngningar. Därför måste vi vinna de många, vi måste engagera dem och göra dem till aktivt medvetna förkämpar för en ny samhällssyn, en ny livsstil, en ny politik.

För att detta skall bli möjligt, måste vi till varje pris undvika ytterligheterna till höger och vänster. I grund och botten blir nämligen slutresultatet detsamma, antingen vi går i den ena eller den andra av dessa riktningar. I båda fallen hamnar vi i ett teknokratiskt fåtalsvälde, som förkväver de små människornas möjlighet att göra sig gällande. Det är varken åt höger eller vänster vi syftar, det är framåt.

De starka vänstervindarna under 60-talet har framkallat en reaktion. Det föreligger i dag risk för att vinden kommer att kastas över åt motsatt sida, att vi nu glider in i en period av högervridning. Nysvenskarörelsen hade den 16 och 17 september en observatör närvarande vid en kongress i München, som kallade sig den första nationella europeiska ungdomskongressen. Det visade sig, att denna sammankomst helt behärskades av representanter för NPD, det s.k. nationaldemokratiska partiet i Västtyskland. Närvarande företrädare för olika europeiska länder fick praktiskt taget inte komma till tals. Resolutionerna var inte bara sammanställda utan också tryckta i förväg. Debatterna blev huvudsakligen ett gräl mellan olika västtyska grupper. De som inte lät sig nöja med intetsägande och bombastiska nationella fraser, t.ex. när den västtyska s.k. Pöhlmansgruppen, stämplades som "marxister". Det är självfallet, att hela Norden och en rad andra länders företrädare stod som en man mot denna våg av reaktion och efterblivenhet.

Det är här vårt ansvar kommer in. Vi har i dag trots vår litenhet ett kontaktnät kring hela Europa. Vi har möjlighet att påverka utvecklingen, att bromsa de reaktionära krafterna, att styra in den ideologiska utvecklingen i sunda banor. Men det fordrar, att vi här hemma är så ideologiskt medvetna att vår kamp för en politik, byggd på korporatism, samnationalism och ny humanism ute i Europa verkligen har en plattform, som håller häruppe i norr. Nysvenskarörelsen har här ett ansvar, som den inte får svika.

Men svensk demokrati, de stora maktägande grupperna och institutionerna, skall inte heller frånsäga sig sin del i ansvaret. Den undantagsställning, som man gett vår rörelse, de diskriminerande åtgärder, som man under årtionden vidtagit, för att hindra eller försvåra vår verksamhet, kan få ödesdigra konsekvenser. Sverige blir inte oberört av att den europeiska kontinenten förvandlas till en härd för reaktion och klasskamp i stället för framåtskridande och klassutjämning. Vi erkänner öppet vårt ansvar. Och vi tar det. Men svensk demokrati har all anledning att besinna sin andel i detta ansvar.

*1972, nr 8 [ =7] (december):*

# DEN REPRESSIVA TOLERANSEN

Nyvänstern är bara en extremposition av det bestående. Den är en sekulariserad puritanism, som har föga eller intet med den klassiska arbetarrörelsen att skaffa. Nu på 70-talet är det extremvänstern, som utgör det tillbakatryckande elementet i förbund med de krafter, som ännu lever kvar i problemställningarna från det andra världskrigets tid.

99 Den repressiva toleransen" är ett av uttrycken i nymarxismens ordförråd. Uttrycket lär ha präglats av Herbert Marcuse, en av de vänsterideologer, som under några hastigt flyende år sken som en sol, men som rätt snart började dala. Kravet på tolerans mot oliktänkande har hört till den borgerliga demokratins främsta idéer. Men, menar nymarxisterna, det borgerliga samhället har samtidigt byggt upp en mekanism, som trycker tillbaka en opinion, när den börjar bli besvärande. Detta är innebörden i ordet repressiv.

I och för sig är denna uppfattning inte utan grund. Det har gång på gång framhållits i Vägen Framåt, att demokratin håller på att utveckla sig i totalitär riktning, att åsikts- och yttrandefriheten bara tillkommer de renläriga. Karl Vennberg erkände för någon tid sedan i Aftonbladet, att yttrandefriheten i dag är graderad. Om man befinner sig i mitten, d.v.s. i skärningspunkten mellan socialdemokratin och folkpartiet, har man praktiskt taget oinskränkt yttrandefrihet. Men ju längre bort man kommer från denna mittpunkt i den ena eller den andra riktningen, desto mer begränsad blir möjligheten att komma till tals.

Nu skulle man väl närmast tänka sig, att nymarxisterna fungerade som en broms på det repressiva, alltså det tillbakatryckande elementet i samhället. Så var delvis också fallet under 60-talet. Nyvänstern hävdade med framgång sin kritikrätt. Den lyckades erövra en inflytelserik ställning i massmedia. Men den ståndpunkt, som den själv företrädde, var i verkligheten bara en extremposition av det bestående. Nyvänstern har aldrig opponerat sig mot de härskandes sätt att tillämpa dessa principer. Den har beskyllt det s.k. etablissementet för att svika sina egna idéer. Den har kritiserat maktägarnas kompromisser med verkligheten. Demokrati, javäl, men då skall det också vara demokrati, d.v.s. en styrelse, där alla skall ha medinflytande över hela linjen. Det är detta man kallat gräsrotsdemokrati. Socialism, javäl, men en verklig socialism, inte ett halvhjärtat lappande på kapitalismens kläde som i Sverige eller en byråkratisk förstelning som i Sovjet. Idolerna har varit Mao i Kina och Fidel Castro på Kuba.

Nu börjar emellertid nya vindar att blåsa över världen. Nymarxismen har inte längre samma dragningskraft som förr. Det visar sig allt tydligare, att hela denna strömning främst varit ett uttryck för de intellektuellas revolt mot den bestående maktstrukturen. Arbetarmassorna har stått främmande och tittat på. De har tydligt visat sitt ogillande av de konstbesynnerliga vänsteruppåtgen. Följaktligen har man öppet beskyllt dem för att vara ett konservativt element i utvecklingen.

Nyvänstern kommer inte från öster. Moskva har i själva verket stått kallsinnigt för att inte säga fientligt mot de nya tongångarna. Ursprunget är amerikanskt. Det är hippies, flower power, students for a democratic society och liknande grupper, som utformat det typiska nyvänstermönstret. Förenta Staterna har ett puritanskt arv, som där spelat en större roll än någon annanstans i världen. Nyvänstern är i verkligheten en slags sekulariserad puritanism. Det humorlösa, det dogmbundna, det torftigt moraliska, det inkrökt fanatiska hos puritanismen går över hela linjen igen hos nyvänstern. Uppdelningen i rivaliserade sekter med ömsesidiga lärostrider är lika typisk för nyvänstern som för puritanismen. Med den egentliga arbetarrörelsen har denna företeelse mycket litet, om ens någonting gemensamt.

Det är också typiskt, att nu, när nya vindar börjar blåsa, nyvänstern framträder som det främsta uttrycket för det repressiva, det tillbakatryckande elementet i samhället. Vad som hänt kring Sveriges Författarförbund, och som återges på annat ställe i denna tidning, bär syn för sägen. Medan de egentliga företrädarna för det maktägande etablissementet företräder en påtagligt tolerant linje, framstormar nymarxisterna kring exempelvis tidningen Kulturfront som fanatismens och intoleransens riddare. De är mera demokratiska än demokraterna själva. Dessutom har det uppstått en märklig allians mellan den unga nyvänstern å ena sidan och vissa äldre, som fortfarande lever kvar i problemställningarna från andra världskriget. Palestinagerillans svenska advokater i flock och farnöte med antisemitismens mest frenetiska bekämpare — det är onekligen en originell kombination. Det hela är emellertid en vittnesbörd om hur blandad kortleken hunnit bli. Gamla frontlinjer och en gång skarpa motsättningar suddas ut. Nya problem skapar nya grupperingar. De som vägrar att förstå detta, kommer steg för steg att förvandlas till ropande röster i öknen. Pålitligheten hos Brezjnev och Mao torde just nu ifrågasättas av allt fler tänkande människor på vänsterkanten, och Nixon som ledstjärna lär väl knappast entusiasmera så värst mycket folk på högerkanten, allra minst efter hans senaste turer i Vietnamförhandlingarna. Men just i ett läge, då gamla ställningar håller på att upplösas, har ett fritt meningsutbyte mellan olika riktningar en särskild mission att fylla. När invanda föreställningar visar sig ohållbara, ökar människors benägenhet att lyssna till nya synpunkter, till det som är annorlunda. Det är därför särskilt angeläget, att i nuvarande läge skapa ett politiskt klimat, där yttrandefriheten är självklar, och där den sakliga tyngdens betydelse får växa på de tungomålstalande demagogernas och de psykologiska suggetionsknepens bekostnad.

*1973, nr 1 (januari-februari):*

# VARFÖR JUST KORPORATISM?

**Man frågar oss ofta, varför vi inte är demokrater, och vad det egentligen är för skillnad mellan demokrati och korporatism. Vem har tänkt på, att demokratins samhällsbild har vuxit fram ur den samhällsfilosofi, som signerats Machiavelli, medan korporatismen har rötter i den västerländska medeltidens främsta frihetstradition?**

Det är mycket vanligt, att folk, som kommer i beröring med den nysvenskasamhällssynen, ställer sig frågande till vår kritik av demokratin. Ni är ju i verkligheten utpräglade demokrater, säger man. När man kommer till era sammankomster, möter man ingenting, som påminner om diktatur. Där är ordet fritt. Där finns inte klasskillnader. Där sitter generationerna om varandra. Precis så skall det ju vara i en demokrati.

Detta beror på att ordet demokrati fått så många betydelser, att det snart sagt kan användas om vad som helst. Stalin talade om folkdemokrati, Mussolini om korporativ demokrati och Hitler om germansk demokrati. Vi tänker inte delta i den konkurrensen. Vi föredrar att ge varje ord och uttryck en bestämd innebörd. Det är den enda möjligheten att göra en politisk diskussion begriplig och meningsfylld. Det tungomålstalande, som man på sina håll ägnar sig åt i politisk propaganda, har vi inte lust att vara med om. När vi i Nysvenskarörelsen talar om demokrati, menar vi den åskådning och det statsskick, som allmänt i modern utveckling har kallats demokrati. Vi syftar alltså på den uppfattning, som anser, att det finns en folkvilja, som kan och skall avgöra ett folks öde, att denna folkvilja kommer till uttryck i val och folkomröstningar, där varje människa har var sin röst, och att följaktligen varje beslut skall fattas antingen av alla i omröstning eller av organ, som utsetts i allmänna och lika val. Vi avser sålunda med demokratier de statsskick, där folkrepresentationen utgått i allmänna val, där statschefen utgått ur allmänna val eller där folket i direkt folkomröstning kan avgöra olika frågor. Vi syftar på den parlamentariska demokratin och dess sidoformer, den amerikanska presidentdemokratin och den schweiziska referendumdemokratin. Vi kan sålunda icke acceptera begreppet folkdemokrati. Den kommunistiska statsformen är en diktatur. Sammalunda är fallet med den nationalsocialistiska eller den fascistiska. Mussolinis tal om korporativ demokrati är enligt vår mening en orimlighet. Vad Mussolini ville säga var, att den fascistiska korporatismen, som styrdes uppifrån med diktatoriska medel, skulle utveckla sig till en fri korporatism. En god tanke. Men frihet behöver inte vara detsamma som demokrati. Korporatismen avviker både som åskådning och som system från demokratin.

Medan demokratin bygger sin uppfattning på två faktorer, staten och människan, bygger korporatismens teori på tre, staten, gruppen och människan – ursprungligen utgick demokratins uppfattning från tron på att staten kommit till genom att människorna på ett visst område frivilligt sammanslutit sig och valt en gemensam ledning- så utgår korporatismen från att samhället vuxit fram organiskt under en lång historisk process, att olika verksamhetsområden utbildat sig och samordnats av en gemensam ledning – kanske en gång familjefadern eller stamhövdingen – och att de olika verksamhetsområdena är själva grundvalen för samhället.

Demokratins svaghet ligger bl. a. i att den inte tar med gruppen i sin ursprungliga samhällsbild. Hur mycket man än från början blundar för gruppernas existens, så finns de där i alla fall. Och de gör sig obönhörligt gällande. Korporatismen kommer här verkligheten närmare genom att även i sin grundritning av samhället låta socialgruppen spela en väsentlig roll. I demokratin blir gruppernas utveckling därför vildvuxen. Demokratin räknar inte från början med klasser och klassmotsättningar och har följaktligen ingen uppfattning om hur dessa konflikter skall lösas. När parlamentarismen först växte fram i engelskt 1700-tal, var rösträtten begränsad och det var en rätt enhetlig överklass som hade makten. Partierna kunde då bli ett uttryck för olika idéer, olika temperament inom den härskande klassen. Det finns alltid rivaliserande kotterier i en överklass. Med den allmänna rösträtten förändrades partierna. De blev uttryck för de i samhället kämpande klassintressena. De blev den politiska spegelbilden av klasskampen.

Genom att korporatismen accepterar gruppen som en naturlig mellanmakt mellan staten och människan, kan den från början ställa in grupperna i sin helhetsbild. Om samhället är en arbetsfördelning mellan människor, som har var och en sin deluppgift i den stora helhetsprocessen, så är det rimligt att dela in samhället i olika verksamhetsområden och låta människorna organiseras efter sin uppgift i samhället, inte efter sina klassintressen. Om ett folk uppfattas som en naturlig gemenskap, så är det också rimligt, att man söker utjämna motsättningar, som av de flesta upplevs som orättvisor, att man möjliggör bästa möjliga samspel mellan olika människor, och att man därför söker upphäva klassgränserna och skapa ett klasslöst samhälle. Korporatismen företräder därmed en strävan, som inte står i motsättning till vad demokratin en gång ville, men som går utöver demokratins målsättning, och därmed tar nästa steg i det fria samhällets utveckling.

Detta betyder, att korporatismen i lika hög grad som demokratin accepterar de grundläggande värdena i västerländsk samhällsutveckling: friheten, rättssäkerheten, likheten inför lagen, respekten för den personliga integriteten, det folkliga medinflytandet. Demokratins abstrakta folkviljeföreställning leder till att människor väljer ombud och sedan ombudens ombuds ombud i det oändliga. Demokratin är en serie kinesiska askar, där den yttersta är det väljande folket och den innersta de i verkligheten styrande pamparna. Det finns ett diktaturhot inbyggt i varje demokrati.

Korporatismen ger människorna inflytande först och främst inom de områden, som de har intresse av och verkar i. Det finns beröringspunkter mellan korporatismen och det medeltida skråsamhället. Vi bör komma ihåg, att det var 10- och 1100-talens hantverkarrepubliker, som utgjorde Europas första fria stater. Oppositionen mot den medeltida korporatismen, mot mellanmakterna, kom från Machiavelli, den florentinske filosof, som skrivit den absoluta furstemaktens evangelium. Inga mellanmakter fick skilja fursten och folket, sa Machiavelli. Därmed grundlade han den tvåfaktorssyn på samhället, som sedan blev demokratins, och som nu hotar att hamna i ett olidligt teknokratiskt överklassvälde.

*1973, nr 2 (mars):*

# I DEMOKRATISK ORDNING

**Diskussion med Bengt Norling.**

När aktionsgruppen för Fållans räddning uppvaktade kommunikationsminister Bengt Norling, inledde denne debatten med ett förmanande anförande, i vilket han underströk nödvändigheten att hålla på de demokratiska spelreglerna. Han förutsatte, att ingen av de närvarande ville stödja våldsaktioner. I demokratisk ordning fattade beslut måste respekteras.

Det är ett beklagligt faktum just nu, att kommunikationsministern inte har alla bakom sig när han brännmärker våldsmetoder. Om en viss grupp får möjlighet att med våld hindra förverkligandet av i laga ordning fattade beslut, upplöses samhället inifrån. Slutet på en sådan utveckling blir järnhård diktatur, som möter våld med våld för att återställa ordningen. Och den utvecklingen är det väl ingen, som önskar sig här i landet.

Respekten för i laga ordning tillkomna beslut förutsätter emellertid, att den laga ordningen står i överensstämmelse med folks rättsmedvetande. Nu ingår det just i det svenska rättsmedvetandet, att den enskilda människans uppfattning och önskemål skall respekteras av statsmakten och myndigheterna. Det visar sig nu, att detta rättsmedvetande gång på gång råkar i konflikt med beslut, som fattas i demokratisk ordning. Ty för närvarande sammanfaller begreppen "laga" och "demokratisk".

Svenska folket väljer riksdagen. Regeringen utgår ur riksdagens majoritet. Den tillsätter ämbetsmännen och dirigerar myndigheterna. Riksdag, regering och myndigheter är således ett uttryck för en och samma folkvilja, manifesterad i de allmänna valen. Detta kallas demokrati. Men det är på den punkten, som konflikten uppstår, konflikten mellan "människorna" och "pamparna".

Det går nämligen inte att dela upp svenska folket i fyra eller fem grupper, där alla inom varje grupp anses ha samma åsikter. Hela detta betraktelsesätt är totalt verklighetsfrämmande. De flesta röstar med ett visst parti – det må vara centern, moderaterna eller socialdemokraterna – därför att de uppfattar detta parti som ett uttryck för den sociala miljö, där de känner sig hemma. De förutsätter, att det parti de röstar på skall någorlunda föra en politik som motsvarar deras önskemål. Men därmed har de inte sagt att de valda ombuden i allt får tala å deras vägnar. De flesta väljare har aldrig träffat dem de röstar på. Väljaren kan ofta ha helt andra åsikter även i väsentliga frågor än den valde. Denne är visserligen vald i demokratisk ordning. Hans befogenheter tillhör denna ordning. Men det faktum, att han på vissa punkter kan ha en helt annan inställning än väljarna, gör honom i en konfliktsituation till "pampen" kontra den vanliga människan.

När vi på nysvenskt håll opponerar oss mot Bengt Norlings inställning, har detta ingenting med våldsaktioner att göra. På den punkten har vi exakt samma inställning som kommunikationsministern. Nej, det är den demokratiska ordningen vi opponerar oss emot. Denna ordning leder automatiskt till pampvälde. Eller, om vi skall uttrycka oss mera lärt, demokratin utvecklar sig på grund av sin egen konstitution till ett teknokratiskt överklassamhälle, som vi inte anser önskvärt. Det gör nog inte kommunikationsministern heller.

Sedan skiljer sig våra åsikter. Bengt Norling och med honom hela etablissementet hoppas att samhällets teknokratisering skall kunna förhindras, utan att vi därför behöver ändra den demokratiska maktstrukturen. Vi tror inte att detta är möjligt. Vi tror, att det blir nödvändigt med en verkligt djupgående samhällsreform, som i detta fall innebär att olika grupper i samhället ges en lagfäst självstyrelse och får rätt att besluta i egna angelägenheter. Åtskilligt av det, som nu beslutas av staten, blir därigenom överfört till självstyrande organ ute i samhället. Det är detta, vi kallar korporatism.

Vi är fördenskull inte motståndare till den starka staten. Vi är fullt medvetna om behovet av en samordnande kraft i nutidens komplicerade verklighet. Men denna starka stat skall inte lägga sig i allt som sker i samhället. Den skall dra upp ramarna för samhällslivet. Men inom dessa ramar skall den låta människorna själva fritt utveckla sin verksamhetslusta. Övergrepp och olagligheter inom de självstyrande organismerna skall kunna överklagas hos rättsvårdande statliga institutioner. Staten skall här garantera, att ramarna respekteras, att rätten upprätthålles. Men aktiviteten, initiativet, skall den på dessa områden överlåta åt de vanliga

DET NÖDVÄNDIGA GREPPET 145

människorna, till de många små enheter, av vilka varje samhälle ytterst består.

Nu kanske Bengt Norling invänder, att summan av enskilda människors eller kommunala eller korporativa organs aktivitet kan rubba den planering, som statsmakten står för. Detta har han i så fall rätt i. Men den risken måste vi ta. Det är i själva verket inte någon risk utan något önskvärt. Om en centralmakt ensam sitter och planerar i Stockholm och vi sedan skall rätta oss efter planerna utan rätt till annat än meningslös opposition, då stelnar förr eller senare hela samhällsutvecklingen. Det måste försiggå en ständig dialog mellan staten, korporationerna och människorna, så att staten fortlöpande kan justera sina planer i enlighet med de erfarenheter, som denna dialog ger. Detta är korporatismens syntes mellan folkligt medinflytande och statlig samordning.

Och så till sist: När vi talar om "pampar" och "pampvälde", så ta inte detta uttryckssätt så förfärligt allvarligt. Finansministern verkar alltid förargad i det sammanhanget. "Pamp" är närmast liktydigt med "teknokrat", d. v. s. en människotyp, som håller på att ta form i dagens samhälle, en kallt beräknande, ishal typ utan mänsklig värme och med påtagliga kontaktsvårigheter nedåt. Den typen finns tyvärr redan på alltför många håll. Finansministern lär nu aldrig kunna anpassa sig till det mönstret. Och som vi hoppas, inte kommunikationsministern heller. Välkomna båda två i kampen mot pampväldet.

*1973, nr 3 (april-maj):*

# DEN TREDJE VÄGEN

Det finns en utpräglad konservatism i hela den politiska debatten. Det har ingenting med höger eller vänster att skaffa. Företeelsen är densamma över hela linjen. Man lever idépolitiskt kvar i föreställningar, som för länge sedan passerats av utvecklingen. Man använder ord och uttryck, som en gång i tiden hade en reell anknytning till den aktuella verkligheten, men som nu har förlorat sin täckning och ger därför en missvisande bild av det man diskuterar.

På sitt sätt lämnar teologin ett exempel på en motsvarande företeelse inom det religiösa området. Där har man sökt formulera sin tro mot bakgrunden av en viss given uppfattning av världen omkring oss. Sedan förändras denna världsbild. Men de religiösa uttrycksmedlen förblir desamma århundrade efter århundrade. De upprepas mekaniskt i bekännelseformer, som blir allt orimligare, därför att orden ändrar mening, därför att formuleringar numera säger oss något helt annat än de sade, när de en gång sattes på pränt.

Ett typiskt exempel på debattens konservatism är det sätt på vilket begreppet klasskamp utnyttjas i dagens diskussion. Klasskampsbegreppet fördes fram av Marx i mitten av 1800-talet. Dess innehåll gick tillbaka till de sociala förhållanden, som var rådande, när Marx levde och verkade. I dag är den sociala strukturen i samhället en helt annan. I dag är de tekniska förutsättningarna för utvecklingen på de flesta punkter förändrade. Ändå idisslar man Marx gamla formuleringar på precis samma sätt, som gammaltroende teologer upprepar sina dogmer. Debatten försiggår i en skenvärld, där de invigda svänger sig med inlärda fraser och begrepp, medan människorna står utanför och lyssnar ungefär som församlingen i en kyrka, där prästen läser mässan på latin.

Det kalla kriget mellan Washington och Moskva framkallade i hela den västliga världen en antikommunism, som delvis grep tillbaka på stämningar och fakta från 1920-talet. På den tiden var kommunismen ännu något nytt och okänt. Dess totala seger i hela det väldiga området

## DET NÖDVÄNDIGA GREPPET 147

mellan Leningrad och Vladivostok, dess skrupelfria hänsynslöshet, dess blodiga grymhet, skildrad i bjärta färger av förjagade emigranter världen över, skapade en känsla av kommunismen som ett uttryck för det radikalt onda, samtidigt som i vissa arbetarkretsar samma företeelse gav hopp om en rättvisans och jämlikhetens morgonrodnad. Världen uppdelades i två läger: röda och vita.

Det var mot denna bakgrund, som fascismen triumferade i Italien och nationalsocialismen i Tyskland. Antikommunismen blev en drivkraft, som med fruktan till hävstång drev in massorna på helt nya vägar. Man fruktade kommunismen som ett terrorns och statens helvete, och man såg i de nya ledargestalterna sina befriare undan det eljest lurande hotet. Det kalla kriget kom dessa stämningar att vakna till liv igen. Vapenbrödraskapet mellan anglosachsare och ryssar under det andra världskriget, Roosevelts strävan att dämpa de antikommunistiska känslorna och skapa en mer nyanserad bild av Sovjetunionen blev en episod, som snabbt förflyktigades. McCarthy blev symbolen för den nya antikommunismen.

Nu har läget åter blivit lugnare. Det är något av en historiens nyck, att det blivit den konservativare presidenten Richard Nixon, som mer än någon annan bidragit till att dämpa vågsvallet från det kalla kriget och skapa en viss inbördes förståelse mellan de båda blocken i världen. Han har visserligen haft en föregångare i Nikita Chrusjtjov, men dennes charmoffensiv strandade redan 1956, när de ryska pansarkolonnerna rullade in i Budapest, och den fick dödsstöten, när hans efterträdare lät invadera Tjeckoslovakien.

Även om sålunda läget blivit lugnare och mera lättöverskådligt, är det uppenbart, att vi på ena sidan har en kommunistisk supermakt med politiska anspråk långt utöver de egna gränserna och på andra sidan en kapitalistisk supermakt med liknande anspråk. Den amerikanska maktpolitiken är visserligen mindre brutal i sina former. Den använder inte lika handgripliga metoder som den sovjetryska. Men den är det oaktat en fara för vår egen liksom för hela Europas självständighet på samma sätt som den sovjetryska.

Bakom den amerikanska infiltrationen liksom bakom den sovjetryska finns det ideologiska linjer, som går tillbaka till det förflutna. Sovjetunionen anses företräda proletariatet i klasskampsmönstret, amerikanarna bourgeoisien. Debattens konservatism gör det möjligt för båda parter att spela på dessa föreställningar, trots att de i stort sett saknar täckning i dagens verklighet. Därför har vi i dag behov av en ny och tidstrogen verklighetsbild, en ny och modern ideologi, som varken är kommunistisk eller kapitalistisk, kort sagt av en tredje väg. Det är denna ideologi, som vi sökt forma i den nysvenskarörelsens treklang: korporatismen, samnationalismen och den nya humanismen. Det är Europas linje, Europas mellan Förenta Staternas och Sovjetunionens. Men Europa är fortfarande delat mellan supermakterna. Österut ligger satellitländerna, helt behärskade av sovjetryska vapen. Västeuropa har fortfarande amerikanska trupper till skydd mot ett befarat sovjetryskt angrepp. EG, den europeiska gemenskapen, är visserligen ett första försök till europeisk frigörelse. Men ännu bara ett försök. Den nya ideologin, den som nödvändigtvis måste komma, om den tredje vägen skall bli möjlig, finns ännu bara som ett embryo hos smärre grupper, av vilka den italienska socialrörelsen är den största. Mest utpräglad är den fortfarande i Nysvenskarörelsen, som – förlåt att vi själva säger det – är den ideologiskt mest avancerade. Fuerza Nueva i Spanien, Blas Pinars organisation, Ordre Nouveau i Frankrike, vissa progressiva ungdomsgrupper i Portugal, vissa västtyska grupper, som börjar närma sig varandra och forma något nytt, pekar i enahanda riktning. Men detta är bara en ännu anspråkslös början. Medvetandet om den tredje vägens nödvändighet måste göras levande hos breda folklager. Ty på möjligheten att bygga en tredje väg hänger vår framtid som fria människor.

*1973, nr 4 (juni):*

# MORAL OCH POLITIK

Moralens väktare i demokratisk politik bör besinna det gamla mästarordet: Drag först ut bjälken ur ditt eget öga. Sedan må du se till, att du kan taga grandet ur din broders.

På sitt sätt finns det något, som bjuder emot, när man sätter sig ner för att framlägga några synpunkter på de moraliska problemen. En sådan framställning får lätt en anstrykning av självtillräcklighet. Detta får emellertid inte hindra, att man då och då tar upp den moraliska aspekten. Den hör trots allt till det allra väsentligaste i hela vår mänskliga tillvaro. Och därmed också i samhällslivet.

Just nu är det Watergateskandalen, som aktualiserat frågan. Det bör emellertid understrykas, att här sätta Amerika i strykklass. Det ringa intresse, som den sovjetryska pressen visat saken har redan framkallat en del reflektioner i svensk press. Med den inställning, som Brezjnev och Mao har till principen att ändamålet helgar medlen, är Watergate bara småpotatis.

Och det stämmer i viss mån. Inbrottet i demokraternas partihögkvarter upplevdes av många amerikaner under valkampanjen som en tyvärr misslyckad men i och för sig fullt lovlig kupp mot den politiske motspelaren. I indianbekämparnas, gangsterligornas och agentromantikens förlovade land får kupper i stil med Watergate ofta ett förklarat skimmer omkring sig – förutsatt att de lyckas.

Nu misslyckades den. Och därmed fick moralens väktare sin chans. Saken är bara den, att moralen råka komma i sällskap med det mindre nogräknade partinitet, för vilken de moraliska argumenten bara är tillhyggen för att komma åt en motspelare.

Det har länge varit på modet att tala illa om de viktorianska idealen. Man kräver ett visst beteende utåt men tillåter ett annat bakom neddragna gardiner. Sådant kallas dubbelmoral. Uttrycket är emellertid inte helt rättvisande. Viktorianismen konstaterar, att de flesta människor utan större svårigheter kan anpassa sig till den allmänna moralens regler, men att det samtidigt finns andra, som av konstitutionspsykologiska grunder har mycket svårt, för att inte säga omöjligt, att genomföra en sådan anpassning. Ingen människa rår för sin nedärvda konstitution. Det gäller alltså för varje samhälle som vill fungera på ett mänskligt tillfredsställande sätt, att skapa fickor, där avvikande mönster får livsrum utan att fördenskull det allmänna mönstret rubbas. Detta är inte två moraler. Det är ett system som tar hänsyn både till samhällets behov av gemensamma beteendenormer och till den enskilda människans behov av att få vara sig själv.

Helt annorlunda är det med demokratin. Här kan man med helt annat fog tala om dubbelmoral. Redan Platon talade om "de vita lögnerna", d. v. s. staters rätt att tillgripa metoder som är otillåtna för dess medborgare. Engelsmännens kända paroll – rätt och orätt, mitt land går främst – ger uttryck åt samma synsätt. Å ena sidan hävdar man vissa normer som moraliska, men å andra sidan tillåter man avvikelser från dessa normer, när de egna intressena kräver det. Märk skillnaden mellan denna ståndpunkt och den viktorianska. För den sistnämnda motiveras rätten till avvikelser av biologiska fakta, över vilka människan inte rår. För den förstnämnda däremot motiveras de av krassa intressen, som människorna viljemässigt kan behärska.

I vårt eget land finns det ett utmärkt exempel på den demokratiska dubbelmoralen, nämligen samhällets behandling av demokratins kritiker. Som ledande grundsats för svensk demokrati hävdas åsikts- och yttrandefrihet. Samtidigt proklameras jämlikheten som eftersträvansvärt ideal. Alla medborgare, alla åsiktsgrupperingar skall ha samma rätt att komma till tals, utan att de skall behöva frukta några repressalier om deras ståndpunkter inte sammanfaller med de i ögonblicket maktägandes. Men hur är det i praktiken?

Det har under snart tre årtionden varit praktiskt taget ogörligt att få den nysvenskaåskådningen klarlagd i en enda daglig tidning. Två eller tre undantag på trettio år understryker bara detta faktum. En stor tidning, som med patetiska vändningar brukar tala om sitt ansvar för yttrandefriheten, upplåter utan vidare sina spalter för ett stilistiskt otympligt och sakligt förvirrat angrepp på Nysvenskarörelsen. Men när man från nysvenskt håll vill ha ett tillrättaläggande, då är plötsligt alla spalter upptagna. När man i TV direkt påstår att Nysvenskarörelsen är nazistisk och vill omstörta samhället med våld, då kommer det inget tillrättaläggande, och då slår radionämnden fast att detta står i överensstämmelse med den

## DET NÖDVÄNDIGA GREPPET 151

opartiskhet och den saklighet, som bestämmelserna för Sveriges radio föreskriver. I det beslut, som här antyds, deltog två kända jurister, en företrädare för kyrkliga intressen och en av moderaternas främsta kulturpersonligheter. Den dubbelmoral som här framträder är sålunda inte alls uttryck för någon s.k. vänstervridning. Den är typisk för hela det demokratiska fältet.

Vi har från nysvenskt håll gång på gång tagit avstånd från principen om de vita lögnerna. Vi har hävdat att staten bör framträda som föredöme när det gäller de normer som den ålägger medborgarna att följa. Varje statsledning bör eftersträva ett förverkligande av de moraliska värden som den utåt står för. Det är här, Nixonadministrationen brustit. Den kristna förkunnelse, som Nixon lyssnar till på söndagarna, står i skriande motsättning till de handlingar, som han sett genom fingrarna med – eller kanske t.o.m. främjat – inom samma Vita husväggar. Men svensk demokrati har – som framgår av det sagda – ingenting att förhäva sig över.

*1973, nr 5 (juni- juli):*

# TANKAR INFÖR VALET

**Taktikspelet är i full gång. Demokratin fungerar. Men är detta verkligen en statsform för ett kulturfolk? Är detta verkligen folkligt medinflytande? Experterna sitter och kalkylerar. Politikerna leker med människors känslor och svagheter som med pjäserna i Svälta räv eller spelkorten i en poker.**

Hela Sverige ondgör sig just nu över Nixonadministrationens skumraskmanövrer före, under och efter inbrottet i Watergate. Olof Palmes supportergäng uppför en skadeglad krigsdans och drömmer om den lede Nixons ömkliga fall, medan en del konservativa själar går och smyger i buskarna i hopp om att Nixon ändå skall klara sig till sist – han är ju inte sämre än de andra.

Nu klara sig nog Nixon till sist. För inte vill väl det nycopska kändisgänget se Spiro Agnew i Vita huset som resultatet av sina ljusröda piruetter på det dansglatta demokratiska parkettgolvet? Och det vill inte heller deras liberala vänner däröver i Amerika. Inte ens president Nixons personliga fiender, som denne robuste tuffing trampat på tårna. Självaste John Dean, han som skulle störta en president, verkade märkbart dämpad när han läste upp sin länge väntade kria för senatens förhörsutskott. Watergate kan bli en bumerang. Vad som just nu händer i Sverige, hör inte till det som ger demokratin någon helgongloria.

Socialdemokratin är trängd. 40 % av väljarkåren står visserligen som en mur kring Palme. Det är inte illa. Men i en demokrati räcker inte 40 %, när motståndarna – centern, folkpartiet och moderaterna – tar 52 %. Inte ens Hermanssons dryga femma räcker till för att rädda Kanslihuset.

Inför detta faktum har socialdemokratin gripits av panik. Man har ansett regeringsinnehavet så självklart, så oomkullrunkeligt, att risken för ett bakslag framstår som ett hot mot själva den naturliga världsordningen. Det är ingen hejd på de skräckmålningar, som man nu får läsa i socialdemokratisk press inför utsikten att få en borgerlig regering. Det räcker

## DET NÖDVÄNDIGA GREPPET 153

inte med att mana fram en bild av bostadsnöd, svält och massarbetslöshet i slutet av 20-talet. Man låter t.o.m. Hitlers bruna stormavdelningar skymta bakom Gösta Bohmans fryntliga och verserade uppenbarelse.

Det finns två linjer i den socialdemokratiska valkampanjen som inte riktigt går ihop. Dels utmålar man centern som huvudfiende. Man fruktar, att marginalväljarna hos socialdemokratin kommer att gå över just till centern. Dels utmålar man moderaterna som det verkliga onda. Högerspöket är en verklighet, ropar Tim i Arbetet. Och försöken på centerstämman att mota in det under mattan misslyckades. Utbuktningen på mattan visar, att spöket, som man gömt, har reell substans.

Högerspöket... Man plockar fram allt vad man kan lägga högern till last under långliga tider. Aktuella fakta tycks ha föga värde. 20-talet är det allra modernaste man kan peka på, när det gäller att karaktärisera moderaterna. Det är inte mycket av realism i den förkunnelsen.

Det där vet man mycket väl på socialdemokratiskt håll. Men man hoppas att den vägen kunna skrämma centerledningen så pass, att den markerar avståndet till moderaterna så till den grad att det borgerliga alternativet förlorar sin trovärdighet. Den spekulationen kan emellertid visa sig ödesdiger. Gösta Bohman är inte född i går. Och han torde näppeligen frivilligt gå i socialdemokraternas rätt klumpigt gillrade fällor.

Men vad har allt detta med folkligt medinflytande i politiken att skaffa? Det hela är ett medvetet spel med locktoner och skrämskott, med verklighetsförfalskningar och frasvisioner, iscensatt av ett fåtal inbördes rivaliserande politiker i akt och mening att lura på väljarna en önskad valsedel. Människorna är i detta spel försvarslösa objekt för fåtalets knep och konstgrepp. Deras enda möjlighet att häva sig är den fond av sunt förnuft, som de innerst inne besitter, och som säger dem, att de skall ta varje replik från en demokratisk politiker med en mycket god nypa salt.

Från borgerligt håll får vi idag höra, att det här landet är hopplöst vanstyrt. Vår kvardröjande arbetslöshet är betydligt högre än den i andra jämförbara länder. Detta beror på socialdemokraternas misskötsel av statens affärer. Detta stämmer nu inte alls. Den verkliga orsaken är att Sverige hunnit ett stycke längre i den industriella utvecklingen än de flesta andra länder, och att därför olägenheterna med det nuvarande systemet framträder starkare i Sverige än annorstädes. Den permanenta arbetslösheten även i högkonjunktur hänger samman med den tekniska strukturomvandlingen, som inte motsvaras av en behövlig anpassning av samhällets och statens former till den nya situationen. Det är inte vissa gruppers politik, inte heller missgrepp från de styrande, som underminerat det bestående samhället; det är utvecklingen själv.

Lyssna till Fälldin. Lyssna till Helén. Lyssna till Bohman. Ingen av dem vågar dra konsekvensen av sin egen samhällskritik. Ingen av dem kommer med ett verkligt alternativ till den nuvarande politiken. De är alla lika bundna vid det bestående systemet som Palme. De tror, att vissa ytliga förändringar skall lösa alla problem. I verkligheten löser de inga problem alls. Utom möjligen i ögonblicket. Och Palmes entoniga mässande om solidaritet och jämlikhet som framtidsmål är lika ihåligt, lika meningslöst som den borgerliga förkunnelsen.

Skulle vi då vinna något på en borgerlig valseger? Ja, utan tvekan. Vi skulle knappast få en bättre regering än den vi har. Vi skulle inte få någon verkligt ny politik. Men människor skulle plötsligt komma underfund med att allt inte är fastlåst här i landet, att ändringar är möjliga. Sedan skulle de upptäcka, att den ändring valet givit dem, just ingenting betytt. Det är i ett sådant läge, som skatteadvokaten Ö. Glistrup blivit en stjärna i Danmark. Han är desperationens man. Han påminner såtillvida om Poujade i Frankrike och Venamo i Finland som han har god näsa för var folks indignation sätter in. Han utnyttjar med stor skicklighet detta missnöje. Men samtidigt har han den totala bristen på ett verkligt och ideologiskt motiverat alternativ gemensamt med sina franska och finska föregångare.

Det är inte en svensk Glistrup, som skall rädda oss ur den kris, som en borgerlig regering förgäves kommer att brottas med. Krisens orsaker är de faktiska förändringar som ägt rum på samhällsdjupet. Vi har helt nya förutsättningar i dag för vårt politiska handlande. Vi måste först bli medvetna om vari dessa förutsättningar består. Sedan måste vi veta, med vilka medel vi vill och kan styra den nya utvecklingen, och vart vi vill styra den. Nysvenska rörelsen har under årtionden koncentrerat sig på ett ideologiskt arbete, på en analys av den faktiska samhällsutvecklingen och en konstruktion av framtidens samhällsmönster. Vi har alternativet i korporatismen, sådan vår rörelse utvecklat den. Vi har den nya sociala strukturens former, manifesterade i en ordning, som skapar förutsättningarna för ett samspel mellan en samordnande statsmakt, förmedlande mellanmakter och fria människor. Massmedias intelligensfria skrän om nazism och våldsmetoder är bara ett nytt uttryck för ohederligheten och hyckleriet i den nuvarande demokratin, en demokrati i utförsbacke, som förlorat sin egen mening. I medvetandet om äktheten i våra strävanden kan vi med tillförsikt se framtiden an.

*1973, nr 7 (september-oktober):*

# MARXISMENS DRAKSÅDD

Tragedin i Chile har med önskvärd tydlighet visat, att den marxistiska vägen till ett bättre samhälle är oframkomlig. **Marxismen driver fram en motsättning i samhället, som inte kan rättfärdigas av sociala spänningar. Marxismen föder inte klasskamp utan religionskrig.**

Marxismen har under de senaste åren varit högsta mode i svenska massmedia. På radions och TV:s nyhets- och samhällsredaktioner har det vimlat av troende marxister. På den litterära avdelningen har marxismen också fått inta en betydande plats. Vissa program, som främst syftat till information, i stil med "Svar i dag", "Värt att veta", "Sesam" etc. har i stort sett varit fria från marxistpropaganda. Men marxisterna har tagit skadan igen i andra program som exempelvis "Forskning ifrågasatt", där de marxistiska synpunkterna alltid framförs med stor sympati.

Nu är det självfallet marxisternas rätt att ge uttryck för sina ståndpunkter och sin övertygelse i massmedia. Kritiken gäller inte marxisternas yttrandefrihet. Den är självklar. Den skall försvaras också av oss, om den skulle hotas. Kritiken gäller frånvaron av yttrandefrihet för marxisternas motståndare. Varför får aldrig i massmedia en genomförd antimarxistisk ideologi som korporatismen samma rätt att göra sig gällande som marxismen?

Att rätten för antimarxistiska linjer att hävda sig är en nödvändighet framgår inte minst av det som hänt i Chile. Det finns ingen anledning att i dag fälla någon slutgiltig dom över avsikterna hos de militärer, som genomförde revolten mot president Allende och hans vänsterregim. Motiven kan ha varit de allra bästa. Resultatet av revolten har emellertid blivit verkligt beklämmande för att använda ett milt uttryck. På den punkten är förmodligen det överväldigande flertalet i detta land enigt.

Däremot är enigheten säkerligen mindre påtaglig, när det gäller ansvaret för det skedda. Ty här kan man inte frikänna marxismen från en avgörande skuld. Marxismen har uppdelat Chile i två läger. I verkligheten har emellertid en sådan uppdelning ingenting att göra med den samhällsanalys, som Marx gjorde sig till tolk för i mitten av 1800-talet. Allende uppnådde, när han var som starkast, endast 45 % av rösterna. Det chilenska folkets flertal tog avstånd från hans regim. Skulle marxismen som teori vara riktig, hade ett överväldigande flertal slutit upp bakom vänsterpresidenten. Det är fullkomligt vettlöst, att kalla 55 % av ett folk för kapitalistiska utsugare. Det går inte ens att säga, att arbetarklassen stod mot medelklassen och de rika. I ett relativt outvecklat land som Chile – i varje fall mätt med svenska mått – är det proletära inslaget betydligt större än medelklass och rika tillsammantagna. En betydande del av Chiles arbetarklass måste alltså ha tillhört oppositionen mot Allende.

Detta visar, att marxismen i våra dagar är helt oanvändbar som samhällsteori. Den har steg för steg förvandlats till en religion. Kampen i Chile är inte ett klasskrig utan ett religionskrig. Det är typiskt, att de mest ivriga marxisterna kräver en blodig revolution som den enda vägen till socialismen. Dessa fanatiker måste följaktligen vara medvetna om att massorna inte står på deras sida.

Att en utveckling sådan som den chilenska till varje pris bör undvikas är uppenbart. Även om vi i Sverige varken har politiska eller psykologiska förutsättningar för en militärkupp, så kan en ökad spänning mellan olika ideologiskt förankrade ståndpunkter leda till ödesdigra konsekvenser. Det nuvarande läget med dess starka polarisering mellan ett borgerligt och ett socialistiskt block är en onaturlighet. Den marxistiska propagandan har i icke ringa mån bidragit till detta läge. Man behöver då inte bara tänka på framgångarna för VPK utan också på det återfall i marxistisk jargong, som åtskilliga socialdemokratiska agitatorer förfallit till under valrörelsen. En indirekt effekt av denna propaganda är den ibland nästan fanatiska hets mot socialdemokratin, som en del borgerliga valmakare gjort sig skyldiga till. Vi har hamnat i en återvändsgränd, som vi måste ut ur. Det kan endast ske genom att marxismen berövas sin ensamrätt att förfäkta en genomtänkt ideologi i svenska massmedia.

Någon kanske hänvisar till liberalismen. Men vad är just nu liberalism i Sverige? Historiskt sett har liberalismen genomgått en utveckling, som kluvit riktningen i två: en socialliberal linje med Stuart Mill som lärofader och en liberalkonservativ med Herbert Spencer i bakgrunden. Det liberala partiet i Sverige har ibland döpts om till Brokiga Blad. Där samsas halvkommunistiska kulturradikaler med tungomålstalande frikyrkopastorer, där blandas knastertorra nykterhetsfanatiker med whiskyfrälsta barlejon, där slåss f.d. Facitchefen Gunnar Eriksson sida vid sida med

## DET NÖDVÄNDIGA GREPPET 157

revolutionären Per Gahrton för samma ideal, välsignade mellan lynnesutbrotten av en faderlig Gunnar Helén. Att sedan liberalismen infiltrerat både moderater och centerpartister, ja rentav en del socialdemokrater, gör inte bilden av en liberal ideologi klarare eller begripligare.

Nej, det råder ingen tvekan om att marxismens motpol som ideologi är korporatismen. Det finns visserligen beröringspunkter dem emellan. Korporatismen räknar med ekonomiska faktorer som väsentliga drivkrafter i utvecklingen. Korporatismen eftersträvar ett klasslöst samhälle. Korporatismen vill skapa samverkan över gränserna. Men den betraktar inte ekonomin som den enda avgörande faktorn. Den förkastar klasskampen som medel att skapa klasslöshet. Den accepterar nationalismen som ett värdefullt inslag i en samverkande värld.

Vi behöver just nu samverkan i Sverige. Siffrorna 175–175 är en direkt maning till samverkan. Men bara nya fläktar i den politiska debatten, nya tändande framtidsparoller kan skapa den samhällsatmosfär, det andliga klimat, som gör samverkan över partigränser till en social, ekonomisk och kulturell nyskaparakt.

*1973, nr 8 (november):*

# VÅLDETS HIMMELRIKE

**Marxismens metod är den våldsamma och blodiga klasskampens. Dess mål är de ädlas, de jämlikas, de alltid tillfredsställdas himmel. Korporatismens metod är den på övertygelse och reformer grundade klassutjämningen. Dess mål är den mänskliga solidariteten i det klasslösa samhället.**

Att i en skönlitterär framställning uppehålla sig vid personliga öden brukar på marxistiskt håll anses som uttryck för en borgerlig individualism. Marxisterna uppfattar människor som brickor i det spel de kallar klasskampen. Det är ett spel mellan svart och vitt, mellan borgare och proletärer, mellan utsugare och utsugna. På vilken sida man hamnar beror i stor utsträckning på en slump. Det beror på vilken miljö, man råkat bli född i.

Det finns något grymt, något omänskligt i denna föreställningsvärld. Den för tanken till Augustinus lära om den dubbla predestinationen. I en avlägsen himmel sitter Gud Fader och kastar krona och klave om människorna. Kommer krona upp, tar han hem dem till sin himmel. Men kommer klave, är de för alltid fördömda.

I marxismens värld är proletärerna de goda och borgarna de onda. Proletärerna är de oskyldigt förtryckta, förorättade och förtrampade. De är rättvisans banérförare, rättfärdighetens stormtrupper, frihetens fackelbärare i kapitalismens mörker. Mot dem står Satans anhang, de hänsynslösa, de giriga, de omänskliga borgarna. Visst finns det proletärer som kommit sig upp och blivit borgare. Det är avfällingarna, klassförrädarna, som av Satans bländverk låtit sig lockas bort från den rätta vägen.

Klasskampen, den stora striden, som fyller historien med sitt dån, är inte bara en social eller ekonomisk konflikt mellan motsatta intressen. Den är samtidigt en strid mellan ont och gott. Den kommer en gång att sluta med den proletära revolutionen, ett rött Harmageddon, som bereder väg för de frälsta till det tusenåriga riket, kommunismens sollysta

# DET NÖDVÄNDIGA GREPPET 159

paradis. Här skall alla bli fria. Alla jämlika. Ingen behöver ha några inkomster. Tekniken ger oss möjlighet att producera allt vi behöver. Var och en behöver bara gå till de magasin, där alla varor lagras, och där hämta ut vad han eller hon behöver. I detta samhälle kommer människor att vara så lyckliga, så tillfredsställda, att alla av idel hänförelse kommer att arbeta frivilligt utan lön.

Så tecknas framtiden av Marcuse, av Fidel Castro och Che Guevara. Men för att nå fram till detta lyckorike, måste det onda utrotas, borgarklassen måste likvideras. Vägen till paradiset är en väg full av blod, våld och brutalitet. Man frågar sig, hur denna marxistiska religion över huvud taget är möjlig. Å ena sidan det rent omänskliga kallsinnet inför personliga tragedier och mänskligt lidande. Å den andra skira drömmar om ett lyckorike med mänsklig solidaritet och ädel viljeinriktning. Här kan man med rätta använda den gamle kyrkofadern Tertullianus påstådda yttrande: Jag tror, emedan det är orimligt.

Utklassningen av en hel samhällsgrupp och helgonförklaringen av en annan är ett uttryck för verklighetsflykt. Det är därför de marxistiska litteraturkritikerna är så rädda för de rent personliga problemen i litteraturen. För dem är romanfigurerna inte människor utan symboler, uttryck för principer, för tendenser i klasskampen. Det är den gamla missromanens bovar och hjältar, som kommit tillbaka i ny förklädnad. Börjar man rota i det personliga, finner man att människor kan vara sig tämligen lika på ömse sidor om klassgränsen. Då ramlar hela det marxistiska systemet.

Det är ett vittnesbörd om den nya instabiliteten i svensk politik, att dessa föreställningar kommit att spela en icke obetydlig roll i årets valrörelse. T.o.m. en så intelligent man som Olof Palme lät sig delvis påverkas av vänstergruppernas klasskampshalleluja. På 30-talet hette det, att man kunde räkna marxisterna på ena handens fingrar i svensk socialdemokrati. På sistone har ett visst steg bakåt kunnat konstateras. Men uteblivandet av en valseger tycks ha framkallat en återgång till verkligheten. Det finns tecken som tyder på att rekonstruktionen av regeringen blir ett uttryck för denna nyvunna insikt.

Det bör emellertid klargöras, att det inte räcker med att avvisa marxisternas allmänna tungomålstalande. Den bestående demokratin är en gång för alla en föråldrad statsform. Kapitalismen, även om den är uppblandad med statssocialistiska inslag, är likaledes föråldrad som samhällsordning. Svensk målsättning förefaller rätt klar över hela fältet. Vi anser ett klasslöst samhälle, där människor kan mötas som människor och inte som representanter för över- och underordnade kollektiv, som ett rättesnöre för vårt handlande. Även om marxismens utopi, sådan den ovan tecknats, förefaller oss helt verklighetsfrämmande även som framtidsmål, är det dock det klasslösa samhället som vi eftersträvar. Marxismen är omöjlig som verktyg i arbetet på detta samhälle. Därför måste vi ha ett alternativ till marxismen. Och det alternativet finns. Det är korporatismen.

Korporatismen innebär, att vi steg för steg urholkar det gamla samhället inifrån och samtidigt steg för steg bygger upp det nya. I motsats till marxisterna utgår vi från att det i varje samhälle finns vissa värderingar, som är gemensamma för alla dess medborgare, oberoende av ställning och intressen. Det finns föreställningar om rätt och orätt, om riktigt och oriktigt, som bottnar i rent mänskliga förhållanden och därför inte är klassbundna. Det är till dessa känslor och föreställningar som korporatismen vädjar. Liksom marxismen en gång i en kapitalistisk överklass såg ett hot mot de mångas frihet och intressen, ser korporatismen i dag samma hot växa upp i form av en teknokratisk överklass. Men i motsats till marxismen vill vi inte organisera en ny klasskamp. Vi betecknar inte teknokraterna som onda människor. Det är inte dem, det är systemet, som vi vill åt. Genom att sprida ut teknokraterna på de olika korporationerna, genom att bygga upp ett system, där de specialutbildade experterna ständigt tvingas samverka med folkvalda styrelser och nämnder, vilkas medlemmar har sin verksamhet inom sitt eget specialområde, omöjliggör vi uppkomsten av en isolerad teknokratisk överklass. Vi säger nej till klasshat och klassfördomar. Men vi säger ja till solidaritet och klassutjämning.

*1974, nr 1 (januari):*

# ÅT HÖGER ELLER VÄNSTER?

**Detta är bakgrunden till Nysvenska rörelsens arbete och definitionen av dess målsättning och dess politik.**

Vi har inte längre några vingar. Jo, kanske en som sitter fästad bakom det vänstra skulderbladet. Men den kan vi flaxa. Vi kan röra upp massor med damm. Det virvlar omkring oss. Orkar vi inte stå emot, svänger vi själva runt med flaxandet. Men flyga kan vi inte. Det är bättre att inte ha några vingar alls än att bara ha en vinge.

Synpunkten är Artur Lundkvists i hans senaste bok. Under det kalla krigets tid företrädde han den s.k. tredje ståndpunkten: varken amerikansk kapitalism eller sovjetrysk kommunism. Det var en otacksam ståndpunkt just då. Den som inte helhjärtat tog ställning för Amerika, stämplades som kommunist, vilken uppfattning han än gav uttryck åt. Det här med vänstervingen, som kan hjälpa oss att röra upp damm men inte flyga, är bara en ny variant på samma ståndpunkt. Hallelujafrälsta vänsterextremister menar förmodligen, att Artur Lundkvist nu tagit ställning för en högerlinje. Det är lika sant, som när man i början på 50-talet kallade honom kommunist. Hade vår enda vinge istället suttit fästad bakom det högra skulderbladet, skulle effekten ha blivit precis densamma. Vi skulle ha kunnat röra upp damm och få det att virvla omkring oss. Men vi hade lika lite kunnat flyga då som nu.

Det är just denna ståndpunkt, som vi med halsstarrig envishet fört fram i Nysvenskarörelsen: det gäller varken att gå åt vänster eller åt höger utan framåt. Vi har i stor utsträckning talat för döva öron. Vänsterorienterat folk har kallat oss högerradikaler. Högerextremister har ansett oss vara en gruppering för vänsterflört. Man är på båda hållen så fastlåst i föreställningar ur det förflutna, som nu stelnat till fördomar, att man inte kan lösgöra sig och se klart. Massmedia hamrar med bedövade monotoni sitt budskap om en värld, där höger och vänster står oförmedlat mot varandra, medan verklighetens förvirrade mångfald talar ett helt annat språk.

I verkligheten finns det mer värdegemenskap mellan socialdemokraterna och det borgerliga blocket än med blockpartnern VPK. Det framgick med önskvärd tydlighet av riksdagsdebatten kring anställningstrygghet och medinflytande, som finns återgiven på annan plats i detta nummer. Men denna värdegemenskap kan inte demonstreras i politisk handling på grund av de fördomar som man är bunden i.

Ty först och främst hör det till den rådande doktrinen, att samhället består av arbetarklass och borgarklass, att dessa har oförenliga intressen, och att därför arbetarna måste hålla ihop mot borgarna. Klassamverkan är förräderi. Då denna verklighetsfrämmande uppfattning proppats in i huvudet på folk, riskerar socialdemokraterna, att VPK utnyttjar samverkan med borgarna som ett bevis på att regeringen består av klassförrädare. I Kanslihuset anser man sig böra se upp för marxistiska tankegångar i SSU-ledningen, som skulle kunna medföra röstförluster till VPK vid ett nyval.

Därtill kommer, att inte bara marxismen utan även den parlamentariska doktrinen delar samhället i två läger, oppositionen och regeringslägret. Dessa båda hälfter av nationen skall enligt doktrinen växla vid makten. För att möjliggöra detta måste först och främst de båda lägren var för sig hålla ihop inbördes. Och för det andra måste varje läger misstänkliggöra det andra. Oppositionens uppgift är att störta regeringen, regeringslägrets att försvara sin ställning. Alltså måste nationens delning upprätthållas. Alltså måste socialdemokraterna ständigt varna för borgarna och dessa lika energiskt svartmåla socialdemokratin. Systemet är sådant.

Oljekrisen har blottat svagheten i hela det bestående samhället. Den har visat vilka väldiga problem vi måste lösa om vi skall överleva som västerländsk civilisation. Att oljeraffinaderierna genom sina utsläpp är ett miljöhot, vet vi. Men vad spelar det för roll? Standarden måste till varje pris hållas. Och räcker inte oljan, har vi kärnkraften. Att vi ännu inte vet, hur vi skall klara det radioaktiva avfallet, att vi kommer att sprida ut ett antal bunkrar med dödligt gift över landet, det tar vi med ro; alltid hittar väl forskarna på någon utväg. Standarden måste ju hållas.

Men hur länge? Vi vet, att oljan kommer att bli dyrare och dyrare för att till sist ta slut. Vi vet, att kärnkraften innebär risker, som vi ännu inte kan klara av. Ty hur säkert vi än tror oss kunna kapsla in avfallet eller föråldrade radioaktiva aggregat, så lär ännu ingen av kärnkraftens

## DET NÖDVÄNDIGA GREPPET 163

entusiaster kunna svara på frågan, hur det kommer att gå, om förvaringsställena utsätts för bombning eller sabotage? Man skakar av sig med den lättsinniga frasen: Alltid går det väl på något sätt. Efter oss syndafloden. Men vad säger Sveriges ungdom, den som skall bära följderna av den nu härskande generationens standardjakt? Vad säger Sveriges ungdom om ett system, som koncentrerar vår energi på att upprätthålla förmenta eller verkliga motsättningar i stället för att samla krafterna för lösning av de problem, som innesluter vårt öde?

Låt oss inför detta perspektiv upprepa vår definition av den Nysvenskarörelsens uppgift. Vi vill bygga upp en kamporganisation tvärs igenom bestående partier, klasser och föreställningsvärldar kring de tre programpunkterna: Korporatismen, Samnationalismen och Den Nya Humanismen. Vi vill söka samla de framstegsmedvetna och skapande krafterna på ömse sidor om det konstgjorda tuschstrecket i svensk politik för att under medverkan från alla sociala grupper i vårt land genomföra den förnyelse, som ytterst syftar fram mot ett klasslöst samhälle, och som gör Sverige redo till en verklig insats för ett förenat, självständigt och korporativt Europa. Vi vill göra detta Europa till en brygga mellan öst och väst, en garanti för freden, ett säkerställande av de olika folkens nationella egenart och deras solidaritet kring gemensamma mänskliga kulturvärden.

Vackra ord... Javisst. Utopier... Kanske. Men vi behöver vackra ord för att ge uttryck åt det djupaste inom oss. Och utan utopier, utan drömmar, hade människan aldrig blivit människa.

*1974, nr 2 (februari-mars):*

# FRIHET MED FÖRHINDER

**Sovjets behandling av Solsjenitsyn är ett tecken på svaghet. Men hur är det med friheten här hemma? Finns inte samma totalitära mentalitet även i svensk demokrati?**

Alexander Solsjenitsyn är inte bara en lysande författare. Han är en man med ett mod och en ståndaktighet, som är sällsynt inte minst i vårt eget land. Han är en typisk patriot. Han älskar sitt land, dess historia, dess egenart. Men just som patriot står han i harnesk mot allt det han anser vrångt i det egna landet. Och just som patriot uppskattar han patrioter i andra länder. Öst är öst och väst är väst, skrev Kipling. Men inte alltid. Där tappra män står mot varann, där finns varken ras eller gräns. Solsjenitsyns författarskap är ett uttryck för denna livshållning.

Att sovjetregimen landsförvisat honom intygar dess svaghet. Men detta är ingenting nytt. Varje samhällsordning, som kräver diktatur och frihetsförtryck för att existera, bär på en inre svaghet. En regim, som är stark, en regim, som fyller sin uppgift, kan med övertygelsens medel skaffa sig tillräckligt gehör i folkopinionen för att leva vidare. Om man med våld och lagstiftning tvingas undertrycka kritiska synpunkter, har man därmed bevisat, att man inte litar på sin egen förmåga. Visst kan i ett kritiskt läge undantagsåtgärder vara nödvändiga. I sådana lägen tar känslor lätt överhanden över förnuftet. Men undantagsåtgärder är tillfälliga. När de permanentas – och det sker i diktaturerna – är och förblir detta ett svaghetstecken.

Att sovjetregimen inte tål fri kritik, visste vi förut. Just nu förefaller det som om det ryska samhället skulle befinna sig i en period av stagnation. En korrespondent för Der Spiegel har företagit en resa längs den transsibiriska järnvägen till Kina. Han for genom folktomma bygder, där stridsvagnar och kanoner var det enda av mänskligt liv, som han såg. Stationerna var smutsiga, vagnparken nedgången. Kontrasten till de

DET NÖDVÄNDIGA GREPPET 165

välbehållna och rena stationerna på den kinesiska sidan med vänliga och artiga människor var påfallande.

I ett sådant läge är Solsjenitsyn ett farligt sprängstoff. Det vet man på Kreml. Å andra sidan vill man med hänsyn till världsopinionen klara av saken så smärtfritt som möjligt. Alltså valde man att helt enkelt förpassa honom utomlands i stället för att spärra in honom i ett läger. Vad han skriver i väster, är ändå bara en variation av vad antikommunistisk propaganda sagt förut. Skadan kan därför inte bli alltför stor. Och på hemmaplan blir det lugnare.

Under den färglösa grundlagsdebatten i riksdagen förekom det en demonstration till förmån för Solsjenitsyn, en manifestation av svensk frihetsvilja. Den gjorde emellertid ett rätt ihåligt intryck. Ty hur är det egentligen med friheten härhemma i Sverige? Vi kritiserar ständigt andra länder. Men det talas ovanligt tyst om förhållandena i vårt eget land.

Visst har vi rätt att säga vad vi vill i Sverige. Det har man också i ett sådant land som Spanien. Och visst får vi trycka vad vi vill, dvs. om vi har pengar till tryckeriräkningen. Det har vi inte alltid. Och även om vi har det, så är det mycket svårt att nå en vidare läsekrets, om vi inte förfogar över mycket stora resurser. Och det gör vi nu en gång inte, om vi inte tillhör något av maktcentra här i landet.

Därtill kommer en annan sak. Skulle vi uttala oss i tal eller skrift på ett sätt, som inte faller makthavarna på läppen, så blir vi effektivt stoppade. Dagspressen stänger spalterna. Radio och TV slår igen dörren. Ger vi ut en bok, blir den ihjältigen. Vi får en kättarstämpel på oss, som kommer folk att skygga för oss i olika sammanhang. Våra möjligheter att verka begränsas på område efter område. Vi sätts inte i fängelse, så länge vi formellt håller oss inom lagens råmärken. Den sociala isoleringen ersätter i folkhemmet koncentrationslägrens taggtrådsstängsel.

Mot detta konstaterande ställer man nu den frihet att påtala missförhållanden, som tillkommer de olika vänstergrupperna. Bratt och Guillou blev visserligen dömda men inte för vad de skrivit utan för att de formellt överträtt gällande lag. Hela vänstern, möjligen med undantag numera för KFML-r har ställt sig på det bestående samhällets grund. De utgör inget hot mot detta samhälle, mot dess struktur, dess värderingar, dess maktförhållanden. Alla vet, att om den nuvarande utvecklingen får fortsätta, är det de, som kommer att sitta i maktens centrum som tvättäkta företrädare för den nya teknokratin. Deras frihetsfraser behöver ingen ta på allvar. Det är denna grupp, som vill göra Sveriges Författarförbund till ett lydigt redskap åt deras politiska strävanden. Det är de, som vill rensa förbundet från oliktänkande. Det har vuxit fram en opinion på sistone mot deras framfart – inte en dag för tidigt förresten. I spetsen står Lars Gyllensten, själv vänsterman men dock med visst sinne för vanligt sunt förnuft. Det är bara skada att denna reaktion tagit sig sådana uttryck. Angreppen mot författarförbundets ordförande, Jan Gehlin, är både orättvisa och okloka. Jan Gehlin har ingen diktatorisk makt att bestämma. Han är beroende av de beslut, som fattas av stämmornas majoritet. Om opponenterna mot FIB-maffian vill ändra utvecklingen, så måste den ta sig tid att infinna sig. Två lördagar om året är sannerligen inte något att väsnas om. I verkligheten företräder FIB Kulturfront samma mentalitet, som låg bakom Solsjenitsyns utvisning. Den mentaliteten finns, som här ovan visats, även i Sverige, låt vara att den tar sig modestare uttryck. Handen på hjärtat: är Lars Gyllensten beredd att försvara även deras frihet, vilkas övertygelse inte är förenlig med de i dag sakrosankta demokratiska dogmerna? Om så inte är fallet, har vi här i landet en frihet med förhinder.

*1974, nr 3 (vår):*

# FÖRÄNDRINGENS DUBBELANSIKTE

**Vad är gammalt och vad är nytt, när allt blandas om? Progressiva analyser kan verka bestickande. Men verkligheten är inte så enkel, som profeterna tror.**

Mellankrigstidens människor satt fast i ett traditionsbundet och puritanskt livsmönster. Efterkrigstiden såg välfärdsideologin slå igenom och upplevde brytningen med en rad traditionsvärden. Det är Åke Lundqvist, som i en intressant karaktäristik av den amerikanske deckarförfattaren Mickey Spillane gör detta påpekande. I detta läge kände sig de vanliga människorna, de i ordets egentliga mening reaktionära massorna, vilsna. De uppfattade det nya inte bara som något farofyllt okänt utan också som något omoraliskt. Det våld sida upp och sida ner, som fyller Mickey Spillanes romaner, är den logiska konsekvensen av deras moraliska förtrytelse; de förlorandes protest mot en utveckling, som de inte rår på.

Det är en bestickande karaktäristik av ett skeende som vi alla varit med om. Men stämmer det med verkligheten? Man skulle kunna svara både ja och nej. Att massorna är konservativa i sitt reaktionsmönster åtminstone i vissa stycken är odiskutabelt. Å andra sidan är det lika uppenbart, att reaktionen mot vissa företeelser i förändringens värld är uttryck för sunda mänskliga instinkter. Åke Lundqvist gör det alldeles för lätt för sig, när han tror sig kunna teckna skeendet i två strömningar, den progressiva och den konservativa. Låt oss först ta en titt på den konservativa sidan, företrädd bl.a. av de fem millioner amerikaner, som köpte och slukade Mickey Spillanes deckare.

De levde i det kalla krigets skugga – det är sant. Men det kalla kriget var bara en fortsättning på det varma. Det psykologiska reaktionsmönstret var detsamma. Antikommunismen under McCarthyperioden var bara en förlängning på antifascismen under det andra världskriget. I båda fallen var det demokratin, den heliga demokratin, som ansågs hotad. Och demokratin både i dess engelska och amerikanska tappning har vuxit fram ur puritanismens grund. Det var en gång Cromwells presbyterianer, som röjde väg för parlamentarismen i England. Det var puritanska kolonister, som satte sin prägel på Förenta Staternas demokrati och efter frihetskriget drev hundratusentals lojalister i landsflykt till Kanada. Karaktäristisk för puritanismen är kravet på renlärighet. Puritanismen är till hela sitt väsen intolerant. Denna renlärighetsiver, denna intolerans mot oliktänkande har dröjt kvar i demokratin och flammat upp starkare än någonsin förut efter det andra världskriget. Inte bara i Amerika. Även i Sverige. Den amerikanska McCarthyismen har i vårt land sin motsvarighet i antifascismen eller antinazismen, en ny form av djävulstro, som fortfarande spelar en väsentlig roll i hela vår kulturmiljö. Kravet på åtminstone en formell bekännelse till den allena saliggörande demokratiska läran upprätthålles fortfarande med stundom rigorös fanatism i pressen och i än högre grad på Sveriges radio. Den som öppet vidgår en avvikande mening från det hallstämplade mönstret, blir utstött ur den officiella gemenskapen, blir socialt och politiskt isolerad. Efter 160 års fred är formerna mjukare i Sverige, men andan är densamma som i Amerika. En svensk Mike Hammer, Mickey Spillanes romanhjälte, håller inte en pistol i handen; för honom räcker det med en kättarstämpel.

Den mjukare svenska formen är på sitt sätt effektivare än den brutala amerikanska. Den framkallar inte samma våldsamma indignation. Den har något av den tysta trafikens smidighet över sig. Men den psykologiska strukturen är likartad. Det finns bland massorna en reaktion också hos oss. Men denna reaktion bottnar inte bara i oro inför det okända i förändringen. Den är samtidigt en känsla av att något orätt är på väg, att förändringen utnyttjas av krafter, som manipulerar massorna i medvetande om den vanliga människans oförmåga att överblicka och genomskåda nutidens komplicerade sammanhang.När Mickey Spillane opponerar sig mot samspelet mellan den undre världen och den däruppe, rör han sig med fakta, som inte ens Åke Lundqvist kan förneka. Tag bara ett sådant namn som Frank Sinatra. Här i Sverige har vi knappast någon verklig motsvarighet till detta: Krums stundom omdömeslösa fraterniserande med interner har ett helt annat ursprung, ett ursprung, som i sig är både sunt och legitimt. Det är inte dess syften, utan dess former, vilka man kan kritisera.

## DET NÖDVÄNDIGA GREPPET 169

Men det finns i den svenska reaktionen något som når djupare, nämligen känslan av att något håller på att hända över huvudet på de vanliga människorna. Det är teknokratiseringsprocessen i det demokratiska samhället, som folk instinktivt anar, även om de inte kan reda ut, hur det hela går till eller vad som rent konkret håller på att ske. Känslan av osäkerhet på ena sidan, pretentionerna på framstegsmonopol på den andra, har låst fast situationen på ett orimligt sätt. Denna fastlåsning främjas dessutom av den olycksaliga uppdelningen av idéer och ståndpunkter i ett sterilt höger-vänsterschema. Åke Lundqvists verklighetsbeskrivning är ur denna synpunkt lika steril som de desperata förlorarnas. Risken är dessutom, att förlorare och framstegsmän byter plats, att reaktionen triumferar. Det skulle kunna innebära början till slutet för vår västerländska situation. Konsekvensen är, att vi måste bryta oss ut ur den nuvarande fastlåsningen. Vi måste frigöra oss från både höger- och vänsterstämplarna. Vi måste skapa en ny progressism, som smälter samman den moderna verkligheten med den tradition, som vi ändå aldrig kan frigöra oss ifrån, och som därtill rymmer omistliga värden. Det är ingen lätt uppgift. Människor vill i allmänhet ha enkla mönster av svart och vitt, av bovar och hjältar, av förtryckare och förtryckta. Verkligheten är inte så enkel, allra minst i den tid, vi just nu genomlever. Den nysvenskalinjen är ett försök till nyansering. Det medför påtagliga svårigheter. Men det innebär också en styrka. Det är kanske i medvetande om detta, som man med sådan intensitet försöker ge oss en stämpel, som i folks uppfattning placerar oss på en ytterkant, en ytterkant, där man vet, att vi inte befinner oss. Låt oss därför envist fortsätta. Det blir uthålligheten, som till sist kommer att triumfera.

*1974, nr 4 (juni-juli):*

# INFÖR ATOMHOTET

**Det parlamentariska systemet i ny belysning. Men diktaturen är inte något skydd mot den hotande förödelsen. Vi måste arbeta oss fram till en tredje väg.**

Statsråd och riksdagsmän, generaldirektörer och PR-chefer förkunnar i samlad kör, att olyckskorparnas spådomar gått om intet många gånger förr och kommer att göra det nu också. Efter Napoleonkrigens vedermödor berättade oss Malthus, att den väldiga befolkningsökningen skulle sluta med massvält i hela vår värld och till sist med hela civilisationens undergång. Han blev inte sannspådd. Varför då lyssna till dagens domedagsprofeter, som i miljöförstöringens, råvarubristens och energikrisens skugga varnar för den annalkande katastrofen? I verkligheten har vi möjligheter, större än någon generation före oss har haft tillgång till. Vi kan skapa en framtid, som ger människorna ett rikare liv, en djupare trygghet än någon före oss lyckats med.

På sitt sätt har båda parter rätt. Visst har vi möjligheter. Människoandens förmåga av nyupptäckter, nykombinationer och skapande är ingalunda uttömd. Men detta hindrar inte, att miljöförstöringen är ett faktum, att råvarukällorna inte är oändliga, och att den ständigt växande efterfrågan på energi inte i evighet kan tillfredsställas. Vi måste lyssna till domedagsprofeterna, om optimisterna skall få rätt.

Hela det här frågekomplexet har aktualiserats i Sverige genom planerna på en utbyggnad av atomenergin. På ena sidan står starka industriintressen i förbund med de politiska makthavarna. Industrin vill fullfölja sin expansion. Politikerna vill ha möjlighet att säkra sysselsättningen, produktionen och standardökningen. På andra sidan står miljöintressena, som varnar för oöverskådliga konsekvenser av främst atomavfallet. Utbyggnadens företrädare hävdar, att säkerhetsanordningarna nu är så rigorösa och så betryggande, att några större risker inte längre föreligger. Motståndarna svarar med motfrågor. Kan Ni verkligen återställa avfallet i fast form, dvs. samma form, som malmen ursprungligen hade? Kan Ni garantera, att den mänskliga faktorn kommer att fungera 100-procentigt? Hur kan Ni åstadkomma sådana garantier just på detta område, när den aldrig förut fungerat helt och fullt på något annat? Vilka garantier kan Ni ställa för att inte sabotage eller bombning under krig får fruktansvärda konsekvenser för en hel landsända? Svaren blir knappast övertygande, i varje fall inte för en lekman. Teoretiskt förefaller det, som om problemet att återställa avfallet i ofarlig fast form skulle vara löst. Frågan är bara, om inte denna process kommer att bli så energikrävande, att vinsten på atomkraftverken blir tvivelaktig. Inför krigs- och sabotageriskerna slår man ut med händerna: det finns ingen lösning. I stället hänvisar man till att det finns ännu större risker. Kemiska och bakteriologiska stridsmedel kan få ännu mer förödande verkningar än den radioaktiva strålningen. Det är inget argument.

Å andra sidan är det knappast ändamålsenligt att bara tjurskalligt säga nej till atomkraften. Det är trots allt tänkbart, att vi löser säkerhetsproblemen och får ett välbehövligt energitillskott. Det uranrika Sverige har självfallet ett påtagligt intresse av en sådan lösning. Men varför ha så bråttom? Varför inte vänta, till dess att lösningen föreligger? Svaret lämnar Lars Gyllensten på DN:s kultursida: "Vår politik har ett starkt opportunistiskt och kommersiellt drag. Det gäller för ett framåtskridande parti att marknadsföra sig själv, de sina och sina idéer. Det gäller för politiker att sälja sig själva och sina program – och att sälja dem nu åt nu valberättigade röstare, som nu och under de närmaste åren vill leva det liv, som de tror är gott, och inhösta de förmåner, som de är vana vid och lättast kan fås att begära. Detta starka opportunistiska tryck på politikerna till förmån för en forcerad utbyggnad av kärnkraften utgör den största och mest störande komponenten i dagens atomkraftsdiskussion".

Här har Gyllensten satt fingret på den ömma punkten. Den verkliga risken för vårt folks framtid är i själva verket den parlamentariska demokratin. Denna statsform bygger på en polarisering i en höger- och vänstergruppering, vilka ömsesidigt bekämpar och misstänkliggör varandra och ständigt konkurrerar om den politiska makten. För att inte gå under i denna konkurrens tvingas politikerna att överbjuda varandras löften, att inför varje val vinka med åtråvärda materiella förbättringar för den enskilde eller gruppen. Inför den nuvarande energisituationen är detta en minst sagt farlig lek. Skulle den ena sidans löftespolitik få uppenbara och förödande konsekvenser, löper vi risk att den andra sidan tar över och koncentrerar makten i en ren diktatur. Ty diktaturen kan lätt bli polariseringens slutresultat. Nu är emellertid diktaturen ingen som helst garanti mot miljöförstöring och ansvarslös kärnkraftspolitik. Det visar Sovjetunionen, där påtalade miljökrav ersatts för att inte rubba femårsplanen. Det visar Östtyskland, där man byggt atomkraftverk med högst tvivelaktiga säkerhetsanordningar, motiverade med precis samma expansions- och standardargument, som man använder i Sverige eller Förenta Staterna. Den enda möjligheten att möta dessa problem är att hela folket engageras och blir medvetet om lägets allvar. Det är här korporatismen framträder som det polariserade samhällets raka motsats. I det korporativa samhället är de anställdas integration i företagen genomförd. Här finns det möjligheter för fria företagare att i samverkan med de anställda genomföra tekniska innovationer, något, som vi just nu inför atomhotet är i särskilt hög grad i behov av. Här har samhällets alla verksamhetsområden sina självstyrande organ med eget ansvar för verksamheten och dess konsekvenser. Här finns det ett utbyggt kommunikationsnät mellan staten, verksamhetsområdena, företagen och de enskilda människorna. Här måste statsledningen i dialog med medborgarna skapa uppslutning kring nödvändiga åtgärder, inte som i kommunistländerna bara kommendera uppifrån. Och här står inte två halvor av folket mot varandra; här finns det en mängd olika grupper, som i fritt meningsutbyte måste sammanjämka sina intressen och önskemål. Både liberal parlamentarism och kommunistisk diktatur är föråldrade och föga ändamålsenliga inför den närmaste framtidens problem. Det korporativa systemet ger oss möjligheter att engagera de många människorna i ansvaret för åtgärder, som kan betyda en broms på en viss trend inom standardutvecklingen och därmed också intressera dem för de nya uppslag, som kan ge begreppet standard ett nytt och djupare innehåll.

*1974, nr 5 (september-oktober):*

# KÄRNKRAFTEN

Frågan om vi skall använda kärnkraften eller inte är i verkligheten redan avgjord. Kärnkraftverk är redan i drift. Och nya byggs. Men riskerna är ingalunda undanröjda. Därför är den aktion mot kärnkraften, som nu inleder en kampanj i Sverige, ett hälsotecken. Dess eventuella överdrifter balanseras mer än väl av bagatelliseringssträvandena på motsidan.

**B**earbetningen av den svenska opinionen som förberedelse till kärnkraftens utbyggnad blir allt intensivare. Motståndarna klagar över disproportionen mellan de summor, som står till denna propagandas förfogande, och de blygsamma resurser, som de själva har att röra sig med. Denna klagan är i och för sig begriplig. Men den blir en självmotsägelse, när den förs fram av personer, som i ett socialistiskt samhälle, dvs. ett samhälle med förstatligat näringsliv, ser förutsättningen för en bättre lösning av vårt energiproblem. Olikheten i resursfördelningen mellan kärnkraftens anhängare och motståndare har blivit särskilt påtaglig, sedan statsledningen gått in för en utbyggnad. I de socialistiska länderna förekommer veterligen inget motstånd mot kärnkraften. Där tar man den utan vidare i anspråk, och säkerhetsbestämmelserna i dessa länder är inte på långt när lika rigorösa som här i landet. Det påstås t.o.m. att vårt eget land i sina södra delar skulle kunna utsättas för stora risker vid ett befarat olyckstillbud i DDR. Maktkoncentrationen till en byråkrati, som är den logiska konsekvensen av socialismen, särskilt i dess marxistiska utformning, borde snarare stå som en mardröm för kärnkraftens motståndare.

När man bedömer den svenska motståndsrörelsen mot kärnkraft, bör man emellertid bortse från dessa ideologiska självmotsägelser. Att det finns uppenbara risker förbundna med kärnkraften, är det ingen som förnekar. Kärnkraftens anhängare brukar påpeka, att det finns risker med all mänsklig aktivitet, och att vi fortfarande skulle befinna oss på stenålderns nivå, om vi inte vågat ta dem. Varför då göra halt just inför kärnkraften?

På denna punkt ligger svaret nära till hands. De strålningseffekter, som kärnklyvningen medför, har så ödeläggande verkningar, om vi inte förmår skydda oss mot dem, att denna risk inte kan jämföras med någon tidigare. En hel bygd kan förgiftas för lång tid framåt. Verkningarna exempelvis på den mänskliga arvsmassan är oöverskådliga. Biltrafiken kräver årligen sin blodiga tribut. Men offrens efterkommande tar ingen skada. Strålningseffekterna på arvsmassan betyder däremot, att de negativa verkningarna går i arv i släktled efter släktled. Detta öppnar så skrämmande perspektiv, att man inte kan blunda för dem, bara för att exempelvis biologiska och kemiska stridsmedel kan tänkas få än farligare verkningar. Ingen har begärt, att dessa medel skall användas i produktionen.

I en polemik, som tenderar mot att bli starkt känsloladdad använder man ofta överdrivna argument. I stridens hetta intar man ståndpunkter, som man vid närmare eftertanke inte skulle göra. Det är begripligt, om kärnkraftens anhängare just nu försöker bagatellisera riskerna. När stora ekonomiska intressen dessutom är inkopplade, blir en sådan inställning naturlig. Här möter vi den kanske allra största risken. Den motståndsrörelse, som nu förbereder en landsomfattande kampanj mot kärnkraften, måste därför anses som ett hälsotecken, även om den kommer med överdrifter. Problemet med skyddsanordningar är ännu inte löst, även om man kommit en bit på vägen. Det gäller avfallet. I den mån detta kan förvandlas till "glas" har en väsentlig risk undanröjts. Men vi får inte heller glömma riskerna för sabotage liksom de risker, som ett bombangrepp under krig medför. Man talar redan om gerillagrupper, som lyckas komma över plutonium och därmed får möjlighet att tillverka egna atombomber. Sådan världen just nu ser ut, är detta mer än ett fantasispöke.

I samband med diskussionen om atomenergin har det framträtt en grupp forskare, som tagit till sin uppgift att bedöma en viss energiform utifrån den energimängd, som det går åt för att framställa ett visst kvantum av denna form. Det visar sig, att framställningen av viss energi kan betyda en ren energiförlust. Enligt vissa uppgifter skulle framställningen av kärnkraft kosta mera i energi än den man får ut av kärnkraften, alltså en ren energiförlust.

Nu kan emellertid denna beräkningsgrund bli lika ensidig som den rent ekonomiska lönsamhetskalkylen. Det finns i de flesta sammanhang alltid övergripande värderingar. Ett exempel är den franska energipolitiken. Så tidigt som 1928 ingrep den franska staten för att få ett ord med i laget i samband med landets oljeförsörjning. Frankrike har hela tiden

DET NÖDVÄNDIGA GREPPET 175

strävat efter nationellt oberoende. När nu oljeförekomsterna i Sahara gått fransmännen ur händerna, blir kärnkraften en möjlighet att göra fransk energiförsörjning oberoende av import. Därför har den nuvarande franska regimen utvecklat ett stort kärnkraftsprogram. Motståndet på gräsrotsnivå är mycket ringa. Myndigheterna, främst det franska vattenfallsverket, lägger emellertid ner ett stort arbete på att lösa säkerhetsproblemen. Förvandlingen av avfallet till fast form säger man sig vara i färd med att klara. Det förekommer en intensiv diskussion mellan de centrala och regionala myndigheterna liksom mellan myndigheterna och befolkningen på de platser, dit kärnkraftverken skall förläggas.

Vilken ståndpunkt vi än tar i Sverige, är det ett faktum, att kärnkraften kommer på den europeiska kontinenten och där blir ett betydande inslag i produktionen. Man gör sig knappast skyldig till en alltför äventyrlig spådom, om man förutsäger, att den också kommer i Sverige. För övrigt är den här redan. Sverige torde t.o.m. höra till föregångsländerna. Men just därför är det av vikt, att myndigheter och företag tvingas att vidta alla de mått och steg, som är nödvändiga för att minska olycksriskerna till ett absolut minimum. Man må säga vad man vill om vederhäftighetsgraden hos en miljökämpe som Björn Gillberg; om han genom sin verksamhet kan tvinga makthavarna att lösa de väsentliga problemen, innan de skrider till handling, så har han gjort en insats inte bara för Sverige utan för hela vår planet.

*1974, nr 6 (november–december):*

# DEN TREDJE KRAFTEN

En gång framträdde fascismen som en tredje kraft mellan kapitalism och kommunism. Den är i dag historiskt förbrukad. Men behovet av en tredje kraft finns kvar. Den moderna korporatismen med dess krav på frihet och folkligt medinflytande gestaltar i nuet denna kraft.

Det har skrivits en hel del om en ny Hitler-våg, en renässans för fascismen, som skulle tillhöra de karaktäristiska dragen i 70-talet. Man hänvisar till den svällande floden av litteratur om Tredje riket. Böcker om det franska Waffen-SS går som bestseller på den franska bokmarknaden. Torsten Bergmark framhöll för någon tid sedan i Dagens Nyheter några nya italienska filmer, som visserligen inte utgör någon direkt fascistpropaganda, men som genom att framställa svartskjortorna som halvt dekorativa halvt ofarliga inslag i samhällsbilden banar väg för den svarta renässansen.

Det är heller ingen tvekan om att man i dag kan diskutera förhållandena under mellankrigstiden och andra världskriget med betydligt större saklighet än tidigare. Men det är ändå uppenbart man fortfarande skyggar för ett realistiskt historieperspektiv på den närmast föregående epoken. Fascismen uppfattas ännu som en konservativ rörelse, ett sista försvar för ett fallfärdigt kapitalistiskt samhälle, ett våldsevangelium, framsprunget i desperation inför den framväxande socialismen. Detta synsätt får ny näring av de nyaktuella marxistiska idéerna om klasskampen som det väsentliga i utvecklingen och om det kapitalistiska borgarsamhället som utgångspunkt för varje politisk analys.

Marxismen uppdelar samhället i arbetare och borgare. Varje politisk företeelse måste antingen hänga ihop med den ena eller den andra av dessa grupper. Antingen måste den vara socialistisk eller kapitalistisk. Något tredje gives inte. Eftersom kommunismen anses företräda arbetarna och fascismen var antikommunistisk, måste den enligt detta sätt att resonera vara utpräglat borgerlig.

## DET NÖDVÄNDIGA GREPPET 177

Marxismens tudelning av samhället har så småningom accepterats även på borgerligt håll. Det allbekanta blocktänkandet, som har sina främsta svenska förespråkare i Moderata Samlingspartiet, är en typisk produkt av marxismens samhällssyn. Kravet på borgerlig samling mot socialdemokratin går före kravet på kamp mot den kommunistiska infiltrationen. Klasstänkandet triumferar, bundet vid klassförhållanden, som existerade på Marx tid men för länge sedan passerats av utvecklingen.

Ett av argumenten för att plocka in fascismen i det borgerliga blocket är dess estetiska sida. Fanorna, sångerna, marschkolonnerna, de färgstarka uniformerna, allt detta som vädjar till människans känslosida, framhålles nu som ett medel att söva massorna och därmed bibehålla de sociala orättvisorna. Ett fascistiskt maktövertagande skulle ge folket skådespel, kanske också bröd, men den sociala klasstrukturen skulle förbli den samma som förut.

Såtillvida finns det något berättigat i denna synpunkt, som det under mellankrigstiden fanns en högerflygel med borgerlig förankring i fascismen. Det förelåg hela tiden en spänning mellan dessa allierade högerelement och den egentliga fascismen. Denna hade vuxit fram ur den gamla arbetarrörelsen. Dess mål var ett klasslöst samhälle. Denna målsättning, nationellt motiverad, fördunklades dock i någon mån av fascismens elitteori, som delvis var besläktad med Lenins. Det är därför, som fascismen numera måste betecknas som ett passerat stadium i utvecklingen.

Detta hindrar emellertid inte, att det behov av en tredje kraft mellan kapitalism och kommunism, som fascismen ursprungligen ville tillgodose, har sin aktualitet också i dag. Nödvändigheten av samling kring gemensamma uppgifter och gemensamma lösningar framstår som särskilt pockande i en tid, då energikris och råvarubrist på allvar gör sig gällande och miljöförstöringen börjar bli ett hot mot hela vår existens. Den polarisering av samhället i höger och vänster, i borgerlighet och socialism, som vissa människor tycks anse önskvärd, är i själva verket ett hinder för en livsbejakande anpassning till den nya och förändrade verkligheten av i dag. Avståndstagandet från polariseringstendenserna innebär emellertid inte något förord för en vag och intetsägande kompromiss mellan vissa redan knäsatta ståndpunkter. Den politiska, kulturella och ekonomiska problematiken är i dag så annorlunda, att en nyanpassning kräver väsentliga förändringar i hela samhällsstrukturen. Dessa förändringar bör emellertid förankras i så många olika samhällsgrupper som möjligt. Begreppet klasskamp måste ersättas med begreppet social integration eller klassammansmältning.

Det har blivit vanligt att uppfatta de teknokratiska tendenserna i tiden som en slags ny form av fascism. Man uppfattar då fascismen som en form av maktkoncentration och inget annat. I själva verket är det teknokratiska samhället något, som med logisk automatik växer fram ur den nuvarande demokratin. Den tredje kraft, som många efterlyser, måste ha sin udd riktad just mot teknokratiseringstendenserna i samhället. Detta förklarar den centrala roll, som korporatismen måste spela i den tredje kraftens ideologi.

Den omställningsprocess, som samhället står inför, kräver en kraftansträngning. Svårigheter övervinns lättast, om känslorna kopplas in, om aktioner för deras bekämpande bärs upp av både övertygelse och entusiasm. Demokratin har på något sätt stelnat i en ensidigt intellektuell resoneringsattityd. Det har kommit att vila ett drag av tråkighet och brist på färg över dess agerande. Fanorna och sångerna, ceremonierna och kulthandlingarna behövs åter. Uniformerna kan vi undvara. I vår tids svåröverskådliga virrvarr av varandra korsande tendenser och utvecklingslinjer har vi behov av samlande symboler, av något, som tänder och lyser upp mitt i den höstmörka gråvädersstämningen. Förnuft, klarhet, måtta, javäl. Men också glöd, offervilja, segertro ...

*1975, nr 1 (januari-mars):*

# SKALL VI KAPITULERA FÖR KOMMUNISMEN?

**Borgerligheten tror inte längre på sig själv. Den står handfallen inför den kommunistiska infiltrationen. Det finns bara ett bålverk, som vi kan bygga mot det kommunistiska hotet – det korporativa.**

Kommunismen har blivit salongsmässig. Vi har kommit långt bort från det 20-tal, då skräcken efter blodsorgierna i Ryssland ännu behärskade stora delar av den västerländska opinionen. Borgerligheten håller på att ge upp. Den inser att den tillhör ett passerat stadium i den historiska utvecklingen. Den stirrar som förhäxad på det stora alternativet i öster. Kanske skall man dock kunna lära sig att leva även med kommunismen.

Orsaken till kommunismens övertag ligger emellertid djupare än så. I verkligheten går borgerlighet och kommunism ut från ungefär samma värderingar. De bygger båda på franska revolutionens marxism: frihet, jämlikhet och broderskap. De är båda anhängare av ett materialistiskt synsätt. För kommunismen är produktionsfaktorerna de enda väsentliga. För borgerligheten är vinstbegäret den enda drivkraft, som är värd uppmärksamhet. Den borgerliga demokratins gradvisa utveckling till ett teknokratiskt överklassamhälle har redan förverkligats i det kommunistiska samhälle, där den röda byråkratin är den privilegierade klassen.

Kommunismen var redan från början en fåtalets rörelse mot folkflertalet. Lenins bolsjeviker företrädde en försvinnande minoritet i det ryska folket. De tog makten genom en våldsam aktion. I dag är detta förhållande än mera markant. Efter delstatsvalet i Hessen offentliggjorde "Der Spiegel" statistik, som visade, att kommunistpartiets röstetal var lägre än NPD:s. Men i universitetsstäderna kom de upp i 20 till 30 %. Tendensen i Sverige går i samma riktning. Kommunismen är den nya överklassens parti, det i verkligheten mest arbetarfientliga av alla partier. Det kommunistiska samhället med dess socialiserade näringsliv innebär en maktkoncentration till toppen och därmed en exploatering av massorna, betydligt värre än kapitalismens. Kommunismen innebär ett förkvävande av allt mänskligt nyanserat i en obarmhärtig mekanisk maktapparat.

Antikommunismen måste därför i dag vara en människans revolt mot likriktning, förtryck och mekanisering. Borgerligheten tillhör ett förflutet stadium – det är riktigt. En antikommunism, som drömmer om en återgång till forna tiders förhållanden, är meningslös. Konservatism är och förblir ett orimligt fasthållande vid föråldrade samhällsformer, en verklighetsfrämmande försköning av det förflutna, som bara ger kommunismen de argument, som den i sig själv saknar.

Konservatismen är en väg till katastrofen. Se Portugal. Se Grekland.

Det räcker helt enkelt icke med att säga nej till kommunismen. Man måste också säga ja till något. Och detta något måste ligga framom, inte bakom kommunismen. Den borgerliga demokratin är ett historiskt sett äldre stadium av samhällsutvecklingen. Kommunismen ligger i tiden framom borgerligheten. På andra sidan kommunismen, på andra sidan den teknokratisering av samhället, som vi just nu är mitt uppe i, skymtar korporatismen.

Korporatismen är i dag det enda klart utformade alternativet till det kommunistiska samhället och dess parallellföreteelse i väster, det teknokratiska. Skall Sveriges företagare inse, medan tid är, att det är bättre att samverka med de egna arbetarna än att bli datastyrda robotar i en statsmaskin? Skall Sveriges arbetare inse, innan det är för sent, att de i ett fritt korporativt samhälle har alla möjligheter att hävda sina rättmätiga intressen, medan de i ett kommunistiskt är slagna till slant av en allsmäktig förvaltningsapparat?

Uppriktigt sagt: all utveckling i Sverige tyder på att båda parter kommer att göra det – förr eller senare. En dag ligger vägen öppen till ett nytt, ett än mera djupgående, än mer avgörande Saltsjöbaden.

*1975, nr 2 (april):*

# DE VÄNSTERINTELLEKTUELLA

**Watergate blev ett bevis på makten hos den nya maktgruppen i samhället, de vänsterintellektuella, som behärskar massmedia. Förhållandena i Sverige är i stort sett likartade.**

Det finns en sida av Watergateaffären, som alltför lite observerats. I själva verket rörde det sig om en skäligen bagatellartad historia, som sedan drevs upp till orimliga proportioner. Att några på agentromaner förlästa partigängare bryter sig in i motståndarnas högkvarter för att installera avlyssningsapparatur var en spännande tilldragelse, fullt i klass med vår egen barndoms omtumlande som indianer och vita. Att detta pubertetsromantiska tilltag sedan kunde förvandlas till en avgörande händelse i Förenta Staternas utveckling beror på det sätt, på vilken den utnyttjats av massmedia och de med dem lierade liberala kretsarna i amerikansk politik. Det handlar här nästan uteslutande om intellektuella med vänstersympatier. Watergateaffären är ett utmärkt exempel på den oproportionerligt stora makt, som dessa grupper lyckats förvärva sig i dagens samhälle.

Nixons avgörande svaghet var hans bristande sinne för de sociala realiteterna, en svaghet, som är typisk för de flesta konservativa politiker. Han erövrade i det andra presidentvalet en större andel av väljarkåren än någon tidigare president. Detta var främst ett uttryck för massornas ovilja mot de vänsterintellektuella. Det var de, som fört fram McGovern. Hade Nixon i detta läge haft en inrikespolitisk Kissinger till sitt förfogande, en man, som med sociala reformer och visioner kunnat fånga massorna och binda dem vid regimen, skulle Watergateaffären aldrig fått sådana proportioner. Hade han haft en organiserad stab av socialt medvetna medarbetare, som kunnat hålla massopinionen levande, kunde han effektivt ha utnyttjat den växande klyftan mellan massorna och de vänsterintellektuella.

Nixons bristande sociala engagemang bottnar djupast i frånvaron av en progressivt utformad antiliberal och antimarxistisk ideologi. Kampen om de intellektuella är i icke ringa utsträckning en ideologiernas kamp. Liberaler och marxister är på denna punkt rustade i en helt annan utsträckning än sina motståndare. Detta medför, att massmedia i stor utsträckning behärskas av de vänsterintellektuella.

Förhållandena i Sverige är nästan desamma. De konservativa kretsarna har i stort sett accepterat liberalismen och är i full färd med att retirera för marxistiska offensiver. TV, radio och press bärs upp av nuliberala eller nymarxistiska krafter. Motsättningen mellan dessa grupper å ena sidan, arbetare och tjänstemän å den andra, kom tydligt till uttryck vid Herbert Söderströms TV-pejling kring behandlingen av brottslingar med Lennart Geijer som svarande. Publiken, arbetare och tjänstemän från Tetrapak, demonstrerade en klar ovilja mot den av regeringen, och i än högre grad av de vänsterintellektuella, företrädda kriminalpolitiken. Den systematiska indoktrineringen från massmedias sida har hittills misslyckats.

Folk känner på sig, att den vänsterintellektuella propagandan för jämlikhet och demokrati är ren bluff. De anar innerst inne, att det rör sig om en maktkamp, där de intellektuella eftersträvar ställningen som härskande klass. Huvudmassan av socialdemokratins väljare befinner sig här på samma sida som publiken i TV-pejlingen. Det är följaktligen rena vansinnet att göra kampen mot de vänsterintellektuella maktkraven till en kamp mot socialdemokratin. Skiljelinjen i svensk politik går mellan SAP och VPK, inte mellan arbetare och borgare. Att sedan VPK plus "avgrunden" har kilar inte bara långt in i socialdemokratins intellektuella skikt utan också in i de borgerliga partierna, är ett faktum, som manar till motoffensiv. Vi har i den Nysvenskarörelsen byggt upp en ideologi, som på alla punkter kan ta upp kampen mot nuliberalism och nymarxism. Det gäller därför att utvidga kontaktnätet överallt i de stora folklager, som säger nej både till nuliberalism och till nymarxism, folkskikt, som finns företrädda i alla de stora partierna. Det gäller att bygga upp en motståndsfront mot de vänsterintellektuella maktaspirationer, som vill utnyttja demokratin som ett språngbräde till monopolställningen som ny överklass.

*1975, nr 3 (sommar):*

# MAJ 45 – MAJ 75

**Ansträngda jubileumsfanfarer från besvikna segrarsympatisörer. Det blev inte, som de tänkte sig, än mindre som de lovade.**

Nu har de jublat över sin seger i massmedia, de som för 30 år sedan hade nedslagit ondskans makt och lovat oss en värld utan nöd, en värld utan fruktan. Men segerfanfarerna har haft något dämpat över sig. Det har kommit in åtskilliga molltoner. Det blev inte, som de tänkte. Och de vackra löftena, hur gick det med dem?

Maj 75 blev också en jubelmånad. Men inte för demokratin. Världens största demokratiska stat, nr 1 bland segrarna för 30 år sedan, har fått notera sin historias hittills största nederlag, ett nederlag i kamp med ett par små folk, som letts i sin kamp av kommunistiska diktaturer. Vad demokratin sådde i maj 45, har den fått skörda i maj 75.

Överallt triumferar kommunismen. I Vietnam, Kambodja och nu även i Laos har den ett fast grepp om utvecklingen. Den dominerar i Portugal, den mullvadar i Grekland, den vann sin hittills största valseger i Italien. I svenska massmedia anses detta helt i sin ordning. Inga varnande röster. Inga protester mot övergrepp. Soares och de portugisiska socialisternas kamp för friheten och för västerländska kulturvärden, en kamp, som gav partiet 38 % av rösterna mot 12 för kommunisterna, angrips ännu inte i svenska TV-program, men man är mycket noga med att återge kommunisternas synpunkter och argument på sådant sätt, att de inte skall framstå i ofördelaktig dager. Den kommunistiska infiltrationen i svenska massmedia är lika uppenbar som någonsin, även om man lyckats dämpa Tage Adolfsson och lägga svampen på efter de pinsamma avslöjandena.

Det har uppstått en motsättning mellan dagens jubelkörer och dem för 30 år sedan. Den generation, som upplevt bombregnet över Vietnam, har inte sinne för den helgonförklaring av amerikanarna, som man ägnade sig åt i maj 45. Dess känsla för demokratin är av en annan art än den äldre generationens. De ser på många håll i kommunismen ett bättre värn för demokratiska värden än i de klassiska demokratiska strömningarna. Detta känner de äldre på sig. Gunnar Helén, som blev 7 maj-hjälte, när han gjorde sitt radioreportage från Kungsgatan, hoppas på en överbryggning mellan släktleden. Han lär komma att hoppas förgäves. Den besvikelse, som hotar jubelkörerna från i år, är av en annan art än den Gunnar Helén tänker sig.

Ty nu liksom då kan vi se med viss tillförsikt mot framtiden, därför att segrarna är oeniga. Jubelstormen 45 följdes av det kalla kriget mellan öst och väst. Jubelstormen nu kommer att följas av skärpta motsättningar mellan Peking och Moskva. Det är denna konflikt, som kan rädda den fria världen.

Men då måste den liberala demokratin överlämnas till våra museer. Den är och förblir oduglig. Dess nederlag i Vietnam har en gång för alla visat, att dess livsmönster inte håller. Segrarna i maj 75 kommer att upplösas inifrån på samma sätt som segrarna 30 år tidigare, om Europas förmåga och vilja till förnyelse är densamma som under dess föregående historia. När seklet var ungt, drömde vi om en rosenskimrande framtid i teknikens tecken. Nu möter oss domedagsprofeternas pekfinger: förgiftningen växer, förgiftningen i jorden, förgiftningen i vattnet, förgiftningen i luften. Nu måste vi besinna oss, om inte hela vår blå planet skall förstöras. Den forna alliansen mellan världskapitalismen i väster och världskommunismen i öster, den som segrade för 30 år sedan, har upplevt en brittsommar i det nya rysk-amerikanska samförståndet. Endast en europeisk resning, en frigörelse ur det dubbla greppet från öst och väst, kan skapa verklig framtid. Här har Sverige en uppgift, som vi kan göra till en utslagsgivande insats i det fortsatta skeendet.

*1975, nr 4 (september):*

# WERNERS VÄNNER

Den kommunistiska verkligheten är raka motsatsen till allt, som vi sätter värde på. Fakta talar sitt oförtydbara språk. Ändå fortsätter svenska massmedia sin ständiga propaganda för det röda tyranniet.

Leonid Brezjnev tillfrågades en gång av en västjournalist om sin inställning till jämlikheten. Vi är i varje fall inte egalitära, svarade han. Och det var onekligen ett sant ord.

Sovjetunionen har utvecklat sig till ett utpräglat överklassamhälle, där en fåtalig grupp människor sitter inne med alla privilegier och alla maktspel, medan folk i allmänhet snällt får foga sig i de överordnades beslut. Men samtidigt växer problemen i det röda jätteriket. Industrialismen skapar nya frågeställningar i öst likaväl som i väst. Industrialismen medför, allteftersom den utvecklar sig, en alltmer förgrenad, alltmer specialiserad samhällsapparat. Det industrialiserade samhällets funktionsmöjligheter beror på dess organisation men också på den anda, som behärskar medborgarna. Ju mer invecklat ett samhälle blir, desto nödvändigare blir den organisation, som möjliggör ett ändamålsenligt samspel mellan de olika grenarna. Och ju svårare samhället blir att överblicka, desto nödvändigare blir det, att var och en fullgör sina åligganden och sköter sitt arbete efter bästa förmåga. Hänsyn till helheten och hänsyn till medmänniskorna är en förutsättning för att en på industrialismen fotad högkultur skall kunna fungera.

Men på alla dessa punkter brister det i Sovjetunionen. Brottsligheten stiger där precis som här. Samtidigt är det si och så med arbetsdisciplinen. Den sovjetryska pressen innehåller ofta skarpa angrepp på oordningen i utpekade fabriker. Ibland kritiseras alkoholmissbruket, som på sina håll kan vinna insteg på själva arbetsplatsen. Den sovjetryska alkoholkonsumtionen är två och en halv gång så stor som den svenska. I olika delar av Sovjetunionen växer det fram småbyråkratier, som lever sina egna liv, och som man inte centralt kan kontrollera från Moskva. Och även i själva centralledningen finns det vattentäta skott, där en grupp ledande funktionärer utbildar sin egen praxis, helt oberörd av vad som händer i andra sektorer. Bakom den enhetliga yttre fasaden döljer det sig alltså en inre splittring, en mångfald av motsägande fakta och handlingsmönster. Ju mer utvecklingen skrider framåt, ju fler människor, som får korn på missförhållandena, desto större blir det ännu maktlösa trycket nedifrån, desto mera medvetet kravet på förnyelse.

Kommunisterna i väster tröstar sig ibland med att peka på Kina. Det är en dålig tröst. För det första är Kinas förutsättningar så olika våra egna att en jämförelse nästan alltid blir missvisande. För det andra kännetecknas Kina av samma maktkamp i toppen som Sovjetunionen. Folkkommunerna saknar den urgamla självstyrelsetradition, som vi har i Europa och Amerika. Det kommer att ta tid, innan den blir rotfast i kinesisk jord. Om den nu någonsin blir det. Det finns samma risk för byråkratisering och stagnation i Peking som i Moskva.

Det är därför en fåfäng dröm, när man i kommunismen ser visionen av ett bättre framtidsrike. Kommunismen är och förblir ett hot mot hela den fria världen, förberedd som marken är av den livströtta och blaserade liberala propagandan. Vi har fått friheten i arv i Europa. Men inte en hämningslös frihet. Extremrörelser sådana som vederdöparna på 1500-talet, jakobinernas extremister under franska revolutionen, anarkisterna på 1800-talet och sist men inte minst de gräsrotsdemokratiska nymarxisterna i vår egen tid har aldrig varit något annat än neurotiska krisfenomen i en eljest skapande utveckling. Det europeiska samhällets karaktär bygger på en förening av frihet och ledarskap. Svensk arbetarrörelse är ett typiskt exempel. Utan sådana män i toppen som Hjalmar Branting, Per Albin Hansson och Tage Erlander skulle denna rörelse aldrig kunnat spela den roll den gjort i modern svensk historia. Vad vi nu behöver är inte gräsrötter som pratar i munnen på varandra vid skräniga stormöten och ingenting åstadkommer. Vad vi behöver är ett system av kommunikationer mellan statsledningen, de sociala grupperna och de enskilda människorna, en förtroendefull dialog mellan människor och institutioner i tjänst åt en utveckling, som är gemensam för oss alla antingen vi vill det eller inte. Det är detta system av kommunikationer, denna sammansmältning av ledarskap och folkligt medinflytande, som vi tror oss ha funnit nyckeln till i korporatismen.

*1975, nr 5 (oktober):*

# BYSANTISM PÅ VÄG

**Varje samhällsform främjar en viss sorts människa. Den nuvarande främjar byråkratmänniskan. Det är detta, som den nysvenskarörelsen vill bromsa.**

D et samhälle, där människor fritt kan utveckla sina inneboende anlag, där olika idéer kan mötas i öppet meningsutbyte, och där intressekampen bryts mot kravet på rättssäkerhet åt alla, det samhället är betydligt svårare att försvara och bevara än ett samhälle, där likriktning, tvång och förmyndarskap är dominerande inslag i samhällsmönstret. Det visar all historisk erfarenhet. Generöst tilltaget kan man säga, att det gamla Greklands frihet varade i tvåhundra år – från Solon i mitten av 500-talet f. Kr till Filip av Makedonien i mitten av 300-talet. Och då bör man betänka, att den atenska demokratin inrymmer Peisistratos diktatur, att Perikles regim i själva verket var en slags antik gaullism, och att en stor del av Atens befolkning i egenskap av slavar eller utlänningar saknade alla politiska rättigheter. Det grekiska kejsardömet, det bysantiska, kan dateras från Teodosius den stores död år 395 e. Kr. Konstantinopel föll år 1453. Bysantinismens byråkratiska envälde höll sig alltså i över tusen år.

Icke minst på grund av vårt geografiska läge har vi i Sverige kunnat bygga upp en uråldrig frihetstradition. Socknarnas och bygdernas självstyrelse liksom den enskildes rätt att inom lagens råmärken hävda sina intressen går hos oss tillbaka till en grå forntid, så fjärran att den skriftliga vittnesbörden börjar sina. Frihet och rättssäkerhet liksom folkligt medinflytande i det allmännas affärer ingår i vårt nedärvda samhällsmönster. Vi har här ett försprång framför många andra folk. Men det vore självförhävelse, om vi trodde, att svenskarna är något slags undantag. Vi är underkastade samma psykologiska och sociala orsakssammanhang som alla andra på vår jord. Vi löper risker, också vi.

1900-talet kommer en gång i svensk historia att framstå i ett särskilt skimmer. Vi tillhör i dag på område efter område utvecklingens tätgrupp.

Vi kan fritt uttala vår mening utan att åtalas eller sättas i fängelse. Skyldigheten att räcka en hjälpande hand åt dem, som föddes på livets skuggsida eller missgynnades av utvecklingen, erkänns av en överväldigande folkmajoritet. Den bär upp en stor del av vår sociallagstiftning. Ändå vilar det ett påtagligt hot över välfärds-Sverige. Statsmakternas ofta aktningsvärda avsikter genomförs av myndigheter, som inte alltid genomsyras av den mänskliga förståelse, som skulle erfordras. Människor med förmåga att uttrycka sig eller människor med förslagenhet klarar sig. Men den vanliga människan, som inte behärskar myndigheternas språk och ofta är främmande för deras tankekategorier, känner sig många gånger maktlösa, när de tvingas till beröring med myndigheter. Det finns folk, som anser sig utlämnade på nåd och onåd inför de sociala nämndernas assistenter, kuratorer och byråinspektörer.

Medan myndigheternas ingrepp i den sociala omsorgens namn blir allt hårdare, fortgår den process, som kallas folkrörelsernas institutionalisering. Förr i världen kunde frivilliga grupper finansiera sig genom att tigga bidrag från folk som sympatiserade med deras verksamhet. Nu sätter skattepolitiken gränser för en sådan finansiering. I stället måste folkrörelser och föreningar söka bidrag hos det allmänna, d.v.s. hos myndigheterna. Medlemmarna upplever med eller utan rätt sin situation som uttryck för vanmakt. Det tjänar ingenting till – allt försiggår ändå över våra huvuden – den inställningen blir allt vanligare hos gemene man. Det som en gång var spontan mänsklig aktivitet, förvandlas steg för steg till uppifrån finansierad och fjärrstyrd rutin.

Till detta bidrar själva den förändring av människornas attityder, som är en följd av den ekonomiska utvecklingen. Varje samhällsform främjar alltid en viss människotyp. Den gamla kapitalismen främjade den självständige företagaren, människan med handlingskraft och initiativ. Tyvärr hade detta också sina ödesdigra skuggsidor. Det tilltagande statsinflytandet främjar den byråkratiska människan, de mjuka ryggarna, de tjänstvilliga jasägarna, de riskrädda anpasslingarna. Det personliga ansvaret luckras upp; den enskilde skjuter över sitt ansvar antingen på överordnade eller på anonyma kollektiv. Friheten undergrävs genom att dess psykologiska förutsättningar försvinner. Det gamla Bysans skymtar i kulisserna.

Det är denna utveckling, som den nysvenska rörelsen vill bromsa. Vi vill ha en ny startpunkt, byggd på nya värderingar, nya samhällsformer, nya signaler. Eller rättare sagt på en ny kombination av idéer, institutioner och framtidsmål. Det är denna nya kombination vi ger uttryck åt i treklangen korporatism, samnationalism och ny humanism.

*1975, nr 6 (november):*

# LARS WERNER AVGÖR?

**Det parlamentariska läget just nu liksom utsikterna inför nästa års val är ett vittnesbörd så gott som något på det orimliga i hela den demokratiska författningskonstruktionen.**

Det är onekligen ett bevis på socialdemokratins politiska skicklighet att den så pass oskadd lyckats manövrera sig fram genom den parlamentariska snårskogen i jämviktsriksdagen med dess lottskrin som uttryck för den suveräna folkviljan. Den har lyckats få ett stöd från folkpartiet, centern och Moderata Samlingspartiet i en utsträckning, som den väl knappast själv vågat hoppas på. När det gällt den ekonomiska politiken har folkpartiet motiverat sin medverkan med talet om "resultatpolitik". Härutinnan har det långa sträckor fått centern med sig. I en så kontroversiell fråga som kärnkraften har regeringen helhjärtat stötts av moderaterna. Gösta Bohmans parti har också i en rad mindre kontroversiella frågor gått på regeringens linje. De våldsamma knivkastningarna mellan Palme och Bohman verkar därför närmast som ett spel för galleriet, en uppvisning av akrobatnummer på demagogins såphala cirkusarena.

Det är emellertid uppenbart, att detta raffinerade partispel varit nog så slitsamt för herrarna och damerna i Kanslihuset. Behovet av reformer som dragande valfläsk slår just nu hårt mot de ansträngda finansernas permanenta varningssignaler. Inflationen, delvis framkallad av löneskruven, har kommit allt större löntagargrupper att fastna i skatteprogressivitetens och därmed de växande marginalskatternas snaror. Behovet av skattesänkning har gjort sig gällande, samtidigt som behovet av ökade statsinkomster är oförminskat. Sträng kan inte lita till den inflatoriska vidgningen av skatteunderlaget, ty inflationen betyder också kostnadsstegringar. Samtidigt växer kommunernas penningtörst, och den blir sannerligen inte släckt av det kommunala skattestopp, som finansministern drivit igenom.

## DET NÖDVÄNDIGA GREPPET 191

Regeringens bryderi är påtagligt. Men lika påtagligt är oppositionens splittring och villrådighet. När socialdemokraterna påstår, att det inte finns något klart borgerligt alternativ till regeringspolitiken, har de rätt. Moderaterna opponerar sig mot centerns och folkpartiets agerande i samband med Haga 1 och Haga 2. Centern opponerar sig mot moderaternas ståndpunkt i kärnkraftsfrågan. Folkpartiet far ut i vilda smädelser mot Bohman på grund av dennes inställning till könsrollerna. Dagens Nyheters och Expressens parti har visat upp koryféer, som blivit pryda i gammal tantstil, när Bohman i spontan uppsluppenhet påpekat, att vill man se skillnad på män och kvinnor, så behöver man bara klä av sig. Var det nu något att bli chockad över i en tid, då porrens genombrott kom folkpartitidningen DN att entusiastiskt tala om en ny frihetstid?

Inför detta byagräl borde man kunna vänta sig en socialdemokratisk brakseger 1976. Men dela inte skinnet, innan björnen är skjuten, som han sa, gamle Hedlund. Det finns en osäker faktor i ekvationen, som heter Lars Werner. Han kan inte hålla styr på sitt parti. "Någon jävla ordning" krävde Hermansson. Och nog stämmer det med "jävla". Men ordningen är det illa ställt med. Distriktsordföranden och två ombudsmän i Västernorrland har avskedats, uteslutits ur ungdomsförbundet och hotats med uteslutning ur partiet. De reklamerade nämligen Norrskensflamman och inte Ny Dag. Stöten är därför inte riktad mot Sollefteå utan mot Luleå. Det är kamrat Löwenborg och hans pålitliga stalinister, som man vill åt. Men det är hårdföra bolsjeviker, som inte sviker Josef Djugasjvili, alias Stalin. Det viskas redan om partisprängning. Skulle detta röda gurgel sluta med valsiffror under 4 %, får den borgerliga oppositionen majoritet nästa år.

Och varför inte? Vi kommer då att få en situation, som påminner om den danska. Byagrälen vid Sergels torg blir konflikter i Kanslihuset. Ett våldsamt borgerligt jubel runt om i landet kommer så sakta att lägga sig och efterträdas av en djupnande besvikelse. Frågan är, om vi ändå inte förr eller senare måste gå igenom den pärsen. Först måste socialdemokratin få klart för sig, att den inte är ofelbar. Sedan måste oppositionen avslöja sin tomhet inför allt folket. Så kan till sist tiden bli mogen för vettiga och framstegsvänliga grupper på båda sidor om den gamla skiljelinjen att mötas kring en helt ny framtidsvision. Då blir ett regimskifte möjligt. En växling från Palme till Fälldin blir bara en variation på samma tema. Det är ett verkligt regimskifte vi behöver, en blandad kortlek, ur vilken något verkligt nytt kan växa fram.

*1975, nr 7 (årsskiftet):*

# DEN TREDJE KRAFTEN

**Rörligt på röda och gröna ytterkanter! När blir det rörligt även i den stora mitten?**

Det började på 60-talet, detta omställningens årtionde, då kärnkraftverken började rotera, då automationen drev fabriksstressen till sin höjdpunkt och människan for till månen. Det var då, som den tredje världen på allvar kom i gång: de afrikanska kolonierna blev svarta republiker, Kuba blev kommunistiskt, kineserna gjorde kulturrevolution och arabnationalismen blev en världsfaktor. Denna omställning verkade som ett sprängstoff i kultursektorn. Först kom porren, knarket och trolöshetens filosofi. Olof Lagercrantz skrev en jublande ledare i Dagens Nyheter om den nya frihetstiden, och Lars Gyllensten kände sig buren på en våg av progressivitet. Men ruljangsen fortsatte. Världsfrånvända liberaler hårdnade till trosvissa nymarxister. Klasskampens evangelium plockades fram ur idéhistoriens källarutrymmen och piffades nödtorftigt upp med hjälteskildringar om Maos Tse-tung, Ho Chi-min och Che Guevara. Arbetarna, som länge varit nersövda av socialdemokratiskt opium, skulle äntligen ryckas upp ur sin försoffning av klarsynta och modiga studenter, dessa proletariatets elitmänniskor, som visste bättre vad arbetarna ville än de själva hade en aning om. Lärdomsbubblande ynglingar, som andligen torterats av konservativa föräldrar på Övre Östermalm, kastade sig i armarna på tjejer från arbetarhem, som tagit studenten och blivit fil. mag., därmed övervinnande sviterna från nykterhetsloger och friförsamlingar. Anders Carlberg tog för ett ögonblick befälet, kårhuset ockuperades, Och Olof Palme blev en erfarenhet rikare. Den röda vågen steg mot kulmen.

Men när nu allt hade kommit i rörelse, började snart andra idéer tränga fram, nyare, friskare, modernare, tuffare, fräschare. Från folkliga talarstolar och akademiska katedrar ljöd plötsligt domedagsprofeternas mollstämda förkunnelse. Gift i vattnet, gift i luften, gift i jorden. Så här får det inte fortsätta. Kapitalismen suger ut hela vår värld för snöd vinnings skull . . . Marxisterna lystrade. Ännu ett argument. De märkte inte, att de höll på att bli lurade. Tillbaka till torvan, tillbaka till sunda livsformer, tillbaka till det enkla naturliga. Det var något annat än man tänkt sig. Den röda vågen sjönk. Den gröna steg. Blandformerna dem emellan blev många. Ingen tänkte på att blandningen rött och grönt gav en politiskt makaber färgeffekt. Socialdemokratin började gå baklänges. 70 blev ett bakslag. 73 blev ännu värre. Nu är vi framme vid jämviktsriksdagen. Nu avgör lotten. Men hur kommer det att gå i september? Socialdemokraterna står och stampar på samma fläck i SIFO-rapporterna. VPK brottas med allt djupare inre svårigheter. Hermansson säger rent ut: "Det går åt helvete." För första gången finns det tecken, som tyder på att vi nästa år får uppleva slutet på en epok i svensk historia.

Och så blir det en borgerlig regering. Men vad skall den åstadkomma? Ännu har vi inte sett några framtidsvisioner från det hållet. Både i Norge och Danmark har de borgerliga partierna fått chansen, fått den och spelat bort sig. Tänker de göra sammalunda i Sverige?

En sak är i alla fall klar: motsättningen arbetare–borgare är hopplöst föråldrad. De två krafterna i det parlamentariska rävspelet är minst sagt lite slitna vid det här laget. Vi behöver en tredje kraft, en som står utanför skalan mellan höger och vänster, en som kan suga upp det bästa och bärkraftigaste på bägge sidor och smälta in det i en ny konstruktion. Alltför länge har läget varit låst här i landet. En borgerlig regering betyder icke regimskifte i vanlig mening. Men det betyder att låset bräcks och allt kommer i rullning inte bara på de röda och gröna ytterkanterna. Det är i ett sådant läge den tredje kraften behövs. När modeidéerna brister som såpbubblor, när knapphetens kalla stjärna stiger upp över näringslivet och alla skyller på varandra, då måste det finnas en kraft, stark nog att göra en insats och sätta ett märke i tidens skaplynne. Det är inte tillfälliga vågor vi behöver, inte en åsikt i går, en i dag och en i morgon. Vi behöver i förening det djärva framtidsgreppet och den rotfasta tryggheten, symboliskt uttryckt: en flagga i blått och gult och en kärve i sädesvuxet guld.

*1976, nr 1 (januari–februari):*

# SANNOLIKHETER

**Varje ideologi, den må vara än så genomtänkt, representerar ändå alltid bara en sannolikhet. Varje övertygelse, den må vara än så äkta, vilar alltid på en grund, mer eller mindre full av luckor.**

Bolle, hjälten i Harry Martinssons berömda luffarroman, "Vägen till klockerike", är en man, som förlorat sitt fotfäste i det fungerande samhället och därför valt en annan livsform, en livsform utanför det bestående samhällets gränser. Men det finns samtidigt en av bifigurerna, som skulle kunna kallas romanens andre hjälte. Det är luffarfilosofen Sandemar, globetrottern, som sett det mesta av världen, som grubblat åtskilligt och kommit fram till sin egen bild av verkligheten. Bolle är genomsnittet i sitt skrå – luffarnas Medel-Svensson – med vandringsinstinkten i blodet, en instinkt som formats av socialt misslyckande och mänsklig vantrivsel. Sandemar är luffargeniet, som inte bara är beläst och begåvad utan som också har en moralisk hållning långt utöver genomsnittet. Han upptäcker med skarpögd iakttagelseförmåga, vari motsättningen består mellan de kringvandrande avvikarna och den bofasta befolkningen. Bönderna, arbetarna, hantverkarna, köpmännen, tjänstemännen, alla de som tjänar sitt bröd med sitt arbete, alla de som med sin lojalitet och sin anpassningsförmåga håller samhället levande, utgår från det bestående och dess principer som något självklart, något bortom varje tvivel och debatt. Men, säger Sandemar, det finns ingenting som är självklart. Det finns bara sannolikheter. Själv har han sin övertygelse. Men han är inte ofördragsam mot dem, som tänker annorlunda. Han begriper, att polisen, när den ingriper mot lösdrivarna, bara gör sitt jobb. Han är inte hätsk mot dem. Han har inte ens Bolles av många oförrätter utkristalliserade hat mot bönder. När han förolyckas efter att ha klarat sina kamrater undan en polisrazzia och polisen hittar honom död, samlar polismännen till en krans vid hans begravning.

## DET NÖDVÄNDIGA GREPPET 195

Den nysvenska ideologin har kallats dynamisk. Den har inte stelnat i ett en gång för alla fastslaget dogmsystem. Den måste ständigt utvecklas i takt med nya upptäckter, nya vetenskapliga rön, nya konkreta erfarenheter på olika områden. Den är ett erkännande av att en ideologi aldrig är en absolut sanning utan bara en sannolikhet. Kanske har detta berett oss en del svårigheter. Det har uppfattats som hållningslöst bland dem, för vilka den ståndaktige tennsoldaten är ett livsideal. Andra har saknat det förenklade budskapet, det en gång för alla givna, som skänker trygghet och som man kan hålla sig till. Sannolikheten rymmer inom sig något av det ovissa, något av äventyret, men det ger samtidigt åt tillvaron dess färg och dess dramatik. Och i kritiska lägen är den en styrka. Den gör oss redo också inför det oförutsedda.

Det finns sannolikheter av olika grader, sannolikheter, vuxna ur olika erfarenheter och formade av olika tiders yttre förhållanden och allmänna synsätt. En viss sannolikhet avtar med åren, om den inte förmår suga upp det nya, som varje skede för att inte säga varje ögonblick innebär. Det är denna insikt, som kommit den nysvenska rörelsen att betrakta 1800-talets ideologier – liberalism, socialism, konservatism – som historiska kvarlevor, närmast lämpade för ett ideologiernas historiska museum. Men även 1900-talets ideologiska nyskapelser såsom fascism och nationalsocialism, tillhör i dag det förflutna. Detta måste konstateras, även om just dessa de mest förkättrade av idéer varit det enda äkta uttrycket för vårt århundrade på ideologiernas område. Varje försök att återupprätta dem kommer att misslyckas på samma sätt som alla andra restaurationer i världshistorien. Historiens klocka kan aldrig vridas tillbaka. Livet måste gå vidare. Den nysvenska åskådningen är ett uttryck för detta förhållande. Den har fört vidare och fördjupat det livsdugliga i fascistisk korporatism och nationalsocialistisk folkgemenskapstanke. Men den har samtidigt sagt nej till frihetsinskränkningar, rashybris och totalitarism. Den har i ett nytt system av korporatism, samnationalism och nyhumanism byggt in de demokratiska värdena: frihet, rättssäkerhet, folkligt medinflytande. Den bekämpar konservatismen men inte traditionen. Den bekämpar liberalismen men inte friheten. Den bekämpar kommunismen men inte tron på allas människovärde. Den bekämpar demokratin men inte de demokratiska värdena. Dess korporativa samhälle betyder en samordnande statsmakt i ständig dialog med fria och självstyrande sociala gemenskaper, där den enskilda människan åter kan få fotfäste och överblick. Den kräver lag och ordning men inte vilken lag och ordning som helst. Den vill skapa ett samhällsmönster för de många, där de olika yrkenas män och kvinnor kan leva, verka och trivas, men där det också finns fickor för de avvikande få, där också Bolle, den vandrande drömmaren, kan hitta sin plats och sin mening. Den är en sannolikhet, javäl, men för oss som tänts av dess idéer en för alltid förpliktigande övertygelse. I en värld, där det mullrar lite varstans under ytan, är det en sådan övertygelse som behövs.

*1976, nr 2 (mars):*

# ÄGANDERÄTTEN

Det meidnerska förslaget om löntagarfonder kan bli ett vägskäl i hela den svenska samhällsutvecklingen. Det ställer bl.a. frågan om äganderätten på sin plats. Vem äger Sverige? Och vad menas med ägande?

När man tar del av reaktionerna från det s.k. näringslivet tar man sig ofta om huvudet och frågar, hur dessa människor egentligen tänker. Med "näringslivet" menas i detta sammanhang den samling män, som innehar ledande ställning i storföretag av olika slag, industrier, banker, varuhuskedjor o.d. Ur deras synpunkt befinner vi oss på en väg, som kommer att leda dem rakt i fördärvet. Det tycks de också vara medvetna om. Ändå reagerar de, som om de menade, att de är helt införstådda i denna färdriktning, bara man inte kör alltför fort. Tag det bara lugnt, så kommer de inte att bråka. Lite kvirr, nåja, det får makthavarna tåla. Det är inte så illa ment, som det låter.

Det är det klassiska höger-vänstersystemet, som fungerar. Höger och vänster är sidor av en och samma företeelse. Vänstern har alltsedan franska revolutionen varit den pådrivande kraften, högern den bromsande. Om man undantar vissa tillfälliga strömningar, exempelvis den ur romantiken framvuxna reformkonservatismen, har högern hela tiden följt vänstern i släptåg. Så snart vänstern flyttat fram sina positioner, har högern knorrande följt efter. Färdriktningen har varit densamma; det är bara takten i utvecklingen, som man haft olika mening om. Först var vänstern liberal. Då var högern reaktionär. Sedan blev vänstern socialistisk. Då blev högern liberal. Skulle det fortsätta som hittills och vänstern bli anarkistisk, blir det högern, som kommer att försvara socialismen!

Men nu är det alltså de liberala positionerna, som högern och näringslivet försvarar. Det borgerliga samhälle, som nu hotas av de meidnerska fonderna, bygger på vad man kallar den enskilda äganderätten. Mot denna äganderätt ställer socialismen det s.k. kollektiva ägandet. I själva verket är den principiella skillnaden mellan dessa båda äganderättsformer inte så stor. Om man köper aktier i ett företag, blir man därigenom delägare i företaget. Man har tillsammans med övriga aktieägare bestämmanderätten i bolaget. I det stora flertalet fall har emellertid en aktieägare mycket små möjligheter att utöva denna bestämmanderätt. Aktieägarna överlämnar sina befogenheter till en företagsledning, som handlar å deras vägnar.

Om nu staten eller de meidnerska fonderna inträder som aktieägare blir förhållandet likartat. Staten är vi alla, heter det. Men vi alla har mycket små möjligheter att utöva någon makt i staten. Genom valen har vi överlämnat denna makt till riksdagen, regeringen och ämbetsverken. På samma sätt handlar Meidners fondstyrelser å löntagarnas vägnar, utan att dessa har någon större möjlighet att göra sig gällande. Löntagarfonderna kommer tillsammans med AP-fonderna att lägga makten över kapitalet i händerna på ett litet fåtal toppfunktionärer. Samtidigt kommer samhället att kunna sätta in representanter i alla de bolagsstyrelser, som inte helt behärskas av fonderna. Vi får en maktkoncentration till en handfull pampar, som söker sin like i historien.

Vad vinner massorna på denna utveckling? Ingenting. De enbart förlorar. När industrin bröt igenom och folk från jordbruket sökte arbete i sågverk, fabriker eller flottningsleder, kände sig de många som vanmäktiga redskap åt de få. Eyvind Johnsson gett en levande skildring av dessa människor i "Romanen om Olof". Timret, älvarna, sågverken, fabrikerna, allt som ägdes av "storgubbarna". De enkla människorna, folket från myrlandet, från de små fattiga torpen och stugorna, fick sköta allt det tunga jobbet. Men var landet icke deras land likaväl som storgubbarnas? Älvarna, skogarna, myrarna, fjällen, var det inte deras egendom i lika hög grad som de rika och mäktigas? Den frågeställningen kvarstår, om Meidner får sin vilja fram. Är det inte vi många, som byggt upp det här landet, byggt vägarna, städerna och bruken, odlat jorden, skött skogarna, flottat timret? Pamparna där uppe i toppen – har de större rätt till landet än vi andra? De bestämmer å våra vägnar – pyttsan. Det snacket har vi hört genom tiderna. Vi tror inte på det längre. Vi äger landet gemensamt. Det betyder att vi förfogar över det. Var och en av oss har sin del. Vi gör vårt arbete. Och det berättigar oss till vår andel av det gemensamma kapitalet. Det berättigar oss också till den andel i produktionsresultatet, som vi arbetat ihop. Vad vi förbrukar är vår privata egendom i ordets egentliga betydelse. De produktionsmedel, som vi använder, förvaltar vi. I det senare fallet är äganderätten en form av förvaltarskap. Kapitalismen löste inte det problemet. Kommunismen gör det inte heller. Varje medborgare måste tillerkännas en egenrätt, som det allmänna har skyldighet att skydda. Men samtidigt måste han åta sig den solidaritet med det allmänna, med det svenska fäderneslandet, som är förutsättningen för hans frihet, hans rättssäkerhet, hans medbestämmanderätt. Lösningen heter korporatismen.

*1976, nr 3 (april):*

# "RÖRELSEN"

**Att möta kommunismen med motdemonstrationer är lika meningslöst som att tänka sig höger utan vänster. Kommunismen kan hejdas endast av en kraft, som är annorlunda, en kraft med nya förtecken, ny vilja och ny målsättning.**

"Rörelsen" har kommit att bli ett modeord i socialdemokratin. "Lyssna till rörelsen", sa Tage Erlander till Olof Palme, när han lämnade över. Man undrar, om socialdemokraterna har klart för sig, att detta uttryck en gång lanserades som benämning på det statsbärande partiet i Tredje riket. "Die Bewegung" hette det på den tiden. Det finns slående likheter i sättet att använda uttrycket. Socialdemokratin har ett eget system i de statsorgan, som den behärskar, liksom i fackföreningarna, Hyresgästföreningarna, de kommunala bostadsbolagen, Kooperativa Förbundet, ABF, HSB, BPA och vad de allt heter, dessa mångförgrenade armar på en välfungerande maktapparat. Och allt detta i tjänst åt "rörelsen". Har man gott minne, kommer man lätt att tänka på arbetsfronten, riksförsörjningsståndet, Rikskulturkammaren och vad de nu allt kallades dessa redskap åt makten i nationalsocialisternas "folkordning".

Det finns folk på borgerligt håll, som fruktar, att denna maktapparat skall bli demokratin övermäktig. I själva verket har den byggts upp som ett led i försvaret av den ena sidans intressen i en parlamentarisk stat, som bygger på principen om två sidor i ständig inbördeskamp om makten. Det finns ingen medveten vilja hos socialdemokratin att göra denna maktapparat total. Här ligger den avgörande skillnaden mellan socialdemokratins fria samhälle och nationalsocialismens totalitära. Att man på sina håll skulle bli beredd att använda den i totalitär riktning, när socialdemokratins regeringsinnehav hotas, kan väl vara möjligt. Men i dagens läge knappast troligt.

Faran ligger inte i abnorma maktanspråk i svensk arbetarrörelse. Den ligger i själva utvecklingen, dvs. i krafter, som i lika hög grad påverkar alla faktorer i det bestående samhället, alltså även oppositionen. I en tekniskt betingad koncentrationstendens, kan socialdemokratins maktapparat komma att ingå, en möjlighet, som dock knappast är förutsedd av dess nuvarande ledarskikt. En sådan utveckling är ett hot mot socialdemokratins egna ideal och värderingar i lika hög grad som mot borgerlighetens. På nysvenskt håll har vi använt ordet "rörelsen" långt innan det var påtänkt i det nuvarande regeringspartiet, ja t.o.m. innan det på allvar användes i Tredje riket. Uttrycket uppkom som en protest mot partidemokratin. Ordet parti betydde för oss splittring. Ordet rörelse samling. Men vi befann oss i ett dilemma. Å ena sidan var vi inspirerade av fascismens korporativa samhällsbygge och av nationalsocialismens folkgemenskapstanke. Vi upplevde dessa ting som en motsats till partidemokratin. Men å andra sidan var vi anhängare av frihet, rättssäkerhet och folkligt medinflytande. Här drogs gränsen mot diktaturerna upp redan i ett av Vägen Framåts första nummer, alltså på sommaren 1932. Hur skulle vi kunna förena kritiken av partidemokratin med inte bara yttrande- utan även föreningsfrihet? Vi försökte till en början tänka oss ett samhälle med en statsbärande politisk rörelse och korporationer, där friheten skulle ha sitt högsäte. Vi tänkte oss en vidsträckt yttrandefrihet även inom rörelsen, dvs. ett system, som påminner om låt oss säga enpartistaten Tanzania. Men vi kände på oss, att vi inte funnit lösningen. Den kom först så småningom.

Redan från början hade vi i våra diskussioner om korporatismen kommit fram till att en korporativ riksdag var den minst betydelsefulla av de reformer, som krävdes. Vi konstaterade vidare det inte förelåg något hinder för politiska organisationer att söka värva anhängare inom korporationerna och tävla vid valen i korporativa valkretsar. När vi 1946 tillfrågades av Tage Erlander hur vi skulle ställa oss till kommunisternas mötesfrihet, om dessa råkade i samma motvind som vi då befann oss i, svarade vi, att vi skulle ställa lokaler till deras förfogande på det enda villkoret, att de deltog i en fri debatt. Den ståndpunkten har vi konsekvent stått för.

De aktuella partierna finns det ingen anledning att vilja avskaffa. De är i dag delvis historiska företeelser, och deras motsättningar är många gånger konstruerade. Inför en valrörelse kan dessa motsättningar drivas upp till det absurda. Men därmed har begreppet "rörelse" för oss fått sin verkliga innebörd. Vad som nu behövs är en faktor, som går tvärs igenom partierna, en faktor med uppgift att föra samman, att utjämna, att förena kring gemensamma konkreta mål. Rörelsen är sammanslutningen utanför och oberoende av partierna. Den är så mycket behövligare, som den fria världen mer än någonsin hotas av kommunismen. Kina föll. Kuba föll. Vietnam, Laos och Kambodja, alla föll. I Angola har det gått på samma sätt. Och det mullrar hotfullt nattetid i Malaysias djungler.

Härhemma har vänstergrupperna fallit in i den kommunistiska kören ute i världen, medan högergrupperna gör lamt motstånd, ett uppehållande försvar för ett samhälle, som de själva inte tror på. Alternativet, världen som är annorlunda, finns i treklangen korporatism, samnationalism och nyhumanism. Att göra denna treklang till kärnan i ett nytt andligt kraftcentrum, att bygga ut ett system av kanaler åt olika håll och därmed lägga grunden till en ny expansiv kraft i utvecklingen, det framstår i vårt medvetande som uppgiften för en av partier och klasser oberoende rörelse, ett framtidens avantgarde, en förnyelsens målmedvetna kamporganisation.

*1976, nr 4 (juni):*

# FONDKAPITALISMEN

**Först kom privatkapitalismen, sen kom statskapitalismen. Nu kommer fondkapitalismen. Men det är något annat, som vi behöver.**

Valrörelsen är redan i full gång, ackompanjerad av SIFO-siffrornas underfundiga dramatik. I maj såg det allra sämst ut för socialdemokraterna; då hade de sjunkit ner till 38,5 %. I juni hade de repat sig med en procent. Men tillsammans med VPK ökade de bara från 43 till 44. Inte mycket att skryta med, när borgarna fortfarande låg i 53.

Det borgerliga övertaget var betydligt mindre i Statistiska Centralbyråns siffror. Men det fanns där ändå, och med mer än 3 % låg det över den statistiska felmarginalen. Det finns faktiskt en chans att S+VPK förlorar spelet.

Men säkert är det inte. De tre oppositionspartiernas oförmåga att hålla ihop kring väsentligheter och deras inbördes avundsjuka kan ge socialdemokraterna nya trumfer på hand. Annars har regeringspartiet haft otur – för ovanlighetens skull. Själva talar socialdemokraterna om sina "affärer", vilka de betecknar som bagateller. Men det är sannerligen inte bagateller, när socialdemokraterna hämtar pengar från hemliga bankkonton i Schweiz och sedan försöker smuggla ut dem på olagliga vägar. Det är inte en bagatell, när Astrid Lindgren pekar på skattereglernas fullkomligt orimliga konsekvenser. Socialdemokraterna viftar bort saken med att tala om miljonärer. Det går inte. Folk som i inkomst ligger helt nära medelinkomsten i LO, kan utsättas för samma sak som Pomperipossa: de får betala mer än hela sin taxerade inkomst i skatt. Bagatell för välavlönade pampor med massor av skattefria förmåner. Men sannerligen inte för de drabbade.

Fallet Ingmar Bergman har också viftats bort med tal om miljonärer. Det går inte heller. Ty även om Ingmar Bergman hade resurser att ställa till ett oherrans liv kring den snorkighet, med vilken regeringens byråkratiska hantlangare behandlade honom, så var inte den lantarbetare miljonär, som fick betala dubbel skatt, därför att han i sin deklaration glömt en nolla. Han hade skrivit 2900 i stället för 29000. Det är lätt gjort, när man är ovan vid blanketter och skrivande och har ett tungt arbete att utföra. Men sådant tar förvaltningens pampar inte hänsyn till.

Utsugning av minoriteter, pampförtryck mot enkla människor och internationella penningtransaktioner i utmarkerna mot rena skojeriet, det är ting, som folk fattar. Sådant blir för vanliga människor levande verklighet. De s.k. sakfrågorna ligger ofta utanför gemene mans erfarenhet. Ändå kan det tänkas, att den verkligt tunga sakfrågan, Meidners fonder, kan komma att bli begriplig – till sist.

Ty här är det fråga om en ny form av kapitalism. Först hade vi liberalernas privatkapitalism, västvärldens älsklingssamhälle. Sedan fick vi kommunisternas statssocialism, sovjetsamhället. Och nu har vi fått fondkapitalismen, tänkt som en svensk insats i den fortsatta utvecklingen.

Ty alla dessa samhällsformer bygger på en och samma grundprincip: kapitalets ensamrätt till produktionsmedlen. För folk i allmänhet spelar det ingen större roll, om pengarna och makten ligger i händerna på en handfull industri- och bankfurstar, på en handfull statliga topptjänstemän, eller på ett fåtal medlemmar i en fondstyrelse. I samtliga fall rör det sig om fåtalets makt över de många. Meidners förslag innebär, att företagens vinster till dels skall sättas i fonder, som förvaltas av LO. Givetvis å arbetarnas vägnar. Så heter det ju alltid. Lars Pettersson förvaltar SJ å våra vägnar; han förvaltar dem så att det snart inte finns några järnvägar kvar. Och finns det några, blir det så dyrt att åka på dem att vi inte har råd.

Nu skall vi emellertid genom detta pampvälde få ökad planering och mera förutseende. Det sa Gunnar Nilsson på LO-kongressen. Pamparna är ju valda. Därför har de bättre möjlighet att planlägga utvecklingen så att den tjänar löntagarnas intressen. Jo, det känner vi till. I Luleå har just dessa planerare planerat så väl att NJA i år förlorat en hel miljon om dagen.

Inte för att vi tror på att Fälldin, Bohman och Ahlmark kan åstadkomma några underverk. Men den nuvarande utvecklingen hän mot det teknokratiska överklassamhället måste brytas. Polariseringen mellan borgerlighet och socialdemokrati är i och för sig en olycka. Men ut ur återvändsgränden måste vi. Först då kan fältet bli fritt för nya grepp och nya visioner. Det är något nytt och annorlunda, som vi behöver.

*1976, nr 5 (augusti):*

# DEN ENDA FRÅGAN

**En fråga, som visar vad vi menar med folkgemenskap.**

Nysvenska rörelsen är inte ett politiskt parti och tänker inte bli det. Vi är en kamporganisation för en idé, som söker kontakter bland framstegsvänliga kretsar oberoende av parti, generation eller social ställning. Vi har en gång för alla proklamerat oss som en motpol till kommunismen. Vi tar avstånd från klasskampen. Vi säger Ja till den sociala integrationen. Vårt mål är folkgemenskap. Vi tar avstånd från det teknokratiska klassamhället, exempelvis i Sovjetunionen. Vår samhällsform är den korporativa, där den enskilda människans frihet och hennes möjlighet till en egen personlig insats i samhällsarbetet är en logisk följd av själva samhällsformen.

Denna inställning har gång på gång misstänkliggjorts som ett kamouflage för nazistiska diktatursträvanden. Att vi under årtionden skulle offrat oss för att få förkunna en idé, som vi inte tror på, att vi skulle under hela denna tid ha tagit på oss alla de obehag, som bekännelsen till korporatismen innebär, medan vi i verkligheten skulle vilja något annat, det är en psykologisk orimlighet. Att man trots detta håller fast vid sin absurda ståndpunkt i massmedia är ett vittnesbörd om svagheten och det bristande självförtroendet i det nuvarande samhället.

För att klargöra, i vilken riktning vi vill se samhället utvecklas, har vi valt ut en fråga, som har en direkt anknytning till vad vi i nysvenska rörelsen menar med folkgemenskap. Riksstämman i pingstas beslöt, att nysvenska rörelsen skall gå ut i valrörelsen med ett enda krav, som skall ställas till samtliga riksdagspartier. Det gäller en reform av handikappersättningen.

När ett handikapp i stil med synskada, hörselskada, rörelsehinder, utvecklingsstörning e. d. når en viss omfattning, tillerkännes den handikappade en månatlig ersättning från staten. Motiveringen är, att den handikappade automatiskt får ökade utgifter tack vare sitt handikapp, och att dessa i den sociala rättvisans namn bör bestridas av samhället. Denna uppfattning har inte bara företrätts av demokratier. I tredje riket sa man, att det var det tyska folkets skyldighet att svara för de handikappades extrautgifter. Där gick man så långt, att exempelvis blinda hade förtur till sådana anställningar, som de kunde sköta lika bra som en seende.

När emellertid i Sverige en handikappad inträder i pensionsåldern, minskas handikappersättningen med 50 %, alltså hälften. Detta motiveras med att han då får pension i stället. Pensionen är emellertid ersättning för arbetsförtjänst och har ingenting med handikappersättningen att göra. Det är helt enkelt upprörande, att när en människa blir äldre och handikappet svårare, drar staten in hälften av den ersättning, som denna statsmakt förut godkänt som berättigad. Det finns visserligen en bestämmelse, enligt vilken Försäkringskassan kan göra undantag, därest särskilda skäl föreligger. Denna bestämmelse tolkas emellertid så restriktivt, att den kan lämnas åsido. Att man inom socialdepartementet menar, att en "flexiblare lagtolkning" vore möjlig, visar endast, att man där inte har förstått, hur saker och ting fungerar ute i praktiken. Tjänstemän på en försäkringskassa kommer aldrig att våga sig på en tolkning, som står i strid med tolkningen exempel på AMS, ett av vårt lands mäktigaste ämbetsverk.

Nysvenska rörelsen kräver följaktligen, att bestämmelserna om halverad handikappersättning för gamla i lagen om allmän försäkring stryks. Vi fordrar, att de handikappade får behålla den ersättning, som tillerkänts dem, livet ut. Har vi råd att skicka milliarder till folk på andra sidan jordklotet, att betala ut millioner till stater, som håller oliktänkande i koncentrationsläger och för krig i främmande världsdelar, då har vi sannerligen råd att hjälpa dem, som har det svårast här hemma i Sverige. Tänk Er själva, Ni helt friska människor, in i att inte kunna förflytta sig utan rullstol, att inte kunna delta i ett samtal eller lyssna till ett musikstycke, att inte kunna läsa en bok eller en tidning eller se de människor man talar med. Skall vi i Sverige tala om social rättvisa, om solidaritet och medmänsklighet, då är det nysvenska kravet på en reform av bestämmelserna rörande handikappersättning det minska man kan begära.

Vi är emellertid övertygade om att vi kommer att få gehör för vårt krav. Vi har varit i kontakt med representanter för de demokratiska partierna i riksdagens socialförsäkringsutskott. De har samtliga ställt sig positiva. Nu gäller det att i valrörelsen skapa bredast möjliga folkliga stöd för denna reform.

## DET NÖDVÄNDIGA GREPPET 207

Det är främst på två punkter, som denna aktion klargör den nysvenska rörelsens inställning. Den är ett uttryck för den solidaritet, som vi vill se som en bärande grund för det korporativa samhällsbygget. Den klargör också vår inställning till statens styrelse. Vi söker få fram en lösning, som bärs upp både av de borgerliga partierna och av socialdemokraterna, en samverkan över föråldrade partigränser, som vi föredrar folkets uppdelning i två varandra baktalande och bekämpande läger. Den reform vi kräver är inte samhällsomvälvande. Men den är symptomatisk för den samhällsförnyelse, som vi i årtionden kämpat för.

*1976, nr 6 (september):*

# SVENSK NATIONALISM

Vi som bekänner oss till en svensk nationalism måste stå mitt i det svenska samhället, inte någonstans på en ytterkant. Det är alla svenskar, arbetare och borgare oberoende av partitillhörighet. Sverige är vårt gemensamma arv – ingen grupp har företräde till de blågula färgerna.

Det har länge varit på modet att beteckna en svensk nationalism som något ovärdigt, efterblivet eller fördomsfullt. Känslan för sambandet med svensk historia har undertryckts. De nationella symbolerna, vapnet med tre kronor, den blågula korsflaggan liksom Vasarnas sädesgula kärve, har behandlats som värdelösa rekvisita från en gammal teater. Invandringen av människor med annat ursprung har hälsats som ett medel att upplösa det svenska nationalmedvetandet och göra oss till internationalister.

Den nysvenska rörelsen har redan från första början bekänt sig till nationen som ett omistligt värde. Svensk nationalism är själva utgångspunkten för hela vår tillvaro som rörelse, som idé, som livsmål. Vi har därmed råkat i motsättning till den stora opinionen främst i våra massmedia. Men samtidigt har vi stått i samklang med utvecklingen i världen under de senaste årtiondena. Ty knappast någonsin i världshistorien har nationalismen spelat en sådan roll som just nu. I Asien, i Afrika, i Latinamerika reser sig folken i medvetande om sin egenart. I Vietnam har ett folk kämpat med ett ursinne och en uthållighet, som söker sin like, för att värna sin nationella integritet gentemot infiltratörer av annan ras, annan kultur, annan nationalitet. Tillkomsten av Bangladesh var ett uttryck för nationellt särpräglade människors uppror mot förtrycket från människor av annat etniskt ursprung. Afrikas svarta stammar söker halvt yrvaket sin egen livsväg. De latinamerikanska republikerna söker steg för steg befria sig från beroendet av det angloamerikanska inflytandet från norr. Överallt i världen är det nationalismen som triumferar.

## DET NÖDVÄNDIGA GREPPET

Vad finns det då för anledning för oss att förneka vårt ursprung, vår egenart och vår kallelse? Hela samtiden är ett enda rop om den nationella särartens värde. Känslan för det egna folket är en sporre, en drivkraft, en känslostorm, som mobiliserar dolda psykiska krafter i folken. Det rör sig om en mänsklig urkraft. Frågan är bara, hur denna kraft skall utnyttjas för att bäst tjäna mänsklighetens gemensamma intressen och uppgifter.

När vi bekänner oss till nationalismen, måste vi komma ihåg, att nationen omfattar alla sina medlemmar, att det nationella arvet är gemensamt för den högste och den lägste i ett folk. Det finns en uppenbar inkonsekvens i en nationalism, som knytes samman med en bestämd grupp inom folket. Sammankopplingen av nationalismen med ett överklassintresse är det mest inkonsekventa. När de få kräver förmåner på de mångas bekostnad, kan de aldrig framstå som bärare av den nationella traditionen eller bli företrädare för den nationella gemenskapen som helhet. Sverige av i dag det är svensk industri och svensk teknik, svensk forskning och svensk samhällsstabilitet. Men det är i lika hög grad svensk arbetarrörelse och svenska bondeorganisationer. Lantarbetare i nergångna stugor, som kämpade för sin rätt mot halsstarriga Mörepatroner, brukens och gruvornas arbetare som blev kärnan i kampen för social förnyelse i mellansvenska brukssamhällen, timmerflottarna i Norrland, som med fara för sitt eget liv i älvarnas och skogarnas rike möjliggjorde vårt ekonomiska välstånd. De hör alla med i bilden av det Sverige, som vi älskar, det Sverige, som vi bekänner oss till.

Men inget folk är ensamt i världen. Och varje folk har samma rätt som andra att hävda sin egenart, att göra sin insats i en utveckling, som ytterst är gemensam för hela vår jord. Likaväl som vi hävdar Sveriges rätt och skyldighet att vara svenskt, att förvalta det svenska arvet, lika starkt kräver vi respekt för alla andra folks rätt att vara sig själva och fritt få göra sin insats. Bekännelsen till det egna folket betyder inte någon udd mot andra folk. Den betyder tvärtom möjlighet till fördjupad förståelse för det som är annorlunda. När vi därför låter människor av annat ursprung vandra in i vårt land och hoppas att de eller deras efterkommande så småningom skall smälta in i den svenska gemenskapen, är detta inte något nytt. Gång på gång har människor utifrån kommit hit och slagit sig ner i vårt land. Ättlingarna till vikingatidens hitförda trälar lever ännu kvar häruppe likaväl som finnar från 1500- och valloner från 1600-talet. När vi i nysvenska rörelsen opponerat oss mot en alltför stor invandring, motiveras detta av kravet på att invandrarna skall kunna omhändertas på ett sätt, som står i överensstämmelse med vår mänskliga grundsyn.

Impulser utifrån är nödvändiga för att ett folk skall förbli vitalt och livsdugligt. Men det skapas onödiga konflikter, om impulserna förvandlas till ett övermäktigt inflytande, som hotar att upplösa det nationella särmönstret. Lagom är bäst också i detta sammanhang.

Det är den nationella grundsynen, som kommit nysvenska rörelsen att säga nej både till höger och vänster och att eftersträva kontakter åt alla håll i samhället. Det är denna grundsyn, som kommit oss att proklamera samnationalismen, en samverkan mellan nationalister runtom i världen i tjänst åt gemensamma mänskliga uppgifter.

När de många ibland oss inför det kommande valet menar, att ett enda partis snart halvsekellånga maktinnehav är nog, att det nu kan vara tid för något nytt, betyder detta icke ett nej till de värden, som vi har gemensamt med svensk arbetarrörelse. Ett regeringsskifte efter den 19 september betyder icke en verklig förnyelse. Men det betyder ett låst läges uppluckring, det betyder en stöt mot människors känsla av vanmakt och därmed nya möjligheter att få folk att lyssna till nya signaler. En verklig förnyelse kräver samverkan tvärs genom nuvarande klass- och partigränser. Den förnyelsen kan inte komma till stånd utan aktiv medverkan av Sveriges arbetare. Den måste bygga på socialgruppernas fulla och hela likaberättigande. En sådan förnyelse är för oss kärnan i en modern svensk nationalism.

*1976, nr 7 (oktober):*

# DEKLARATION

Vi väntar oss inga favörer av den nya regeringen lika lite som vi erhöll några av den gamla. Men fönstren har öppnats, livet har blivit rörligare, vanmaktskänslan är inte längre densamma. Redan detta är ett framsteg.

Låt oss inte sticka under stol med faktum: vi önskade ett regeringsskifte. Inte därför att vi skulle anse en borgerlig politik vara bättre än en socialdemokratisk. Inte heller därför att vi skulle föredra en liberal åskådning framför en socialistisk. Den nysvenska korporatismen är varken liberal eller socialistisk i dessa ords hävdvunna mening. Den rymmer drag av både personlighetstanke och gemenskapskänsla. Men den har ingenting till övers för ensidig individualism eller trångbröstad kollektivism. Den representerar en tredje ståndpunkt, framsprungen ur vårt eget århundrade. 1800-talets ideologier må ha sitt ovedersägliga intresse; vi lever dock på 1900-talet, och efter dess villkor måste vi forma vår helhetssyn.

Nej, vi önskade ett regeringsskifte, därför att läget i vårt land efter 44 års socialdemokratiskt styre blivit så låst att självständiga ideella grupper börjat kippa efter andan. Ett system med fem statsfinansierade partier, däribland det kommunistiska, med en statsfinansierad press, däribland t.o.m. KFML-organet Proletären, innebär en monopolisering av opinionsbildningen i vårt land och därmed en utestängning av alla nya synpunkter och nya idéer. Vi har genom årtionden i Vägen Framåt sökt bedöma den svenska samhällsutvecklingen utifrån våra värderingar, bedöma den så sakligt och rättvist som möjligt. Vi har därvid gång på gång gjort positiva ståndpunktstaganden till socialdemokratiska åtgärder och reformer. Vi har uttalat oss positivt om en rad ledande socialdemokrater, vilkas personligheter och insatser vi uppskattat. Det hade bara behövts ett enkelt uttalande av en ledande man i regeringspartiet för att den förföljelse, som vi varit utsatta för i 30 år, skulle ha brutits. Men alla sådana uttalanden har uteblivit. Vad spelar det för roll, om medlemmar i den socialdemokratiska regeringen mellan skål och vägg erkänner, att det inte finns skuggan av en anmärkning mot vår hållning under kriget, när man samtidigt låter hela sin press liksom de monopolistiska massmedia fortsätta med sin lögnkampanj?

Dåvarande justitieministern Herman Zetterberg påpekade en gång, att vi varit ovanligt öppenhjärtiga i telefon under kriget, och undrade, om vi inte visste att vi var avlyssnade. Det visste vi mycket väl, och just därför var vi öppenhjärtiga; vi hade ingenting för oss, som inte säkerhetspolisen kunde få veta. Det erkände Herman Zetterberg. Men offentligt vågade eller ville varken han eller någon annan erkänna det.

Nu bör det i rättvisans namn påpekas, man inte varit bättre i borgerlig press. Förföljelserna från den sidan har ibland varit värre. När nästan alla lokaler var stängda för våra möten, öppnade Folkets hus i Jönköping sina portar och den dåvarande socialdemokratiske drätselkammarordföranden åtog sig att sitta ordförande vid ett offentligt nysvenskt möte. Våra medlemmar i fackföreningarna kunde framförallt i södra Sverige känna sig skyddade mot förföljelser. Sådant glöms inte. Å andra sidan finns det anledning att erinra Olof Palme om en episod, som han själv kanske anser bagatellartad, men som för oss var av verklig betydelse. Vid ett nysvenskt friluftsmöte i en av Stockholms förorter dök Palme upp tillsammans med chefen för Utrikespolitiska institutet. Den sistnämnde igenkände en av sina medarbetare, som han påföljande dag utan vidare avskedade och satte på bar backe.

Det finns anledning att erinra om sådana episoder, när socialdemokraterna lämnar av i Kanslihuset. Vi har för vår del strävat efter att icke låta dem förrycka vårt omdöme om den gångna regeringens politik. Men när man nu försöker utmåla talet om maktövergrepp och pampvälde som borgerligt förtal, finns det orsak att göra en påminnelse. Så helt utan skavanker har den fallna regimen inte varit.

Det bör emellertid framhållas, att den borgerliga regeringen inte är något uttryck för våra strävanden. Vi står inte närmare den än vi stått den gamla. Nysvenska rörelsen förblir idérörelsen utanför partierna, utanför spelet mellan höger och vänster. Vårt mål är detsamma som förr. Vi vill bygga broar. Vi vill sammanföra i stället för att splittra. Det som vi genom år och årtionden haft gemensamt med svensk arbetarrörelse, har i dag samma värde och samma betydelse som förr. Vårt mål är nu som då folkgemenskap. Vårt medel är det korporativa samhället och den anda, som vi vill genomsyra det med. När vi i valrörelsen fört fram kravet på en reform av handikappersättningen har detta motiverats med att solidariteten med de handikappade är ett konkret uttryck för den samhällsanda som skall bära upp korporatismen. Vi kommer i fortsättningen att vidmakthålla och utvidga ett så brett och allsidigt kontaktnät som möjligt. Vi kommer att föra fram positiva reformidéer och söka få olika politiska grupper att samverka för deras förverkligande.

Den nya regimen kommer att bli osäkrare än den förutvarande, åtminstone i början. Men detta innebär, att livet blir rörligare och möjligheterna större. Känslan av vanmakt blir inte densamma som förut. Vi skall utnyttja detta nya läge till en offensiv med syftet att ställa idéer om en bättre framtid i centrum, idéerna om ett samhälle, som varken är privatkapitalistiskt eller statskapitalistiskt, inte ens fondkapitalistiskt, utan korporativt, nationellt, mänskligt.

*1976, nr 8 (november):*

# I OVISSHETENS TID

**Den borgerliga regeringen har svårt att finna sin form. Men däri är den bara ett uttryck för tiden. Den nu blottade verkligheten fanns där förut: tryggheten var bara en falsk kuliss.**

När ett val är över, brukar det politiska intresset dala. Folk är trötta på det ständiga politiska munshuggandet i radio och TV. Sådant kan bli tjatigt i längden, särskilt som debatten ofta blir både långdragen och småskuren. Men den här gången har intresset snarare ökats. Socialdemokratins nederlag var i och för sig mycket måttligt. Partiet minskade med 0,8 %. Det var allt. VPK förlorade visserligen en halv procent, men även sammanlagt med den förlusten blev det inte mycket att tala om 1,3 %. Men den lilla förskjutningen räckte för att ett 44-årigt maktinnehav tvärt skulle brytas. Man får gå tillbaka till 1932 för att finna en socialdemokratisk opposition i Sveriges riksdag.

De tre borgerliga partierna hade under valrörelsen uppträtt vart och ett för sig. De hade olika intressen och olika målsättning. När de sedan skulle samsas i en gemensam regering, hade de inte hunnit fundera ut, hur samordningen egentligen skulle gå till. I ett par veckor satt de och diskuterade bakom stängda dörrar. Sedan fick de fram en regeringsförklaring. Men de var trots allt inte helt överens om hur den skulle tolkas. Inte heller hade de gjort upp om formerna för samspelet i regeringen. De var ovana vid att regera. Och därför har de då och då trampat bredvid och hamnat ute i geografin. Socialdemokraterna, de djupt kränkta, de skamligt bortfösta, har ropat högt av förtjusning vid varje sådant snedsteg. De har satt i gång hela sin press och hela sin interna apparat för att hitta på metoder att nästa gång ta tillbaka den förlorade makten.

I själva verket är osäkerheten i den nya regeringen inte så underlig. Den är ett återsken av den osäkerhet, som präglar hela den nuvarande utvecklingen i samhället. Det gamla klassamhället håller på att upplösas. Privatkapitalisternas makt i näringslivet övergår omärkligt till

## DET NÖDVÄNDIGA GREPPET 215

teknokraterna. Den aktiva arbetarklassen krymper. Växer gör däremot grupperna av utstampade, av handikappade och pensionärer. Ungdom i de nya förorterna har inte samma sinne för det äldre mönstret som de gamla. För dem är arbetarrörelsens pionjärer historieromantiska figurer från en verklighet, som de aldrig lärt känna. T.o.m. det andra världskriget börjar verka avlägset. Massmedias stereotypa strävan att hålla föreställningar och fördomar från den tiden vid liv börjar motverka sig själv. Och självaste Vietnamkriget håller på att bli historia. Vietnamrörelsens brusande högflod är på väg att flyta ut som spridda rännilar bland allt torrare sanddyner. 60-talets röda våg med dess franska Sorbonnekravaller och dess svenska kårhusockupation blev en kort saga och fick ett snöpligt slut. Ur nymarxismens sterila upprepning av gamla mossbelupna idéer växte den gröna vågens verklighetsflykt till Robinson Kruses paradisö och bonderomantikens lantliga idyll. Men verkligheten, den stålburna, betonggjutna och själsstressande verkligheten, lät sig inte påverkas vare sig av röda eller gröna drömmerier.

Och var står vi egentligen nu? Det vet ingen. Somliga hänger sig åt en resignerad konservatism. De kapitulerar inför problemens skenbara olöslighet. Efter oss syndafloden. Den maktägande socialdemokratin gav oss en yttre känsla av säkerhet; vi märkte inte de frätande strömdragen nere på djupet. Maktskiftet har slagit sönder de falska trygghetskulisserna och blottat verkligheten i hela dess ovisshet. Vad vi nu börjar se, fanns där förut, fast vi inte fick korn på det.

Det är mot denna bakgrund, som den nysvenska rörelsen med sin nya ideologiska helhetssyn, sin andliga spännvidd och sitt övergripande budskap har en särskild uppgift att fylla, uppgiften som framtidens avantgarde.

*1977, nr 1 (januari):*

# DEMOKRATI ELLER KORPORATISM?

**Som en röd tråd löper den ideologiska debatten genom nysvenska rörelsens historia. Och debatten fortsätter. Vi skall i årets första ledare ta upp en grundläggande principiell skillnad mellan demokratin och korporatismen.**

Alltsedan starten har den nysvenska rörelsen betraktat den ideologiska debatten som en väsentlig och levande beståndsdel av verksamheten. Bakgrunden till denna inställning var erfarenheterna från 1920-talets svenska borgerlighet. Dess partier saknade den helhetssyn på människan, samhället, staten och utvecklingen, som vi kallar en ideologi. De bedömde frågorna från fall till fall. Det fanns ingen verklig konsekvens i dess handlingsmönster. Åtminstone var det så vi upplevde det.

I motsats till borgerligheten mötte vi bland socialdemokrater och kommunister en helt annan inställning, en medveten uppfattning om sammanhangen i utvecklingen, om historiens orsak och verkan, om det för framtiden önskvärda. Arbetarrörelsens talare var nästan alltid överlägsna sina borgerliga motdebattörer. Hos dem fanns det konsekvens och logik, medan de borgerliga företrädarna irrade mellan svävande och motsägelsefulla ståndpunkter.

Att skapa ett ideologiskt alternativ till marxismen, byggt främst på svenska förutsättningar, blev därför en huvuduppgift för den nysvenska rörelsen. Medan marxismens utgångspunkt var klassen, blev nysvenskhetens nationen. Marxismens konsekvens blev klasskamp. Nysvenskhetens blev folkgemenskap. Marxismens mål den proletära diktaturen, nysvenskhetens den frihetliga korporatismen. Men den korporativa tanken bragte nysvenskheten i ofrånkomlig motsättning till demokratin.

Här bör en definitionsfråga tas upp. Frihet, rättssäkerhet och folkligt medinflytande anses karaktärisera demokratin. Det är emellertid i lika hög grad värden för korporatismen. Nysvenskheten har vägrat att kalla alla möjliga samhällsskick för demokrati. För oss betyder demokrati det samhälle, den statsform, som vi i dag har i Sverige och som dominerar Västeuropa och Nordamerika. Demokratin utgår, för att citera den amerikanska författningen, från att alla människor är lika i rättigheter och därför bör ha samma befogenheter och samma inflytande. Korporatismen konstaterar att denna princip är ogenomförbar, och att demokratin kunnat fungera endast genom att avvika från sina egna grundsatser. Alla människor kan inte få samma rättigheter. En professor i fysik förfogar med sina medarbetare över ett laboratorium. De bestämmer över dess verksamhet. Det är en rättighet, som tillkommer dem för att de skall kunna fullgöra sina uppgifter. En professor i historia saknar varje befogenhet på detta laboratorium. Han har inget behov av sådana.

Rättigheter och befogenheter fördelas mellan människorna med hänsyn till deras uppgifter. Detta gäller även folkets valda ombud. Ledamöter av kommunfullmäktige, landsting, riksdag eller regering har helt olika rättigheter och befogenheter. Jämlikheten, sådan den framställs teoretiskt, har aldrig genomförts i demokrati, inte ens i den amerikanska. Den strider mot människornas intressen och önskemål. Den skulle, om man förverkligade den, göra samhället funktionsodugligt.

I likhet med demokratin utgår korporatismen från önskvärdheten av alla människors medinflytande. Men i motsats till demokratin avvisar korporatismen likformigheten i rättigheter, befogenheter och inflytande. I stället framstår i det korporativa tänkandet varje människas rätt till inflytande som ett uttryck för hennes uppgift i samhället, hennes förutsättningar och intressen. En jordbrukare intresserar sig föga för produktionsmetoderna i verkstadsindustrin. En metallarbetare är tämligen likgiltig för olika växtsorters lämplighet på olika jordar. Däremot har jordbrukaren ett levande intresse av medinflytande, när det gäller hans egen näringsgren. Sammalunda metallarbetaren. Det blir naturligt att genom de på verksamhetsområdena grundade korporationerna kanalisera det folkliga medinflytandet. Regionala gemenskaper och ideella sammanslutningar kompletterar detta system av vägar för människorna till inflytande i samhället.

Det är politikens uppgift att samordna de olika verksamheterna i samhället och hävda en gemensam målsättning. Men politikerna kan inte vara sakkunniga på alla områden. De måste därför verka i ständigt samspel med företrädare för korporationer och ideella sammanslutningar. Och här är vi framme vid en grundläggande skillnad mellan demokratiskt och korporativt synsätt. För demokratin går all makt tillbaka på en med allmän och lika rösträtt genomförd valhandling. Då denna organiseras av partierna, blir dessa tillsammans det enda uttrycket för det suveräna folket. Medborgarna har visserligen samma rätt vid själva valhandlingen. Men sedan övergår all makt till de valda och av dem utsedda organ. Demokratin främjar därigenom en maktkoncentration till ett fåtal och lägger fröet till uppkomsten av en ny överklass, en i demokratiska former tillkommen teknokrati. Korporatismen avvisar myten om en folkvilja som ren vidskepelse. Den utgår från nationen som en konkret gemenskap, under vars historia olika verksamheter har vuxit fram inom ramen för den nationella enheten. Den uppfattar staten som uttrycket för nationen som helhet och syftar till att bygga ett system för samverkan mellan statsmakten, företrädd av politikerna och samhället, företrätt av korporationer, kommuner och ideella sammanslutningar. Korporatismen upphäver partiernas ensamrätt att företräda nationen. Den sprider rättigheter, inflytande och makt till folkets alla uppenbarelseformer i tecknet av nationell solidaritet, social samkänsla och ekonomisk rättvisa.

*1977, nr 2 (mars):*

# SIG LIKT OCH INTE SIG LIKT

**Visst ser det annorlunda ut, nu när vi fått en ny regering. Ändå fortsätter det mesta som förut, och någon större skillnad märks just inte. Om nu någon hade väntat det.**

Har det blivit bättre här i landet, sen vi fick en borgerlig regering? Just inte. T. o. m. på det skattepolitiska området, där den borgerliga oppositionen på sin tid drev sin propaganda som hetast, är det mesta sig likt. Det är fortfarande möjligt för en person, som har en beskattningsbar inkomst på 28 800 kronor att få en skatt på 33 400. Det betyder, att enskilda människor fortfarande kan få räkna med att antingen klara sig genom bankers välvilja eller också hamna i ständigt växande skatteskulder. Den himmelsskriande orättvisan i sådana skattelagar tycks inte de makthavande intressera sig för; det gäller ju en minoritet, som valtekniskt sett inte har någon betydelse. Att det samtidigt finns folk, som utan att göra ett skapande handtag, kan leva högt på det sociala, anses närmast som en intresselös bagatell.

Inte heller har man märkt någon förändring i det kulturklimat, som härskar i landet. Ett typiskt exempel på det lågvattensmärke, som anses tillåtligt, är Kabaré Öppen Kanal i Sveriges radio, där man använder kungliga personers toalettbesök som argument i sin republikanska propaganda. Kan man komma längre i smaklöshet?

Det är emellertid inte sådana företeelser, som förklarar socialdemokratins påtagliga återhämtning. I senaste SIFO-undersökningen var partiet uppe i 46 %, och tillsammans med VPK var oppositionen uppe i ett högre procenttal än regeringspartierna. Även om SIFO-siffror måste tas med viss reservation, är trenden oförtydbar. Socialdemokratin är åter på frammarsch. VPK:s sprängning torde knappast komma att motverka denna utveckling, snarare tvärtom. Förklaringen finns att söka på två håll. Dels har den chock, som valutgången framkallade, drivit fram en exempellös aktivitet inom det socialdemokratiska partiet. Det finns en sammanbiten vilja hos många gamla trogna kämpar att med alla medel vinna tillbaka den förlorade maktställningen. Det finns en solidaritet med "rörelsen", som i stort sett saknar motstycke på borgerligt håll. Men dels ligger förklaringen hos den nya regeringen. Denna har visserligen skött sig bättre än man kunnat vänta. Den har med energi gått in för sysselsättningsfrågorna. Och detta i en situation, när nedläggningshoten och friställningarna blivit dagligare bröd än på mycket länge, en situation, där framtidsförhoppningarna har mindre fotfäste i den överblickbara verkligheten än tidigare. Reformviljan hos den nya regeringen är uppenbar, likaså strävan att skaffa medel för att kunna hålla de sociala åtaganden, som gjorts av de socialdemokratiska föregångarna.

Men det finns en svaghet i den nya regeringens framtoning. Den har icke presenterat någon klar linje. Den handlar från fall till fall. Ett typiskt exempel är energipolitiken, där regeringen från början var oenig, och där man inte kommit fram till ett samlande grepp. Ett annat exempel är sysselsättningen, där man visserligen sagt sig vilja satsa allt man kan, men där man inte angivit en långsiktig målsättning.

Denna svaghet hänger delvis ihop med statsministerns personlighet. Han har ännu inte den utstrålning, som först Per Albin Hansson och senare Tage Erlander hade; en utstrålning, som inger människor en känsla av trygghet. Han har inte Olof Palmes formuleringsförmåga; han inger inte människorna någon klar föreställning om vart han egentligen syftar. Man skall lösa energiproblemen, man skall skaffa så och så många hundra tusen nya jobb, man skall verka för decentralisering – det låter bra alltsammans, men utan åtminstone en grovskiss av hur allt detta skall ske, verkar det hela närmast som ljudande malm och klingande cymbal för att tala med Skriften.

Någon lösning på tidens stora problem har regeringsskiftet sålunda icke inneburit. Men det hade i varje fall inte vi väntat oss, vi som i nysvenska rörelsen genom åren fått tjänstgöra som den ropande rösten i öknen. Men går utvecklingen vidare som hittills, blir man kanske ändå till sist benägen att lyssna.

*1977, nr 3 (april):*

# NU FÅR NI SKÄRPA ER DÄRUPPE

Nu har den borgerliga regeringen suttit i ett halvår. Den har mött större svårigheter än någon anat. Men nu är det på tiden att vi får veta, hur regeringen tänker sig framtiden. I ett läge, som blir alltmer förvirrat, behöver vi en klar signal, en vägvisning framåt.

Den har det inte lätt, den borgerliga regering, som våndades fram efter valet. Den har klarat sina interna förhållanden relativt skapligt. Vid flera tillfällen har den markerat en enhetlig linje, skarpare profilerad än man väntat sig. Men det har gällt situationen, där man befunnit sig i direkt polemik med oppositionen. Vad vi ännu förgäves efterlyst är en verklig framtidssignal, ett koncentrerat program för en förnyelse av samhälle och samhällsutveckling.

På en punkt har socialdemokraterna rätt: det är svårare för en borgerlig än för en socialdemokratisk regering att bemästra de aktuella problemen, därför att borgerlighetens ideologiska utrustning är liberal. Socialdemokratins är socialistisk. Borgerligheten har aldrig haft samma sinne för en aktivt agerande statsmakt som socialdemokratin. Och det är en aktivt agerande statsmakt, som vi just nu behöver.

Hur skall vi annars kunna komma till rätta med de problem, som tornar upp sig, och som endast få förutsett, i varje fall i deras nuvarande omfattning. Vi behöver statsinsatser. Men inte vilka statsinsatser som helst. Här har socialdemokratin varit lika kortsynt som borgerligheten. Den har envist hakat sig fast vid koncentrationstendenserna i den aktuella situationen. En kapitalintensiv produktion kan klara betydligt högre arbetslöner än en arbetsintensiv. Det är i och för sig riktigt. Men kapitalintensiteten har sina gränser. Driver man den för långt, kastar man ut alltfler människor i de utstampades öken, samtidigt som man blir beroende av utlandet. Ty en alltför kapitalintensiv industri är samtidigt en alltför specialiserad. Det är den situationen, som vi just nu upplever.

50-talets ekonomiska och sociala visdom mognar nu till skörd. Men den skörden påminner närmast om missväxt.

Vi måste alltså inrikta oss på en helt ny typ av utveckling. Huvuddelen av den arbetsföra befolkningen kommer att sysselsättas i arbetsintensiva verksamheter. En alltmer tekniskt fulländad industri kommer att få allt färre platser att besätta men samtidigt allt fler kvalificerade. Arbetarklassen kommer att förvandlas till en tekniskt välutbildad medelklass, en sofistikerad minoritet i samhället. Hans Hagnell, en av de mycket få, som begripit utvecklingen, talar om ett kommande medelklassamhälle. Uttrycket är missvisande. Tjänstesamhälle, som han också använde, är bättre. Men medan tjänsteutförarna tidigare brukade räknas till medelklassen, kommer de i framtiden att tillhöra den proletariseringshotade folkmajoriteten.

Det är mot bakgrunden av denna trend, som regeringen måste lägga upp sin framtidsplanering. Den måste därvid lita till de personliga krafterna i samhället, till de enskilda människornas vilja och förmåga att skapa nya situationer. Borgerligheten har hittills ensidigt tryckt på denna enskilda faktor. Socialdemokratin har lika ensidigt tryckt på den statliga. Vad som behövs är en jämvikt mellan dessa båda sidor, ett samspel, en växelverkan. Det finns ingen rimlig gränslinje mellan offentlig och privat sektor. De flyter in i varandra. Stryk därför dessa begrepp och handla som om samhället vore en enda enhet, en samspelande gemenskap av människor, institutioner, grupper och sammanslutningar. Detta synsätt måste in, om den nuvarande regeringen inte skall sluta med ett stort fiasko.

Hittills har just ingenting blivit bättre, sedan vi fick en ny regering. Allt är sig tämligen likt. Skattetrycket har sannerligen inte minskat. Orättvisorna kvarstår. Medan en yngling på 18 år, som går en AMS-kurs, får 175 kronor om dagen skattefritt och dessutom bostadsbidrag, kan en annan människa krävas på över 100 % av sin inkomst i skatt. Och detta kallar man jämlikhet. Det är på tiden, att den borgerliga regeringen börjar ta itu med sådana himmelsskriande skillnader i behandlingen av olika medborgare. Vi klandrar inte Bohman, för att han lämnat moderaternas tidigare skattedemagogi till förmån för mera realistiska synpunkter. Men detta försvarar inte det fortsatta bibehållandet av förhållanden inom skatteväsendet, som helt enkelt är upprörande.

Tisslet och tasslet kring kärnkraften börjar också bli irriterande. Alternativa energikällor börjar allt tydligare avteckna sig mot framtidshorisonten. Torv och växtmassa är faktorer, som kan bli avgörande för svensk framtid på detta område. Vore det inte rationellare att nu göra upp om antalet reaktorer, räkna ut, vad de behöver ge i avkastning för att åtminstone någorlunda försvara jätteinvesteringarna och sedan lägga fram den länge omtalade men ännu osedda planen för avveckling? Behovet av fortsatt forskning kring hanteringen av kärnbränslets avfall minskas inte för det. Det finns redan tillräckligt med avfall på vår jord för att vi ett ögonblick skulle kunna se bort från den frågan.

Låt oss till sist också konstatera, att kriminaliteten ingalunda minskat, sedan regeringen blivit en annan. Otrivseln i det svenska samhället håller i sig. Inte ens på denna punkt har regeringen kunnat hissa några nya signaler. De moralistiska tongångar, som för ögonblicket gör sig gällande i porrvågens efterdyning, gör ingen människa vare sig lycklig eller glad. När samma människor ena dagen hälsar den lössläppta sexualiteten med jubel för att andra dagen kalla den asocial, då får man ursäkta, om ordet hyckleri ligger närmast till hands. Det är ett nytt livsideal, en ny livssyn, som vi behöver. Men därom tiger munnen uppe på kanslihuset.

Nej, Herr Statsminister, damer och herrar statsråd! Ni får börja skärpa Er. Enstavigt mummel, undanglidande formuleringar eller eftertänksamma bett i pipskaftet har vi fått nog av. Det börjar gnissla ute i leden.

*1977, nr 4 (maj):*

# ATT KOPPLA KRAFTER

**Ensidigheten i ideologierna, liberala likaväl som marxistiska, är en av huvudorsakerna till det förvirrade läget i vårt land just nu. Allsidig överblick är förutsättningen för att historiens kraftparallellogram skall fungera som vi önskar.**

Något har gått snett i Sverige. Den saken är klar. Vi har en ny regering, som för en gammal politik. De ideologiska utgångspunkterna för de båda lägren, det socialdemokratiska och det borgerliga, är olika. Ändå blir resultatet ungefär detsamma. Ty ingendera parten kan i praktisk politik följa sina egna idéer. Man tvingas ständigt till åtgärder som inte stämmer överens med en följdriktig tillämpning av de egna idealen. Borgerligheten hävdar den liberala friheten på alla områden. Den är individualistisk. Men i praktiken måste den arbeta med staten som instrument precis på samma sätt som socialdemokraterna. Dessa i sin tur måste ständigt ta hänsyn till enskilda människors och gruppers krav, även om det inte logiskt följer av deras kollektivistiska synsätt. Ingendera ideologin håller, när den sätts på prov. Ensidigheten är så påtaglig, att man i praktiken måste göra ständiga avsteg.

Själva utgångspunkten för den nysvenska åskådningen är uppfattningen om utvecklingen som resultaten i en kraftparallellogram, där drivkrafterna utgörs av de sociala, ekonomiska, politiska, militära, geografiska, kulturella, biologiska och psykologiska faktorerna. Resultatens, d. v. s. utvecklingens riktning beror på det sätt, på vilket de samlade krafterna i varje ögonblick är kopplade sinsemellan. Människan framstår som historiens tekniker, som har att så sköta kopplingar och omkopplingar av skeendets krafter att detta förverkligar en mänsklig målsättning.

Människan – i första hand den politiskt verksamma människan – måste därför känna till dessa olika krafter och deras sätt att fungera. Vidare måste hon ha överblick över deras inbördes samspel i nuet, när det gäller att planera och handla. Om hon bara tar hänsyn till vissa faktorer men glömmer bort andra, blir resultatet av hennes strävanden helt andra än de hon önskade. Hon tar hänsyn till vissa faktorer, beräknar det samspel som hon kan åstadkomma dem emellan, och så konstaterar hon, att utvecklingen kommer att gå i viss riktning. Men det dröjer inte länge, innan hon upptäcker att så inte alls blir fallet. Ty de faktorer, som hon förbisett, gör sig gällande i lika hög grad som de, vilka hon tagit med i sina beräkningar. Samspelet sker mellan alla faktorer, och därför kommer utvecklingen att gå i helt annan riktning än den förutsedda. Ensidigheten medför en felplanering, och dess verkningar blir allt ödesdigrare, om de inte i tid rättas till.

I diskussionen kring avtalsrörelsen märker man särskilt denna ensidighet. Tidningen Arbetsgivaren hävdar t. ex. att vi måste sänka våra nationella ambitioner. Vi kan inte längre inta den tätplats bland nationerna, som vi gjort. Vår levnadsstandard måste anpassas till det ekonomiskt möjliga. Först och främst måste lönsamheten inom näringslivet återställas.

Denna uppfattning framstår för löntagarna som en krass arbetsgivarlinje. Vi skall offra Sveriges ställning i världen, vi skall offra de breda lagrens trygghet och standard för att säkerställa förtjänsterna åt kapitalägarna. De sociala aspekterna lyser med sin frånvaro i Arbetsgivarens resonemang. Nedskrivningen av de nationella ambitionerna medför psykologiska skadeverkningar i form av svalnande framtidstro och därmed sjunkande insatsvilja, som knappast tjänar näringslivets intresse av effektivitet och arbetslust.

På den socialdemokratiska sidan driver man med samma ensidighet sin klasskampslinje. Man sätter likhetstecken mellan den borgerliga majoriteten och Arbetsgivarföreningen. Man vet mycket väl, att den nuvarande regeringen inte alls har samma förbindelse med SAF som den gamla med LO. Man vet, att SAF driver en egen politik, som ofta står i strid med regeringens önskemål. Men det låtsas man inte om. Man kör med sina klasskampsfraser, sitt proletära protestanteri ungefär som levde man i en annan värld.

Vad vi i dag behöver är varken arbetsgivarnas nationella självuppgivelse eller socialdemokraternas magsura klasskomplex. Vi behöver mer än någonsin den nationalistiska stimulansen. Här är det inte fråga om att ge upp svenska positioner utan att försvara dem och bygga ut dem. Det kan vi bara göra genom att hålla ihop. Om detta i nuvarande läge kräver offer – och det gör det – måste offren bäras av alla. Begränsningen av löneutrymmet måste i lika mån bli en begränsning av tillskotten till kapitalintressenterna. Avsättningen av kapital för investeringar måste göras öppet, och människorna måste informeras på ett sådant sätt, att de känner sig som medaktörer i en gemensam utveckling, buren av alla grupper i samverkan. Regeringens passivitet inför avtalsrörelsen är försvarlig i ett parlamentariskt system, där bara ena halvan av folket har del i den direkta makten. Men på lång sikt är den ohållbar. Och i dagens läge är den en hämsko på en förnuftig utveckling. Regeringen bör vara den instans, som sänder ut de samlande, de tändande parollerna. Regeringen bör vara den, som inspirerar till nya tag och ställer upp nya klara framtidsmål. Det är dock i sista hand regeringen, som skall koppla historiens krafter och peka ut resultatens riktning. Men skall en regering i Sverige kunna fungera på ett sådant sätt, får den svenska arbetarrörelsen inte stå utanför.

*1977, nr 5 (juli):*

# EFTER STÄMMAN

Nu är vi inne i en ny epok med nya förutsättningar. Nysvenska rörelsen har genom årtionden fullföljt en linje, som ständigt anpassas till förändrade villkor. Vi fortsätter efter samma grundsatser: ideologiens och praktikens syntes.

Efter stämman – nej, det gäller inte centerstämman i Karlstad, det gäller något betydligt blygsammare, vår nysvenska riksstämma i pingstas. Det finns anledning att sedan nya stadgar antagits och ett handlingsprogram för det närmaste året klubbats, ta en titt på den nysvenska rörelsens uppgifter mot bakgrunden av den aktuella situationen.

När vi först framträdde, var läget både i vårt eget land och ute i världen ett helt annat än nu. Det ligger ett tidevarv emellan. Då satt C G Ekmans folkfrisinnade regering i Kanslihuset. Svensk politik karaktäriserades av den s. k. vågmästarparlamentarismen med dess snabba regeringsskiften och dess brist på verkliga framtidsmål. Då befann sig världen i en kris, som börjat med börskatastrofen i New York och skapat arbetslöshet i alla industriländer. Åtta år hade gått, sedan Mussolini med marschen mot Rom infört en helt ny faktor i europeisk politik. Och någon månad före den första nysvenska gruppens bildande hade den tyska nationalsocialismen vunnit sitt första stora segerval. Något nytt var på gång ute i världen. Det gamla verkade murket. I mars 1932 kom Kreugerkraschen. I september inledde socialdemokratin sitt 44-åriga regemente. Och i januari tog Hitler makten i Tyskland.

I dag hör Mussolini och Hitler sedan länge till historien. Ett andra världskrig har slagit sönder det mesta av mellankrigstidens former och förhållanden. Det som en gång upplevdes som gryningen av en ny tid, betecknas nu som en mörk episod utan kontakt vare sig bakåt eller framåt. Den kommunistiska världen har splittrats i rivaliserande läger. Sovjetkommunismen står hårt mot Kinesisk. Europeisk demokratkommunism för de mjuka tassarnas politik, medan varianten på Kuba klär sig i krigisk rustning och krigar i Afrika. Den segrande demokratin konsoliderar alltmer ett exklusivt och privilegierat etablissement och i förlängningen skymtar ett teknokratiskt överklassamhälle, som alltmer börjar likna den samhällstyp vi redan känner från Sovjetunionen.

I Sverige har utvecklingen under praktiskt taget hela epoken präglats av socialdemokratin. 30-talet dominerades av folkhemstanken, samverkan i stället för klasskamp. Sociala och politiska konflikter utjämnades. Höjdpunkten kom 38 med Saltsjöbadsavtalet mellan LO och SAF. Koalitionsregeringen mellan socialdemokrater och bönder vidgades under kriget till en samlingsregering. Så kom efterkrigstiden, "skördetiden", då en rad reformer började genomföras med ATP-reformen i slutet av 50-talet som kulmen. Den borgerliga oppositionen, främst från högern och folkpartiet, blev fränare. Bönderna, snart omvandlade till centern, höll sin gamla stil men då jordbrukarbefolkningen snabbt minskades, måste partiet göra en inbrytning i städerna, något som man lyckades med genom en välberäknad "samverkan" med folkpartiet.

50-talet blev socialdemokratins toppdecennium. Sverige låg i täten bland världens industriländer. Man satsade på en alltmer sofistikerad teknik. Man förordade kapitalintensiva företag framför arbetsintensiva. Företagarna var med på noterna. Bönderna sa i varje fall inte emot. På 60-talet slog dessa principer helt igenom. Kemisternas triumfer skapade ytterligare möjligheter. Men då kom bakslaget. Industrialismens skuggsidor började framträda med ökad tyngd. Miljöförstöringen, utstampningen, teknokratiseringen. Ett nytt samhälle började avteckna sig, ett datastyrt, människofientligt robotsamhälle.

Under hela denna tid har den nysvenska rörelsen fullföljt sin linje med en konsekvens och en anpassningsförmåga, som med hänsyn till rörelsens resurser kan kallas anmärkningsvärd. Vi hade upplevt 30-talet som början till förverkligandet av en dröm – drömmen om en folkgemenskap, organiserad i det korporativa samhället. 1945 blev en katastrof. Men drömmen förblev densamma. Frontställningen mot klasskampen, mot partiegoismen, mot den hämningslösa materialismen var lika sann då som tidigare. Och trogna denna insikt arbetade vi vidare. Det blev en lång segdragen kamp för att överleva. Men också för att förnya idégodset och anpassa det till en ny tids nya villkor. Vi förutsa den kommande bristen på arbetskraft. Vi förutsa brytningen mellan Moskva och Belgrad och därmed också med Washington. Vi började analysen av den begynnande teknokratiseringsprocessen. Vi tändes på miljöfrågorna av Fairfield Osborns bok "Vår plundrade planet". Vi vägrade att

# DET NÖDVÄNDIGA GREPPET

ta ställning på borgerlighetens sida i tvekampen mellan regering och opposition. Vi sökte det bästa i båda de rivaliserande lägren. Vi kom med i Europapolitiken och blev under 15 år ett centrum för europeiska förnyelsesträvanden på korporativ grund. Och när 60-talet kom med dess röda vänstervind, vägrade vi att bli högerpolen. Vi lät utan omsvep Demokratisk Allians ta hand om den rollen. Ty vi var då som förut och som nu varken höger eller vänster utan vägen framåt.

Och nu står vi mitt uppe i 70-talets osäkra och famlande situation. En borgerlig regering vet inte vad den vill eller varthän. En socialdemokratisk opposition kör vidare i upptrampade hjulspår och söker väcka liv i föråldrade klasskampsmyter. 50-talets ensidiga satsning på det kapitalintensiva resulterar just nu i en felproportionering av hela vårt näringsliv. I dag måste vi om någonsin ta oss ut ur en återvändsgränd. Det kan vi inte, om vi inte förenar det bästa i både regeringssida och opposition, om vi inte vrakar vägarna både åt höger och åt vänster och i stället riktar blicken framåt.

Nysvenska rörelsen är inte ett parti. Det fastslår de nya stadgarna. Vår uppgift är klar. Ett tidevarv nalkas sitt slut. Vi behöver en samlingspunkt för strävanden, som i dag har olika ursprung men som i förening kan åstadkomma den förnyelse vi behöver. Att förmå dessa krafter att mötas är en svensk huvuduppgift, som det är vår rörelses uppgift att efter måttet av sina krafter söka främja.

*1977, nr 6 (augusti):*

# GÖR UPP!

**Sommarens diskussion om samverkan i stället för konfrontation i svensk politik rann ut i sanden. Nu handlar regeringen i en riktning, oppositionen stretar ursinnigt i en annan. Alltså precis som det inte borde vara.**

När socialdemokraternas partisekreterare, Sten Andersson, i somras gjorde sitt utspel om samverkan mellan opposition och regering, följdes han redan påföljande dag upp i Aftonbladet av Olof Palme, låt vara i försiktiga ordalag. Mot bakgrunden av den skarpa motsatsställning, som tidigare förelegat mellan regering och opposition, var emellertid de båda socialdemokratiska ledarnas framträdande ett märkligt tidens tecken. Det borde ha tagits upp med allvar från den borgerliga sidan. Men i stället svarade B-pressen på många håll med rent hånfulla tillmälen: nu håller inte konfrontationspolitiken längre, nu har man kommit underfund med ihåligheten i sin egen politik o. s. v. Detta medförde självfallet, att socialdemokraterna drog tillbaka den utsträckta handen.

Det förvånar inte, om man på borgerligt håll i dag skulle hävda, att någon hand aldrig sträckts fram. Det påståendet faller emellertid på ett annat faktum. LO-chefen Gunnar Nilsson, som i avtalsrörelsens slutskede mer än någon annan på arbetsmarknaden hävdade samhällssolidariteten, trädde än en gång fram och slog fast, att någon standardstegring under de närmaste åren inte syns möjlig, och att man därför måste koncentrera sig på fördelningsfrågorna, d. v. s. mer än någonsin slå vakt kring de sämst ställda, kring låginkomsttagarna. Detta inlägg framstår som ett fullföljande av Palmes och Sten Anderssons sommarutspel. Men det tycks ha haft lika föga verkan.

När regeringen nu valt devalveringens väg – en nödfallslösning i en trängd situation – hänger resultatet av dess åtgärd nästan helt på löntagarorganisationernas villighet att ta sitt medansvar. Det hade då varit

## DET NÖDVÄNDIGA GREPPET 231

naturligt, om regeringen försäkrat sig om deras medverkan, innan den tog sitt skickelsedigra steg. Så tycks emellertid inte ha varit fallet.

Det är förklarligt om än inte försvarligt, att socialdemokratin reagerar negativt inför regeringens politik. Att devalveringen är ett osäkert kort, att den ytterligare späder på inflationen, är ostridigt. Fälldins uttalande om att vinsterna i företagen icke får föranleda ökad utdelning under de närmaste åren har värde, endast om det åtföljs av sådana åtgärder från regeringens sida, att all vinstökning för aktieägare och liknande personer omöjliggörs. Svårigheterna måste bäras av alla, inte bara av löntagarna.

Även om regeringen sålunda kan kritiseras för viss valhänthet, bör socialdemokratin komma ihåg, att borgerliga partier gång på gång under de 44 åren har varit beredda att i den nationella solidaritetens intresse stödja regeringen, även om socialdemokraterna i kanslihuset kunnat vara minst lika maktmedvetna som borgarna. Det vore ett svek mot Sverige, om de tackade nej till Fälldins inbjudan till samspråk. Regeringen å sin sida bör komma ihåg, att också den kan ha gjort sina felbedömningar. En regeringsreträtt i fråga om indexreglering av skatterna skulle vara ett offer av prestige i hela vårt lands intresse.

Skärpan i de nuvarande motsättningarna bottnar ytterst i den ännu kvardröjande konflikten mellan arbete och kapital, en konflikt, som därtill delvis är direkt konstruerad. Aldrig har en aktuell situation på ett så skriande, så vältaligt sätt visat riktigheten av den korporativa företagsreformen: häv kapitalets ensamrätt till produktionsmedlen, gör företagen självägande, koppla loss företagsamheten från det ensidiga beroendet av kapitalet och koppla den samman med arbetskraften! Aldrig har en situation så påtagligt visat svagheten i det parlamentariska systemet: avveckla parlamentarismen, ge oss den folkvalde statsministern och låt olika riktningar komma fram! Svensk politik skall bygga på sammanjämkning av motsatta ståndpunkter, på samverkan, på svensk solidaritet.

*1977, nr 7 (september):*

# TERRORISMEN

Terrorismens orsaker känner vi. Dess ursprung kan vi kartlägga. Men varför har den fått sin högborg i Europa just i Västtyskland? Och hur fungerar den här hemma i det svenska folkhemmet?

Det har talats och skrivits åtskilligt om terrorismen, denna makabra form av politisk verksamhet. Man har försökt kartlägga dess orsaker, och man har frågat sig, varför den just i Västtyskland fått sin europeiska högborg. Att terrorn i den nu aktuella formen har sitt ursprung i de vänsterextremistiska strömningar, som växte sig starka på 60-talet, torde vara obestridligt. Detta är i och för sig rätt anmärkningsvärt. På sitt sätt hade det varit naturligare, om terrorismen utvecklats inom de grupper som besegrades i andra världskriget, och som under efterkrigstiden utsatts för en exempellös förföljelse. Man kunde ha väntat sig italienska hämndaktioner för mordet på Mussolini och den blodiga vendettan mot hans anhängare. Man hade kunnat vänta sig tyska vedergällningsdåd för det som hände i Nürnberg. Men det finns ytterst få exempel på något liknande. Terrorn kom i stället från dem, som uppfostrats i den anda, som satt sin prägel på världen efter maj -45.

I Italien har vänsteraktionerna så småningom framkallat ett svar från motsidan. Likaväl som det italienska kommunistpartiet konsekvent tagit avstånd från de vänsterextrema dåden, har Movimento Sociale lika hårt fördömt de bombkastande terrorgrupperna till höger. Det är emellertid typiskt, att vissa delar av den italienska pressen konsekvent sökt skylla hela terrorvågen på "nyfascisterna". De vänstermän, som utfört dåden, har utpekats som förklädda fascister. Tjänstefolket i aktiebolaget Sveriges radio har med iver och entusiasm hakat på denna förkunnelse.

I Västtyskland är det veterligen enbart vänsterelement, som varit i farten. Här har man därför måst döpa om vänstergrupperna och helt resolut kallat dem fascistiska. När man också i svensk press får läsa, att Andreas Baader och Ulrike Meinhof, som formligen skrikit sig hesa om klasskamp och arbetarmakt, är "fascistoida" element, då börjar terrorismens problem plötsligt komma i nytt ljus.

Vänsterextremismen har vuxit fram som ett uttryck för missnöje inom yngre intellektuella kretsar. Antalet studerande vid universiteten har blivit ofantligt mycket större nu än förr. Framtidsförväntningarna hos alla dessa ungdomar har varit betydande. Men samtidigt har det stått allt klarare för de flesta, att inte ens det moderna samhället med dess krav på utbildning, skulle kunna ge alla dessa ljushuvud en sysselsättning, som motsvarar förväntningarna. Detta har framkallat en känsla av att vara sviken hos många studenter. De överbefolkade universiteten har blivit sociala missnöjeshärdar. Människor utan livserfarenhet, människor som ännu inte hunnit växa in i det fungerande samhällsmönstret faller i en sådan situation lätt offer för revolutionsromantiska stämningar. Oftast är detta av övergående natur. Men det finns alltid en rest av fanatiker, hos vilka besvikelsen djupnar till hat och terrorn blir ett naturligt uttryck för den egna känslostämningen.

Det bör framhållas, att nymarxisterna från början blott var en del av nyvänstern. Denna rymde åtskilliga liberala element. Sålunda räknade sig en så betydande personlighet som Lars Gyllensten från början till den nya vänstern. Ett typexempel på vad vi i Vägen Framåt brukat kalla nuliberalerna, utgör Per Gahrton. Men så småningom drogs det upp en rågång mellan nymarxisterna och de övriga. Att Marx kom att ta hem spelet i denna snabba utveckling berodde främst på att marxismen uppfattades som den mest vänsterorienterade ståndpunkten bland de ideologier, som tillsammans behärskade etablissemanget efter krigsslutet. Han erbjöd dessutom en räddningsplanka åt de intellektuella genom att tala om proletariatets elit, som skulle leda revolutionen. De vänsterintellektuella förklarade sig lätt och behändigt vara denna elit. De hittade t. o. m. på ett nytt fint ord för att beteckna en socialgrupp, som i klasskampen företräder en annan socialgrupp. Det kallas substitutism.

På arbetarhåll lät man sig emellertid inte duperas av den akademiska vältaligheten. Under majrevolten i Paris 1968 betackade sig kommunistpartiet och dess fackföreningsrörelse för allt samröre med de barrikadbyggande studenterna. Arbetarmaktens akademiska riddarvakt lyckades aldrig få arbetarkontakt. Därför gick den så småningom tillbaka och flöt ut åt olika håll i ett föga profilerat 70-tal. Kvar blev några fanatiker, som hamnade i terrorgrupperna, därför att de isolerats, därför att de rivit alla broar och följaktligen inte hade någon annanstans att ta vägen.

Att denna röda restupplaga blev störst i Västtyskland kan förklaras av de abnorma svängningarna i tysk nutidshistoria, som gjort det sociala mönstret betydligt osäkrare och sikten framåt oklarare än på många andra håll. Dessutom har inte ens två världskrig räckt till för att helt utplåna den för Tyskland mest avgörande sociala traditionen, arvet från junkrarna. Västtysklands terrorister kommer så gott som uteslutande från bildade familjer. De har uppfostrats i preussisk anda med djärvhet, pliktuppfyllelse och trohet mot idén som rättesnöre. När det gamla brutits ned, har detta mönster överflyttats på den nya livssynen. Den västtyska terrorismen är ett slags perverterat preusseri.

Här hemma i Sverige, där man leker med dynamit, pistoler och landminor, är det väl mestadels ett uttryck för den allmänna nedgångenhet, som gör sig allt mer gällande i vårt land just nu. För de hårdföra mördarbanden i Västtyskland måste de svenska sympatisörerna närmast framstå som orutinerade barnungar. Men barn kan bli vuxna. Frågan är emellertid, om det svenska samhället någonsin kommer att kunna möjliggöra en verklig växtkraft för dylika företeelser. Med den invandrarpolitik, som nu förs i Sverige, finns det emellertid anledning till vaksamhet. Det finns redan alltför många människor i detta land, som är främmande för dess seder, dess historia och dess livsmönster.

*1977, nr 8 (oktober-november:*

# INSTITUTIONALISERING

**Bli inte rädda för rubriken härovan! Inga uppslagsböcker har gett oss ett motsvarande svenskt ord. Men det handlar om en tendens i utvecklingen, som vi måste bekämpa. Därför måste vi också känna till den och kunna klargöra dess verkningar.**

Institutionalisering – det är ett förfärligt ord. Det skall gärna erkännas. Men trots ivrigt grubblande på Vägen Framåts redaktion har det inte lyckats oss att hitta på ett motsvarande svenskt ord. Institutionalisering betyder förvandling till ämbetsverk eller därmed likartad inrättning. Till alla de läsare, som med rätta anser, att man bör skriva så att folk begriper vad man menar, vill vi emellertid säga, att denna lovvärda önskan skapar åtskilliga svårigheter för skrivare, som måste uttrycka sig någorlunda exakt. Då förvandlingen av fria mänskliga verksamheter till fasta institutioner är en av vår tids mest svårlösta problem, nödgas vi därför använda det otympliga låneordet, dock med det löftet, att om vi själva eller någon annan kan hitta på ett bättre, så skall vi med glädje ta upp det.

Olof Wallerius, som är ordförande i Svenska Uppfinnarförbundet, sa häromdagen, att uppfinnarna är isolerade människor i det svenska samhället. Det råder både bland myndigheter och allmänhet en föråldrad och romantisk uppfattning om uppfinnaren som en enstöring, den som sitter ensam i köket och får snilleblixtar. Han trivs i den rollen, tror man. Det är inte alls säkert, framhåller Olof Wallerius. Uppfinnare har behov av stöd och kontakter för att kunna fullfölja sina uppfinningar. Man skulle t. o. m. kunna tänka sig, att han bleve avlönad som uppfinnare.

Även om man har full förståelse för avsikten bakom denna tanke, kan man inte väja sig för just den risk av institutionalisering, som då skulle uppstå. Uppfinnarna blir statligt engagerade tjänstemän. Uppfinnarföreningen blir ett statligt ämbetsverk. Och därmed försvinner den spontanitet, den obegränsade rörelsefrihet, som är uppfinnandets väsentligaste livsvillkor.

Vi har länge mött denna tendens i de svenska folkrörelserna. Under långa tider har LO tjänstgjort som ett annex till regeringen och därmed ur vissa synpunkter fungerat som en del av statsförvaltningen. TCO har fått samma status. de politiska partierna har alltmer fått karaktären av ett slags bolag, som bjuder ut olika tjänster åt väljarna. De har en oskriven överenskommelse att dela marknaden och låta finansiera sig ur en och samma kassa. Partistöd utgår sålunda till alla, från guldkantade moderater till knallröda VPK:are. Partierna liksom arbetsmarknadens organisationer har steg för steg institutionaliserats. Just nu bevittnar vi en liknande process inom handikapprörelsen. De Blindas Förening har gjorts om till Synskadades Riksförbund. Kretsen av medlemsberättigade har vidgats. Allt har skett med fullt acceptabla motiveringar. Men den spontana aktiviteten börjar sjunka. Funktionärerna gör vad de är skyldiga att göra. Medlemmarna kan emellertid passiviseras genom tryck uppifrån. Framstötar har redan gjorts för att gradera medlemmarnas inflytande efter deras politiska mantalsskrivningsort. Det som en gång var en av entusiasm och insatsvilja buren folkrörelse, stelnar sakta till ett opersonligt och förmånsförmedlande ämbetsverk.

Själva friheten håller på att institutionaliseras. Det finns en organisation, som här gör en förnämlig insats för att försvara frihetsintressena. Det är Sveriges Författarförbund. Men hur länge kommer dess ledning att kunna hävda sin ställning mot det växande trycket? I Statens Kulturråd tycks litteraturstödet än så länge gå ut oberoende av författarnas åsikter. Men tidskriftsstödet är direkt politiserat. Hela raden av hel- eller halvkommunistiska vänstertidningar får tidskriftsstöd. Självfallet också de stora partiernas tidskrifter: Svensk Tidskrift, Tiden, Liberal Debatt och Politisk Tidskrift. Men inte Vägen Framåt. Frihet för de lydaktiga. Kalla handen åt de självständiga. Friheten omhändertas av ett ämbetsverk.

Detta är en farlig utveckling. Om vi vill bryta den, måste vi skapa ett annat centralvärde i det svenska samhället. Nu är det den ekonomiska tillgången, som är n: r 1. Låt i stället den positiva insatsen, människans, gruppens, folkets livsuppgift ställas i centrum. Bygg upp en samhällsorganisation, grundad på verksamhetsområdena och därmed på gemenskapen i uppgift. Gör denna organisation automatisk, så att alla är med oberoende av värderingar och ståndpunkter. Då har vi drivit institutionaliseringen så långt, att den upphäver sig själv och blir den nödvändiga ramen för friheten – den korporativa.

*1977, nr 9 (december):*

# ETT GAMMALT TEMA

**Frihandel och protektionism har växlat som vågrörelser genom de senaste århundradenas europeiska historia. Nu är det åter protektionismen, som knackar på porten. Finns det en tredje väg, som löser problemen utan frihandelns eller protektionismens olägenheter?**

Frihandel innebär, att man kan köpa och sälja varor i olika länder utan några särskilda hinder från staternas sida. Protektionismen är ett system av tullar, kvoteringar och andra handelshinder, genom vilket staterna söker skydda det egna näringslivet från övermäktig konkurrens utifrån. Tullar och importavgifter fördyrar importerade varor och underlättar därmed försäljningen av det egna landets produkter. Frihandeln motiveras med att man kan köpa varorna, där de är billigast och därmed förmånligast för konsumenterna. Under 1800-talet kämpade den kapitalistiska borgerligheten för frihandel, därför att de då kunde få avsättning för sin produktion på en stor, helst världsomspännande marknad. Därmed blev emellertid mindre avancerade länder beroende av de mer avancerade. I-ländernas industrier köpte sina råvaror billigt i kolonierna och tjänade sedan jättesummor på att sälja de färdiga produkterna relativt dyrt. Tullfrihet för livsmedel gjorde hushållet billigare för arbetarna och då behövde man inte betala ut för höga löner. Industrikapitalet tjänade sålunda över hela linjen på frihandeln.

Men jordbruket kom i kläm. De sjunkande livsmedelspriserna blev ett hot mot hela den europeiska bondebefolkningen. Denna var en betydande del av befolkningen som helhet. Eftersom just borgerligheten, som var liberalt sinnad, hade genomfört demokratin, måste den ta hänsyn till det växande missnöjet på landsbygden. Så började man under århundradets senare del att gå över från frihandel till protektionism. Konkurrensen mellan länderna drev fram tullar också på industrivaror, så snart den egna tillverkningen hotades. När handelshindren inte räckte till, sökte man på politisk väg lösa sina problem. Och när inte ens det förslog, ja då kom den sista utlösningen av konflikten: första världskriget.

Affärer, politik och krig har alltid hängt ihop och lär väl även i fortsättningen komma att göra det. Ibland har det hetat, att protektionismen kring sekelskiftet var en väsentlig orsak till kriget. Den bidrog till att av staterna göra konkurrerande jättefirmor, vilka i sin tävlan om råvarukällor, handelsvägar och avsättningsområden till sist hämningslöst råkade i luven på varandra. Och när den politiska vägen visade sig oframkomlig, kom kriget, första världskriget.

Med stöd av dessa fakta har man hävdat, att frihandeln är en fredsfaktor. Men så enkelt är det inte. Det måste finnas en viss balans i varje näringsliv, om ett folk skall kunna hävda sitt nationella oberoende. Om ett u-land vill bygga upp en egen industri, har det i början åtskilliga svårigheter att övervinna. Man måste först lära sig att behärska tekniken och sedan måste man anpassa arbetskraften till de nya arbetsuppgifterna. En övermäktig konkurrens från i-länderna kan i ett sådant ömtåligt skede äventyra hela industrialiseringsprocessen. Här blir protektionism i en eller annan form nödvändig. I samma situation har vi emellertid också råkat genom oljekrisen. Den frihandel, som växte fram efter det andra världskriget i hägnet av GATT-avtalet, byggde på tillgången av billig energi. Den dramatiska höjningen av oljepriserna 1973 förändrade hela i-världens situation. En nyanpassning av de ekonomiska strukturerna blev plötsligt nödvändig. Problemen är samtidigt olika i olika länder. I vårt eget land hotas hela branscher t. ex. textil och konfektion eller sko och läder av nedläggning. Utan protektionistiska åtgärder kan vi inte klara situationen.

Den billiga energin är en väsentlig orsak till standardstegringen under efterkrigstiden. Den har möjliggjort de ständigt stigande lönerna. Dessa i sin tur har garanterat en växande avsättning av industrins produkter. Oljechocken betydde, att vi skulle behöva minska lönerna för att kunna betala oljan. Detta skulle emellertid ha minskat möjligheterna för avsättning. Dessutom hade en sänkning av lönerna varit politiskt omöjlig. Man har alltså behållit den formella lönenivån med ty åtföljande prisstegringar som följd. Därmed har lönerna urholkats. Den relativa köpkraften har blivit mindre. Driftsinskränkningar, fabriksnedläggelser och arbetslöshet har blivit resultatet i hela västvärlden. Den gamla samhällsstrukturen håller inte längre. Den måste radikalt göras om. Industrins automatisering måste fullföljas, samtidigt som sysselsättningspolitiken måste inrikta sig på hantverk, tjänsteyrken, vårdyrken och intellektuella yrken. Denna omställning försätter alla samhällen i en ömtålig situation. T. o. m. övertygade frihandelsvänner som socialdemokraterna börjar ropa på protektionistiska åtgärder. Risken är emellertid, att åtgärder i ett land framkallar motåtgärder i andra, som förtar åtgärdens verkningar. Skydd för det egna näringslivet under den nuvarande omställningen kan tryggas, endast om de olika länderna sinsemellan kommer överens och sammanjämkar varandras intressen och framgångsvägar.

En sådan lösning skulle i hög grad underlättas, om det på olika håll funnes korporationer för varje verksamhetsområde. Överenskommelserna mellan staterna skulle underlättas och göras effektivare, om korporationerna på olika håll kunde träffa egna överenskommelser var och en på sitt område. Statsledningarna skulle i ett sådant sammanhang spela en förmedlande roll. Men den korporativa apparaten saknas. Här har vi ännu ett vittnesbörd om det bestående samhällets otillräcklighet och det alltmer trängande behovet av en korporativ samhällsreform.

*1978, nr 1 (januari):*

# EFTER ETT ÅRSSKIFTE

**Regeringen sitter alltför fast i de gamla hjulspåren. Socialdemokratin fortsätter utefter samma linjer som förut. Men vad krisens Sverige behöver är de nya greppen.**

Det har just inte hänt något nytt under de veckor som gått av år 1978. Bilden av dagens Sverige är en bild av den mänskliga konservatismen, de invanda tankarnas och föreställningarnas förmåga att dröja sig kvar och behärska människorna, även när deras verklighetsunderlag försvunnit. Utvecklingen går snabbt, snabbare i våra dagar än kanske någonsin tidigare. All utveckling betyder förändring. Men människorna märker inte förändringen. Eller också låter de sig inte påverkas av den. Politiken går vidare i sina vanliga gamla hjulspår. Men spänningen blir allt större mellan uppställda mål och uppnådd verklighet.

Alla vet i dag, att vårt land befinner sig i kris. Alla eller de flesta begriper, att en kris kräver en ny målsättning. Men det oaktat lyser de nya målen med sin frånvaro. Socialdemokraterna intensifierar samma propaganda, som de stått för under årtiondet. Fondbildningen i statlig regi för att vända investeringskurvan och ge god ställning åt pampar i en fondstyrelse – är det något att komma med? Evigt tjat om andras vallöften – löser det några problem? Och högljutt gnäll om regeringens löntagarfientlighet – kan den demagogin åstadkomma annat än handlingsförlamande misstro? På den borgerliga sidan är läget inte bättre. Milliarder till industrier på fallrepet för att i ögonblicket klara sysselsättningen. Finns det någon klar linje i denna politik? Illa skötta Göteborgsvarv har fått massor av pengar, men när det välskötta Kockumsvarvet till sist kom i kläm, var det ett fasligt bråk, innan Åsling beslöt sig. Stadsstöd åt mindre företag i tillverkningssektorn, men diskriminering av företagen i tjänstesektorn, trots att det är där, som framtidens sysselsättningsmöjligheter finns. Och när man äntligen kommer underfund med att de tekniska konsultföretagen behövs som mellanled mellan industrier och uppfinnare, då tycks man vilja privilegiera de i praktiken kommundirigerade företagen på de av personlig duglighet präglade småföretagens bekostnad. På andra områden är det inte bättre. Kriminaliteten fortsätter. Rån, överfall och stölder har i dag en sådan omfattning, att polisen är maktlös. Det är närmast en lycklig slump, om ett brott klaras upp och de bestulna får tillbaka något av sin förlorade egendom. Knarkflödet fortsätter och späder på brottsligheten. Och oredan i skolan blir bara värre. Man frågar sig, om den nya s.k. SIA-skolan skall bli sista steget på skolans väg neråt eller om vi skall sjunka ännu djupare. Lärarna tycks äntligen börja få mål i munnen; t.o.m. i Sveriges Radio kan man få höra sanningens ord i ett skolprogram. Och mitt i allt detta begynnande förfall skapar de väldiga invandrarmassorna nya problem, nya svårigheter, som gör den svenska förvirringen allt värre.

I detta läge har Nysvenska Rörelsen en uppgift som aldrig förr. Det är på tiden att folk börjar strunta i massmedias lögnkampanj mot den rörelse, som faktiskt har ett alternativ till det bestående. Det är på tiden, att folk börjar lyssna och skaffa sig en egen mening, oberoende av opinionsmakarnas maktspråk och förvrängningar. Krisens Sverige är det nu maktägande etablissementets skapelse. Det är partierna, arbetsmarknadsorganisationerna och massmedia, som gemensamt bär ansvaret för dagens missförhållanden. Låt oss konstatera detta faktum och gå vidare. Vi har inte tid med att jaga syndabockar. Och sådant vinner ingen på. Låt de döda begrava sina döda. Men se till att vi kan skapa en framtid för detta land, värdig det bästa i svensk samhällsutveckling. Det finns utmärkta människor i alla de stora partierna, i alla organisationerna, ja också i massmedia. Låt oss söka få till stånd en samverkan mellan dessa krafter, oberoende av gamla föråldrade motsättningar. Låt oss bygga ut den nysvenska rörelsen till en brygga mellan framstegskrafter i olika läger. Låt oss säkra den front, för vilken det bara finns en paroll: Nu gäller det Sverige!

*1978, nr 2 (februari-mars):*

# TVÄRS GENOM PARTIERNA

**De två blocken i svensk politik är en konstgjord uppdelning. Den motsvarar inte den sociala verkligheten. En modernisering av det svenska statsskicket kräver en idérörelse utanför partierna, som kan förena progressiva krafter ur olika läger i nutidssamhället.**

Trätan mellan borgerlighet och socialdemokrati utgör inte någon reklam för den parlamentariska demokrati, som i dag är vårt grundlagsfästa statsskick. Någon social verklighet bakom den knivskarpa partigränsen mellan regering och opposition finns inte. Uppdelningen i två halvor, vilka var och en beskyller den andra för de hemskaste ting, är en politisk orimlighet, som hindrar oss att till fullo utnyttja de krafter och erfarenheter, som vi har till vårt förfogande. Parlamentarismen är helt enkelt orationell.

Nysvenska Rörelsen har skisserat grundritningen till ett helt nytt samhälle, det korporativa, och till en ny form för det fria statsskicket. Vi säger nej till en av riksdagspartierna frammyglad statsminister. Vi vill ha en folkvald regeringschef. I stället för en regering, som är beroende av riksdagsmajoritetens nycker, vill vi ha en av den folkvalde statsministern utsedd regering, sammansatt ur vilka partier som helst på personliga, inte på partimässiga grunder. Vi vill häva spärrarna i valsystemet och ge olika grupper rätt att bli företrädda. Och i en konflikt mellan regering och riksdagsmajoritet vill vi skjuta in en folkomröstning som skiljedomsinstitut.

Det korporativa samhället och den nya folkstaten är framtidsvisioner. I nuläget behöver vi en idérörelse, som kan samla en allt större folkopinion kring framtidsprogrammet och dess ideologiska bakgrund. En sådan rörelse bör stå i kontakt med grupper inom alla de stora partierna. Därmed förbereds en relativt friktionsfri övergång från den ena samhällsformen till den andra – den typiskt svenska modellen. För att nå kontakter och skapa förtroende är det emellertid nödvändigt att inte bara värva

## DET NÖDVÄNDIGA GREPPET 243

sympatier för framtidslinjen utan också att i konkreta dagsfrågor utforma lösningar, som kan samla över partigränserna och som står i överensstämmelse med de ideologiska grundförutsättningarna.

Korporatismen är ett uttryck för tanken på socialgruppernas likaberättigande och därmed för solidaritetstanken. Detta har vi velat manifestera, när vi tagit upp handikapproblemen. Vi har gjort en insats för att ge de handikappade möjlighet att utnyttja radioarkivets inspelningar för talböcker. Vi kämpar för de handikappades rätt att till livets slut få behålla den ersättning, som de en gång tillerkännts, och här har vi åtminstone vunnit en halv seger. Vi är nu i färd med en konkret insats för att öka de handikappades möjligheter på arbetsmarknaden. Vi stöder helt de aktioner, som iscensätts av handikapporganisationerna. För oss är detta ett uttryck för vad vi kallar den korporativa andan.

Vår samhällsanalys visar, att högst 30 % av befolkningen kommer att kunna sysselsättas i jordbruk och industri. Det är inom hantverk, tjänsteyrken, vårdyrken och intellektuella yrken, som framtidens sysselsättningsmöjligheter finns att söka. Industrin behöver främst tekniska innovationer, och dessa snarare minskar än ökar sysselsättningen. Innovationer är nödvändiga för hävdandet av svenska produkter på den internationella marknaden. Därför har vår rörelse kastat sig in i två projekt. Det ena syftar till att skapa likställighet mellan företag i tjänstesektorn och tillverkningsföretag, det andra till ett bättre samspel mellan uppfinnare, industrier samt patent- och konsultföretag.

Även på energipolitikens område är vi invävda i den pågående diskussionen. Fjolårets nysvenska energikonferens med torven och energiskogen i medelpunkten har i år uppföljts genom en allmän diskussion om energiproblematiken, sådan den just nu ter sig. Vi anser käbblet mellan partierna i regeringen olyckligt och syftar till en lösning, som i längden gör vårt land beroende av både olja och kärnkraft. Men vi tror, att en sådan lösning kan uppnås endast genom så småningom skeende förändringar. Vårt arbete koncentrerar sig här på att sprida kännedom och förståelse för de alternativa energikällorna och skapa opinion för växande forskningsinsatser på dessa områden.

Det är sant, att vi har en ideologisk helhetssyn på samhällsproblemen med framtidsvisioner i förlängningen. Men också den nysvenska ideologin har eftersträvat en syntes mellan motsatta ståndpunkter i det förflutna. Vi har ibland kallat den "paradoxens ideologi". Den ger uttryck åt en strävan att ständigt finna ett jämviktsläge mellan tillvarons ytterligheter. Våra insatser i olika samhällsfrågor är blygsamma – vi har inga resurser. Men att beteckna dem som extremistiska är helt enkelt orimligt. Vår strävan att skapa förståelse mellan olika läger, liksom att i dessa läger skapa förståelse för vår egen verksamhet är varken en höger- eller vänsterpolitik. Man skulle med ett något slutet uttryck kunna kalla den en framstegspolitik på mitten. Spännvidden mellan visionerna och de konkreta insatserna skapar stimulans och ger vardagsarbetet en lyftning, som det annars ofta saknar. När blev det samhällsfarligt här i landet att kämpa för reformer? Den nysvenska rörelsen är i själva verket en rätt unik företeelse i samtiden. Den är värd ett annat mottagande än det intelligensfria gläfset eller den ättiksura tystnaden i svenska massmedia.

*1978, nr 3 (april):*

# VÄRLD UTAN FRUKTAN

Det fick vi en gång löfte om, när axelmakterna besegrats och Sovjet ställt Röda armén som legosoldater till Wall Streets förfogande. Hurudan ser den nu ut, denna fridfulla värld, där demokratins ideal behärskar mänskligheten och fascismens hydra krossats?

En buss for ut ur stan. Den gled norrut på landsvägen utmed havet. Vårsolen lekte över strandterrängen och förgyllde hustaken i Tel Aviv. Plötsligt hejdades bussen. Beväpnade palestinier trädde in. Några kpistar brände av. Snart var polis och militär på platsen. Den kapade bussen omringades. Situationen blev ohållbar för kaparna. Handgranaterna brisserade. Bortåt halva hundratalet människor strök med.

Ett par dar senare. Israeliskt artilleri öppnade eld utmed hela den libanesiska sydgränsen. Stridsvagnarna rullade in över gränsen. Infanteriet följde efter. Flygflottiljerna, tunga av bomblast, brusade fram genom luftrummet. Nere vid kusten närmade sig israeliska sjöstridskrafter. Granater och bomber regnade från alla håll över små städer och flyktingbyar. Hela södra Libanon förvandlades till ett enda helvete.

På en gata i Rom kom Aldo Moro i sin bil på väg till parlamentsdebatten om den nya regeringen. Fem livvakter skyddade honom. Plötsligt hejdades bilen. Röda brigadörer, förklädda till flygsoldater, störtade fram. Livvakterna sköts ner. Italiens betydelsefullaste politiker fördes blixtsnabbt bort. En hemlig telefonröst förde fram kravet på frigivning av de 49 i Turin. Annars skulle Aldo Moro skjutas.

I Libanon har FN ingripit. 4000 FN-soldater skall ersätta israelerna. Men Israel har meddelat, att deras trupper återvänder om icke säkerhet uppnåtts för att palestinierna inte återvänder. PLO har meddelat, att de stöder FN-trupperna i deras strävan att få israelerna ut ur landet. Men de lovar inte att inte komma tillbaka. De har för övrigt fortfarande ointagna positioner i området. Gamla Tyrus i väster behärskar de. Likaså det nästan ointagliga tusenåriga klippfästet Beaufort i öster. 250 svenskar har förflyttats från Litanifloden, den israeliska ockupationens nordgräns, till det gerillastyrda Tyr. De har lätta karbiner. Fransmännen utanför Tyr har både tunga vapen och stridsvagnar. Men vem angriper väl fredliga svenskar? Vi lever ju i en värld utan fruktan!

Röda Brigaderna, internationellt kända sedan slutet på 60-talet men omgivna av generad tystnad i svenska massmedia, har nu fått en oväntad fiende. Maffian har hotat. Elva maffialedare har i en skrivelse meddelat, att om Aldo Moro inte frisläpps, kommer samtliga häktade rödbrigadörer att förpassas till de sälla jaktmarkerna. Det kommer att utgå order till maffiamän i fängelserna. Och de kan sitt jobb. Orsaken till denna samhällssolidaritet ligger i öppen dag. De röda brigaderna har drivit fram ett så starkt polispådrag, att maffian inte kan hålla på med sin normala hantering. Det ena gangstergänget tål inte konkurrens från det andra.

Som sagt: en värld utan fruktan fick vi löfte om. Så ser den ut! Vi lever i en lugn avkrok av världen. Men det tycks kunna hända saker här också. De kroatiska kaparna på Bulltofta. Morden och branden på västtyska ambassaden. Kidnappningshotet mot Anna-Greta Leijon. Vi är inte skyddade längre. Vårt lugn är inte garanterat. Och hur kommer det att gå, om FN-truppen i Libanon råkar in i korselden mellan israeler och palestinier? Vad bli det för reaktion, om hemtransporten i alltför stor utsträckning blir en transport av döda? Vi har haft tur många gånger. Vi kan ha tur den här gången också. Men i Libanon ligger vi kusligt nära den punkt, då vi direkt dras in i striderna. Låt oss konstatera, att i denna värld rustningskostnaderna uppgår till fem milliarder om dagen. Sovjetunionen kan sätta in 33000 stridsvagnar mot Västeuropa. Det brinner på Afrikas horn. Marken pyr som av mosseld i södra Afrika. De nya herrarna står beväpnade till tänderna mot varandra i Indokina. Afrika leker med neutronbomber. Men hemma i Sverige fortsätter en stillsam nedrustning, låt vara en smula uppbromsad i taken just nu. Riktningen är dock densamma, en riktning nedåt.

Så här kan det inte fortgå. Det finns något sjukt i hela det västerländska samhället. Inte minst i Sverige. Det är andan, som måste bli en annan. Vi måste skaffa oss vår livsvilja tillbaka, vår livsvilja som folk. Gör Sverige svenskt igen, medvetet svenskt. En värld av nationellt medvetna folk i samverkan – det är vår enda väg framåt. Ett svenskt Sverige i ett europeiskt Europa är fredens säkraste ankargrund i en värld, som vrider sig i nöd och fruktan.

*1978, nr 3 [=4] (juni):*

# DEN DEMOKRATISKA ILLUSIONEN

**Den nya radiolagen, som trumfas igenom av de borgerliga partierna, innehåller en bestämmelse om att etermedia skall hävda det demokratiska statsskickets grundidéer. Det är alltså av högsta intresse att se, vilka idéer, som man fordrar att vi blint skall tro på.**

O rdet demokrati betyder folkvälde. All offentlig makt utgår från folket, heter det i den nya grundlagen. I själva verket skulle man lika gärna kunna säga abra kadabra sims allabim. Begreppen är så suddiga, så abstrakta, så fjärran från den konkreta verkligheten, som det gärna är möjligt.

För det första: vad menas med folket? Vi talar om det svenska folket, som genom århundraden och årtusenden har bott, levat och verkat i detta land, människor, som från generation till generation har fört ett gemensamt arbete vidare. Att all makt i detta land är förknippad med det folk, som bor där, är en självklarhet. Motsatsen skulle innebära, att Sverige varit eller är en koloni, där makten utgår från en central utanför vårt land. Och så varken är eller var fallet. Dessa fakta kan inte ha något med demokrati att skaffa; Sverige har inte alltid varit demokratiskt. Demokrati i modern mening har bara 60 år på nacken i det här landet. Eftersom maktutövning är detsamma som styrelse och styrelse är en förutsättning för ett samhälles existens, måste demokrati innebära en viss utformning av maktutövningen, en viss styrelseform.

I det demokratiska statsskickets grundläggande idéer ingår föreställningen att alla medborgare gemensamt skall fatta alla beslut, och att var och en därvid skall ha lika mycket att säga till om. Omöjligheten att helt ut förverkliga denna grundsyn är så uppenbar, att den även erkänns av troende demokrater. Den första kompromissen med verkligheten innebär då, att folket som helhet skall företrädas av dess majoritet vid allmän omröstning. Därmed får emellertid majoritetens anhängare mer att säga till om än minoritetens, vilket är en principiell avvikelse från utgångsidén: allas lika inflytande.

Men även majoritetens anhängare är för många för att de alla skall kunna delta i besluten. Ingen vill ha folkomröstning om tillsättandet av varje vaktmästartjänst i departement och ämbetsverk. När det kommer till kritan, vill man inte ens ha folkomröstning om avgörande principfrågor; observera räddhågan inför folkomröstning i kärnkraftfrågan. I stället överlåter man åt valda ombud att fatta beslut å väljarnas vägnar. Det är den andra kompromissen med grundidén. De många som skall besluta har ersatts av de få. Man försvarar sig med påståendet att de många kontrollerar de få, och att ett ombud kan ersättas av ett annat vid nästa val. De få tvingas därigenom att handla som de många önskar. Det är i verkligheten de många som styr. Men inte heller detta håller streck. Ty de få har skaffat sig partiorganisationer, fackföreningar, tidningar och etermedia, med vilkas hjälp de kan ge de många den information, som de önskar, och mörklägga den del av verkligheten, som inte passar dem. De många kan systematiskt föras bakom ljuset av de få.

Med hjälp av partiorganisationerna kan de få konsolidera sin ställning. Nya människor måste ständigt sugas upp av de få för att ersätta den naturliga avgången. Partiorganisationerna skapar en möjlighet till urval. Man tar sådana, som naturligt smälter in i det redan förut härskande fåtalet. Andra utestängs. Och samtidigt kan man hindra de utestängda att bilda nya partiorganisationer med möjlighet att effektivt konkurrera med de gamla. Man utnyttjar statens medel till finansiering av de egna partierna, de egna fack- och kulturorganisationerna, de egna tidningarna, och man säkerställer kontrollen över etermedia. Detta är den tredje kompromissen med grundidén, motiverad med att full frihet skulle kunna innebära uppkomsten av mot demokratin kritiska grupper. Denna tredje kompromiss innebär ett upphävande av grundidén som sådan. Demokratin har blivit ett konsoliderat fåtalsvälde, vars olika grupperingar hålls samman av ett gemensamt intresse: de finansieras alla ur en och samma kassa.

När man sålunda hävdat, att det demokratiska statsskickets grundläggande idéer skall hävdas av etermedia och gör detta till lag, har man upphöjt en medveten illusion till påstådd verklighet. I andra sammanhang brukar ett sådant förfaringssätt kallas bedrägeri.

*1978, nr 5 (augusti):*

# KLASSKAMPENS FÖRBANNELSE

Åmanlagen skulle skapa trygghet. Medbestämmandelagen skulle skapa samverkan. Resultatet blev otrygghet, misstro och byråkrati. De goda avsikterna kom bort i en dålig hantering.

**B**åde Åmanlagen och medbestämmandelagen genomfördes av en tämligen enhällig riksdag. Någon principiell opposition från den borgerliga sidan förekom knappast. Båda parter överräckte blommor till varandra. Alla var ense om trygghetens värde, och av nödvändigheten av samverkan. Bara VPK idisslade om socialdemokraternas förräderi.

Den anda, i vilken de båda lagarna antogs, har sedan lyst med sin frånvaro. I stället är det de kommunistiska klasskampsparollerna, som satt sitt märke på utvecklingen. Kravet att ingen skall få avskedas utan fackets tillstånd, att en person, som varit anställd i sex månader, skall anses vara fast anställd, och att vid friställning den sist anställde först skall tvingas lämna sitt jobb, har åstadkommit en rädsla för att anställa nytt folk, som särskilt i tider av arbetslöshet går ut över främst ungdomens sysselsättning. Man vågar inte anställa en ung oprövad kraft, därför att man riskerar att inte kunna bli av med honom, om han skulle visa sig olämplig. En ung effektiv kraft, som man lyckats förvärva, måste man vid en åtstramning friställa först, medan man är tvungen att behålla en maskare. Med en sådan tillämpning äventyrar Åmanlagen den arbetssökande ungdomens framtidsmöjligheter, samtidigt som den minskar näringslivets effektivitet.

Dessa negativa följder av trygghetsbestämmelserna skulle kunna undvikas, om arbetsmarknadens parter visade ömsesidig förståelse och god vilja. Men den gamla misstron kvarstår. Medbestämmandelagen har betytt en byråkratisering av näringslivet. För att uppfylla lagens paragrafer håller ett helt system av sammanträden på arbetstid att utveckla sig. Det har hänt, att en klubbordförande, som brukat gå och ordna upp saker och ting med ledningen, fått en påstötning, att han nu skall vända sig till fackets ombudsman, och sedan skall denne tala med ledningen. Det är begripligt, att klubbordföranden inför denna desavoering från högre fackinstans lämnade sin post. Historien är ett typiskt exempel på den tendens, som alltmer gör sig gällande: det är inte arbetarnas medinflytande det gäller, det är de fackliga teknokraternas.

Nu skall det emellertid inte fördöljas, att misstron på arbetsgivarhåll är lika påtaglig. Åtskilliga företagsledare betraktar medbestämmandelagen som ett intrång i deras självklara rätt. Arbetskraften i industrisamhället upplevdes ursprungligen som levande maskiner, kontraktsenligt förhyrda av företagen. På sina håll lever denna inställning ännu kvar, och den ger självfallet god näring åt den kommunistiska propagandan. Arbetsdomstolens agerande har bara ökat förvirringen och olusten. Å ena sidan döms arbetare till höga böter för en olaglig strejk, å den andra döms en företagare till höga skadestånd, därför att han avskedat anställda, som gjort sig skyldiga till stöld. I det sistnämnda fallet hade till råga på allt företagsledningen de anställdas majoritet på sin sida.

Inför anblicken av dessa missförhållanden frågar man sig: Var finns den borgerliga regeringen? Varför ger den inte signal till en ny kurs? Här skulle den ju annars ha en utmärkt chans. Den kan åberopa sig på avsikten med lagar, som genomförts på den socialdemokratiska regeringens tid. Den kan vädja till arbetsmarknadens alla parter. Den kan ta initiativet till sammankomster mellan olika parter runtom i landet. Den kan göra trygghet och samarbete till tändande gnistor och samlande lösenord i en kampanj, som samtliga regeringspartier borde kunna ställa sig bakom och delta i. Men invänder kanske någon, hur skall regeringen kunna tända gnistor, när den själv inte har någon gnista? Den är alltför upptagen av krisens Martasbekymmer och partiernas energigräl för att kunna samla sig kring en skapande och entusiasmerande linje. Dess enda hopp ligger i motsidans egen förvirring, manifesterad i fondpolitikens fiasko och den växande energiklyftan även inom SAP. Det dalande 70-talet har en mörk himmel med få stjärnor.

*1978, nr 6 (september-oktober):*

# "MAGISTRARNA"

**Äntligen har diskussionen börjat komma in på rätta hjulspår inom socialdemokratin, sedan Per Åhlström skrev sin mångomtalade artikel med dess kritik av magisterväldet i arbetarrörelsen.**

Per Åhlström, redaktör för "Metallarbetaren", har rört upp en väldig storm med en artikel om de intellektuellas tilltagande makt i det socialdemokratiska arbetarpartiet. Nu har det alltid funnits akademiker inom socialdemokratin. Branting, Sandler, Engberg, Wigforss, Erlander, Undén, det är en lysande rad av män med akademiska titlar, som betytt mer än de flesta för svensk arbetarrörelse och satt märke efter sig i svensk samhällsutveckling. Och vill man ha namn, som går hem i kvinnokampens årtionde, så finns både Karin Koch, Alva Myrdal och Inga Thorsson att tillgå.

Det finns knappast fler akademiker i dag än tidigare i socialdemokratins ledande organ. Att frågan ändå bränt till med sådan hetta, har djupare orsaker. Det hänger ihop med den ökning av de intellektuellas makt, som den senaste teknologiska utvecklingen medfört. Det rör sig om ett förhållande, som är karaktäristiskt för hela västvärlden och sålunda inte alls bara för svensk socialdemokrati. I näringslivet har forskare, produktutvecklare, marknadsförare och ekonomer, alla med specialutbildning, fått en alltmer dominerande ställning. I fackföreningarna har man måst skaffa sig folk med specialutbildning för att kunna följa med i utvecklingen. Sammalunda gäller kommunerna, där tillkomsten av storkommuner ökat de socialutbildade teknokraternas inflytande. Och i statsförvaltningen sitter folk med liknande utbildningsmässig bakgrund ända upp i toppen.

Det faktum att samhället blivit alltmer komplicerat har stegrat kravet på kunskaper. Statsvetenskap, nationalekonomi, företagsekonomi, sociologi, psykologi, biologi och genetik är ämnesområden, som även den vanlige politikern kommer i kontakt med. Utan kunskaper på dessa områden är det vanskligt att ta ställning till sådana frågor som kapitalkoncentrationen och dess inverkan på samhällets maktförhållanden, till de psykologiska konsekvenserna för människor av olika produktionsprocesser, till de förut oanade miljöproblemen med deras alltför ofta negativa följdverkningar o.s.v. I nästan alla hithörande frågor har den akademiska utbildningen ett obestridligt värde. Och till sist är det riktigt, som man påpekat i debatten, att arbetarrörelsen själv gjort allt för att möjliggöra högre studier för ungdomar från arbetarklassen. Då kan den inte gärna sedan stöta bort dessa ungdomar, när de kommer till partiet.

Nu sätter onekligen universitetsutbildningen en viss prägel på de studerandes sätt att vara, att uppträda och att resonera. Därmed utsuddas i viss mån spåren från olika sociala barndomsmiljöer. I och med att de universitetsutbildade i dag är så många fler än förr, kommer deras massa att verka konsoliderande på de för gruppen karaktäristiska attityderna. Akademikerna växer ut till en självständig socialgrupp med sitt eget beteendemönster. De suger samtidigt upp begåvade personer från närstående grupper. En grupp med växande social status verkar alltid normerande på andra samhällsskikt. Man skulle kunna tala om en slags social magnetism. Men samtidigt uppstår det en spänning mellan en grupp med status och den stora massa, som känner sig stå utanför. Det skapas en känsla av främlingsskap mellan den profilerade gruppen och de andra, de utanförstående. Skillnaden i språkbruk mellan akademiker och andra är i dag en allmänt känd företeelse, ägnad att markera den sociala distansen.

"Magistrarnas" inflytande inom socialdemokratin är sålunda bara en reflex av hela den aktuella utvecklingen, av den sociala strukturförändring, som det västerländska samhället upplever. I Östeuropa har problemet en annan sida. Där har den nya teknokratin redan etablerat sig som härskande klass. Titos forne vän och medarbetare, Milovan Djilas, har berört saken i sin kända bok "Den nya klassen". I väster är utvecklingsformerna andra. Men riktningen är densamma. Och slutresultatet kan bli detsamma. "Magistrarna" blir det nya härskarskiktet, som Jarl Hjalmarsson en gång kallade "översåtarna".

Naturligtvis har socialdemokratin, om den vill, alla möjligheter att komma tillrätta med problemet. I diskussionen efter Per Åhlströms artikel har det också framkommit åtskilligt, som pekar framåt. ABF-mannen Torsten Eliasson har i Arbetet framhållit, att akademiker och andra borde smälta samman till en samverkande gemenskap; både de lågutbildade och de högutbildade har erfarenheter, som samhället behöver. Olika grupper med olika utbildning bör kunna komplettera varandra.

Dessa synpunkter står i klar strid med de klasskampsidéer, som ännu alltför ofta sticker upp i socialdemokratisk propaganda. De påminner osökt om det resonemang, med vilket den nysvenska korporatismen brukar motiveras. Om Per Åhlströms artikel innebär, att sådana synsätt får ett bredare utrymme i svensk arbetarrörelse, har hans artikel betytt en insats inte bara för hans parti utan för hela vårt folk.

*1978, nr 7 (december):*

# TRE ÖDESFRÅGOR

När varje avvikelse från den i massmedia hävdade meningen stämplas som reaktionär, finns det anledning att se upp. En sådan form av hysteri tyder på att en fråga är mycket ömtålig. Fakta får inte allsidigt belysas. Folkopinionen skall sövas med mörkläggning.

D et finns i dag tre ödesfrågor i svensk politik: försvaret, skolan och invandringen. Nedvärdering av försvarets betydelse, uppvärdering av den nuvarande skolan och kritiklöst anammande av invandringen hör till det påbjudna. De som har andra åsikter, svävar på målet eller tiger.

Försvaret kostar pengar. Det är fred i vårt grannskap. Varför då inte använda försvarsmilliarderna till "sociala" bidrag? Det ger röster. Och skolan . . . Vi kräver jämlikhet. Men i skolan finns det begåvade och obegåvade. De förstnämnda klarar sig bättre än de sistnämnda. Alltså: kräv inte mer än de svagare rår med. Och så invandringen, som smickrar folkhemmet. Alla folk ser upp till folkhemmet. Alla vill hit. Varför då inte hålla dörren öppen till den bästa av alla världar? Att komma med synpunkter – nej, det är rena rasismen.

Men låt oss för ett ögonblick trotsa maktens och demagogernas påbud och titta ett tag på verkligheten. Vår nedrustning sker i ett ögonblick, då 33.000 sovjetiska stridsvagnar står färdiga gentemot 8.000 på NATO-sidan. Neutronbomben som motmedel är verkningslös; dels hotar den befolkningen på den egna sidan i krigsdrabbade europeiska länder. Och dels har ryssarna nu också fått den. Hoppet om Kina som motvikt kan bli en realitet om tio år. Först då kan Kina vara rustat. Under tiden kan hökarna i Moskva få övertaget. Brezjnev är inte odödlig. Och Amerika är inte alltid att lita på. Fyra alliansfria stater finns det i Europa: Sverige, Finland, Österrike och Jugoslavien. Kommer Amerika att försvara dem vid ett ryskt angrepp? Inte säkert. I varje fall krävs det då, att vi har ett så starkt försvar att det lönar sig för amerikanarna att ingripa. Om ryssarna gör ett blixtangrepp mot Västeuropa, kan de snabbt komma fram till

DET NÖDVÄNDIGA GREPPET 255

Atlanten. Ett starkt beväpnat Sverige med neutral kurs skulle då inte vara ett ryskt intresse att angripa. Men allt hänger på det svenska försvarets styrka.
Lika framtidsfientlig som den militära nedrustningen är den kulturella. Kunskapsnivån i våra skolor sjunker. Disciplinupplösningen skapar olösliga mänskliga samarbets- och samlevnadsproblem för framtiden. Det finns exempel på lärare, som står maktlösa i klasser, där några hänsynslösa ynglingar med låg IQ terroriserar sina kamrater. Tio tusen lärare har redan lämnat skolan på grund av vantrivsel. Slutresultatet kommer att bli sjunkande bildning, minskade vetenskapliga topprestationer, ineffektivare förhållanden på arbetsplatserna och ökat teknologiskt utlandsberoende.
Våra framtidsutsikter blir inte ljusare genom att en växande del av vårt folk kommer att bestå av utlänningar. Om invandringen hade hållits inom rimliga gränser, skulle den enbart varit en stimulans. Nu bäddar den för inre konflikter, som hotar hela den svenska samhällsmiljön genom frigörelsen av rent destruktiva krafter nere på folkdjupet. Socialstyrelsen vägrar lämna ut sin broschyr om socialt arbete i Sverige till privatpersoner. Bättre bevis på myndigheternas dåliga samvete kan man inte få. Broschyren i fråga ger upplysning om alla de förmåner, som tillerkänns invandrare men förvägras svenskar. Den är en utmaning. Partier och myndigheter vet, att de har en överväldigande folkmajoritet mot sig. Men de har drivits in i en utveckling, som de inte kan hejda. För att försvara den hejdlösa invandringen skyfflar de gladeligen demokratins alla principer under mattan. De tragedier, som växer upp i invandringens spår, blundar de för, bagatelliserar de eller skyller på andra.
Nysvenska Rörelsen företräder i dessa tre frågor en inställning, som är medvetet inopportun. Vi kräver starkast möjliga svenska försvar. Vi kräver en skola, där kunskapsmeddelelsen är huvuduppgiften, och där andra uppgifter delas med familjen och ungdomsorganisationerna. Vi kräver stopp för fortsatt invandring och åtgärder, som säkrar förhållandena för dem, som kommit hit för att göra sin insats och som sköter sig, samt hjälpåtgärder för utflyttning av dem, som vantrivs eller har svårigheter att anpassa sig till det svenska samhället. Det är ingen ytterlighetsståndpunkt. Vi är allergiska mot militärdiktaturer, antingen de finns i Chile eller Etiopien. Vi har det klasslösa samhället som vårt stora slutmål, ett samhälle, byggt på gemensam kultur. Vi har direkt varit med om att på olika sätt hjälpa invandrare tillrätta i vårt land. Men en sak är klar: Det här landet är vårt. Det skall förbli vårt. Ett starkt försvar, en skola som

fyller sin uppgift och ett Sverige, som förblir svenskt – dessa ståndpunkter står vi för. Sedan må massmedia kasta vilka glåpord efter oss de önskar.

*1979, nr 1 (januari):*

# KORPORATISMEN OCH DESS GRÄNSER

Ingen idé, inte ens korporatismen, får dras ut in absurdum, har vi flera gånger påpekat. Men korporatismen är trots alltings begränsning den bästa av de samhällsfaktorer, som förts fram i vårt århundrade.

Kärnan i den nysvenska åskådningen är korporatismen, den lära, för vilken samhället består av olika verksamhetsområden och staten är det sammanhållande organ, som har att utåt såväl som inåt företräda folkets samlade enhet. Korporatismen bygger på uppfattningen om den historiska utvecklingen som frukten av ett samspel mellan olika drivkrafter, ekonomiska och sociala, politiska och militära, geografiska och kulturella, biologiska och psykologiska. Människan framstår som en utvecklingens tekniker, som har att så koppla dessa drivkrafter att deras samspel tjänar till förverkligande av en mänsklig målsättning. Då kulturen är det för människan och hennes historia karaktäristiska, framstår kulturen som historiens grundvärde och därmed själva "myten" i den korporativa ideologin.

Den logiska konsekvensen av denna samhällssyn blir verksamhetsområdenas uppbyggnad i sidoställda och likaberättigade korporationer. Dessa förses med självstyrelse på samma sätt som kommunerna. Staten som det samordnande organet bör vara oberoende av korporationerna. Kravet på en folkvald statsminister är ett följdriktigt komplement till den korporativa samhällssynen. Tanken på en riksdag, vald i korporativa valkretsar, är i och för sig möjlig men inte något absolut krav; man kan mycket väl tänka sig en riksdag av ungefär samma typ som den nuvarande. Då emellertid regeringen har sin fullmakt av folket i val, bör den vara självständig i förhållande till riksdagen. Skulle den inte få majoritet för ett förslag, bör saken kunna hänskjutas till en folkomröstning, som då blir en skiljedomare mellan regering och riksdagsmajoritet.

Kontakt mellan regering och korporationer kan utan vidare erhållas utan en korporativt vald riksdag som mellanhand. Det visar de kontakter, som i dag äger rum mellan regeringen och arbetsmarknadens organisationer.

Att existensen av inflytelserika korporationer kan komma att påverka partisystemets struktur är uppenbart. Men detta är inte något fel. Det är både rimligt och önskvärt, att riksdagen även i ett korporativt samhälle blir en spegelbild av opinionerna ute bland folket. Spärrarna, som i dag skall förhindra uppkomsten av småpartier, behövs inte längre. En folkvald regering har inte samma behov av en stabil riksdagsmajoritet som en parlamentarisk.

Man har invänt mot korporatismen, att den skulle främja branschegoismen. I stället för klasskamp skulle vi få korporationskamp. Invändningen är riktig, om man drar ut korporatismen in absurdum. Men det har vi ständigt varnat för. Redan folkvalet av statsminister liksom det nya folkomröstningsinstitutet utgör en balans mot en alltför ensidig korporatism. En stor balansfaktor är också de fria kommunerna. Redan i början av 50-talet var vi motståndare till storkommunerna. Vi menade, att den reformen skulle gagna byråkratiseringen. Vi förordade ett bibehållande av alla någorlunda livsdugliga historiskt framvuxna kommuner. Samtidigt skulle landstingens uppgifter ökas. Utvecklingen visar, att vi fått rätt. Nu kräver man kommundelsråd för att återställa, vad man spolierat. Vi har självfallet ingenting emot en sådan reform. Den ligger helt i linje med våra strävanden. Korporationerna är ett komplement, inte ett alternativ till kommunerna. Tillsammans utgör kommuner och korporationer den balansfaktor, som behövs för att motverka uppkomsten av en allsmäktig statlig byråkrati.

Det har också sagts, att korporatismen kan komma att i alltför hög grad gynna producentintressena. Vi har därför framhållit, att konsumenterna bör ges en egen representation i ett korporativt samhälle. Vi har bl. a. föreslagit, att den nuvarande konsumentombudsmannen (KO) bör ges vidgade uppgifter och eventuellt bli folkvald. Detta skulle kunna ske samtidigt med statsministervalet, varvid KO skulle stå med på valsedeln ungefär som den amerikanske vicepresidenten. Han skulle ges en organisation med rätt till insyn i korporationernas verksamhet.

Att varje mänskligt system har sina nackdelar vet vi alla. Men något system måste vi ha. Och hur vi än vänder och vrider på problemen, blir korporatismen till sist ändå det helt överlägsna alternativet i vårt århundrade. Den uppmärksamhet, som vi redan nu visat för korporatismens eventuella negativa sidoverkningar är en garanti mot den urartning, som hotar varje samhällstyp, där ensidigheten får råda. Den mångsidighet och den överblick, som korporatismen vill möjliggöra, måste gälla även det korporativa systemet självt.

*1979, nr 2 (februari-mars):*

# VÄLFÄRDSSTATEN

**Materiellt välstånd, javäl, men inte normlöshet, inte försvarslöshet, inte oordning, inte klasskamp. Framtiden ligger i återställd jämvikt mellan dagens ytterligheter.**

99 Den långa flykten" är en roman om kaniner, skriven av den engelske författaren Richard Adams. Den utgör en svidande vidräkning med det nutida välfärdssamhället, tolkad i djursymboler. En synsk liten medlem av en kaninkoloni får plötsligt en känsla av att något ohyggligt är på väg. Han varnar förgäves kolonins hövding men får med sig en handfull kamrater. De beger sig ut på vandring och hamnar i en annan koloni. En av utvandrarnas klokaste medlemmar blir deras hövding. Den nya kolonin befolkas av mycket välfödda och välväxta kaniner. De har fina manér, som nykomlingarna inte känt till förut. De är kunniga och välbärgade. De lever högt på en avskrädeshög vid en närliggande bondgård. De har inga fiender. De kan inte slåss. De är fredliga av sig. Någon hövding har de inte, de behöver ingen. Nykomlingarna bidrar till underhållningen genom att berätta en hjältesaga från det förflutna. Den tas emot med road överlägsenhet. Värdkaninerna har en skald, som sedan föredrar en dikt i typisk modernistil. Så småningom får nykomlingarna reda på hemligheten bakom välståndet. Det är den synske kaninen, som klarar ut saken. Bonden sätter då och då ut snaror och fångar några av dem. Det är priset för välfärden. Till sist faller hela välfärdssamhället samman.

Det ligger åtskilligt i denna fabel. Den naturvuxna människan tillhör en familj, en stam, ett folk. Hon uppfostras till ett beteende, som är gemensamt för hela gruppen. Hon fogas in i ett socialt sammanhang, där hon får sin roll i det drama, som gruppens liv utgör. Det växer fram i en hierarki, ett system av funktioner och till dem knutna befogenheter, som är nödvändigt för att gruppen som sådan skall kunna fungera. Det gemensamma beteendemönstret upplevs av de enskilda människorna som en trygghetsfaktor.

Så växer välfärden fram. Den är en produkt av samspelet mellan folkets olika medlemmar och grupperingar. Men med den kommer också demokratin med dess jämlikhetskrav. Resurserna räcker till för att alla skall få sitt. Det behövs ingen hövding, ingen stark man. Allt flyter ändå. Freden anses självklar. Man har ingen anledning att angripa andra. Därför räknar man med att andra skall vara lika fredliga. Man betalar det pris, som man anser rimligt. Man ersätter försvar med u-hjälp.

Richard Adams har tecknat välfärdsstatens negativa sida. Bilden skulle kunna fullständigas med den upplösning av alla band, som så småningom följer i normlöshetens spår. Det fasta mönstret försvinner. Ordet ordning blir ett fult ord. Men i oordningen förvandlas fredligheten till aggressivitet. Intressekonflikterna mellan olika grupper hårdnar. Normlöshet föder närvätt. Slutscenen blir det stora angreppet utifrån. Den fallfärdiga byggnaden störtar samman. Utomstående, vilka lockats av välfärden, fungerar som en femte kolonn, när katastrofen nalkas.

Vi har redan hunnit en bit på vägen i det västerländska samhället av i dag. Det finns en kluvenhet i aktuell demokrati. Å ena sidan inser man nödvändigheten av en ledning, en samordnande kraft i samhället. Å den andra hävdar man allas rätt att i jämlikhetens namn ha lika mycket att säga till om. Chefen ersätts av stormötet. Därmed äter demokratin upp sig själv inifrån. Till sist återstår bara den järnhårda diktaturen, i vårt fall utövad av en teknokratisk överklass.

Det är denna utveckling, som till varje pris måste stoppas. Men då gäller det att inte låta pendeln slå över till den motsatta ytterligheten, att inte besvara stormötesdemokratin med den diktatur, som man vill undvika, att inte låta välfärdsstatens avigsidor skymma blicken för de materiella förutsättningarnas oumbärlighet och inte låta skattekrånglets orimligheter förringa betydelsen av en social och mänskligt rättvis fördelning av det gemensamma arbetets avkastning. Vägen ut ur den återvändsgränd, som vi hamnat i, ligger i ett återställande av jämvikten mellan samhällsutvecklingens ytterligheter. Det är därför som Nysvenska Rörelsen betecknar sin politiska linje som den tredje vägen, vägen mellan kapitalism och kommunism, mellan Förenta Staterna och Sovjetunionen, mellan materialism och vidskepelse. Det är den vägen, som på skylten vid vägskälet har ristat in de tre orden: korporatism, samnationalism och ny humanism.

*1979, nr 3 (april):*

# INVANDRINGENS RISKER

**Stryk gärna de rasbiologiska aspekterna. De är svåra att klart fastställa. Och de behövs inte. Det räcker med de gruppsykologiska. Invandringens risker är uppenbara, om vissa gränser överskrids.**

Invandrarfrågorna hör till de närmast tabubelagda i en fri svensk debatt. Massmedias representanter bildar en mur kring invandringen, en mur, som principiellt inte får ha några gluggar. Politikerna vågar inte trotsa mediafolket, även om en del av dem skulle vilja. De som har tagit bladet från munnen och sjungit ut, har råkat i blåsväder. De har t.o.m. hotats med uteslutning ur sitt parti. De som trotsar denna opinion på toppen, får omgående naziststämpeln på sig. Att kritisera den nuvarande invandringspolitiken, att anse ett svenskt Sverige som ett värde i sig, betecknas utan vidare som nazism och därmed jämförbart med judeutrotning, koncentrationsläger och massterror. Man har anledning fråga sig, vilka intressen som står bakom denna exempellösa hets. Majoriteten av vårt folk vill stoppa fortsatt invandring med undantag för verkligt hotade politiska flyktingar. Att vi skall ge dem en fristad är de flesta eniga om. Det betyder däremot inte, att de skall stanna här för alltid.

I kritiken av invandringspolitiken har arbetslösheten spelat en väsentlig roll. Varför ta hit mer folk, när vi inte har arbete ens för våra egna? Den synpunkten är gångbar, därför att den rör de enskilda människornas intressen i nuet. Men det finns också långsiktiga perspektiv. De är i själva verket de allvarligaste.

Historien upprepar sig inte. Den är levande liv. Någon enhetsformel, som speglar historiens väsen, finns inte. Men det finns historiska drivkrafter, det finns sociala, ekonomiska, politiska och kulturella sammanhang, som är desamma, hur än kombinationerna i det historiska kraftspelet gestaltar sig. Det är med historien som med matematiken. Vi kan aldrig förklara historiens väsen med en matematisk formel, som täcker hela sammanhanget. Det uppstår tallösa avvikelser. Men med hjälp av matematiska satser har vi lyckats få bukt med åtskilligt i vår omvärld. Två och två är fyra: den satsen stämmer, och den kan användas i verkligheten. Men oändligheten, den liggande åttan, spränger alla ramar och upplöser alla begrepp, den liksom de irrationella talens underliga skuggtillvaro.

Ett av dessa ständigt återuppdykande problem är invandringarna. De har förekommit sedan historiens gryning. Låt oss börja med Rom, det senantika Rom med alla dess påtagliga upplösningstendenser. Främlingar hade kommit in över gränserna och slagit sig ner i provinserna, särskilt utmed gränsen i norr. De blev bofasta bönder. Eller också värvades de till legionerna. Rom hade ända sedan de puniska krigens dagar varit föremål för en ständig invandring från världens alla hörn. Konsekvensen blev en gradvis upplösning av det romerska samhällsmönstret. Visserligen var latinet det gemensamma språket. Men invandrarna talade ofta dåligt latin. De bidrog till en fortskridande språklig förbistring. Samtidigt fanns det band mellan dem och deras forna stamfränder på andra sidan gränsen. Det är typiskt, att när hunnerstormen kom, anslöt sig frankerna som bundsförvanter till den segerrike Attila. Att romarna till sist segrade i den avgörande drabbningen på Catalauniska fälten berodde inte bara på härföraren Aetius skicklighet som fältherre utan också på den hjälp han fick av västgoterna med deras tränade kavalleriförband. Redan 25 år efter segern över hunnerna utslocknade definitivt den västromerska statsenheten.

Det romerska exemplet är inte unikt. Libysk arbetskraft i Egypten undergrävde det egyptiska mönstret och förde till sist libyska hövdingar till faraonernas tron. Dessa i sin tur importerade sudaneser. Resultatet blev detsamma, sudanesiska faraoner. Egypten förlorade sin motståndsvilja. Det föll för den babyloniska stormen, för den persiska, för den grekiska, för den romerska och sist för den arabiska. Långt dessförinnan hade hela den sumeriska kulturen gått under inför ett anfall av det semitiska Akad. Den importerade semitiska arbetskraften gjorde i det avgörande ögonblicket gemensam sak med erövrarna-befriarna.

Att upprätthålla och vidareutveckla ett gemensamt nationellt beteendemönster är förutsättningen för en statlig utveckling och därmed för en högre kultur. En invandring, som skapar betydande minoriteter med egna mönster utgör alltid ett hot mot ett folks existens och därmed mot den kultur, som det representerar. Invandrare kan verka befruktande, stimulerande, förnyande. På 30-talet, när den rasbiologiska aspekten dominerade diskussionen, brukade vi i Nysvenska Rörelsen tala om rasblandning och rasbrytning. Vi kan lugnt stryka rasbiologin ur sammanhanget, även om den spelar en betydande roll. Vi vet tyvärr för lite om denna roll och dess gränser. Men de gruppsykologiska faktorerna, beteendemönstrens uppgift som sammanhållande faktor i en nation, har till fullo klarlagts av den moderna socialpsykologin. Om för oss Sverige är ett värde i sig, om vi upplever det som en av våra främsta livsuppgifter att vidmakthålla svenskheten, att anpassa den till nya tiders nya krav, att bevara sambandet mellan svenskheten och det stycke jord, som blev vårt, då framstår de hysteriska försöken att bromsa eller kväva en saklig och fri debatt kring invandringen som ett förräderi mot Sverige. Hetsarna i pressen, i Sveriges Radios samhällsredaktioner, i invandrarverket och partikanslierna har all anledning att besinna sig. Det har kommit många fina människor till Sverige under de senare årtiondena. Vi har all anledning att ta dem till vara och inlemma dem i en svensk gemenskap. Men uppbyggandet av helt främmande minoriteter, som direkt hänger ihop med sina ursprungsländer och ursprungstraditioner kan i längden bli en fara för vårt folks bestånd. Det är vår skyldighet mot Sverige att göra detta klart för oss själva och för andra och att handla därefter, vad än de tillfälliga makthavarna må sätta för etikett på oss. Det är vi som representerar livet med dess ofrånkomliga drift till självbevarelse. Hetsarna må ha än så mycket makt och än så mycket pengar till sitt förfogande; de bär trots allt ett dödsmärke på skölden.

*1979, nr 4 (maj):*

# ELIT, VISST – MEN FEL ELIT

**Demokratin håller på att utveckla sig till ett utpräglat elitsamhälle. Men det rör sig om eliter utan folkförankring, isolerade grupper i nyckelställning. Den demokratiska elitismen måste sprängas, om samhället skall överleva.**

E lit är närmast ett fult ord i aktuellt demokratiskt språkbruk. Den som konstaterar, att det i livets flesta sammanhang finns eliter, betraktas som reaktionär, fascist eller vänsterextremist – med andra ord en verklighetsfrämmande respektive ondskefull person (välj efter behag). Samtidigt som detta synsätt visar nivån i åtskillig aktuell debatt, är det ett utmärkt exempel på demokratins förmåga att göra hyckleriet till livsform. Demokratin tycks här tillämpa satsen: Gör en sak men påstå något annat.

Vi har ofta från nysvenskt håll påpekat, att demokratin på grund av sin egen inneboende automatik håller på att utveckla sig till ett teknokratiskt överklassamhälle. Inom industrin har det vuxit fram ett system av specialutbildade funktionärer alltifrån forskare och laboratorietjänstemän via produktutvecklare och marknadsförare, en socialgrupp som kallats industrins teknostruktur. Detta har tvingat arbetsmarknadens organisationer att anställa funktionärer med motsvarande utbildning. I statsförvaltningen finns samma typ av människor sedan gammalt. I storkommunerna övertar de alltmer det faktiska inflytandet. Det är genom sammansmältningen av dessa grupper, som den nya teknokratiska överklassen får form och styrka.

Nu kan man emellertid vinkla samma problem också på ett annat sätt. En härskande klass är aldrig helt enhetlig. Den kännetecknas ofta av inbördes konflikter mellan rivaliserande riktningar och smågrupper – högadel mot lågadel, industriintressen mot bankintressen, höglönare mot låglönare o. s. v. Själva elitbildningen sker delvis genom uppkomsten av slutna kotterier, som för egen räkning säkrar olika nyckelpositioner.

Chefstjänstemännen i en större kommun lär lätt känna varandra. De träffas, de umgås, de utbyter erfarenheter, de gör upp om samspel. De vet, hur de skall klara politikerna, vilka argument som går hem och vilka man skall hålla inne med. De kan sköta sina underordnade, som med hänsyn till konkurrensen om karriären ofta är mycket anpassliga. De ledande tjänstemännen blir en sluten grupp med gemensamma intressen.

På samma sätt utgör politikerna trots partisplittringen en viss grupp för sig. De är beroende av sina partiapparater, som ser till att de blir valda. De är beroende av tjänstemännen, som har den faktiska kunskapen och erfarenheten i förvaltningsfrågorna. Gentemot de sistnämnda har de sitt väljarunderlag, som ger dem prestige: de talar och handlar å det allsmäktiga folkets vägnar. Partiapparaterna är tvungna att stödja dem för att inte själva förlora mark. I den mån de hotas utifrån av nyuppdykande företeelser, håller de samman för att gemensamt försvara sin ställning. Det är typiskt, att alla partier från moderaterna till VPK slår vakt kring de maktägande partiernas alla privilegier och gemensamt hindrar nya grupper att komma i åtnjutande av dem.

Det finns åtskilliga fler exempel. Toppfunktionärerna i arbetsmarknadens organisationer är ett exempel, teknikerna vid ett verkligt storföretag är ett annat. Det typiska för dessa eliter är inte bara deras fåtalighet utan också deras växande isolering från samhället i stort. Kritiken av byråkratin, misstron mot politikerna, oppositionen mot de centrala fackföreningsinstanserna, miljökampen mot den allsmäktiga tekniken är vittnesbörd om denna eliternas isolering. Genom att elitfolket koncentrerar sig på sina uppgifter och söker klara dem utifrån principen om lönsamhet antingen ur företagets, kommunens eller fackets synpunkt blir de i sitt tänkande och sitt handlande till sist så specialiserade att de förlorar kontakten med livet i stort, med den vanliga människan.

Det är regel, att dessa grupper har jämförelsevis goda resurser att röra sig med. Detta gör det lättare för dem att anpassa sig till en samhällssituation, som gynnar deras intressen men för folk i allmänhet blir alltmer outhärdlig. Därmed ökas avståndet ytterligare mellan eliterna och folket i det demokratiska samhället.

Eliternas inbördes kamp är ointressant för den stora massan. Men den används i propagandasyfte för att förvirra begreppen hos gemene man. Ett typiskt exempel på den saken är striden om löntagarfonderna. Socialisering! Katastrof! ropar arbetsgivarna. Arbetarmakt! Demokrati! svarar den andra sidan. Lika fel bägge delarna. När fondfrågan utnyttjas tillräckligt i valfiskesyfte, resonerar man ihop sig. Fonderna kommer till stånd. LO inbjuder storbankernas män att komma med i fondstyrelserna. De har ju erfarenhet. Storbankerna tackar och bjuder in LO-män att komma med i bankstyrelserna: den sociala sidan har ju i dag stor betydelse. De båda motparterna välkomstskålar med varandra. Spelet går vidare som om ingenting hänt; de flesta sitter kvar, några har bytt plats, och vi andra, ja vi kan lugnt konstatera, att allt sker över våra huvud, som det har skett så länge vi själva minns.

Visst kommer det alltid att finnas eliter. Utan ett styrande eller inspirerande fåtal skulle ingen utveckling vara möjlig. Men de eliter, som växer fram i dag, är fel eliter. Vi behöver på olika områden människor, som står i levande kontakt med de många ute i samhället, människor, som kan känna med dem och känna sig som utslag av samma anda och samma livsdröm. För att driva fram den typens eliter räcker inte demokratin. Därtill behöver vi det nya samhället, de små enheternas samhälle, det korporativa.

*1979, nr 5 (juni):*

# PARLAMENTARISMEN

Det parlamentariska systemet hör till vår tids heliga kor. Det börjar emellertid bli nog så ålderdomsskröpligt. Frågan är om inte parlamentarism och demokrati i längden sätter krokben för varandra.

På sistone har det förekommit en massmediadebatt om parlamentarismen. Något större djup kan man inte beskylla den för – det kan man sällan här i landet. Mest har det gällt, huruvida partierna, riksdagen eller regeringen levt upp till det parlamentariska systemet. Detta innebär rent formellt, att regeringen skall ha folkrepresentationens förtroende, så att den sistnämnda villigt klubbar regeringens förslag. För att så skall bli fallet, måste regeringen representera riksdagsmajoriteten. Det gör den emellertid inte. Den har bara 39 av 349 röster säkrade, alltså en försvinnande liten minoritet. Då det ofta kan vara svårt att säkra en majoritet – den måste bestå av flera partier, när ett enda inte är i flertal – får regeringen lotsa sig fram än med stöd av det ena än av det andra partiet. Detta kallas minoritetsparlamentarism. Ola Ullsten är den i särklass främste företrädaren för detta styrelsesätt i svensk historia.

En regering med riksdagsmajoritet får alltid igenom sina förslag. Men förr i världen även en minoritetsregering. På 20-talet klarade sig C.-G. Ekman, en föregångare till Ullsten, genom att än ta stöd av högern, än av socialdemokraterna. Det kallades på den tiden för vågmästeri. Ullsten har emellertid inte fått igenom mer än knappa hälften av sina förslag. Men han sitter ändå. Hur kan det gå ihop?

Jo, vi har infört en nyhet i den nya regeringsformen nämligen misstroendevotum. Vilken ledamot som helst kan i riksdagen föreslå, att riksdagen uttalar sitt misstroende mot regeringen. Går detta förslag igenom, måste regeringen ställa sina taburetter till förfogande. Men nu har ingen kommit med ett sådant förslag i riksdagen. det finns ingen bestämmelse i regeringsformen, som säger att regeringen måste avgå, om något av dess förslag fallit igenom eller ändrats. Alltså sitter Ullsten kvar. I motsvarande situation skulle vart och ett av de andra partierna också ha gjort det. Men det låtsas de inte om. Nu harmas de över att regeringen sitter, samtidigt som de inte för allt smör i Småland vill ha bort den.

Det här verkar nog på åtskilliga som rena skojet. Frågan är emellertid om inte det parlamentariska systemet förr eller senare alltid hamnar i en sådan situation. Frågan är t. o. m. om inte parlamentarism och demokrati är två olika system, som sätter krokben för varandra. Parlamentarismen fordrar, att det skall finnas en majoritet i folkrepresentationen. Demokratin fordrar, att alla röster skall väga lika, och att väljarna själva ensamma skall få bestämma. Om nu väljarna delar upp sig på en mängd småpartier och dessa inte drar jämt, så är detta fullt demokratiskt. Men det omöjliggör en fungerande parlamentarism. Därför har man infört allsköns bestämmelser för att möjliggöra majoritetsbildning. I Sverige blir alla röster på ett parti, som inte får 4 % av rösterna, bortkastade. Men med sådana trick åsidosätter man den grundläggande demokratiska principen om alla rösters likavärde. Parlamentarismen kan alltså fungera, endast om man gör våld på demokratins egna grundsatser.

Nu är detta inte den enda invändningen mot parlamentarismen. Det faktum, att den i ett mångpartisystem ofta omöjliggör en stark regering är ett av de väsentligaste invändningarna. Den underströks med skärpa av Tage Erlander. Att socialdemokratin lyckades hålla regeringsmakten så länge, berodde främst på det stöd, som de hade i Första kammaren. Man talade då om en tvåkammarparlamentarism. Men även denna var principiellt odemokratisk. Det framhöll särskilt folkpartiet, som var den pådrivande kraften, när enkammarriksdagen infördes 1970. Folkviljan bör omedelbart få komma till uttryck, sa liberalerna. Alltså ingen fördröjande Första kammare. Så fick liberalerna som de ville. Och nu representeras folkviljan av 39 riksdagsledamöter. Från den trogna Första kammaren till den styrande lilla eliten – som dessutom inte kan styra! Vilket är mest demokratiskt?

Hela denna verklighet, som nu breder ut sig för våra ögon, vittnar vältaligt om att både parlamentarism och demokrati sett sina bästa dagar. Myglet vid Sergels torg kommer till sist att gå svenska folket på nerverna. Nysvenska Rörelsens krav på en folkvald statsminister, en av honom utsedd regering, vars sammansättning är oberoende av partierna, samt en folkomröstning, som avgör, om regering och riksdag inte kommer överens ligger betydligt mer i tiden än den luggslitna gamla parlamentarismen. Vi gör inte anspråk på att kallas demokrater. Vi tror på demokratins värden men inte på dess dogmer. I vårt korporativa system får varje människa sin naturliga ställning och ett däremot svarande inflytande. Det systemet är inte renlärigt. Men mänskligt!

*1979, nr 6 (september):*

# UTANFÖR VALDEBATTEN

**Om lönsamheten sättes före allt annat, går tryggheten förlorad. Näringslivet blir allt konjunkturkänsligare. Men kan vi med demokratins hjälp åstadkomma den behövliga jämvikten? Det ser inte ut så, i varje fall inte i valtider.**

Egentligen skulle detta vara två ledare. Den ena skulle heta "Lönsamhet och trygghet", den andra "Form eller innehåll". Men eftersom vårt utrymme är så begränsat, må det vara tillåtet att söka smälta ihop dem till en.

Med lönsamhet menar vi, att en verksamhet skall kunna bära hyggliga löner, hygglig avkastning på investerat kapital och tillräcklig avsättning av medel för kommande investeringar. Detta betyder, att lönsamhet är ett relativt begrepp. Vad menas med hyggliga löner och hygglig kapitalränta? Det beror på vilka pretentioner man har. Om vi emellertid ställer lönsamheten som främsta villkor för vårt handlande, leder detta till satsning på kapitalintensiv verksamhet, och detta i sin tur till stordrift. Högrationaliserade eller automatiserade företag ger lättare stor avkastning och har lättare att betala höga löner än de arbetsintensiva verksamheterna. Lönen blir i storföretagen en mindre del av kostnaderna än i de mindre företagen, där resultatet per arbetstimma aldrig kan nå upp till samma omfattning som i storföretagen.

Följden av detta resonemang, som dominerade Sveriges ekonomiska politik på 50-talet, var en tillbakagång för den mindre företagsamheten och de arbetsintensiva verksamheterna till förmån för kapitalintensiva storföretag. Koncentrationstendenserna i näringslivet skulle möjliggöra högsta möjliga välstånd.

Men detta visade sig kortsynt. Dels betyder ökat välstånd att folk kan tillfredsställa sina önskemål mer än förut. Men folks önskemål skiftar från människa till människa. Storföretagen måste producera i långa serier. De kan framställa produkter, som tillfredsställer våra basbehov.

Välstånd kräver emellertid också individuellt varierade produkter, som kräver små serier och därför fördelaktigast tillverkas i mindre företag med lägre administrationskostnader. Dels medförde koncentrationen en starkt ökad konjunkturkänslighet. Stordriftens fördelar gör sig främst gällande i ett gynnsamt konjunkturläge. När konjunkturen vänder och företagen råkar i kris, blir verkningarna närmast katastrofala. Näringslivet har förlorat sin flexibilitet, sin anpassningsförmåga. Detta faktum har vi upplevt på 70-talet.

Om vi nu parallellkopplar lönsamhetsbegreppet med trygghetskravet, blir bilden en annan. Även i ett läge, då stordriften ger de bästa resultaten, måste vi se till, att den mindre företagsamheten, den arbetsintensiva verksamheten upprätthålles i tillräcklig omfattning. Men då kan vi inte ta ut maximal vinst på stordriften, vi kan inte betala ut hur höga löner som helst. Trygghetskravet betyder, att vi måste hålla igen i en utpräglad högkonjunktur för att kunna anpassa oss, när konjunkturen rusar nedåt.

Nu är det så, att människor i allmänhet bara ser till den närmaste horisonten. Hon vill helst utnyttja ögonblickets möjligheter till bristningsgränsen och låta morgondagen klara sig bäst den kan. Alltid blir det väl någon råd, heter det. Den här skissade jämvikten mellan krav på största möjliga lönsamhet och säkrad trygghet kan därför åstadkommas endast om vi kan få en medveten samverkan mellan olika grupper i samhället, en samverkan, som bygger på gemensam insikt om gemensamma intressen och därmed gemensamma mål. Är detta möjligt inom ramen för den bestående demokratin? Knappast. Ty demokrati innebär, att vi med jämna mellanrum måste vädja till folk om deras röster. Det blir en auktion, där den högstbjudande vinner. Ett sådant system leder automatiskt till kortsynt fixering vid nuets problem.

Demokratin har velat tillgodose behovet av en samverkan mellan alla. Den har velat engagera de många i samhällets och statens verksamhet. Den har velat förverkliga både frihet, rättssäkerhet, folkligt medinflytande och mänsklig solidaritet. Men härutinnan har den misslyckats. Den har stelnat i partiernas låsta positioner. Den hyvlas ner av valstridernas konstgjorda locktoner, ofta utan fast underlag i verkligheten. Politikerna tvingas ge löften, som de sedan inte kan hålla. Politikerföraktet breder ut sig. Man kan inte lita på samhället, inte ha förtroende för staten. Detta medför en gradvis skeende uppluckring av samhällsfunktionerna.

Det är här den nysvenska rörelsen skjuter in korporatismen. Den folkvalde regeringschefen ger oss en fast punkt i samhället. Korporationer, underkorporationer och enskilda företag skapar en ordning, byggd på de små enheterna men med ett permanent fungerande system av kommunikationer mellan alla nivåer i samhället. Det förverkligar demokratins ideal av frihet, rättssäkerhet, medinflytande och solidaritet. Men dessa ideal förverkligas genom att demokratins former ersätts med korporatismens. Och nu kommer frågan: Är det demokratins innehåll, de demokratiska värdena, som vi skall kämpa för? Eller är det demokratins bestående former, de stora parlamentariska kollektivföretagen, partierna, som vi skall slå vakt om? Den frågan lär inte komma upp i valrörelsen. Den är för ömtålig.

*1979, nr 7 (oktober):*

# BLOCKENS BAKGRUND

Lite varstans i västvärlden pendlar valresultaten hårfint kring jämviktsläget 50–50. Oraklen i massmedia letar förgäves efter en förklaring. Men förklaringen finns.

Det väger jämt mellan blocken inte bara i Sverige utan i en rad andra länder. Halva folket röstar borgerligt, andra hälften socialistiskt. Varför? Den frågan gick både talman Allard och statsvetaren Olof Pettersson bet på i ett radioprogram. Pettersson hänvisade till att båda sidor försöker lägga sig på mittlinjen för att slåss om det fåtal röster, som driver mellan blocken och därmed avgör. Detta tal om drivveden fick vi höra redan på 20-talet, när den engelske statvetaren Lasky påvisade marginalväljarnas betydelse. I verkligheten förklarar detta ingenting. Hur har denna drivved uppkommit? Den skulle vara otänkbar, om blocken inte dessförinnan kommit till.

I själva verket är den nuvarande situationen liksom alla andra framvuxen ur en historisk utveckling. Det började med parlamentarismen i England på 1700-talet. Makten låg i händerna på en överklass med blandad aristokratisk och merkantil sammansättning. Vissa grupper var mera radikala, andra skeptiska och konservativa. De hade emellertid ett gemensamt intresse av att försvara de besuttnas privilegier. Skillnaden mellan konservativa och radikaler gick i någon mån tillbaka på motsättningen mellan de merkantila och de agrara intressena inom överklassen. Men dessa intressen var delvis rätt hopflätade, och det blev därför ofta en motsättning mellan människor av olika temperament. Motsättningen mellan två parter blev något typiskt för det framväxande demokratiska statsskicket. I 200 år har detta faktum inpräntats i medvetandet.

Så kom franska revolutionen, som införde höger-vänsterskalan i politiken. Polariteten mellan en politisk höger och en politisk vänster har sedan dess framstått som det naturliga för all politisk ordning.

Till sist kom marxismen med dess lära om klasskampen mellan arbetarklass och borgarklass. Återigen en motsättning mellan två parter, nu som grund för hela samhällsstrukturen. Marx menade, att arbetarklassen skulle växa i antal, borgerligheten via konkurrensens utslagsmekanismer minska, så att arbetarklassen till sist med den allmänna rösträttens hjälp skulle kunna erövra makten och förverkliga socialismen.

Det har inte gått så. Att tillhöra borgarklassen har ansetts ge mera status. För gränsskiktet mellan klasserna, alltså småborgarna, var det nödvändigt att hålla gränsen klar mot arbetarna. Borgerligheten har kunnat utnyttja detta statustänkande. Arbetarklassens av rationaliseringen förorsakade krympning har säkrat borgerlighetens nuvarande andel i befolkningen.

På arbetarhåll motverkade man borgerlighetens kapitalinnehav med sin kvantitativa styrka, manifesterad i fackföreningsrörelsen. Samtidigt balanserade man det borgerliga statustänkandet med att framställa sig själv som de förföljda, de förtryckta, de som kämpade en ädel kamp för en rättvis sak. Tillkomsten av de moderna höglöneyrkena har urholkat denna moralromantik. Statustänkandet breder ut sig Specialiseringen, framkallad av tekniken, har upplöst de forna kollektiven i en rad mindre sociala enheter. Ingen socialgrupp har i dag majoritet. Ingen kan få det. Ett politiskt parti kan komma i majoritetsställning endast genom att vädja till olika socialgrupper och förmå dem att gå samman.

Under mellankrigstiden befann sig arbetarklassen politiskt i minoritetsställning. Detta berodde icke minst på bönderna, som hade en helt annan andel av befolkningen än nu. Efter kriget har tjänste-, vård- och kulturyrkena och andra sysselsättningar utanför industrin fått en allt starkare ställning. Fackföreningsrörelsen är fortfarande ägnad att konsolidera ett politiskt block, som byggts upp som uttryck för en i dag passerad verklighet. Ideologiernas konservatism verkar i samma riktning. Bara extrema icke-sociala förhållanden av ren kriskaraktär skulle numera kunna ge socialdemokratin majoritet. Tendensen går mot en ökning av de grupper, som röstar borgerligt, samtidigt som socialdemokratins krympande klassiska väljarunderlag alltmer förvandlas till en relativt välbärgad medelklassgrupp.

Blocken är alltså en produkt av samspelet mellan socialstrukturella förändringar å ena sidan, ett kvardröjande organisatoriskt och ideologiskt mönster å den andra. Ännu kan jämvikten hållas. Men hur länge? Marginalväljarna, som striden står om, blir allt fler. De idéer, som man slår med och som härstammar från förra århundradet, blir alltmer nattståndna. Tillströmningen av intellektuella till det socialistiska blocket är en förstärkning i ögonblicket. Men den är samtidigt ett sprängstoff. Motsättningen mellan klassisk socialdemokrati och vänsterintellektuell radikalism är redan en realitet.

Spänningen inom de båda blocken växer. Svårigheterna att hålla ihop en trepartiregering kan få sin motsvarighet i liknande svårigheter på motsidan. Förr eller senare kommer det att växa fram en kraft utanför blocken. Det uppstår ett yttre tryck, som tillsammans med de inre spänningarna bringar hela det bestående systemet på fall. Ju förr detta inträffar, desto säkrare kan vi bygga vår framtid.

*1979, nr 8 (december):*

# INFÖR 80-TALET

**När vi inför 70-talet gav uttryck åt en förhoppning att detta årtionde skulle bli vårt stimulerades vi av en begynnande röd tillbakagång. Men vårt årtionde blev det inte. Det blev en tid av nyanpassning. Nu står vi redo inför nästa decennium.**

När vi inför 70-talets sista skälvande minut ser tillbaka på de senaste tio åren, ligger det oss närmast att tänka på vår egen rörelses förhoppningar och besvikelser. Men vårt eget agerande måste ses mot bakgrunden av det yttre skeendet. När 70-talet bröt in, dominerades bilden ännu av den röda vågen, de nyliberala och nymarxistiska idéernas genombrott, som ägde rum i slutet på 60-talet. Men varken den extrema kollektivismen eller den extrema individualismen kunde bota ensamhetskänslorna i de växande förortsområdena eller ge ungdomen vad den trängtade efter. Den gröna vågen följde i den rödas efterdyning. Lantlivets behag blev den nya illusionen. Miljöproblemen blev brännande aktuella. Skräcken för kärnkraften, de tekniska miraklernas mirakel, bredde ut sig.

Det energisnåla lokalsamhällets ideal började emellertid också förblekna. Den ekonomiska depressionen i de stigande oljeprisernas kölvatten riktade in uppmärksamheten mot en verklighet, gråare och krassare än man drömt om. Kvar av de olika vågorna blev bara kvinnokampen. Med gälla röster och teatraliska åthävor har jämställdhetens amasoner gått till storms mot det orättvisa och orättfärdiga manssamhället. Kvinnornas framryckning har emellertid inte ändrat utvecklingens huvudriktning. Ett förlångsammande av den ekonomiska utvecklingstakten kännetecknar hela västvärlden. Samtidigt gör sig u-ländernas problem alltmer gällande. Den islamska omvälvningen i Iran har ställt begreppen på huvudet. Den revolutionära vågen går åt höger, långt åt höger.

Det talas en hel del om kapitalismens kris. Men det rör sig i lika hög grad om socialismens. När Högsta Sovjet häromdagen sammanträdde, visade det sig, att produktionen det senaste året ökat bara med 2 %, alltså mindre än hälften av vad som beräknats i femårsplanen. I Ungern förbereds en rationalisering av industrin. Stalinisterna i partiet opponerar sig. De pekar icke utan rätt på att det blir arbetarna, som får betala moderniseringen. Det är de, som i första hand blir utslagna. Problemet är detsamma som i väster. Stagnationen, arbetslöshetshotet, osäkerheten inför framtiden breder ut sig också öster om järnridån. Därtill kommer så den allt skarpare politiska motsättningen i den kommunistiska världen. Spänningen mellan Moskva och Peking och än mer skeendet i Sydöstasien håller på att bli en tyngre belastning på den en gång trosvissa världskommunismen.

Nysvenska Rörelsen har under efterkrigstiden stabiliserat sig som en idérörelse utanför partierna. Den ideologiska grunden låg klar. Ställningen utanför skalan höger–vänster hade inneburit, att rörelsen i slutet på 60-talet vägrade att agera extremhöger kontra extremvänstern. Den hade därmed hävdat sitt idémässiga och politiska oberoende. Nu gällde det emellertid att finna formerna för en positiv insats. Det gällde att bryta den totala isolering, som rörelsen befunnit sig i.

Den första bataljen utkämpades i Sveriges Författarförbund och gällde principen om huruvida medlemskap i Nysvenska Rörelsen skulle utesluta medlemskap i författarförbundet. Det blev seger för åsiktsfriheten. Nästa framstöt gällde en relativt obetydlig handikappfråga, nämligen rätten för handikappade att utnyttja radions inspelningsarkiv för talböcker. Att man för den första aktiva framstöten valde just en handikappfråga berodde dels på att rörelsen här förfogade över sakkunskap och dels på att handikappfrågorna kunde bli ett konkret uttryck för rörelsens sociala inställning. Här kunde nu en betydande framgång noteras. Rörelsen har fortsatt med ett krav på reformering av handikappersättningen. På denna punkt har den hittills bara vunnit en halv seger. 1978 års riksdagsbeslut om handikappersättningen låg i linje med nysvenska strävanden, men det var så utformat att det blev skäligen betydelselöst. Kampen för en verklig reform fortgår därför med oförminskad styrka.

Ofullbordad är också framstöten till arbetsmarknadsministern om sysselsättningsexpansion inom tjänste-, vård-, och kulturyrkena. Här har rörelsen gjort en första framstöt på ett område, där partierna ännu är bundna i en föråldrad samhällssyn, och där rörelsens nya perspektiv kommer att slå igenom. Hos budgetministern ligger ett förslag om barn- och bostadsbidragens ersättning med skatteavdrag ner till en viss inkomstnivå och automatiskt statsbidrag i stigande skala med fallande inkomst under denna nivå.

Inkopplingen på konkreta reformkrav vid sidan av det mera långsiktiga ideologiska arbetet har tagit rörelsens kraft i anspråk, det har blivit 70-talets signum. Vi kräver ett nytt statsskick med en folkvald statsminister och en ny samhällsordning, byggd på självstyrande korporationer. Vi har därmed skisserat ett alternativ både till kommunism och kapitalism, både till demokrati och diktatur. Vi står utanför partierna. Vår möjlighet att påverka utvecklingen beror helt på att tillräckligt många människor är beredda att ställa upp och göra en insats. Vad grupper utanför partierna kan åstadkomma har nykterhetsrörelsen sedan länge bevisat. De relativt fåtaliga men mycket energiska vänstergrupperna har fått ett inflytande, som vida överstiger deras antal. Nysvenska Rörelsen har dragit konsekvensen av dessa erfarenheter. Dess första uppgift under det stundande 80-talet är att bygga upp och konsolidera den organisatoriska apparat, som måste finnas redo, när historien vänder. Nedgångs- och upplösningstendenserna under 70-talets år kommer att fortsätta i sin utförsbacke. Det gäller att hejda denna utveckling och skapa den front, vars blotta existens betyder en svensk förnyelse.

*1980, nr 1 (januari-februari):*

# ROLLSPELET OCH TALKÖREN

**Ensidighet leder alltid på avvägar. Fanatismen förkväver alltid sin egen avsikt. Det är jämvikten mellan ytterligheterna, som vi ständigt måste kämpa för. Den rubbas ständigt av förändringar. Den måste ständigt återställas.**

Jämlikhet har varit slagordet på modet under 70-talet. Den har idisslats som ett kvardröjande eko från den röda ungdomsrevolten under 60-talet. Den var en paroll för nyliberalismen likaväl som för nymarxismen. Den håller på att snedvrida hela utvecklingen. Ty det finns bara en metod att förverkliga den: den hänsynslösa likriktningen, den järnhårda diktaturen. Alla människor är olika. Därför måste jämlikhetens förespråkare tvinga dem att bli lika.

Det är också likriktning, som har följt i jämlikhetspropagandans spår. Etermedia – radio och TV – är utmärkta instrument för likriktning. De bestämmer, vad vi skall få veta, vad vi skall tycka, och hur vi skall bedöma det skeende. I Aktiebolaget Sveriges Radio sitter en grupp handplockade män och kvinnor, som tämligen allsmäktigt regerar monopolföretaget. Denna lilla grupps unika maktställning har inte ens någon demokratisk legitimitet. Den utser sig själv. Förekomsten av släktingar och vänner i Sveriges Radios utnämningspraxis har börjat observeras. Utan att sålunda ha något som helst folkligt bemyndigande bestämmer denna grupp om de åsikter, de synpunkter och de fakta, som skall få redovisas i etermedia, och dem, som skall mörkläggas. Redan nu har en hel åsiktsriktning ställts utanför, samtidigt som de vänsterextrema ståndpunkterna ges en stundom dominerande ställning i programverksamheten. Radionämnden har visserligen reagerat mot den kärnkraftspolitiska ensidigheten i Öppen kanal, men detta skedde först när en kombination av näringslivet och Landsorganisationen de facto uppträdde på enig front som opponenter.

Ensidigheten i etermedia har självfallet sin betydelse i den svenska idéutvecklingen. Folk med de rätta åsikterna privilegieras. De får framträda, de får arvorden, de får en etablerad ställning i samhället. Personer med andra värderingar hålls så gott som helt utanför. I den mån de får framträda, sker detta ofta i beskuret skick. Man förmår dem att medverka i ett program genom medvetet osannfärdiga uppgifter om programmets innehåll och avsikter.

Här har vi ett typiskt exempel på den sociala press, som leder fram till det likriktade och uppifrån datastyrda teknokratiska samhället. Folkrörelsernas gradvisa omvandling till statsstyrda ämbetsverk är ett annat exempel. Löntagarfonderna är ett tredje exempel. Elektroluxcheften Wertén har principiellt accepterat tanken. Vi är alltså redan på väg mot den lösning, som Vägen Framåt förutspått. När man tjatat ut frågan, kommer näringslivet och LO överens. Toppfigurerna på ömse håll går samman. Makten har fördelats dem emellan. Etablissemanget är räddat. Och vi andra... Har som förut ingenting att säga till om!

Allt detta sker i namn av demokrati och jämlikhet. Demokratins yttre former kommer att bestå på samma sätt som den ärftliga monarkin. De förvandlas steg för steg till dekorationer. Jämlikheten blir en likriktning av oss, som inte hör till toppen. Vi skall bli en talkör, som skanderar på order av en dirigent, som toppgänget för ögonblicket skickar fram. Talkören är en utmärkt bild av jämlikhetens samhälle. Dess motsats är rollspelet. I en talkör säger alla exakt detsamma. I ett rollspel har varje deltagare sin uppgift, sina repliker Rollspelet är det naturliga i ett samhälle. Talkören behövs emellertid i kritiska situationer. Vid två tillfällen har det svenska folket fungerat som en talkör. Det ena var årsskiftet 39-40, när ryssarna överföll Finland. Den andra var den 21 augusti 68, när de marscherade in i Prag. I sådana ögonblick är talkören, likritningen, känslan av total gemenskap en nödvändighet. I normala fall däremot är rollspelet det enda tänkbara, i varje fall i ett fritt samhälle.

Men rollspelet förutsätter en känsla av det olikas likavärde. Varje uppgift i ett samhälle, varje roll i ett drama har sin betydelse. Om bara en skenbart liten roll faller bort, kan ibland hela stycket ändra karaktär. Rollspelet får aldrig stelna i en gång för alla fastställda attityder. Vi behöver en böljegång mellan rollspel och talkör. I vissa lägen måste ett rollspel kunna övergå i en talkör, som sedan måste upplösas i ett nytt rollspel. Detta är historiens gång, det naturliga uttrycket för den åtrådda jämvikten.

Om någon får för sig, att det är en jämvikt mellan de båda blocken i svensk politik, som vi skall eftersträva, är detta ett misstag. Uppdelningen i block är ett spel för galleriet. Det borgerliga toppskiktet och det socialdemokratiska är bara skiftningar inom ett och samma styrande skikt. Det är utanför partierna, som förnyelsens krafter måste samlas. Den samling måste ha kontakter åt alla håll, åt vänster likaväl som åt höger. Det är ur folkets mitt, som det nya måste komma, inte från någon ytterkant. Att skapa denna nya samling och formera den kring nya konstruktiva samhällsideal är 80-talets främsta svenska samhällsuppgift.

*1980, nr 2 (mars):*

# HOTBILDER OCH MOTBILDER

**Folkomröstningen om kärnkraften håller allt mer på att bli en lek med linjer. Partipolitikens finter dominerar en diskussion, där känslorna svallar och ringrävarnas ränker skapar idel förvirring.**

Tolv aggregat, som används tills de tjänat ut -- det är linje 1. Tolv aggregat i 25 år plus lite socialisering -- det är linje 2. Sex aggregat i 10 år och sedan stopp -- det är linje 3. Skillnaden mellan 1:an, som stöds av moderaterna, och 2:an, som stöds av folkpartiet och socialdemokraterna, är hårfin. Så värst mycket längre än 25 år håller inte aggregaten. Men (s) vill ha chansen att bluffa med en "avvecklingslinje", så att 3:an inte blir ensam om den saken. Taktik! 3:an stöds av centern och VPK plus en tredjedel av (s) vilket gett den werneriska sjukdomen ökad spridning i landet.

Låt oss börja med att titta på ett kärnkraftsverk. Innanför metertjocka betongväggar står reaktorn, en stor stålcylinder i fyra våningar. I den nedersta förs vatten in. Det sugs genom hål i taket upp i den andra våningen, där bränsleelementen finns fästade. Dessa består av metallrör, som innesluter en rad korta uranstavar. Här försiggår kärnklyvningen. Genom den värme, som därigenom alstras, förvandlas vattnet till ånga. Denna blir bemängd med radioaktivt stoff från kärnklyvningen. Den stiger upp i tredje våningen, och dess fuktighet minskas vid passagen dit. En sista ångrening sker vid passagen upp till fjärde våningen. Därifrån förs ångan ut till en turbin, som ångströmmen håller i rörelse. Det är denna turbin, som driver de elektriska generatorerna. Ångan kyls ner till vatten, som genom rörens förlängning förs tillbaka till reaktorns nedervåning. Processen kan börja om.

Det finns nu en viss risk för att den i reaktorn upphettade ångan eller det i rörsystemet nerkylda vattnet av någon orsak kommer ut i det fria. Ett materialfel i reaktorcylindern eller i rören, en ventil, som plötsligt råkar ur funktion och stoppar ång- eller vattenflödet och därmed ökar trycket, kan få ödesdigra konsekvenser. Det är därför som säkerhetsanordningarna är så rigorösa. I reaktorns nedervåning finns styrstavar, som kan föras upp i andra våningen, och som har till uppgift att reglera kärnklyvningen. Dessa styrstavar kan inom loppet av någon sekund stoppa hela processen och därmed stänga reaktorn. Om det emellertid uppstår ett fel i styrstavarnas rörelse eller processen av annan orsak bromsas, och om ånga eller vatten kommer ut i rummet innanför betongväggarna, ökar risken för en härdsmälta. Om därvid en spricka i de metertjocka väggarna bildas, kan ett radioaktivt moln sippra ut. Det bärs då vidare av vinden med ohyggliga konsekvenser för omgivningen.

Risken för en kärnkraftsolycka har kommit i brännpunkten efter olyckan i Harrisburg. Dessförinnan var det främst förvaringen av det radioaktiva avfallet, som vållade bekymmer. De rester, som blir kvar efter kärnklyvningen i reaktorn, måste förvaras på ett betryggande sätt. Man räknar med både högaktivt och lågaktivt avfall. Det sistnämnda behöver 500 år för att bli riskfritt Det högaktiva är farligt under årtusenden. Även om det skulle vara möjligt att göra sönderdelningen snabbare, rör det sig under alla omständigheter om tidsrymder, som vi inte kan överblicka. Ett verkligt säkert förvaringssätt finns ännu inte. Ett jordklot bestrött med atomkyrkogårdar är ingen munter framtidsvision.

Den tredje risken hänger ihop med den politiska terrorism, som blivit en permanent faktor efter 1945. Radioaktiva avfallsprodukter i händerna på en hänsynslös gerilla kan sätta ett helt samhälle i skräck.

Det är dessa risker, som åberopas av linje 3. Att de faktiskt existerar, är ovedersägligt. Mot bedömningen av denna hotbild som avgörande framför linjerna 1 och 2 följande motbild: Risken för en totalolycka i ett kärnkraftverk är försvinnande liten statistiskt sett. Den minskar alltefter som samhällets kulturnivå stiger. Kultur i stället för primitivitet i svensk samhällsutveckling är ett framsteg. I motsats till olja och kol förgiftar kärnkraften varken luft eller vatten, om inte en totalolycka inträffar. I fråga om kärnkraft kan Sverige bli självförsörjande, medan vi är helt beroende av import, när det gäller kol och olja. Kärnkraften ger oss redan nu en fjärdedel av vår elenergi; denna siffra kan fördubblas. Stopp för svensk kärnkraft innebär inte någon säkerhet; det finns kärnkraftverk i många av våra grannländer – Finland, Sovjetunionen, Polen och de tyska staterna. Radioaktiva dödsmoln kan vid ryska, polska och tyska kärnkraftolyckor föras direkt in över Sverige.

Till detta kommer, att vi i internationella sammanhang kan tala med betydligt större auktoritet, om vi själva har erfarenhet om kärnkraftens

## DET NÖDVÄNDIGA GREPPET

funktioner och verkningar. Ett resultat av kärnkraftens snabbutveckling innebär dessutom, att begåvade tekniker söker sig till andra länder eller andra tekniska områden. Bortsett från att detta betyder en teknologisk utarmning, är det samtidigt en fara. Det blir svårt att få kompetent folk till de kärnkraftverk, som skall avvecklas på 10 år. En seger för linje 3 ökar risken för en verklig olycka i Sverige.

Talet om kärnkraften som drivkraft i en utveckling hän mot en teknokratisk diktatur kan vi lämna åsido. Den utvecklingen är vi redan mitt uppe i. Den bottnar i demokratins egen inneboende automatik och går vidare med eller utan kärnkraft, om vi inte på politisk väg lyckas bryta trenden. Det väsentliga i dagens läge är emellertid inte om vi skall avveckla kärnkraften på så eller så många år – väsentligt är att vi får fram de alternativa energikällor, som ligger och väntar. Torv, energiskog, sol, vind, vågor och jordvärme kan komma att utnyttjas med förut okända metoder. Nysvenska Rörelsen har hittills lagt tonvikten i sitt arbete på den linjen. Vi kommer att fullfölja den linjen. Kärnkraften må kunna rädda oss ur dagens trångmål. Den blir aldrig vår framtid. Och det är en framtid för Sverige, för Europa, för hela vår blå planet, som vi kämpar för.

*1980, nr 3 (april):*

# DE TRE ELITERNA

**Folkomröstningen kring kärnkraften kom på ett helt annat sätt än riksdagsvalet att spegla den nya socialstrukturen i det svenska samhället. Den grusade helt marxismens bild av ett samhälle, uppdelat i borgarklass och arbetarklass. Förhållandena är betydligt mera komplicerade.**

O nsdagen före folkomröstningen innehöll programpunkten "Nattkafé" i riksradion en mycket intressant diskussion om vad man kallade de tre eliterna i det svenska samhället. De utgjordes av toppskikten inom borgerligheten, Folkrörelse-Sverige och vänsterintelligentsian. Två drag lade man särskilt märke till i denna debatt: dels rörde man sig med begreppet elit på ett sätt, som inte hör till vanligheten i svensk debatt, och dels ritade man upp en helt annan bild av aktuell svensk socialstruktur än den grovt förenklade bild, som vi fått oss till livs i den nymarxistiska propagandan.

Borgerligheten betecknades som en grupp på reträtt. Den rakryggade översten, som stegar in på ett industrikontor, hör inte längre till den stilbildande eliten. Det nya näringslivets toppar är flexibla. De anpassar sig till utvecklingen. De lär sig leva också med icke önskade nymodigheter. Det gäller att överleva.

Folkrörelse-Sverige domineras fortfarande av socialdemokratin. Den har en socialetisk grundsyn, som skiljer sig från det borgerliga tänkandets utpräglade individualism. Den har fortfarande kvar något av den mänskliga värmen från pionjärtiden. Men borgerliga synsätt har urvattnat det gamla mönstret, samtidigt som nya medelklassgrupper med delvis avvikande traditioner gör bilden mera komplicerad.

Vänsterintelligentsian – beteckningen användes i brist på bättre – är den nyaste företeelsen. Den har sitt fäste i de intellektuella yrkena och har ett visst grepp över yngre medelklass. Dess utpräglat intellektuella framtoning ger den en i dessa medelklasskretsar typisk prestige: förr bugade man sig för den tomma direktörsstolen i hopp om att en gång få inta den; nu gör man samma bugning inför den tomma katedern i en akademisk lärosal.

De sociala strukturgränserna mellan dessa tre grupperingar är minst sagt flytande. Borgerligheten behärskas främst av amerikanismen. Den framgångsrika supermakten i väster upplevs som ett bevis på den borgerliga individualismens överlägsenhet framför socialismens åtsnörda kollektivism. Det växande byråkratiska krånglet i vårt land, den invecklade skattepolitiken och det i massmedia ofta illustrerade missbruket av sociala välfärdsanordningar ger amerikanismen ny näring. Samtidigt har emellertid den sociala medvetenhet och de humanitära ideal, som präglat svensk utveckling, fått ett visst grepp också om den borgerliga opinionen. Den har därmed blivit osäker och ambivalent.

Folkrörelse-Sverige är 1980 inte lika starkt som för 20 eller 30 år sedan. Detta hänger delvis samman med att dess kärna, de fackligt organiserade arbetarna, fått se sin andel i befolkningen krympa. Sådana organisationer som TCO, TBV och Studiefrämjandet är inte på samma sätt som LO och ABF direkt knutna till socialdemokratin men tillhör onekligen folkrörelserna. Det har utvecklats en umgängesstil inom alla dessa organisationer, som är intimare och hjärtligare än borgerlighetens alltför formstela sedvanor. Den mentalitetsskillnad, som här kommer till uttryck, håller emellertid på att steg för steg suddas ut. Borgerligheten är på reträtt.

Vänsterintelligentsian är den mest paradoxala av de tre grupperna. Den talar om arbetarmakt. Men den har en mycket begränsad förankring i arbetarkretsar. Frågan är, om inte t. o. m. borgerligheten har ett djupare grepp om "proletärkretsar". Vänsterns framtoning – de många fina orden, de svårbegripliga utläggningarna – stöter bort vanligt folk men imponerar, som redan påpekats, på vissa yngre medelklasselement. De intellektuella yrkenas ökade betydelse i nutidssamhället har gett vänstern en påtaglig överrepresentation i massmedia. I övrigt är dess framtid minst sagt osäker.

Kärnkraftsomröstningen återspeglar på sitt sätt den sociala struktur, som här ovan antytts. Ettan företräder den typiska borgerligheten, tvåan Folkrörelse-Sverige och trean vänsterintelligentsian i förbund med en grupp, som vi hittills utelämnat, bönderna. Vid en tidig SIFO-undersökning fick ettan 26, tvåan 28 och trean 31 %. Ettan gick sedan steg för steg tillbaka i opinionsmätningarna till förmån för tvåan. Dess slutsiffra blev lägre än moderaternas vid riksdagsvalet i fjol. Tvåan tog över ettans förluster. Trean drog till sig de flesta av dem, som från början varit obeslutsamma. Härtill bidrog dels det växande vänstergreppet om yngre medelklassgrupper, dels det starka kvinnoinslaget i treans propaganda och dels vissa upplösningstendenser inom socialdemokratin. Alliansen Centern-VPK var en ohelig allians. Det är typiskt, att centerns bönder spelat en minst sagt passiv roll i kampanjen. Centerns folk hör naturligen hemma i Folkrörelse-Sverige, inte i det brokiga följet kring Lars Werner och Miljöförbundet. Det är en väsentlig uppgift för Thorbjörn Fälldin att se till, att hans folk åter sluter upp på den plats i samhället, där de rätteligen hör hemma.

Så som förhållandena nu gestaltat sig, är det uppenbart, att en svensk förnyelse måste ha Folkrörelse-Sverige som sin grundval. Här finns den typiskt svenska traditionen, arvet från seklernas Bonde-Sverige. Här finns de tunga grupperna i det moderna samhället. Men till denna formation måste vi också föra de ofta begåvade idealister, som hamnat i vänster intelligentsian, därför att de på andra håll stött på en alltför stelbent konservatism, manifesterad i myndigheternas tilltagande makt över människorna. Till Folkrörelse-Sverige måste vi också länka in den grupp av företagare, som är initiativkraftiga, arbetsamma och realistiska människor, som ett dynamiskt och framåtsträvande Sverige inte kan vara utan. Folkomröstningen sprängde de gamla partilojaliteterna. T. o. m. moderaterna naggades i kanten. Det är utanför partierna, som framtiden kommer att växa fram. Sedan gäller det att få partierna med på omdaningen. Organisationer och socialgrupper är aldrig självändamål. De är alla tillfälliga redskap i tjänst åt den enda övergripande faktorn i det svenska samhället, Sverige.

*1980, nr 4 (maj):*

# MÖNSTER I UPPLÖSNING

**Vad som nu sker är upplösningen av det tidsbundna demokratiska mönster, som präglat huvuddelen av det svenska 1900-talet. Men mitt i eländet skymtar den tidlösa svenska räddningen: misströsta inte!**

Det var framför allt amerikanska psykologer – nyfreudianer som Karen Horney och beteendeforskare som Ruth Benedict – som satte sin prägel på den ideologiska debatten närmast efter andra världskriget. Människan växer från barndomen in i ett mönster av sedvänjor, föreställningar, moralbegrepp och yttre åthävor, som sedan sätter sin prägel på hennes personlighet. För de flesta är trygghetsbehovet det dominerande; man undertrycker aggressioner, sexuella driftsutlevelser och tillfälliga impulser, som står i strid med mönstret för att inte stöta sig med den gemenskap, som man är beroende av. Varje folk har sitt eget mönster, utformat genom tiderna. Det är detta mönster, som utgör nationens egenart.

Men mönstret är inte något en gång för alla givet. Det utsätts ständigt för påverkan både inifrån och utifrån. Det är beroende av konkreta förutsättningar, ekonomiska likaväl som politiska. Mönstret är något levande, som skiftar i sin formgivning allteftersom tiderna växlar. Men genom dessa skiften finns det något grundläggande, som består från skifte till skifte.

Man kan säga, att det i Sverige växte fram ett demokratiskt mönster, som började formas kring sekelskiftet och som fick sin mest fulländade utformning på 50-talet. Typiskt för detta mönster var överenskommelsen mellan arbetsmarknadens parter i Saltsjöbaden 1938; man skulle göra upp på grundvalen av vissa gemensamma föreställningar om social och ekonomisk rättvisa.

Tor Bonniers danskfödda hustru Jytte har i sina memoarer gett en utmärkt bild av svenskt 50-tal; måttfullt, rationellt, materialistiskt, framstegsmedvetet men samtidigt opersonligt, mekaniskt, kollektivistiskt. Det genom tiderna svenska finns med i bilden, de yttre formerna både i umgängesliv och i samhällsarbete har alltid spelat en stor roll i Sverige. Det är typiskt, att riksdagen i sin verksamhet mer påminner om ett ämbetsverk än om en folkförsamling. Den klassiska svenska motsättningen mellan de breda lagren, samlade kring en ledargestalt – Gustav Vasa, Karl XI eller Gustav III – och ett inbördesträtande men maktsuget överskikt, företrätt av riddarhus och riksråd, går igen i motsättningen mellan arbetarrörelsen, symboliserad av namnen Branting, Hansson och Erlander å ena sidan, en inbördesträtande men maktsugen borgerlighet å den andra, splittrad i tre partier. Det var arbetarrörelsen, som satte sin prägel på 50-talet, höjdpunkten i modern svensk utveckling. Dess tillbakagång under slutet av 60- och början av 70-talet ledde fram till det borgerliga maktövertagandet 1976. Men därmed bara ökades takten i tillbakagången för hela det svenska samhället. De rivaliserande borgarpartierna hade inget samlande grepp, ingen framtidslinje. De var alla lika bundna vid det demokratiska mönstret som socialdemokratin. Men de saknade socialdemokratins enhetliga ledning och effektiva organisation. De hade inte vanan inne. Det har gått allt fortare i utförsbacken. Och nu är vi framme vid kraschen. Det demokratiska mönstret befinner sig i upplösning.

Osvenskt, skriver grannländernas tidningar. Och det är riktigt, om man anser 50-talets Sverige som något typiskt svenskt. Men en nation kan inte bara åberopa sig på sina höjdlägen. Också tillbakagångarna och upplösningsperioderna hör med i den nationella bilden. Storkonfliktens villervalla är Sverige, sådant det ter sig, när det tidsbundna i dess mönster är i full upplösning och något nytt ännu inte har kommit.

Det har funnits ett drag av verklighetsfrämmande internationalism i vårt demokratiska mönster. Man har förnekat nationen både som värde och realitet. Människan är densamma oberoende av hudfärg eller kulturform. Detta har lett fram till en individualism, som står i strid med socialismens gemenskapstänkande. Här stöter vi på en motsättning, som bidragit till mönstrets upplösning. Konkret har denna snedsyn på verkligheten resulterat i en invandringspolitik, som helt blundat för nationella realiteter och därför blivit en av de mest ödesdigra hävstängerna i den upplösningsprocess, som vi befinner oss i. Men mitt i allt elände skymtar ändå den svenska räddningen. När Curt Nicolin och Olof Ljunggren, Gunnar Nilsson och Nils Fjällström utfrågades om konflikten i radio, förekom det inte ett enda hårt ord dem emellan. Det var företrädarna

## DET NÖDVÄNDIGA GREPPET 291

för två legitima svenska institutioner, som talade å ämbetets vägnar. I det mest låsta läget på svensk arbetsmarknad under mer än ett halvt århundrade höll man stilen. Vi behöver inte misströsta. Sverige kommer förr eller senare åter att finna sig självt.

*1980, nr 5 (juni-juli):*

# DE ONDA TUNGORNA

**Det starka samhället har råd med frihet. Förtalskampanjer, förföljelser och pariastämpling är typiska uttryck för inre osäkerhet, för ett samhälle, som inte längre tror på sin framtid.**

I "Jerusalem", ett av Selma Lagerlöfs mäktigaste verk, skildras en amerikansk sekt, som drog ut till det heliga landet, och som efter sin kvinnliga ledares namn kallas gordonisterna. En svensk-amerikan, som fångats av sektens budskap, kommer till Dalarna och förmår några av de mest profilerade i en socken att fara hemifrån och ansluta sig till gordonisterna. De finner sig väl till rätta med sina amerikanska trosfränder. De inspireras av andan i denna varma och aktiva gemenskap. Palestina var vid denna tid en halvt förvildad avkrok. Nöden var ofta skriande. Det fanns obegränsade möjligheter till insatser i tjänst åt de hårdast drabbade människorna. Först så småningom märker gordonisterna, hur en mur av isolering växer upp omkring dem. De onda tungorna viskar överallt. De berättar om hur sektens medlemmar för ett dåligt liv. De är en skam för de kristna. De borde förjagas från Jerusalem. Ingen bryr sig om att kontrollera uppgifterna. Alla uppdiktade fakta tas på allvar. Den lilla kristna gruppen utanför Damaskusporten röner större förståelse bland muhammedaner och judar än bland sina egna trosfränder. Men de sviker inte. De fortsätter i tjänst åt sin övertygelse.

När en modern läsare följer denna berättelse, lägger han inte bara märke till skillnaden mellan det trygga mönstret hemma i Dalarna och förfallet i det turkstyrda Palestina. Han observerar också, att förtalet, förföljelserna och isoleringen kring kämpande idealister i sekelskiftets Jerusalem har åtskilligt gemensamt med dagens svenska verklighet. De onda tungorna i Jerusalems gränder påminner slående om partifanatikernas och massmediareportrarnas agerande i Sverige bortåt 100 år senare.

Det har skett en successiv försämring av den svenska kulturmiljön och därmed av det politiska klimatet i vårt land. Så sent som på

DET NÖDVÄNDIGA GREPPET 293

30-talet kunde en fascist och en kommunist skriva spalt vid spalt i en och samma borgerliga tidning; det ansågs naturligt, att olika meningar skulle få komma till uttryck. Nu är något sådant otänkbart. Det är som om en totalitär smitta steg för steg hade brett ut sig; demokratin har blivit en okränkbar dogm, som måste accepteras. Debatt om denna dogm är misstänkt. Ifrågasättande är nästan högmålsbrott. De goda medborgarna samtycker, när myndigheterna talar, när massmedia förkunnar, när privatvalda instanser i demokratisk ordning fattar beslut. Tvekare och tvivlare skjuts åt sidan, om de inte lyckats dölja sin skepsis. Kritikerna, de övertygade opponenterna, får samma pariastämpel som gordonisterna hos Selma Lagerlöf. Man bryr sig inte om varför de opponerar sig. Man tar inte reda på vart de syftar. Man läser inte vad de skriver eller lyssnar till vad de säger. Om man någon gång skulle göra det, förvränger man medvetet deras budskap. Det är enklast, bekvämast och effektivast att bara stämpla ut dem.

Men ett så präglat samhälle är ett sjukt samhälle. Den som tror på sina idéer eller på styrkan av det bestående behöver icke frukta friheten. Han eller hon har alltid möjlighet att hävda sig i ett fritt meningsutbyte. Dagens totalitära tendenser i det svenska samhället är ett svaghetstecken. Där 35.000 liv årligen släcks, därför att det är obekvämt att föda, där mellan 10 och 14.000 unga människor håller på att gå under i tung narkotika, där hela grunden till familj och släktsammanhållning pulveriserats och människorna görs till rotlösa livsvrak i betonggjutna stenghetton, där de internationella förbrytarligorna får fritt spelrum i hägnet av ett vettlös invandringspolitik, och där alla andliga värden förkvävs i en hejdlös jakt efter pengar och status, där håller själva livsprocessen på att urholkas, där är det fara å färde.

När mot denna bakgrund en liten grupp människor tar upp kampen mot urartningen och förfallet och går till storms mot eländets orsaker, då plockar upplösningens profitörer, dagens makthavare, fram sin pariastämpel. För den lilla gruppen gäller det att inte ge tappt, att inte svika sin övertygelse. Övermakten är undergrävd. Det till synes vanmäktiga bär framtiden inom sig. Dagens Sverige med sina högtuppsatta och sina utstämplade kan illustreras genom en modernisering av en gammal välkänd historia.

En man for E 4:an upp från Malmö till Stockholm, och råkade ut för en rånare, berövades sin plånbok och sin bil och lämnades blodig vid vägkanten. En riksdagsman for förbi men stannade inte. Han hade brått till nästa utskottsmöte. Sedan kom en chefredaktör. Men när han såg, att det inte gick att göra någon löpsedelssak av det hela, for han förbi. I nästa bil satt en representant för ett konfektionsföretag bakom ratten. Han stannade, tog upp mannen och förde honom till ett hotell i Ljungby, där han ordnade ett rum åt honom. Hotellägaren lovade att skaffa honom läkarvård och i övrigt se om honom. Eventuella kostnader skulle representanten betala, när han kom tillbaka. En hotellkund, som åhört överenskommelsen, gick sedan fram till ägaren och undrade, om denne inte kände till representanten. Han var ju fascist.

*1980, nr 6 (september):*

# DET NÖDVÄNDIGA GREPPET

**Det måste bli slut på de planlösa brandkårsutryckningarna. Den plötsligt påkomna momshöjningen är ett led i samma från fall till fall-politik. Vi efterlyser en framtidslinje.**

Åttiotalet har börjat i ett läge, som ter sig mera motsägelsefullt än det gjort på mycket länge. Sverige är icke längre det rika Sverige. Våra styresmän far runt som tiggare i världen för att låna pengar. Vår kreditvärdighet är hotad. Detta vet vi. Vi erkänner det öppet. Men samtidigt beter vi oss, som om allt vore sig likt. Vi strör milliarder i u-länderna, lånade milliarder. Vi ställer till en makalös arbetskonflikt, som vore företagens kassakistor bräddfulla, fast vi vet, hur det ligger till. Vi är på väg in i en lågkonjunktur. Men vi saknar reserver. Samtidigt lovar vi våra anställda bibehållna reallöner. Vi skulle inte kunna klara denna manöver, inte ens om vi kunde göra två och två till fem. Vi bara fortsätter i inflationens utförsbacke. Ingen vågar trampa på bromspedalen.

I en uppsats, publicerad i samlingsverket "Sveriges ekonomiska kris", konstaterar professor Ulf af Trolle, att vi kommit på efterkälken i den teknologiska utvecklingen. Samtidigt har vi en funktionsoduglig regering och en opposition, som hittills varit mera taktisk än framsynt. Att i detta läge diskutera, om vi skall släppa marknadskrafterna lösa eller fjättra dem i en planhushållning liknar närmast en diskussion om vårt försvar är betjänt av pilbågar eller kastspjut. Båda recepten är lika orimliga. Marknadsekonomin skulle helt spränga sönder det nuvarande mönstret utan att ha något att sätta i stället. Planhushållningen skulle låsa fast mönstret och framkalla en söndervittring inifrån. Det är en tredje väg vi måste sikta mot, en väg, där planering uppifrån och företagsamhet nedifrån kan bringas i skapande samspel. Det förutsätter en överenskommelse mellan olika parter under en övergripande politisk ledning.

Hur långt nedåt kan vi komma i utförsbacken? Vi är i hög grad beroende av vår export, som gett oss vår ställning på världsmarknaden. Det var en gång vår styrka. Nu är det vår svaghet. Nu krymper våra internationella möjligheter. Och botten når vi, när vi bara har våra egna resurser i människor och material, i begåvning och naturresurser att tillgå. Det är läget vid en total avspärrning under ett krig, alltså ett läge, som vi trots allt måste räkna med. Det vore av värde att i dag göra en undersökning om hur ett sådant läge skulle te sig. Det skulle klarlägga, vad vi under alla omständigheter kan prestera. Det gäller sedan att konstatera, vad vi med nuvarande resurser och bytesmöjligheter kan åstadkomma. Vi måste bestämma oss för hur utlandsskulderna skall kunna avvecklas och konstatera hur detta sätter gränser för vår omedelbara standard. På samma sätt måste vi bestämma oss för de investeringar, som är ofrånkomliga för en industriell uppgång. Även dessa sätter gränser för vår omedelbara standard. Om allt detta kommer att kräva vissa protektionistiska åtgärder, får vi inte dra oss för sådana. Det är ett nästan komiskt rollbyte, när socialdemokratin i dag hyllar parollen "Köp svenskt!" medan en borgerlig regering hänvisar till internationell solidaritet och inte vill "exportera arbetslöshet till andra länder". Att importöverskottet måste bort är ett gemensamt intresse mellan oss och våra fordringsägare.

Det är alltså uppenbart, att vi i större utsträckning än tidigare måste lita till oss själva. Det kräver sammanhållning. Frågan är, om vi inte i sammanhållningens intresse måste aktualisera kravet på ett nytt förhållande mellan arbete och kapital. Tiden börjar bli mogen för en seriös debatt om den korporativa företagsreformen, det självägande företaget. Kapitalets ensamrätt till produktionsmedlen är i dag en hämsko på utvecklingen, icke minst på den personliga företagsamheten. En teknologisk förnyelse, en stigande initiativkraft, en känsla av samhörighet med gemensamma arbetsuppgifter är oundgängligen nödvändigt. Vi står inför en standardsänkning hur vi än bär oss åt. Det gäller att förvandla ett sådant steg till en startpunkt för något nytt och bättre. Det kommer ändå att vara ett långt steg till avspärrningens bottenläge. Den jämförelsen har psykologisk betydelse, när det gäller att övertyga människor om det nödvändiga i dagens läge. Vi kan inte stimulera med lönelyft och vinster. Men det finns en hävstång, mäktigare än pengar, en hävstång, som i kritiska ögonblick kunnat vända en utveckling. Det är vädjan till den svenska patriotismen. Bara en man, som är mäktig en sådan vädjan, kan i dag med framgång leda en svensk regering.

*1980, nr 7 (oktober):*

# VARFÖR JUST KORPORATISMEN?

I 50 år har korporatismen varit den främsta punkten på Nysvenska Rörelsens program. Under hela denna tid har den varit lika väsentlig. I dag framstår den tydligare än någonsin som västerlandets enda väg ut ur den återvändsgränd, som det hamnat i.

Varför just korporatismen? Hur är det möjligt, att denna idé i ett halvt sekel kunnat hålla sig lika frisk, lika aktuell, lika ändamålsenlig? I svensk debatt spelar den år 1980 en betydligt större roll än under mellankrigstiden. Olika grupper beskyller varandra för korporatism, låt vara att man envisas med att använda den tyngre osvenska ordformen "korporativism". Särskilt socialdemokratin och LO utsätts gång på gång för dylika attacker i den borgerliga pressen.

Det finns i Europa en halvt utopisk föreställning, som i skiftande ideologisk dräkt förts fram under de senaste 150 åren. Det är drömmen om det klasslösa samhället. Liberalismen trodde sig en gång kunna nå målet genom nedrivande av alla de samhällsskrankor, som den ansåg konstgjorda. Därmed skulle vad man kallade "krafternas naturliga harmoni" förverkligas. Klasslösheten ansågs som något naturligt. Den låg till grund för den liberala idén om jämlikhet genom frihet. Socialismen tog upp idén, och Marx visade vägen genom sin lära om klasskampen. Inte samhällsskrankorna utan den kapitalistiska överklassens monopol stod i vägen. Om bara detta monopol bröts ner och borgarklassen likviderades, skulle klasslösheten kunna förverkligas. Nu har både de liberala och de socialistiska idéerna praktiserats. De förra med sin fria konkurrens utmynnade i de starkares utslagning av de svaga. Storföretagens och kapitalkoncentrationens samhälle blev den icke önskade följden. Socialismen ledde till den gamla överklassens likvidering och uppkomsten av en ny, ännu starkare ännu maktmedvetnare överklass, den röda teknokratin. Denna utvecklingstendens stod klar redan för 50 år sedan.

Den nysvenska rörelsen har från början haft samma inställning till önskvärdheten av ett klasslöst samhälle som liberalism och socialism. Vår uppfattning grundade sig på insikten, att klasserna ytterst var en frukt av ekonomiska och sociala förhållanden, framkallade av mänskligt handlande. Begåvningsskillnader finns i alla klasser och utgör ingen klar gränslinje dem emellan. Vår linje sammanfattades i ett uttryck som användes redan vid den första sammankomsten: "Folkets demokratisering genom massornas aristokratisering." Detta uttryck innesluter två av rörelsens ideologiska hörnpelare, korporatismen och kulturförnyelsen. Den sistnämnda har så småningom kommit att betecknas som den nya humanismen.

Den korporativa tanken har inte stått stilla. Det var först i slutet av andra världskriget, som den korporativa företagsreformen fördes fram. Den inspirerades i början av Ernst Wigforss, som framhöll, att om vi kunde finna en lösning utan staten, som gav samma sociala resultat som socialiseringen avsåg, vore denna att föredra. Wigforss sa sig vara helt på det klara med de risker för byråkratisering, som socialiseringen innebär. Det är idén om det självvägande företaget, som gett den nysvenska korporatismen dess egentliga profil. Tanken på ett överförande av vissa uppgifter från statsförvaltningen till de självstyrande korporationerna har gjort korporatismen till ett uttryck för decentraliseringssträvandena under senare år. Genom att företrädare för arbetare, tjänstemän och företagare alltid sitter sida vid sida i alla korporativa organ blir korporatismen ett redskap för klassutjämning.

Det finns en aspekt, som i dag är mer brännande aktuell än någonsin. Demokratin är politiskt organiserad i partier, som bekämpar varandra. Socialt motsvaras detta av arbetsmarknadens organisationer, som likaledes står i motsatsförhållande sinsemellan. Den permanentade konfrontationen har minskat möjligheterna till nyansering och anpassning. Partier och fackföreningar har vuxit ut till stora massorganisationer. Det folkliga medinflytandet har trängts tillbaka till förmån för ett allt mäktigare toppstyre. I mindre utvecklade länder har detta betytt militärdiktatur. Inte bara högervridna latinamerikanska generaljuntor utan också kommunistgrupper i Etiopien, Afghanistan, Vietnam och Kuba är alla militärstyren.

Demokratin har i strid med sina egna principer förvandlat människan till ett nummer i en statistik, en kugge i en maskin. Samspelet mellan människor och grupper organiseras uppifrån, valen blir en skenfäktning. Här betyder korporatismen en radikal samhällsförnyelse. Den lilla enheten, den naturliga gemenskapen blir åter en levande kraft. Korporatismen vill göra företaget till en stor familj. I de korporativa organen sammanförs det arbetande folkets representanter med experterna. Teknokraterna, som i dag håller på att smälta samman till en ny överklass, splittras upp på de olika korporationerna och kontrolleras nedifrån av folkvalda förtroendemän, som själva verkar inom deras eget expertområde. Detta betyder, att korporatismen i dag är ett större värn för de demokratiska värdena – frihet, rättssäkerhet och folkligt medinflytande – än demokratin själv.

Den parlamentariska demokratin bygger på ständiga konflikter: höger mot vänster, arbetare mot borgare, rationalism mot vidskepelse, kapitalism mot socialism, män mot kvinnor. Varje företeelse upplevs som en part med en ofrånkomlig motpart. Samhällsutvecklingen präglas av principen: var och en är sig själv närmast. Mot detta antingen/eller ställer korporatismen sitt både/och.

I 50 år har vi hållit ut kring dessa idéer. Vi skall låta stafetten gå vidare, så att kampen kan fullföljas, om det också skulle ta 50 år till. Det är västerlandets värden, det är Europas framtid, det är Sverige det gäller.

*1981, nr 1 (januari):*

# MED SVERIGE SOM UTGÅNGSPUNKT

**En jämförelse från antiken mellan grekisk individualism och judisk nationalism belyser motsättningen mellan nutida massmediefilosofi och den nationella grundsyn, som präglar den nysvenska rörelsen.**

Nationalismen, uppfattningen om nationen som ett egenvärde, är den säkraste utgångspunkten för en offensiv socialpolitik, en målmedveten klassutjämning. Ett folk äger gemensamt sitt land. Tvedräkt är till skada. Sammanhållning främjar ett folks välgång. Socialgruppernas likställdhet blir därför ett ofrånkomligt nationalistiskt grundkrav.

Nationalismen kan bli hävstången i mellanfolklig samverkan. Om nationen är ett egenvärde, då är det nationernas skyldighet att respektera varandra och varandras särart. Det inom en nation gemensamma beteendemönstret är en trygghetsfaktor för den enskilde. Ett ömsesidigt utbyte av impulser och uppslag håller det egna mönstret levande. En upplösning inifrån av detta mönster eller dess undertryckande genom våld utifrån skapar personlig otrygghet och därmed kulturell skymning.

Nationalismen är den bästa utgångspunkten vid upprätthållandet av en moralisk hållning. Där den enskildes intresse sätts främst, läggs grogrunden till ett allas krig mot alla. Där den egna gärningen upplevs som en insats i tjänst åt folket, får den ett längre perspektiv, en djupare mening.

Chefen för det judiska kulturinstitutet i Lund Jaff Schatz framhöll i en diskussion på A 12 i Malmö, att det fanns en grundläggande skillnad under antiken mellan judisk och grekisk uppfattning om nation och individ. För judisk uppfattning framstod nationen som överordnad individen. För grekisk livssyn var individen det väsentliga och nationen en tillfällig anhopning av individer. Judarna ville se det mänskliga samspelet som ett samspel mellan folken, medan för grekerna samspel mellan individer oberoende av nationella bindningar framstod som naturligt. Den judiska synen har visat sig överlägsen. Den har i årtusenden bidragit till det judiska folkets unika sammanhållning, medan grekisk individualism ledde fram till ständiga inbördesstrider, som till sist ledde fram till det fria Hellas fall, när de romerska legionerna gastkramade dess sista häruppbåd vid Prydna.

I nutidens Sverige dominerar det liberala synsättet, den hejdlösa individualismen med rötter i grekiska kotteristyren. Känslan för Sverige undertrycks i massmedia. Nationalismen på andra håll i världen framställs med sympati och betecknas som något naturligt. Men svensk nationalism utdöms som ett eko av Hitler. Detta är en föreställning på gränsen till det sinnessvaga. Där känslan för Sverige spontant gör sig gällande hos den svenska allmänheten, sätter man in alla massmedias resurser för att påvisa det löjliga respektive underutvecklade i en sådan inställning. Typfall är aborterna och invandringen.

Det finns åtskilliga som reagerar mot att över 30.000 barn aborteras varje år. Individualismens tal om kvinnans rätt till sin kropp ekar i radioprogram och TV-debatter. Luckorna kan fyllas av invandrare, får man veta. Motargumentet att Sverige då inte längre blir svenskt, har öppet bemöts med påståendet, att Sverige aldrig varit svenskt. Vi har haft samer och Tornedalsfinnar här sedan urminnes tider. Och så valloner. Att det här har rört sig om små grupper, att de flesta invandrare smält in i den svenska folkgemenskapen och blivit ett med oss, är något helt annat än inströmningen av hundratusentals främlingar, som bildar egna språk- och kulturminoriteter i vårt land och därmed skapar en fullkomlig ny situation. Det vägrar man inse. Den antinationella hysterin har gått så långt att man planerar en lagstiftning, som skall förbjuda kritik av invandringen.

Den lätthet, med vilken makthavarna länge lyckats hålla svensk nationalism tillbaka, torde delvis bero på det välstånd vi haft men delvis också på den företeelse, som kallas nutidens historielöshet. Så länge det materiella välståndet växte och folk hade det bra, ville man inte äventyra sin ställning genom inopportuna ståndpunkter. Nationella symboler kunde utan risk bespottas och förhånas. Vår historias främsta gestalter kunde göras till löjliga figurer. Känslan av samband med gångna generationer suddas ut i en hektisk virvel av skiftande intryck: TV, tidningar, radio, politiska debatter utan djup, vetenskapliga notiser utan sammanhang, reklamutställda modeväxlingar, ständiga idrottshändelser och sensationella eller sentimentala reportage om kändisars liv och leverne. Alla dessa intryck upprätthöll en viss aktivitet i hjärnan, ytlig, osammanhängande, neurotisk om Ni så vill. Men den djupare förankringen i det skeende var borta. Nuet var allt. Men nuet, det lösryckta nuet, var den permanenta otryggheten.

Motviljan mot svensk nationalism har stötts av marxismens förkunnelse om alla proletärers samhörighet, något, som fakta med önskvärd tydlighet dementerat. Men den nya konservatismen, Milton Friedmans idéer, är ett utflöde ur samma materialism som marxismen. Det var arbetarorganisationerna, som först predikade internationalismens evangelium. Nu har denna internationalism tagits upp i handling av världskapitalismens multijättar. På industrimagnaternas och bankfurstarnas internationella symposier hyllas Milton Friedman och Margaret Thatcher. Sovjetryska industrisyndikat knyter an till multijättarna. Fria länders arbetarorganisationer tvingas nu att krampaktigt knyta an till nationella värden och nationella realiteter. Nationalismen har blivit en frihetsfackla. Inför det hot, som vår stigande skuldsättning har åstadkommit, måste vi bryta med det i dag bestående. Varken liberalism eller marxism kan vara oss till någon hjälp. Vi måste starta på nytt med en enda utgångspunkt – Sverige!

*1981, nr 2 (mars):*

# HALTANDE CENTER

**Regionalismen var föråldrad redan för 150 år sedan. Nu återuppstår den men den kan få liv igen bara om den kopplas samman med korporatismen. Det har centern ännu inte upptäckt.**

Decentraliseringen, lokalsamhället, miljöpolitiken och kärnkraftsmotståndet är det bärande i centerns nya program. Det är den senare tidens centeridéer, som förs fram på ett mera helgjutet sätt än tidigare. Ändå är detta program på sitt sätt symboliskt för de försummade möjligheternas parti i vårt land. Det finns något enkelspårigt, något enögt, något haltande i den aktuella svenska centrismen.

Det är alldeles riktigt, att likriktning och toppstyrning gått för långt och hotar att bli en tvångströja på det levande livet. Det är riktigt, att vår miljö hotas, att morgondrömmarna kring industrialismen vid seklets början har förvandlats till ett skymningslandskap, där fabrikernas utsläpp och jordens förgiftning kastar mörka skuggor över framtidsvisionen. Det är riktigt, att kärnkraften rymmer olösta problem och därmed skapar framtidsrisker, som vi ännu inte kan bemästra. Men likaväl som sekelskiftesoptimisten var överdrivet rosenfärgad, likaväl är domedagsprofetiorna av i dag överdrivet svarta. Förändring betyder inte alltid framsteg; det har vi nu fått lära oss. Historien berättar för oss om kulturer, som nått höjder av mänsklig skaparkraft, men som visat sig bräckliga som glas, när barbarstormarna brutit in. Detta innebär emellertid inte, att en kultur, som försvagats i sin expansionskraft, kan räddas genom ett eller flera steg tillbaka. Det förflutna kan ändå aldrig kallas tillbaka. Vi måste i alla lägen och under alla omständigheter gå vidare. Det är vägvalet, som avgör framtiden.

Centerns ensidiga satsning på det s.k. lokalsamhället är ett uttryck för vad man ibland kallar regionalism. I forna tider var människorna bundna till sin bygd eller sin stad. Bygden likaväl som staden utgjorde en mänsklig gemenskap, där de olika människorna var och en hade sin givna roll att spela. Varje bygd hade sin speciella karaktär, varje stad sin särprofil. Modern teknik och moderna kommunikationer har ändrat detta förhållande. Titta bara på den moderna förortsbebyggelsen i Stockholm och Paris, i San Francisco Kapstaden, i Tokio och New Dehli, och Ni skall finna samma hustyper, samma fasader, samma cementerade själlöshet. Järnvägar, bilar och flygplan gör det lätt för oss att snabbt förflytta oss till vilken punkt av jordklotet som helst. Människan kan flytta på sig och tvingas ofta att göra det; hon är inte på samma sätt som förr bunden till sin bygd eller sin hemstad. Lokalsamhället kan inte längre bli den sammanhållna grupp av människor, som det var på jordbrukssamhällets tid.

Detta hindrar icke, att rörligheten i nutidssamhället inrymmer ett hot, en fara. En ny typ av nomader växer fram, rotlösa människor utan fäste i tillvaron, utan känsla av verklig gemenskap med andra. Ensamheten har blivit en massjukdom i de moderna storstädernas förortsghetton. Detta får vi inte stillatigande acceptera: på den punkten har centern rätt.

På 1830-talet konstaterade den franske tänkaren Alexis de Tocqueville, att byråkratiseringen skulle bli följden av den nya utvecklingen. Han har fått rätt. Vi upplever det runtomkring oss. Vi måste finna nya former för det, som ger människorna trygghet. Och den formen har vi funnit i korporatismen.

Korporationerna knyter icke an till det område, där vi bor; den knyter an till verksamhetsområdet, där vi har vårt arbete, vår uppgift i livet. Korporationerna är riksomspännande organ. Om vi flyttar från en plats till en annan, finns överallt samma korporation, som vi tillhör. Vi blir inte ensamma på en ny plats. Vi blir omhändertagna av människor, som har samma uppgift i samhället som vi, människor, som vi redan från början har åtskilligt gemensamt med. Skulle vi byta yrke och därmed föras över från en korporation till en annan, bör själva andan i korporationen vara densamma. Det blir korporationernas funktionärer, som för oss in i det nya yrkets förhållanden och för oss samman med dem, som där verkar. Korporationerna kommer därför att återge den moderna människan hennes förlorade trygghet.

Detta betyder självfallet inte, att Centerns strävan till regional förnyelse skulle vara obehövlig. Men den blir ett misslyckat grepp, ett steg bakåt, om den inte förenas med korporatismen. Regionalismens uppgift är att anpassa människan till hennes bosättningsområde oberoende av hennes yrke. Men denna anpassning underlättas av korporationerna, som kan förmedla stimulans också vid ombyte av hemort genom att den ger sina medlemmar ett ryggstöd. Regionalism och korporatism måste fungera som samverkande hävstänger i nutidens samhälle. Kärleken till hembygden och stoltheten över yrkesuppgiften ger i förening människan den styrka som hon behöver i en tid, då allting omkring oss är i gungning.

*1981, nr 3 (april):*

# DET SOCIALA ROLLSPELET

**Jämlikhetsdogmen är den kanske svagaste punkten i det demokratiska statsskickets grundprinciper. Men om vi avvisar den, måste vi ha något annat att sätta i dess ställe.**

V i är alla födda lika i rättigheter, heter det i Förenta Staternas författning. De amerikanska grundlagsfäderna har därmed inte konstaterat ett faktum; de har fastslagit en moralisk princip.

Alla människor är födda olika. Detta är ett faktum. De medfödda anlagen skiftar från individ till individ. Somliga är begåvade, andra inte. Somliga är musikaliska eller har konstnärliga anlag, medan andra helt saknar dessa färdigheter. En människas anlag kan utvecklas på olika sätt. De kan drivas upp till full effektivitet. Men de kan också försummas eller förkvävas genom felaktig uppfostran, dåliga uppväxtförhållanden e.d. Variationsmöjligheterna är oändliga. Mot denna bakgrund blir talet om jämlikhet en orimlighet. Talet om att vi är födda lika i rättigheter innebär därför, att vi utifrån våra egna moraliska värderingar anser, att varje människa, vilka anlag hon än har, skall ges samma möjligheter att utveckla sig och leva det liv, som hennes medfödda anlag möjliggör.

Samhället har vuxit fram ur växelspelet mellan människornas olika anlag å ena sidan, möjligheten att tillfredställa de mänskliga behoven å den andra. Det uppstår en arbetsfördelning, och därvid söker sig människorna till den uppgift, som hon anlagsmässigt är mest lämpad för. Idealet är att till en viss uppgift alltid få den man eller den kvinna, som passar bäst. Idealet för den enskilda människan är att hitta den plats i livet, som hon trivs med och som hon har förmåga att klara av.

Nu är som bekant verklighet och ideal inte samma sak. Vi hittar inte alltid den rätte för ett visst arbete. Och den enskilde får ofta nöja sig med något, som han inte är helt tillfreds med. Här kommer historiska omständigheter och sociala fördomar in i bilden. På den tid samhället bestod av adel, präster, borgare och bönder var den enskilde genom födsel inordnad i ett visst stånd. Och stånden hade sina speciella uppgifter i samhället. En adelsman kunde vara en dålig ämbetsman eller officer men skulle kunnat bli en framgångsrik affärsman, om inte köpenskapen ansågs som en mindervärdig syssla för en adelsman. En borgar- eller bondson skulle ha kunnat bli en utmärkt officer, men officersyrket var förbehållet adeln. På så sätt hindrade den sociala ordningen att rätt man kom på rätt ställe. Så värst mycket bättre har det inte blivit i det kapitalistiska klassamhället, även om demokratin på denna punkt inneburit påtagliga framsteg. När f.d. parkvakten Thorsson blev finansminister, f.d. springpojken Per Albin Hansson statsminister och f.d. muraren Torsten Nilsson försvarsminister, då hade det svenska samhället onekligen gjort en stor mänsklig landvinning. Frågan är emellertid, om inte denna landvinning håller på att urholkas. Överallt i kommuner, i folkrörelser, i representativa församlingar håller män och kvinnor ur folkets djupa led att ersättas med personer, som har akademisk utbildning. Ett nytt teknokratiskt klassamhälle håller på att ta form all jämlikhetspropaganda till trots. Ja, man kan t.o.m. undra, om inte just det myckna talet om jämlikhet minskat de breda lagrens motstånd mot den faktiska utvecklingen. Jämlikheten omöjliggör effektiva organisationsformer och därmed också en folklig motståndsrörelse mot teknokratiseringen.

Mot jämlikheten brukar vi i Nysvenska Rörelsen sätta tesen om det olikas likavärde. Varje människa – en lappskräddare, en svarvare, en skogvaktare, en lärare, en atomfysiker – har sin uppgift att fylla i det stora sammanhanget. Alla är därigenom med i det sociala rollspelet. Rollen är livsuppgiften. Men dessa roller hör alla med i pjäsen. De är ur den synpunkten likvärdiga, hur olika de än är. Vår strävan måste därför bli att ge varje människa en roll, om möjligt den som bäst passar henne. Den enskildes värde ligger då i det sätt, på vilket han eller hon spelar denna roll, fullgör sin uppgift, oberoende av vilken roll eller vilken uppgift det gäller. Om var och en gör sitt bästa på sitt område, är vi sedan alla nollställda som människor. Våra mänskliga relationer kan då bli oberoende av den ställning eller de befogenheter, som vi har i rollspelet. Vi är både rollinnehavare och människor. I den ena egenskapen bestäms vi av den gemensamma ordningen, av samhällets målsättning, i den andra är våra personliga intressen, känslor och sympatier utslagsgivande. Detta är det korporativa synsättets alternativ till demokratin. Mot jämlikhetsprofeternas likriktade tvångssamhälle ställer korporatismen upp ett samhällsideal, där mänsklig mångfald och mänsklig värme kopplas samman med förnuftig ordning och stimulerande gemensam målsättning.

*1981, nr 4 (juli):*

# ROP I ÖKNEN

I årtionden har vi talat och skrivit för döva öron, ropande röster i öknen, som ingen lyssnat till. Utvecklingen har gått precis som vi förutsagt. Det börjar bli på tiden att man börjar lyssna – udda kan bli jämnt.

Att allt inte står rätt till här i landet är de flesta medvetna om. Maktens män och kvinnor, etablissementets väloljade språkrör, spelar upp ett optimistiskt framtidsleende som en mask framför den inre osäkerhet de känner. Visst målar politikerna upp svarta bilder av samhället men bara för att visa, att just de och deras parti är de givna räddarna i nöden. I grund och botten vet de inte vad de vill, än mindre hur de skall kunna klara krisen.

Vi har gång på gång från nysvenskt håll hävdat, att vårt folk är utmärkt. Men det har toppröta. Det första påståendet kan illustreras med ett citat ur en enkät i Månads-Journalen, där ingenjörsvetenskapsakademins direktör, professor Gunnar Hambraeus, bl.a. säger: "90 % av alla tunga lyfttruckar som tillverkas i världen görs av Kalmar Verkstad. Två tredjedelar av alla mjölkförpackningar utanför Förenta Staterna framställs i Tetra Paks maskiner. Halva världsbehovet av järnpulver täcks av Höganäs. 20 miljoner bilar i USA kör omkring med kylare och plåt från Gränges Metallverken. SKF:s kullager och Sandviks hårdmetall håller sin position med ungefär 25 % av världsbehovet. Var fjärde häst på denna jord är skodd med söm från Mustadsfors Bruk i Dalsland. Svensk intelligensindustri har lyckats långt bättre än vad Sverige förtjänar. Alla de studier vi gör inom Akademin visar, att vi odlat långt fler innovationer än vad vår magra jordmån egentligen skulle tillåta. Och det fortsätter gro och spira."

Få personer har så god utsiktspunkt, när det gäller att bedöma svensk industriell utveckling som Gunnar Hambraeus. De fakta, som han representerar, är ett övertygande bevis på att den svenska grunden håller. Felet

# DET NÖDVÄNDIGA GREPPET 309

ligger hos politiker och opinionsmakare, inte hos folket. Och politikernas största fel är deras oförmåga att inse det ohållbara i hela vårt nuvarande samhällssystem. Att opinionsmakarna icke inser något eller i varje fall inte låtsas göra det, är mera begripligt. Radions och TV:s producenter, reportrar och kommentatorer är lagligen förpliktade att förfäkta det demokratiska statsskickets grundidéer, dvs. rena politiska vidskepelsen. Det finns emellertid även i framskjuten ställning en och annan, som vågar antyda sanningen. Nils Lundgren, finansexpert i PK-banken och förut i Konjunkturinstitutet, påpekade nyligen, att våra nuvarande institutioner inte är anpassade till det nuvarande samhällets behov; de har vuxit fram ur en helt annan situation.

När vi år efter år framhållit exakt detsamma, har vi fått veta, att vi är fascister eller nazister, dvs. icke önskvärda element. Nu börjar den ene efter den andre av våra synpunkter att föras ut i debatten, mestadels framställda som revolutionerande nyupptäckter.

Måste vi lyfta oss i håret för att komma upp ur vågdalen? Vi måste upprätthålla en köpkraft, som säkrar hemmaindustrins avsättning. Vi måste samtidigt minska konsumtionen av importvaror. Och vi måste öka exporten i sådan utsträckning, att vi dels kan upprätthålla vår hemmaproduktion och dels amortera våra utlandsskulder. Här räcker det inte att löner, priser och produktion är i jämvikt. Att öka hemmakonsumtionen och samtidigt minska importförbrukningen skulle kunna ske med protektionistiska medel. Men där kolliderar vi med handelspolitiken, med våra förpliktelser mot EG, EFTA, GATT osv. Här måste känslorna med i spelet. Köpmännen måste entusiasmeras för att köpa och sälja svenskt, i första hand svenskt. Konsumenterna måste övertygas om nödvändigheten att betala ett dyrare pris än de skulle behöva vid en ohämmad import. Det går inte, säger Ni. Jo, det går. Det var på det sättet det västtyska undret efter andra världskriget kom till stånd. Jobbare accepterade relativt låga löner, husmödrarna relativt höga priser och industrimännen tog hem pengar, som de satte in i produktionen och drev upp den. På det sättet vann tyskarna freden. På det sättet skulle vi också kunna övervinna krisen. Men därtill fordras, att vi återupptäcker en kraft, som alltför länge har fått ligga för fäfot – den svenska patriotismen.

*1982, nr 1 (januari):*

# RAS ELLER KULTUR?

**Aldrig har nationalismen spelat en så dominerande roll i världen som nu. Men nationalismen kan uppträda i de mest olikartade kombinationer. Nazismen kopplade samman den med det darwinistiska tänkandet och gjorde rasen till sin grundidé. Arvet från nazismen lever kvar på flera håll. Den nysvenska rörelsen säger här ett klart nej. För oss är kulturen historiens mål och mening, samhällets högsta värde.**

Folk i allmänhet har inte fått upp ögonen för det dramatiska, det ibland riktigt spännande i europeisk idéhistoria. Det där med höger och vänster borde snarast spolas ur debatten. Nationella synpunkter har i Sverige sammankopplats med konservatism, d.v.s. med högern. I Tyskland och Italien var den på 1800-talet liberal. I Sovjet, Kina och Vietnam är den kommunistisk. Det finns lika mycket nationalism till vänster som till höger.

Högern anses företräda de härskande klasserna. Men i Polen är det kommunistpartiet, alltså vänstern, som representerar de rika och mäktiga, medan den mera högerbetonade Solidaritet ger uttryck åt de smås och de mångas intressen. Socialistisk kallade sig Hitler och gick ihop med Hugenbergs reaktionärer. Socialistiska kallar sig Stalin, Mitterand, Palme och Mao Tse-tung. Liberal var Herbert Spencer som höll på Darwin och ansåg det riktigt, att de starka slog ut de svaga – precis som nazisterna. Liberal var också John Stuart Mill, som kämpade för en social välfärdspolitik med statsstöd åt dem, som har det svårt. Vad är egentligen vad i idéernas brokiga virveldans?

Det europeiska idédramat går tillbaka till medeltiden med dess kamp mellan påvemakt och kejsarmakt. Påvarna fick stöd av åtskilliga högadliga släkter, främst de tyska Welferna, som bekämpade kejsarmakten. Denna strömning kallas gelfer. Kejsarna fick ofta stöd hos borgarna, särskilt när skråsamhället stod i högflor. Deras anhängare kallades gibelliner och hade så lysande representanter som Dante och Machiavelli.

DET NÖDVÄNDIGA GREPPET 311

Med en viss förenkling skulle man kunna säga, att påven och adeln stod mot kejsaren och folket. Verkligheten var betydligt mera invecklad, men det får vi inte rum med här. Machiavelli var furstemaktens främste försvarare. Han ogillade stånden, dessa mellanmakter mellan fursten och folket. Dem ville han radera bort. Ingenting fick stå emellan folkets stora massa och fursten. Men tänk er nu, att fursten av någon anledning faller bort. Då återstår bara massan. Då blir absolut furstemakt absolut demokrati! Samma oväntade förändring har ägt rum hos gelferna. Ätten Welfs mest namnkunnige man var Henrik Lejonet, som ansetts försvara tyskheten mot främmande fransk eller italiensk dominans, fast han nog i verkligheten främst försvarade adelsmakten och därmed sina egna klassintressen. För 1800-talets tyska liberaler kom han genom sin kamp mot kejsarna att framstå som en frihetens banérförare, en föregångare till demokratin. Det var den gelfiska traditionen, som bar upp 1848 års Frankfurtparlament. Men så kom nationalsocialismen, och nu blev Henrik Lejonet åter tyskhetens försvarare, en föregångare till Hitler. Hitler själv tycks inte ha varit riktigt övertygad om saken, men desto mera entusiastisk var Alfred Rosenberg. Gelfernas tradition i europeisk idévärld förenades med nationalsocialismen, katolsk klerikalism med rasbiologisk materialism.

Med Mussolini förhöll det sig annorlunda. Han kom från det radikala vänsterlägret med syndikalism och gillesocialism i bagaget. Det var detta idégods, som han förenade med den romerska traditionen, med italiensk patriotism och klassisk hjältedyrkan. Darwins lära om kampen för tillvaron som biologisk lag hade aldrig fångat honom. Han drömde om imperiebyggare, som samtidigt var samhällsomdanare. För Hitler var rasen det väsentliga: hans nyckelord var "Rasse". För Mussolini var folket som en kulturgemenskap ett mål att sträva efter; hans honnörsord var "civiltà". Jämför repliken i Schlageterdramat av Hans Jost, felaktigt lagt i munnen på Göring: "När jag hör ordet kultur, osäkrar jag min browning" och Mussolinis berömda utrop: "Italienare! 30 seklers kultur blickar i dag ner på er." Den jämförelsen säger det mesta.

I Sverige har den gibellinska traditionen burits upp av våra folkliga kungar, i modern tid i icke ringa mån av arbetarrörelsen med Hjalmar Branting, Per Albin Hansson och Tage Erlander som samlande toppmän. Men det är Nysvenska Rörelsen, som först blivit medveten om sambandet mellan svenska strävanden till folklig samling och det gibellinska arvet ute i Europa. Vi är patrioter. Vi är hjältedyrkare. Vi har en social lidelse, som inga kriser får matta. Men själva grundvärdet i den mänskliga historien är och förblir kulturen. Vi säger ett rungande nej till den ensidiga biologiska materialismen. Vi drömmer om att i korporatismens moderna former förverkliga en svensk kulturgemenskap, som än en gång gör detta land till ett föredöme i världen.

*1982, nr 2 (mars-april):*

# I STÄLLET FÖR JÄMLIKHET

**Jämlikhet hör till de mest missbrukade slagorden i aktuell politisk debatt. Är den över huvud taget något att kämpa för? Betydligt bättre än kravet på jämlikhet är principen om det olikas likavärde.**

Det finns få uttryck, som ställt till så mycket trassel i modernt samhällsarbete som ordet jämlikhet. Det är just nu demokratins honnörsord nummer ett. Men vad menar man egentligen med jämlikhet? Sören Mannheimer, en av socialdemokratins skarpaste ideologiska debattörer, menade en gång, att på ju högre nivå ett beslut fattas, desto jämlikare kan det bli. Tanken är riktig. Men slutsatsen blir, att full jämlikhet kan åstadkommas bara av den mest järnhårda diktatur.

Man föreställer sig ofta, att i ett samhälle, där jämlikheten förverkligats, där är alla lika. Ett sådant samhälle är emellertid otänkbart, därför att alla människor i verkligheten är olika. För att alla människor skall kunna fungera på ett likartat sätt, måste de åläggas ett förlamande tvång. Det stora målet – att alla människor handlar på samma sätt, tänker på samma sätt och har samma andel i alla beslut – är inte bara omöjligt att uppnå utan också ett dråpslag mot demokratins andra ideal, friheten.

Man skulle kunna säga, att vi samtidigt alltid befinner oss på två livsplan, det individuella och det kollektiva. Å ena sidan människa mot människa, å den andra människan i gemenskap. Som människor har vi alla vår särpräglade personlighet, som skiljer oss från alla andra. Vi har vårt eget sätt att bete oss, format både av våra ärftliga anlag och påverkan av vår omgivning. Som medlemmar i en familj, utövare av ett yrke eller företrädare för ett folk tillhör vi ett kollektiv med vissa gemensamma beteendedrag. Varje familj, särskilt förr i världen, när familjen spelade en större roll, har sina egna seder och bruk, sin egen speciella hematmosfär. Varje yrke sätter sin prägel på sina utövare. Varje folk, varje nation har sitt nationella mönster, vuxet ur samspelet mellan ett gemensamt landskap, ett gemensamt språk, en gemensam historia.

Sambandet mellan dessa båda livsplan, det individuella och det kollektiva, utgörs av vad man brukar kalla rollspelet. I familjen utvecklar det sig ett rollspel mellan föräldrar och barn, mellan föräldrar sinsemellan och barnen sinsemellan och mellan familjen och morföräldrar, farföräldrar, svågrar och svägerskor, tanter och farbröder. Där detta rollspel är naturligt och mjukt, blir barnens uppväxtmiljö lycklig; där mönstret rivs sönder av olika skäl, kan barn ta skada för livet. I yrkeslivet får vi alla våra roller, anpassade till våra uppgifter och våra färdigheter. Nationen ger oss det övergripande gemensamma beteendemönstret, det system av livsnormer, som präglar och möjliggör kontakter mellan enskilda människor, familjer och yrkesgrupper.

Människors olika läggning, deras förmåga och färdigheter, deras intressen och känslor får sin betydelse, när det gäller val av yrke, val av livsledsagare, inställning till samhällsproblemen. Det är på så sätt de båda livsplanen möts och samspelet fungerar. Men det innebär, att människor med olika roller får olika intressen och olika behov. Det är här jämlikheten helt kommer till korta. Målet är därför inte att göra alla människor lika – det skulle om det vore genomförbart, stoppa hela utvecklingen. Målet är att skapa ett sådant samhällssystem, att varje människa kan anpassa sig till den uppgift hon väljer och därmed skapa en fruktbärande samklang mellan människan och hennes miljö.

De roller, som vi spelar, är alla delar av pjäsen, samhällsprocessen. Tar vi bort en av dem, blir pjäsens innehåll ett annat. Varje arbete är nödvändigt. Vad skulle en professor i atomfysik ta sig till, om det inte funnes en renhållning? Hans laboratorium skulle snart bli obrukbart. Här kan vi tala om det olikas likavärde. Renhållningsarbetaren är lika nödvändig som atomfysikern. De gör var och en sitt arbete så gott de kan, men som människor är de nollställda. Arbetet är ett uttryck för deras förhållande till gemenskapen. Som individer är de självständiga och fria människor. Demokratin utgår ensidigt från den sistnämnda relationen; alla är likställda och har samma rösträtt. Mellan massan av individer och staten känner demokratin inga mellanmakter. Detta bäddar i längden för byråkratisering och ofrihet. Vi upplever denna utvecklingsfas just nu. Korporatismen med dess yrkesbyggda samhälle är på ett helt annat sätt anpassat till människans verkliga behov och önskemål. Demokratin kommer att gå under på grund av sin primitivitet. Korporatismen med sina självgående företag och självstyrande korporationer säkrar på ett helt annat sätt människornas frihet, de mångas medinflytande och socialgruppernas likaberättigande.

*1982, nr 3 (maj-juni):*

# RÖD ENSIDIGHET OCH GRÖN

**Den röda vågen i slutet på 60-talet var efterkrigstidens slutpunkt. Den gröna våg, som följde, var motsatt ytterlighet. Nu är tiden inne för jämviktens återställande.**

D et var något, som ändrade sig under 70-talet. På sitt sätt kan den röda vågen vid 60-talets slut betecknas som slutpunkten på efterkrigstiden. Majrevolten utgick från samma värderingar, som en gång fördes i skölden av segrarna från maj 45. Det uppstod visserligen snart en spänning mellan nuliberaler och nymarxister, men på samma sätt hade det uppstått ett kallt krig mellan segrarna, mellan Wall Street och Kreml. Den röda vågen var en konsekvens av den förkunnelse, som i 20 år duperat världen.

Betydligt närmre verkligheten stod den gröna våg, som följde i den rödas efterdyningar. Den gav uttryck åt något, som nymarxisterna aldrig insett: den teknologiska utvecklingens allt destruktivare följdverkningar. 60-talet hade varit kemisternas årtionde. Samtidigt hade det upplevt industrigiganternas triumf över det lilla formatet och de arbetsintensiva processerna. Nu började skuggsidorna framträda: luftens, vattnets och markens förgiftning. Den tekniska gigantomanin förde med sig en allt större maktkoncentration inom näringslivet men också inom samhället som helhet till allt myndigare förvaltningsorgan. Den ensidiga inriktningen på effektivitet, produktionsstegring och masskonsumtion nödvändiggjorde allt stramare tyglar, för att takten skulle kunna hållas. Människan blev en kugge i ett maskineri, ett nummer i en statistik. Så länge systemet höll och allt fler prylar kunde ställas till förfogande, förhöll sig människorna lugna. De märkte inte, vad som hände omkring dem. Men nu har systemet kört fast. Det väldiga utflödet av dollar efter kriget har medfört en uppsjö på s.k. Eurodollar, och detta har hotat dollarns värde. För att möta detta tryck har amerikanarna måst höja räntan.

Och Europa har måst följa med för att klara det därigenom uppkomna dollartrycket på de europeiska valutorna. Vi sitter själva i samma sax. Räntetrycket har bromsat utvecklingen. De olika ländernas försök att öka sin export, d.v.s. att söka pracka allt fler varor på varandra, har kommit världshandeln att bromsas upp. Investeringsviljan har försvunnit. Det är för dyrt att producera. Inte bara för lönernas och skatternas skull utan också för räntornas. 20 års vana vid ständig produktionsökning har gjort gemene man osäker och ibland oregerlig i en ny situation, som varken han eller någon annan har riktig överblick över.

I detta läge växer viljan att ta saker och ting i egna händer som en känslolavin över världen. Individualismen har fått högsäsong. Spräng fjättrarna, storskalighetens säger somliga, statsregleringarnas säger andra. Låt utvecklingen sköta sig själv, ropar de förordningströtta. Tillbaka till det naturliga är ett annat lösenord. Knäfallet för marknadskrafterna och åkallan av den orörda naturen är uttryck för ett och samma tidsläge.

Nu är det tid att stoppa pendlingen mellan ytterligheter, mellan det röda tvånget och den gröna anarkin. När en gång jordbruket bröt igenom, framstod den odlade bygden för de gamla jägar- och fiskarstammarna som en triumf för det olidliga tvånget. Friheten fanns i vildmarken. Nu när industrialismen slagit igenom, framstår jordbruksepoken som den gamla goda tiden, medan industrisamhället är höjden av tvång. Bönderna fann så småningom vägen till ett samliv med naturen. Också vi har möjlighet att finna jämvikten, den som rubbats men som måste återställas. Vi har försökt rita ett samhällsmönster, där ordnat samspel och personlig rörelsefrihet kan förenas. Det är korporatismen. Vi är fullt medvetna om att också den har sina gränser, att ett stycke vildmark måste med, om livet inte skall förtvina. Vi är inte antingen-eller, vi är ett både-och. Sverige är både folket och landet. För samhällsbyggets skull får vi inte glömma fälten och skogarna, vattnen och bergen. Ett samhälle varmt och mänskligt, javäl, men också fri sikt och fria vindar mellan "örnarnas berg och vipornas slätt" för att tala med en stor svensk diktare.

*1982, nr 4 (september-oktober):*

# PÅ ANDRA SIDAN HOPPLÖSHETEN

Hur bli det nu? Har reklamfirman "Lova runt" lagts ner efter den 19 september för att den 20 ersättas av revisionsbyrån "Hålla tunt"? Var finns i så fall hoppfullheten?

Den borgeliga valsegern för sex år sedan framkallade en jubelstämning i stora delar av vårt land. Ett nytt företagsvänligt klimat hade utlovats. Nu skulle det bli fart på näringslivet. Nu skulle det bli ordning på gator och torg. Nu skulle det bli slut på disciplinlösheten i skolorna. Nu skulle svensk ungdom åter få kunskaper, som skulle bli en grund att stå på i livet.

Hur blev det? Jublet förbytes snart i besvikelse. Det dukade bordet visade sig vara avbetat. Den ena branschen efter den andra hotades av sammanbrott. Milliardrullningen för att rädda bankrutthotade företag kom i gång. Våldet på gatorna fortsatte. Knarkepedimierna rullade vidare. Skolan fick lärarlösa lektioner. Abortvågen steg. Hade tre partier suttit aningslösa i opposition utan att veta, vad som hände? Ställdes de nya makthavarna inför en verklighet, som de aldrig hört talas om?

Så sprack den första trepartiregeringen. Besvikelsen bland borgarna växte. Med ett nödrop räddade sig den borgerliga majoriteten i 1979 års val. Ny trepartiregering. Och så ny regeringskrasch. Besvikelsen djupnade till politikerförakt. Och nu är alltsammans historia, en sorglustig berättelse om ett bortspelat tillfälle. Socialdemokratin tågar in i riksdagen med fler mandat än alla de tre borgerliga partierna tillsammans. Nu stiger åter förväntningarna. Det skall äntligen bli fart på Sverige; Palme har lovat! Arbetslösheten skall fejas undan. Den sociala tryggheten skall säkerställas. Palme har en solid majoritet. Han är inte beroende av kommunisterna. VPK kan hota honom endast genom att rösta med borgarna. Det vågar inte Lars Werner. Nedlagda VPK-röster, javäl. Men socialdemokraterna får ändå majoritet: 166 röster mot 163. Palme har chansen.

Ändå är han inte tvärsäker. Ju närmare valet han kom, desto mer dämpad blev han. Efter valet har politiken som det möjligas konst blivit ett ledmotiv i hans framträdande. Detta är i och för sig ett riktigt grepp. Palme gör sig bättre som statsminister än som oppositionsledare. Frågan är emellertid, om han det oaktat kan förhindra förväntningarnas nersmältning och förvandling till försagdhet. Det blir inga underverk, säger han. Nej, men är det inte just underverk, som den socialdemokratiska propagandan fått åtskilliga väljare att tro på?

En sak är lika uppenbar nu som 1976: vi lever fortfarande i samma parlamentariska demokrati som förut. Samma klassmotsättningar, samma rivalitet, samma historielösa ytlighet, samma ensamhetskänslor, samma knarkelände och samma kulturklimat. Antihjälten har blivit idol. Så länge dessa missförhållanden existerar, kommer också de mest välplanerade reformer att fastna i träsket. De kommer att hjälpa för stunden. De kommer att inge en tillfällig känsla av trygghet. Men snart ebbar deras verkningar ut och det meningslösa tomrummet är allt som finns kvar.

Borgerligheten har gjort fiasko. Socialdemokratin röjer redan sin tveksamhet inför 80-talets möjligheter. Nu borde nödvändigheten av en tredje linje ligga i öppen dag. Ett socialdemokratiskt misslyckande och en borgerlig återkomst betyder bara en fortsatt färd i utförsbacken. Inte heller kan något nytt parti göra vare sig från eller till. Nya partier har vi nog av. 1,9 % efter 18 år. Och skulle det oväntade inträffa, så ändrar det ingenting. Se på Glistrup i Danmark. Han kom vid ett tillfälle upp till ställningen som Danmarks andra parti. Rött, blått och grönt, höger och vänster, alla enades. Glistrup isolerades. Och de gamla makthavarna fortsatte oberörda sina trätor och sitt fiffel.

Nej, det är en utomparlamentarisk rörelse som behövs, en front, samlad kring en genomtänkt social och patriotisk ideologi, förankrad i ett fördjupat historiemedvetande och med stäven vänd mot framtiden. Vi behöver ett folkuppbåd, som betraktar varken socialdemokrater eller borgare som fiender, men som söker kontakt med positiva och framstegsvänliga krafter i läger, som nu står hårt mot varandra. Det är Vasavapnets silverstrimma, som förenar mörkblått och mörkrött kring den kärve, som är symbolen för sammanhållning och livsvilja, för en svensk gemenskap. En växande folkvåg utanför eller tvärs igenom partierna betyder ett allt hårdare tryck på det bestående. Unga viljor, redo att ställa upp och kämpa för en bättre svensk framtid oberoende av växlande valvindar – svensk arbetarrörelse, svensk företagaranda och svenskt kulturmedvetande i förening – detta är framtid!

*1983, nr 1 (januari-mars):*

# DE OLYCKSALIGA SEKTORERNA

**Uppdelning av det svenska samhället i en privat och en offentlig sektor blir omöjligare för varje dag som går. Sektorsuppdelningen snedvrider den svenska debatten och styr oss åt fel håll.**

Politiken anses svänga mellan två ytterligheter, höger och vänster. Partier och socialgrupper är infogade i två block, borgare och arbetare. Samhället är kluvet i två sektorer, den offentliga och den privata. Det är samma våld på verkligheten i samtliga fall.

Vi har sedan länge hävdat, att nysvenska rörelsen varken går åt höger eller åt vänster. Den ställer sig därmed utanför hela det nuvarande partisystemet. Den är ju heller inget parti. Vi har konsekvent kritiserat blockpolitik och klasskamp. Vi vill sudda ut blockgränserna och ersätta klasskampen med samverkan, med klassernas gradvisa uppgående i varandra. Nu skall vi ta upp det tredje motsatsparet, de båda sektorerna.

Man brukar säga, att den offentliga sektorn omfattar de verksamheter, som finansieras med offentliga medel. Dit hör sålunda skolor och universitet samt till universiteten knutna forskningsanstalter. Dit hör sjukvård och åldringsvård, hemtjänst och handikappskydd. Dit hör ämbetsverk och nämnder, hela rättsväsendet, försvarsmakten, kustbevakningen, tullen, polisen osv. Till den privata sektorn hör däremot jordbruket och industrin, handeln, bank- och försäkringsväsendet samt privata kulturinstitutioner, privata konsultföretag, bokförlag, tidningar, musikförlag osv. Men gränsen mellan sektorerna är minst sagt suddig. De statsägda företagen räknas ofta till den offentliga sektorn, men enligt gällande bestämmelser skall de förvaltas enligt rent företagsekonomiska principer. Och vart hör de enskilda företag, som för sin existens är beroende av tillskott från det allmänna? Någon klar boskillnad mellan offentligt och privat finns helt enkelt inte. Vanliga människor upplever ofta något offentligt som privat och tvärtom. Här ett exempel.

## DET NÖDVÄNDIGA GREPPET 321

En ensam kvinna, syn – och hörselskadad på gamla dar, sitter sysslolös i sin lägenhet. Då ringer det på dörren. Det är hemsamariten, ljuspunkten i hennes tillvaro. Med henne har den ensamma kvar något av sitt forna familjeliv, något av en kontakt med den levande omgivningen. Jämför denna situation med en man, som kallats upp till ASEA:s personalchef. Hans anställning är i fara. Han vet, att den man, som han kallats upp till, har hans öde i sina händer. Ändå representerar den mäktige bara ett privatintresse, medan hemsamariten i det förra exemplet har hela samhällets maktapparat bakom sig. Att vanligt folk upplever samvaron med hemsamariten som något privat och mötet med företrädaren för en storindustri som kontakt med det offentliga, är minst sagt begripligt.

Det är denna motsättning mellan vad en svensk statsvetare en gång kallade psykologisk verklighet och juridisk fiktion som gör dagens debatt så förvirrad och motsägelsefull. Var det känslan av makt, som kom facket att kräva utbyte av det invanda ordet hemsamarit mot den byråkratiska titeln vårdbiträde. Hierarkin framträder ibland i ordvalet. Längst ner vårdtagarna. Sedan korpraler och furirer, vårdbiträdena. I socialnämnderna sitter sedan vårdlöjtnanter, vårdkaptener och vårdkommendörer. Så långt har det visserligen inte gått. Men ditåt pekar det.

Den privata sektorn rymmer huvudparten av all kapitalintensiv verksamhet. Här minskar antalet sysselsatta, alltefterson elektroniken gör människor överflödiga. Sysselsättningsmöjligheterna finns inom de arbetsintensiva verksamhetsområdena, tjänste-, vård- och kulturyrkena. De finns nästan helt inom den offentliga sektorn. Hantverket hör också till de områden, som har framtiden för sig. Men det har ofta svårt att klara sig utan offentligt stöd. Slutsatsen måste därför bli, att uppdelningen i två sektorer är verklighetsfrämmande. Framtidens samhälle måste byggas med andra förutsättningar än denna enkla tudelning.

Det gör vi med hjälp av korporatismen. I stället för sektorerna får vi i ett korporativt samhälle tre eller om man så vill fyra olika nivåer: staten, korporationerna och kommunerna, företagen och institutionerna och slutligen de enskilda människorna. Företagen och institutionerna utgör de organiserade arbetslagen i samhället. De utgör samhällsordningens själva bas. Korporationerna företräder de större verksamhetsområdena och blir därmed ett mellanled mellan arbetslagen ute i samhället och statsmakten, medan kommunerna sedan gammalt utgjort ett självverksamt kontaktnät mellan staten och de olika bygderna. Den korporativa företagsreformen, som gör varje företag självägande och förvandlar aktieägarna till aktiv medverkande långivare, suddar ut skillnaden mellan privatföretag och statsföretag. Denna reform blir därmed raka motsatsen till socialisering, till förstatligande. Därmed kan de olycksaliga sektorerna överlämnas till ett historiskt museum. Frågan om finansieringen blir då inte avgörande. Det finns redan nu otaliga blandformer mellan privat och offentligt. Framledes kommer detta att bli än mer markerat. I stället för de två sektorerna träder de fyra nivåerna, den statliga, den korporativa och kommunala, den företagsmässiga och institutionella samt den enskilda. Sett med sektorstänkandets glasögon kommer den översta och nedersta nivån att bli enkla, medan de båda mellannivåerna blir typiskt blandade. Därmed kommer kompetens- och bokföringsproblem att kunna avgöras av praktiska hänsyn. Det blir slut på trätorna om huruvida ett anslag, en utgift eller en inkomst skall bokföras i den ena eller den andra kolumnen. Det finns faktiskt viktigare uppgifter för den mänskliga intelligensen.

*1983, nr 2 (maj):*

# "HUDFÄRGEN SPELAR INGEN ROLL"

I denna artikel tas det problem upp, som kanske är det mest kontroversiella, det mest tabubelagda i hela den svenska debatten – frågan om utseendets roll i den mänskliga samlevnaden.

Det finns ett ord, som numera uppfattas som ett runt ord, och som man därför undviker i anständiga sammanhang. Det är ordet ras. "Svarta, vita eller gula – det spelar väl ingen roll. Det är likgiltigt, vad folk har för hudfärg. Det som har betydelse, är hur människan är som människa." Har Ni hört resonemanget? Det idisslas av radioproducenter och Tv-stjärnor. Det spikas fast som självklart på Dagens Nyheters kultursida. Men hur är det i verkligheten?

Det anses närmast naturligt, att folk talar om varandras utseende. Vilken roll spelar inte ung kvinnlig skönhet i romaner och kärleksdikt, i balsalonger och på danshak? Han har ett kraftfullt käkparti. Man lägger märke till fårorna i hans ansikte. Han har en skarpskuren tänkarprofil. Vem har inte hört alla dessa uttryck som karaktäristiker av olika människor? Det finns intelligenta och högt bildade personer, som menar, att de i de flesta fall bildar sig en uppfattning om en människa genom att iaktta hennes utseende.

Mot denna bakgrund framstår det som orimligt, att skillnader i hudfärgen – det kanske mest iögonfallande i en människas utseende – skulle kunna trollas bort, som om det inte existerade. Erfarenheterna snart sagt från alla delar av världen säger motsatsen. Mördandet i Assam av tusentals invandrare från Bangladesh, de blodiga aktionerna mot en etniskt avvikande grupp i Makabeleland och utvisningen i en handvändning av halvannan million främlingar från Ghana är aktuella exempel. Det är helt felaktigt att kalla detta en fördom. Det rör sig om psykologiska sammanhang, som tyvärr ännu är föga utforskade.

För en blind eller en gravt synskadad, som praktiskt taget aldrig har kunnat urskilja en medmänniskas anletsdrag och aldrig sett spelet i människornas ögon, är det självfallet omöjligt att på egna erfarenheter grunda en uppfattning i detta stycke. Men å andra sidan gör just oförmågan att se en möjlighet att så att säga utifrån iaktta ett reaktionsmönster, byggt på synupplevelser. Rörelser och nyanser i detta mönster så snart någon utpekas – i regel grundlöst – framstår ofta för den synskadade med större klarhet än för seende. I Stockholms tunnelbana sitter åtskilliga afrikaner som spärrvakter. En synskadad har ingen aning om hudfärgen på den man, som han köper biljetten av. Det får han efteråt veta av den seende omgivningen. Jag har själv som en i det närmaste helt blind blivit uppmärksamgjord på saken. I samtliga fall har jag kunnat konstatera, att det varit mycket vänliga människor. Omgivningen har inte sagt emot mig. Men jag har samtidigt märkt, att man på något sätt reagerat. Inte ett ont ord. Men ändå en känsla av något främmande, som inte smälter in i bilden.

Fördomar, ropas det i TV. Att reportern reagerar betydligt våldsammare så snart någon utpekas som "nazist", det låtsas man inte om. Och vi skall gärna byta terminologi. Att som dagens svenska opinionsbildare blunda för verkligheten och hänge sig åt en på värderingar fotad vrångbild kan vi kalla en fix idé. Man kan bara konstatera, att i så fall fixa idéer har lika negativa verkningar som fördomar.

Vi vill gärna omge oss med människor, som vi trivs med. Somliga tilltalar oss. Andra känner vi oss främmande för. Det anses helt naturligt. I arbetslivet söker man finna former för samarbete och samspel, som i möjligaste mån minskar antagonismens roll i det konkreta sammanhanget. Två människor kan högakta varandra och erkänna varandras förtjänster. Men tvingas de till intimare umgänge, går de varandra på nerverna. Att framhålla människors olikhet innebär icke någon värdering av den ene eller den andre. Det är detta faktum, som ligger bakom principen om det olikas likavärde.

Anita Gradin, invandringsministern, sa för en tid sen, att Sverige borde räcka en hjälpande hand åt dem, som vill återvända till sina hemländer. Men tillade hon, när man säger det, får man omedelbart en upprörd replik ungefär så här: "Jaså, Du vill kasta ut dem?" Hon hoppades, att debattklimatet så småningom skulle bli lugnare och sakligare. Och det instämmer man gärna i. Vi behöver ersätta salvelsefull sentimentalitet och liberal hysteri med saklig analys och human realism. Förföljda människor och vinddrivna existenser, javäl. Men vår möjlighet att hjälpa

DET NÖDVÄNDIGA GREPPET 325

har som allt mänskligt sina gränser. De sätts bl.a. av vårt moraliska ansvar för morgondagens svenska generationer. Sverige är dock och förblir det största pund vi fått att förvalta.

*1983, nr 3 (november):*

# NU HOTAR INDIVIDUALISMEN

**80-talet har seglat in som ett individualismens årtionde. Milton Friedmans ande svävar över vattnet. Men likaväl som kollektivism är förlamning, är individualismen upplösning.**

Korporatismen är ogenomförbar i Sverige, därför att vi är alltför individualistiska. Så skriver en intelligent ung man till oss. Han håller med oss i allt annat. Men korporatismen är stötestenen. Han är inte ensam om denna ståndpunkt. Den är tvärtom typisk för 80-talet. Man är trött på statliga regleringar. Man misstror myndigheterna. Man säger öppet, att facket spelat ut sin roll. "De där fonderna", sa oss en kvinnlig arbetare, "tänker de bli arbetare och arbetsgivare på samma gång och förhandla med sig själva?" Front mot byråkratiseringen hörs det från alla möjliga håll.

Det är inte underligt. När man i TV får höra talas om en process i Stockholm, som Energiverket fört om en krona och sexton öre och drivit den ända upp i hovrätten, då upphör man att förvåna sig över något. Jan Ersa och Per Persa, de båda trätobröderna i Frödings dikt, hör visserligen till de eviga svenskarna. Men nu går smätterierna och paragraf-kulten för långt. Nu slår pendeln över i en ensidig individualism.

Korporatismen upplevs mot denna bakgrund som något i stil med myndighets- eller fackföreningsvälde, alltså en slags ny form av socialdemokrati. Men låt oss titta ett tag på sammanhanget.

Förr i världen var samhället enkelt. De flesta var bönder. Så fanns det lite präster, lite köpmän och hantverkare, lite adliga militärer och ämbetsmän. Man kunde ganska lätt överblicka samhället. Nu har vi en mängd olika yrken och specialgrenar. Detta gör det svårt för att inte säga omöjligt för en vanlig människa att få överblick. Ser ens topparna riktigt klart?

Nu är emellertid alla olika verksamheter beroende av varandra. De olika aktiviteterna måste på något sätt samordnas; annars blir det kaos.

## DET NÖDVÄNDIGA GREPPET 327

Statens betydelse har därigenom vuxit, och myndigheternas uppgifter har mångfaldigats. För att skydda den enskilde har de stora organisationerna tillkommit. Men de har till sist blivit så stora, att den enskilde också där försvinner i jättekollektivet.

Men vad blir följden, om vi i detta läge hämningslöst låter marknadskrafterna leka? Den enskilda människan, människan utan överblick, handlar nästan alltid så som det passar henne bäst i ögonblicket, det som på kort sikt framstår som hennes egen fördel. De hårdaste hudarna, de vassaste armbågarna, de slugaste penningjägarna, de hänsynslösaste maktmänniskorna kan hävda sig, åtminstone för stunden. Men alla vi andra, alla de smådelar, av vilka det moderna samhället består, kommer att glida isär och av tillfälligheternas vindar kastas än hit än dit i en allt brutalare intressekamp. Resultatet blir en snabb tillbakagång för hela samhället och därmed också för människorna. I förlängningen skymtar den järnhårda diktatur, som blir den enda vägen att återställa ordningen och göra samhället någorlunda funktionsdugligt. Det är väl inte något sådant, som de nymornade individualisterna drömmer om?

Vi kan alltså konstatera, att konsekvensen av de idéer, som i dag är på modet, den blå vågen, blir raka motsatsen till den åsyftade. Utslagningen av de svaga fortsätter. Klassmotsättningarna fördjupas. Strejker blir allt vanligare. (Se England!) Den ensidiga individualismens resultat blir nästan detsamma som den ensidiga kollektivismens. I båda fallen slutar det med att makten koncentreras hos ett fåtal i toppen. Marxismens mål var statens avskaffande. Hur blev det i praktiken? (Se Sovjet). De otämjda marknadskrafternas fulla frihet kommer att slå åt samma håll. (Se Chile.) Detta borde även kunna övertyga den mest klentrogne om att den enda lösningen är en tredje väg, en väg mellan ytterligheterna och följaktligen den korporativa.

*1984, nr 1 (januari-mars):*

# 1984

Nittionhundraåttiofyra har fått sin stämpel genom Orwells världsberömda roman, skriven 1948. Författaren kastade om slutsiffrorna för att få en viss framtidsdistans. Allt vad media heter har kastat sig över boken för att utrannsaka, om Orwell fått rätt, om västvärlden i allmänhet och Sverige i synnerhet just nu ser ut som Storebrors rike. Åtskilliga inlägg har varit tämligen enfaldiga. Man har försökt bevisa, att Palmes Sverige skiljer sig en hel del från det samhälle, där människorna förvandlats till nummer, där familjerna och grupper övervakas, där myndigheterna är enväldiga, där svart är vitt och där själva språket förlorat sin mening och orden blivit brickor i spelet om själarna. Fullt så galet är det ännu inte i folkhemmet. Inte ens i US-Amerika!

En framtidsroman är ett skönlitterärt verk, inte en vetenskaplig prognos gjord av framtidsforskare. Den springer fram ur sin författares skapande fantasi. Mot denna bakgrund måste det erkännas, att Orwells vision visat sig förvånansvärt riktig. Nog kommer man apropå Orwell att tänka på personnumren, även om kritiken av dem än så länge skjutit över målet. Och nog innebär de sociala myndigheternas kontroll av vissa barnfamiljer något, som både kan missbrukas och ifrågasättas. Regleringarnas mångfald har gett myndigheterna en makt också i små ting. Folk är irriterade. Själva facket upplevs ibland av sina egna som en myndighet. Massmedia har en förmåga att framställa allt de ogillar som fascism, även om en angripen regim som den chilenska har en ideologi rakt motsatt den fascistiska. Och utnyttjandet av obegripliga formuleringar för att imponera eller skrämma har länge påtalats.

Orwell var från början vänsterorienterad. Han skrev om det spanska inbördeskriget med sympati för den röda sidan. Men efter 1945 upptäckte han, att kommunismen var minst lika totalitär som fascismen. Det var Stalins Ryssland, som blev modell för hans framtidsstat. Nu har man emellertid rätt felaktiga inställningar i väst om den sovjetryska verkligheten. Man tror, att det finns ett utbrett massmissnöje, en vilja till revolt mot förtryck och ofrihet. Det stämmer inte alls. Oppositionen är i stort sett koncentrerad till sinsemellan kivande intellektuella. För folk i allmänhet är sovjetsystemet det normala. Man har vant sig vid dess spelregler. Man gör sitt jobb. Man bråkar inte. Att arbeta för mycket medför utfrysning. Gör vad som är nödvändigt, inte mer – så lyder parollen. En nyutnämnd industrichef skall akta sig för att reformera för mycket. Han kan alltid råka företa sig något, som strider mot ett beslut av något partiorgan eller någon myndighet. Sådant utnyttjar man hänsynslöst för att bli av med honom. Inga störningar av vardagslunken! Korruption, javisst. Lite småfiffel spelar väl ingen roll. Det ser man genom fingrarna med. Men skulle någon fiffla till sig resurser, som överglänser hans överordnade, då slår lagen till. Rubba inte maktcirklarna! Andropov krävde ökad arbetsdisciplin. Några månaders kampanj och allt återgår till det vanliga. Chrusjtjov ville gå längre. Han föll.

Lägre levnadsstandard är följden, men tryggheten är säkerställd. Friheten i väster ger större rörlighet och snabbare utvecklingstakt men till priset av ensamhet, neuroser, stress, utslagning och arbetslöshet. Det priset vill inte sovjetmänniskan betala. Hon tror, att kommunismen vinner i längden, därför att den tillfredsställer vardagsmänniskans elementäraste krav. Men detta förutsätter ett slutet samhälle; impulser från yttervärlden kan bli livsfarliga för systemet.

Visst finns det i väster tendenser, som pekar i denna riktning. Industrifusionerna, byråkratiseringen, den hämningslösa lyckomoralen och likriktningen är hävstänger i en utveckling, som upplöser de bärande grunderna i Europa och bereder väg för kommunismen. Men det finns motkrafter. Demokratins relativa frihet gör det möjligt för dem inte bara att överleva utan också att förnyas och expandera. För dessa motkrafter tjänar Orwells 1984 som en varningssignal. Den klassiska fascismen hade inte samma sinne för frihetens ofrånkomlighet som dess arvtagare. Nazismen hade det inte alls, dess arvtagare än mindre. Liksom en gång vid Malmökongressen franska motståndsledare och tyska SS-officerare satt bänkade kring samma bord för att gemensamt diskutera en gemensam europeisk framtid, måste i dag demokratins progressiva element möta demokratins korporativa kritiker. Endast ett sådant möte kan ge oss hopp om den förnyelse, som ett fritt Europa behöver för att komma ut ur de utomeuropeiska supermakternas järngrepp.

*1984, nr 2 (oktober):*

# VÄG UR FÖRVIRRINGEN

**På snart sagt alla områden – familjens, rättslivets, ekonomins och politikens – befinner vi oss i utförsbacke. Det är emellertid på kulturens område som vändpunkten måste komma.**

Den samhälleliga upplösningsprocess, som vi i dag bevittnar i stora delar av västvärlden, har i Sverige satt in snabbare än beräknat. Att den skulle komma, är inte oförutsett. Den tar sig mångahanda uttryck. Släktbanden blir allt tunnare. Kärnfamiljerna splittras. Ungdomen lämnas vind för våg, medan en äldre generation ägnar sig åt statusjakt, kompensationstänkande och Tv-tittande. Knarket bryter ner den ene efter den andre, unga människor, som sjunker allt djupare i de sociala träskmarkernas dödssug.

Den ekonomiska tafatthet, som går under namnet blandekonomi, har lett fram till en allt påtagligare förvirring. Den abnorma räntenivån, framkallad av den tärande inflationen, samlar allt större summor i händerna på ett fåtal, som inte vet, vad de skall göra av sina pengar. Arbetslösheten växer, samtidigt som försök att öka massornas köpkraft för att därmed få fart på industrierna slår fullkomligt slint. Frankrike är ett talande exempel. Sverige kommer inte långt efter. Investeringsmöjligheterna finns. Men inte investeringsviljan. Företagarna litar inte på staten. Och staten går i spetsen för de svikna löftenas dubbelmoral.

Politiskt tar sig denna process uttryck i allt hårdare konfrontationer. Den svenska blockpolitiken är ett typiskt vittnesbörd. Men inom blocken är motsättningarna i verkligheten lika stora som mellan dem. Moderaterna sjunger frihetens höga visa och slåss för en svagare stat och friare människor. Det låter bra. Men frihet för en hänsynslös affärsman att göra vad honom lyster med ett företag, betyder ökad ofrihet för de anställda, som blir helt beroende av hans godtycke. Centern opponerar sig. Folkpartiet vacklar – som vanligt. I verkligheten är skillnaden mellan centerns ideal och den moderata nyliberalismen större än det ser ut på ytan.

På andra sidan är förvirringen ännu större. Rosornas krig är en realitet. Partiet vill spara. LO vill expandera. Och när Feldt enligt gammalt socialdemokratiskt recept vill höja skatterna, närmast bensinskatten, opponerar sig LO. Tänker Stig Malm kroka arm med Ulf Adelsohn? Det vore typiskt för ett läge, där allt kan hända.

På den kulturella sektorn avspeglar sig detta allas krig mot alla i en allt djupare pessimism. Det slutande 60-talets samhällstillvända poesi med dess kampglada naiva vänsterparoller, har ersatts av en personcentrerad lyrik, full av suckar över tillvarons intighet och livets meningslöshet. Kulturen av idag påminner närmast om ett gammalt ståtligt slott, som håller på att förfalla till en ruin.

Ändå är det just kulturen, där stöten måste sättas in, den stöt, som kan få utvecklingen att radikalt ändra riktning. Kultur är människans förmåga att göra sig en bild av verkligheten och dess sammanhang och att få så forma och länka krafterna inom sig och utom sig, att deras samspel förverkligar av människan uppställda mål. Det är kulturen, som lyft människan upp ur djurhamnen och gjort henne till något mer än de av naturkrafternas blinda spel beroende organismer, som gått före henne. Kulturen är inte ideologisk överbyggnad, som marxisterna hävdar. Kulturen är själva grunden till samhället, inspirationskällan som formar vår målsättning, vårt beteende, våra samlevnadsformer, vår ekonomi och vår politik. Kultur är själva kärnan i det mänskliga. Därför är det kulturförnyelse, som vi behöver, en kulturförnyelse, som ger oss en ny framtidstro och en ny inställning till vår uppgift i livet. Det är detta vi vill nå med vad vi kallar den nya humanismen. Vi erkänner, att människan är för liten för att vara universums centrum. Hon når sin bestämmelse först när hon ställer sitt liv och sina handlingar i tjänst åt tillvarons skapande ljusmakt, åt de uppbyggande, framtidsformande energierna i universum. Det är denna syn på tillvaron, som ligger bakom tron på den starka personligheten och den mänskliga solidariteten, på det korporativa samhället och det förenade, neutrala och kärnvapenfria Europa. Det är med den synens hjälp, som förvirringens tid skall vändas i det målmedvetna framåtskridandets nya tidevarv.

*1984, nr 3 (november-december):*

# UPPMARSCH INFÖR VALET 1985

**Moderaterna har initiativet, sossarna håller sig hyggligt trots svårigheterna. Block mot block, parti mot parti, förvirring. Men undermineringen av samhället fortsätter obevekligt.**

Man kan inte beskylla svensk politik av idag för någon högre grad av klarhet. En sak förefaller emellertid rätt obestridlig: det ideologiska initiativet har övergått från socialdemokraterna till moderaterna.

Den socialdemokratiska partikongressen var en tung tillställning med kommunalråd, ombudsmän och förtroendevalda politiker som huvudmassa. Arbetarinslaget lyste i förvånansvärd utsträckning med sin frånvaro. Endast nödtorftigt kunde man skyla över de många motsättningarna: partiet mot facket, höglönare mot låglönare, offentliganställda mot industrianställda, försvarsvänner mot försvarsnihilister. Några djärva framtidsvyer syntes inte till; Ingvar Carlssons frihetsmarsch kom av sig efter de första takterna. Det hela blev en uppslutning till gamla kända ståndpunkter med årtionden på nacken.

Helt annorlunda var det, när moderaterna träffades i det nygamla riksdagshuset. Här fanns det enighet. Här fanns det segervittring. Och över det hela vilade skuggan av en enda symbolgestalt, nobelpristagaren i ekonomi Milton Friedman.

Naturligtvis fanns det motsatser även bland moderaterna. Den nya liberala given omfattas inte alls av något överväldigande flertal. Den gamla reformkonservatismen med dess känsla för riket Sverige finns kvar under ytan. Men med den hägrande framgången ligger denna flygel i partiet lågt, mycket lågt.

Några segertoner blev det däremot inte, när Westerberg samlade sitt krympande folkparti till kongress. Gälla kvinnoröster, som kallade diskussionsinlägg från oliktänkande för «snaskiga», visade, att det hysteriska draget i människosjälen inte är främmande för dagens kvinnokämpar.

DET NÖDVÄNDIGA GREPPET 333

Partiets tunga massa, om det ordet kan användas i folkpartisammanhang, slöt dock upp bakom Westerberg. Inga broar till moderaterna revs. Nu väntar vi på centern. Men den kommer först i sommar. Dröjsmålet är behövligt. Frågan är emellertid, om detta de försummade möjligheternas parti hinner samla sig till dess, samla sig kring en ny helhetssyn. Olusten inför den nye vapenbrodern KDS kan komma att dämpa slagkraften i propagandan.

De aktuella SIFO-siffrorna pekar mot en borgerlig valseger 1985. Det kan självfallet hända åtskilligt innan dess. Men trenden har hittills varit ganska stabil. Socialdemokraterna har gått baklänges, dock mindre än man skulle kunna tro med hänsyn till regeringens uppenbara svårigheter. Den socialdemokratiska partiapparaten har trots alla motsättningar och konflikter en osedvanlig seghet. VPK står och väger strax ovanför 4 % spärren. Det är anmärkningsvärt, att partiet inte har kunnat dra några växlar på socialdemokraternas oförmåga att råda bot på arbetslösheten eller hålla sina sociala vallöften.

På den borgerliga sidan är moderaternas dominans förödande. Centern har någorlunda hållit ställningen, men den kommer inte i närheten av de siffror, som var aktuella när Fälldin tog över.

Folkpartiet tävlar med VPK om bästa räddningsmanövern i riskzonen ovanför de ödesdigra 4 procenten. Vårt land skulle inte förlora på att partiet utanför förvandlades till ett hem för allmänt kvirr och gråtmild sentimentalitet. Det skulle då kunna bli ett sköterbarn för massmedia. Kanske skulle i det läget också Per Garthon kunna återvända till fadershuset.

Vi befinner oss alltså i en situation, där inget parti kan bli starkt nog att sätta sin prägel på samhället. Socialdemokraterna kan visserligen räkna med VPK:s röster. Lars Werner representerar det breda gemytet på det svenska folkdjupet. Hermansson är en blixtrande intelligens utan den arrogans, som en del andra begåvningar inte kan hålla inne med. Björn Svensson är en huggvärja. Men ingen av dessa tre tycks kunna frigöra varken sig själva eller partiet från den belastning, som en envist fasthållen marxistisk klasskampsdogm innebär.

För moderaterna blir det inte lättare i en segrande borgerlig koalition. Folkpartiet, centern och kanske KDS kommer att ställa till ständigt trassel i regeringen. Adelsohn har många förtjänster, men frågan är, om han är tillräckligt stark som personlighet för att hålla oroliga småsyskon på mitten i styr. Hur det än går i september -85, kommer den sociala strukturomvandlingen av samhället att fortgå, den teknologiska utvecklingen går vidare och dagens samhälle kommer till sist att vara helt underminerat. I det ögonblicket ställer Klio frågan: Vem är redo att gripa in?

*1984, nr 4 (helg):*

# KVARLEVA FRÅN FORDOM

**Mitt i nutidens väldiga ombrott lever demokratiskt statsskick kvar som en kvarleva från det förgångna. Klassamhället har blivit kupésamhälle. Men politikerna tycks ingenting se.**

Under mellankrigstiden talade man ofta om den brytningstid, som vi då levde i. Gamla märken ramlade. Nya företeelser bröt igenom. Fascismens och senare nationalsocialismens genombrott satte sitt märke på utvecklingen. Radion gjorde sitt segertåg över världen. Nya moralbegrepp gjorde sig gällande i hård konflikt med de äldre.

När vi nu ser tillbaka på denna tid verkar den inte alls så omstörtande som vi då trodde. Nu när vi står mitt uppe i nya omvälvningar, inbillar vi oss, att så våldsamma förändringar har aldrig förut ägt rum. Nu har vi rest till månen. Nu har vi hittat på atombomben. Nu har vi förgiftat alla elementen utom elden, som faktiskt ännu används på gammalt hederligt sätt även av kemins förfarna trollkarlar och trollkvinnor. Radion har kommit i skuggan av televisionen, som fört in makten och dess synsätt in i snart sagt vartenda vardagsrum. TV och video har försatt filmproduktion och biografer i en helt ny situation. Datorernas intåg på område efter område gör hela vår tillvaro fyrkantig. Smidighet och nyanser förkvävs av datoranpassningens grova och hårt fixerade mönster. Elektroniken har förändrat förutsättningarna för industriell produktion. Man talar om det postindustriella samhället liksom man i konsten talar om postmodernismen. Förstavelsen «post» betyder «efter». Ingenting är nytt, fräscht och egenartat; allt är eftersläpning av något föregående.

Ännu betydelsefullare är kanske den sociala strukturförvandling, som äger rum nere på samhällsdjupet. De forna klasserna håller på att upplösas. Visst talar man ännu om överklass, medelklass och arbetarklass. Men i verkligheten är samhället långt mer komplicerat. Vi har en mängd olika uppgifter i det moderna samhället, uppgifter, som ofta kräver en specialutbildning, och som ger upphov till ett särskilt sätt att uttrycka sig. Människan sugs upp av dessa olikartade verksamheter. De anpassar sig till sättet att vara, att uttrycka sig, att agera inom den grupp, där de hamnat. Man har börjat tala om «kupésamhället». Vi sitter alla i var sin kupé mer eller mindre avskärmade från varandra. Det samhälle, som existerade för 50 år sedan, finns inte längre.

Mitt i hela detta ombrott dröjer som en relik från det förgångna det demokratiska statsskicket och den demokratiska samhällsordningen. Demokratins principer kom till på 1700-talet, de bröt igenom på 1800-talet, och de har både dominerat och ifrågasatts på 1900-talet. Kort efter första världskriget gjorde sig med fascismens genombrott helt nya former för stat och samhälle gällande. Tysk nationalsocialism medförde emellertid främst på grund av dess rasism en snedbelastning, som ledde fram till andra världskriget och en total seger för demokrati och kommunism. Alliansen mellan Wall Street och Kreml förbyttes dock snart i en gigantisk tvekamp, som hämmade varje förnuftig utveckling. Demokratin stelnade i sina former. Dess ideologiska bakgrund kom i allt bjärtare motsatsförhållande till verkligheten. Den sociala strukturomvandlingen fortsatte. Skillnaden mellan yttre form och faktiskt innehåll blev för varje årtionde allt påtagligare. Kommunismen hade redan från början skapat sin form. Den har lyckats upprätthålla denna form med hjälp av sitt diktatursystem men till priset av låg levnadsstandard och förlångsammad social och ekonomisk utveckling. Demokratins klassamhälle motsvaras i Sovjetunionen av ett byråkratstyrt teknokratiskt pampvälde.

Med social struktur menar vi de olika samhällsgruppernas karaktär och förhållande till varandra. Den nuvarande strukturförvandlingen i väster innebär de stora klasskollektivens upplösning i en rad smågrupper. För att hålla ihop detta alltmer komplicerade samhälle har en ständigt svällande förvaltningsapparat vuxit fram. Växelspelet mellan demokratin och kupésamhället främjar en utveckling, som kommer samhället i väst att bli allt mera snarlikt östsamhället.

Mot denna trend sätter nysvenska rörelsen sitt krav på en medvetet driven utveckling mot ett korporativt samhälle. Samhället byggs upp på de stora verksamhetsområdena, företrädda av var sin huvudkorporation. Dessa byggs upp av korporationer för olika specialområden. Korporationerna i sin tur består av företag och institutioner, där kapitalets monopolställning både i det demokratiska och det kommunistiska samhället ersätts med jämställdhet mellan arbete och kapital, och där chefernas ställning skapar ett nytt livsrum åt personligt initiativ. Kravet på folkvald statsminister och beslutande folkomröstning som

# DET NÖDVÄNDIGA GREPPET 337

skiljedomsinstitut vid konflikter mellan regering och riksdagsopposition ger staten en ny profil. Folket företräds i dag enbart av partierna. I framtiden kommer det att i lika hög grad företrädas av korporationerna. Värdegrunden – friheten, rättssäkerheten, det folkliga medinflytandet, den personliga integriteten och den mänskliga solidariteten – är densamma som den från början varit i demokratin. Korporatismen utgör det fria samhällets värden anpassade till kupésamhällets villkor.

Kanske kommer vi en gång att betrakta de nuvarande förhållandena som en naturlig fortsättning av mellankrigstidens. 1900-talets mitt innebar en återgång till föråldrade politiska former. Felgrepp och överdrifter hos bärarna av de nya krafterna bromsade en naturlig utveckling. Men nere på djupet fortsatte krafterna sitt spel. Med korporatismens slutliga seger kommer jämvikten mellan statens funktioner och samhällsordningens struktur att återställas men nu på en ny och tidsenlig grund. Låt oss med den optimistiska visionen hälsa 1985.

*1986, nr 1 (september):*

# SVENSK NATIONALISM

**Moderna kommunikationer har fört folk och länder närmare varandra och medfört både folkomflyttningar och kulturkrockar. En nationalism, som står i motsats till chauvinismen, blir då en trygghetsfaktor.**

Nutidens kommunikationer, de moderna transportmedlen, datasystemen, press och etermedia, har fört länder och kontinenter närmare varandra än någonsin. Konsekvenserna av denna snabba tekniska utveckling har blivit riktigt märkbara först under 1900-talets senare hälft. Vi kan nu sitta hemma och se i TV-rutan, vad som just håller på att hända på andra sidan jordklotet. Transportmedlen möjliggör en folkomflyttning som aldrig förr. Ekonomiska förhoppningar eller politiska störningar driver folk att lämna sin hemvanda miljö för att söka lyckan på annat håll. Detta leder alltför ofta till svikna drömmar, personlig rotlöshet och växande konflikter. De världsvida perspektiven suddar ut känslan för den nationella egenarten och gör så småningom även de hemvanda rotlösa.

Mot denna bakgrund är det nödvändigare än någonsin att slå fast nationens egenvärde. Psykologins tal om beteendemönster har gett nationalismen en ny dimension. Varje människa har sitt individuella beteendemönster. Detta är en variant av det sociala mönstret i den grupp hon tillhör. Nationen är idag den främsta sociala gruppen. Dess seder och bruk, dess grundvärderingar och livsnormer växer människorna upp med. Genomsnittsmänniskans grundläggande rättesnöre är trygghetsbehovet. Därför anpassar hon sig till nationens sociala mönster. Det ger henne trygghet. Bara de mycket starka har kraft att gå emot mönstret och förändra det. De som försöker utan erforderlig styrka, går under eller slås ut.

Detta ger oss en anledning att å ena sidan slå vakt om det nationella kulturarvet, den nationella samhörighetskänslan, som hotas av de nya tekniska möjligheterna, men dels också att så organisera stat och samhälle, att det finns fickor för det annorlunda: frihetsfaktorn. Endast så kan den nationella samkänslan bli fulltonig.

Nationalismen, sedd på detta sätt, innebär inte bara en samkänsla med det egna fäderneslandet; det innebär också respekt för andra folks rätt till samma känsla. Verklig nationalism är samnationalism. Den står i klar motsättning till den chauvinism, som kommer till uttryck i den aktuella kampanjen mot Sydafrika. Att Apartheidpolitiken urartat och att detta är en olycka, är vi överens om.

Men att därför bryta mot ingångna avtal och träffade internationella överenskommelser bara för att få «gå i spetsen», det är ren hybris. Ingvar Carlssons vakthållning kring Sveriges traditionella uppslutning bakom folkrättens normer är en klart svensk-nationell hållning. Massmedias krav på en storsvensk demonstrationspolitik även i strid mot folkrätten är chauvinistiskt hysteri. När känslosvallet har lagt sig kommer Ingvar Carlsson, om han står fast, att stå som företrädare både för den svenska linjen och för det sunda förnuftet.

*1986, nr 2 (oktober):*

# DEMOKRATI OCH HIERARKI

Problemet är inte demokrati eller hierarki; problemet är att bygga upp ett system med en fungerande hierarki i en på omistliga frihetsvärden grundad demokratisk ordning.

De värden, som vi i nysvenska rörelsen kallar "de fem omistliga", frihet, rättssäkerhet, folkinflytande, personlig integritet och mänsklig solidaritet, brukar man också kalla de demokratiska värdena. Man kan utifrån detta definiera demokratin som det samhälle, där dessa värden utgör grundvalen för samhällsordningen. Ett avgörande inslag i en demokrati är sålunda möjligheten för de många att på det ena eller andra sättet påverka samhället och dess funktioner.

Detta kan dock icke innebära, att alla människor har samma befogenheter. Ett samhälle har konkreta uppgifter. För att lösa dem krävs någon form av organisation. En arbetsfördelning måste till och därmed en arbetsledning. De medverkande får sina deluppgifter och de till dem knutna befogenheterna. Det uppstår en hierarki.

Med hierarki menar vi ett system av personer från en toppfigur och nedåt, i vilken var och en har de befogenheter, som är nödvändiga för att de skall kunna fullgöra sina skyldigheter. Det finns inget samhälle utan någon form av hierarki. Detta gäller också demokratin. Frågan om demokrati eller inte demokrati är i detta sammanhang detsamma som frågan om hur denna hierarki kommer till.

Här har vi två möjligheter. Antingen utses hierarkin bland medlemmar i en härskande klass av de organ, som de härskande tillsatt. Det systemet är inte demokratiskt. Eller också utses hierarkin eller dess ledande funktionärer av folket i val. Ett sådant system kallas demokrati.

Det finns även en annan utgångspunkt vid bedömningen av demokratin. Det hänger ihop med frihetskravet. I ett samhälle måste olika meningar få komma till tals. Motsatsen, ett samhälle, som har en fastställd ideologi som grund och fordrar att alla medborgare skall bekänna sig till den, är icke demokratiskt; det är totalitärt. Här står demokratin i motsatsställning till totalitarismen. Det finns självfallet gränser. Om t.ex. en religiös tro står i klar motsättning till ett lands lagar och dessa bärs upp av rättsmedvetandet hos en överväldigande folkmajoritet, kan det inte kallas odemokratiskt, om sådana strömningar förbjuds. Detta har emellertid ingen tillämplighet på politiska sammanslutningar, som kritiserar det rådande samhällssystemet och kräver dess reformering. Varje diskriminering av en sådan riktning strider mot själva grunden i demokratin; den är ett klart steg i totalitär riktning.

Det svenska samhället kan betecknas som en demokrati med växande totalitära inslag. Uteslutningen av en hel del meningsriktningar från massmedia är en typisk totalitär tendens. Socialdemokraternas och folkpartiets vägran att låta registrera nysvenska rörelsen i Malmö är ett klart utslag av totalitarism. Det ofta påtalade myndighetsväldet med direkt byråkratiska övergrepp mot enskilda människor pekar i samma riktning. Klasskollektivens upplösning samtidigt som det växer fram en ny teknokratisk överklass, är en utveckling bort från demokratin. Den enskildes rätt riskerar att graderas efter klasstillhörighet eller renlärighet.

Motmedlet mot denna utveckling ligger i öppen dag. Det är korporatismen. Arbetare och tjänstemän har lika många företrädare i företagens styrelser som kapitalintressenterna. De sitter sida vid sida med företagarna i korporationernas stämmor och styrelser och i korporationernas högsta organ direkt under regeringen. Möjligheten till inflytande också för den till synes betydelselöse vidgas. Också den senaste på fabriksgolvet kan ha en marskalkstav i sin ränsel. Politikerna i kommun, landsting och riksdag balanseras av en korporativ hierarki. Partiernas formella allmakt bryts. Den folkvalde statsministern med rätt att själv välja sina ministrar har en riksdag att ta hänsyn till. Bådadera måste vid en konflikt underordna sig en folkomröstning. Ledarskap och hierarki, social jämvikt och demokrati balanserar varandra i en ny ordning, framvuxen direkt ur det tjugonde århundradet. Kanske blir det till sist den korporativa framtidsvisionen, som räddar demokratin.

*1986, nr 3 (december):*

# I SKARVEN MELLAN TVÅ TIDER

**Folkhemstanken byggde på gemenskap, på det allmänna. Nu har utvecklingen lett till ensidig kollektivism. Reaktionen: en lika ensidig individualism. Vägen ur återvändsgränden: Korporatismen.**

I ett radioinlägg framhöll den kände kriminologen Leif GW Persson, att den anda, som bar upp folkhemmet under genombrottsperioden, nu håller på att ebba ut. Det var minnena av fattigdom, trångboddhet och förnedring, som drev på samhällsomdaningen. Ett socialt medvetet samhälle med insikt om det allmännas förpliktelser mot de svaga och maktlösa beredde vägen till en bättre tillvaro för de många. Samhället är det betydelsefullaste kollektivet i vårt liv. Dess roll under Per Albin Hanssons och Tage Erlanders tid har betytt en påtaglig standardhöjning. Utbyggnaden av statsförvaltningen och samhällsorganen har emellertid lett till en växande byråkratisering. Den snabba tillväxten har kommit kvalitetsnivån att sjunka. Rädslan för att bryta mot bestämmelser har ibland lett till oförståelse för verklighetens mångfald, ibland till rena övergrepp. Det finns i dag 550 lagar med tillhörande straffsatser. Straffsatserna har skärpts för brott mot det allmänna men mildrats för brott mot enskilda. Skattefiffel anses värre än misshandel av åldringar.

Denna utveckling har framkallat en rörelse i motsatt riktning. Allt högljuddare blir kravet på respekt för individens rätt. Gentemot den stelnande kollektivismen sätts idag en allt mera stridsberedd individualism. De självmedvetna sociala myndigheterna angrips. Den offentliga sjukvårdens köer påtalas. Ropet på privatisering hörs lite varstans. 60-talets vänsterorienterade kulturtrend med dess hävdande av samhällsintresset har fått vika för en personfixerad högertrend. Den enskilde människans egna problem skjuts i förgrunden. Tidens vånda bedövas med romantisk verklighetsflykt.

## DET NÖDVÄNDIGA GREPPET 343

I den blandningen av förlegad gammal skåpmat och osmälta motsägelsefulla tankefoster håller hela samhällsstrukturen på att förändras. Skådespelet är rörigt och förvirrat. Vad som skall komma ut av denna svåröverskådliga verksamhet, är det ingen som vet. Politikerna har svårt att styra, därför att de inte vet, vart de skall styra.

Det är i detta läge, som vår nysvenska rörelse har sin uppgift. Nyandligheten, svärmeri för allsköns amerikansk eller asiatisk visdom är ett förfallssymptom. De gröna har kopplat samman kampen mot miljöförstöringen med varjehanda idéskräp från pacifistiska strömningar, den extrema kvinnofrigörelsen och vurmen för det s.k. lokalsamhället. Här står de tre punkterna korporatism, samnationalism och ny humanism som ett fast vägmärke mitt i förvirringen.

*1986, nr 4 (helg):*

# IC:S BRANDFACKLA

"Det är skam, det är fläck på Sveriges baner, att medborgarrätt heter pengar." Verner von Heidenstam i "Ett folk".

"**M**edborgarrätt går före äganderätt", hävdar Ingvar Carlsson i några DN-artiklar, som blivit en brandfackla. Medborgarrätten är grunden för frihet åt de många, menar han. På borgerligt håll gör man gällande, att han i verkligheten hävdar statens rättigheter, inte de många människornas. I god sovjetstil gör han de många maktlösa inför statens maktapparat.

Nu skall det villigt erkännas, att Ingvar Carlsson aldrig konkret klargjort, vad han menar med medborgarrätt. Han hänvisar till rösträtten men slår fast, att medborgarrätten är ett vidare begrepp. Att döma av sammanhanget syftar han på varje människas rätt till ett anständigt liv, ett liv i värdighet och statsorganens skyldighet att trygga denna rätt. Så långt kan man utan vidare följa honom. Det är en princip, som sedan Hedenhös hör ihop med den svenska modellen.

Beskyllningen för sovjetanknytningen tillbakavisar IC med hänvisningen till sin lojalitet mot demokratin. Det har han också rätt i. Men demokrati är ett mångtydigt begrepp. I sin parlamentariska form kan den teoretiskt utveckla sig till en majoritetsdiktatur, de 51 procentens herravälde över de 49. Här har denna form av demokrati en av sina avgörande svagheter. Det har de borgerliga kritikerna tagit fasta på. I själva verket är de emellertid lika stora anhängare av parlamentarismen. Vad man är ute efter är ett minoritetsskydd inom parlamentarismens ram. I dagens samhälle har ingen socialgrupp majoritet. Samhället består av minoriteter. Att talet om minoritetsskydd sedan utnyttjats för att säkra vissa fåtalsgruppers privilegier, är en annan sak. De flesta berättigade principer kan missbrukas.

Nysvenskhetens korporativa samhällskonstruktion ger minoriteterna deras naturliga ställning, samtidigt som den folkvalda regeringen utgör den nödvändiga samordnande faktorn. Samspelet mellan de olika samhällskrafterna tillämpar samma etiska grundsatser som de begär av människorna. På denna punkt förmodar vi, att IC instämmer.

Men i så fall en fråga: Står det i överensstämmelse med IC:s tolkning av medborgarrätten, att en hel meningsriktning utestängs från rätten att på lika villkor delta i den allmänna debatten?

Till sist ett påpekande. När Per Albin Hansson förde fram idén om folkhemmet, hade han hämtat uttrycket från Rudolf Kjellén. När Ingvar Carlsson lanserar tesen om medborgarrätt, hänvisar han öppet till Verner von Heidenstam. Två av den svenska socialdemokratins största utspel har sålunda inspirerats av förgrundsfigurer i svensk nationalism.

*1987, nr 1(januari) och nr "1 1/2" (februari-mars):*

# BAKGRUND OCH NULÄGE

**Partiutvecklingen efter 1918 ledde fram till socialdemokratins ställning som statsbärande parti. Efter höjdpunkten Tage Erlander har vägen delat. Nu är vi uppe i det ovissa.**

1918 sprängdes de sista fördämningarna. Allmän rösträtt även till Första kammaren. Demokratin var färdig. Sedan dess har fem partier agerat i riksdagen, ibland under skiftande namn och med ideologiska förskjutningar, men ändå hela tiden detsamma. Högern, numera moderaterna, var från början det nationella partiet med starka reformkonservativa inslag. Det har så småningom alltmer infiltrerats av liberala synpunkter.

Under 50-talet fick partiet med Jarl Hjalmarsson som partiledare en mera folklig framtoning men återgick sedan till en allt liberalare trend. Liberalerna, som från början varit högerns huvudmotståndare, splittrades på 20-talet i två partier, ett frikyrkligt och ett kulturliberalt, men återförenades i Folkpartiet. Med Bertil Ohlin i spetsen blev det ett tag ledande inom borgerligheten. Dess nedärvda inre motsättningar ledde dock till förlusten som partiet hämtade sig från först under Bengt Westerberg. Det har på sistone fått en mera social framtoning.

Centern hette ursprungligen bondeförbundet. Det uppstod som en reaktion mot högerns anknytning till industriintressena men fungerade i början som ett självständigt annex till högern. 1933 gjorde partiet upp med socialdemokraterna, den s.k. "kohandeln" och fullföljde under ledning av Axel Pehrsson-Bramstorp och Gunnar Hedlund denna politik. Med Thorbjörn Fälldin skedde en omvandling till det borgerligt liberala lägret. Partiets ursprungliga anknytning till svensk reformkonservatism [via män som] K.G. Westman och C.A. Reuterskiöld, försvagades genom en ensidig övergång till miljöproblemen.

Det mest betydande partiet har emellertid under hela epoken varit socialdemokratin. Under perioden 32-76 kan man närmast tala om det

# DET NÖDVÄNDIGA GREPPET 347

"statsbärande partiet", och därmed har parlamentarismen på sätt och vis satts ur spel. Det ideologiska beroendet av marxismen var redan från början uppluckrat genom inflytelser från främst fransk socialism (Hjalmar Branting). Så småningom utvecklades det sig en speciellt svensk form av socialism med Per Albin Hansson som nyckelfigur samt Ernst Wigforss och Rikard Lindström som ledande teoretiker. Det var denna "folkhemssocialism", som bar upp epoken Tage Erlander. Men vänstervågen i slutet av 60-talet rubbade cirklarna.

Ingvar Carlsson har hittills gett sken av att vilja förnya folkhemssocialismen bl.a. med sin paroll: Medborgarrätt går före äganderätt.

Kommunisterna har hela tiden varit anslutna till Tredje internationalen och har därför från början varit isolerade i riksdagen. Med C.H. Hermanssons tillträde till partiledarposten har partiet, namnförändrat till VPK, luckrat upp sitt beroende av Moskva och närmast blivit ett vänstersocialistiskt parti med Lars Werners folkliga gemyt i förgrunden.

Den svenska partidemokratin kan mot denna bakgrund uppfattas som tre perioder: den första med snabbt växlande regering fram till 1932, den andra med nästan total socialdemokratisk dominans fram till 1970 och den tredje – tillbakagångens år, fram till nuläget. Socialdemokratin är fortfarande det starka partiet, men dominerar inte på samma sätt som förr. Centerns glidning över till ett borgerligt trepartiläger är den kanske betydelsefullaste förändringen. Medan samspeletet mellan socialdemokrati och bondeförbundet visade sig hållbart genom årtionden, är den borgerliga samlingen en koloss på splittringens lerfötter. Folkpartiets sidoturer bakom främst moderaternas rygg, centerns motsatsställning till moderaterna i fråga om kärnkraften och de skiftande känslorna på tal om invandring och U-hjälp, gör trepartialternativet till en föga inspirerande framtidsversion.

Ibland undrar man emellertid, om inte motsättningarna inom socialdemokratin börjar bli lika stora som på borgerligt håll. Både försvaret och kärnkraften skiljer fraktionerna åt inom regeringspartiet. Till detta kommer den djupare sociala förändringen av hela vårt samhälle med LO-trätorna som synlig följd. Alla dessa öppna eller dolda motsättningar torde vara anledning nog till nertoningen av konfliktämnena och frånvaron av djupanalys i årets remissdebatt. Det blev en mycket städad tillställning med Ingvar Carlssons inlägg som det tyngsta men med Westerberg, Werner, Olof Johansson som goda vapendragare för missgynnade minoriteter och Carl Bildt som den främste miljötalaren. Hans tillbakablickande i detta sammanhang på reformkonservativa idéer gick föga ihop med marknadskrafterna. Deras ödesdigra roll för miljön passade Ingvar Carlsson på att understryka.

Lugnt och städat som sagt. Men länge dröjde det inte, innan stormen bröt lös kring utredningen om Palmemordet. För ett ögonblick förvandlades oppositionen till regeringsstöd. Det var som om alla instinktivt kände skuggan av ett hot. Det börjar sakta bli annorlunda i gamla Sverige.

*1987, nr 2 (sommar):*

# SÖNDERFALLETS ORSAKER

**Nykapitalismen, klasskollektivens upplösning, parlamentarismens otillräcklighet, urbaniseringen, invandringsproblematiken och till sist den kombination av individualism och materialism, som behärskar den allmänna livsinställningen.**

Att något håller på att gå snett på område efter område börjar de flesta bli på det klara med. Det framhålls allt oftare i den offentliga debatten. Men orsakerna är man mindre benägen att diskutera. Det rör sig om ett invecklat, svåröverskådligt och stundom nog så ömtåligt frågekomplex.

Å ena sidan har vi en socialdemokratisk regering men å den andra växer det fram en slags nykapitalism, som företräds av en ny företagartyp med uppgift att förvalta och distribuera stora kapital. Den nye företagaren är icke bunden av produktionen eller distributionen av en viss vara. Inte för inte talar man om de stora klippens män. Äldre företagartyper som banker och försäkringsbolag tycks ha varit för långsamma eller svårrörliga; de nya männen är snabba i vändningen och kan fatta beslut på stående fot. Utvecklingen påskyndas av det svenska näringslivets allt intimare beroende av den internationella marknaden, där besluten fattas utan möjlighet till påverkan av svenska organ.

Medan detta försiggår, försvagas de fackliga organisationerna genom klasskollektivens gradvisa upplösning. Trätorna vid den senaste LO-kongressen bär syn för sägen. Fackets växande intresse av penningplaceringar på den rörliga kapitalmarknaden och deras engagemang i löntagarfonderna förenar de fackliga toppfunktionärernas intressen med intressena i näringslivets ledarskikt. Arbetare, bönder och småfolk försvinner i ett fjärrdis.

Det är naturligt, att denna sociala turbulens återspeglas på det politiska planet. Motsättningarna växer inte bara mellan utan också inom partierna. Socialdemokratin är inte längre den väl sammansvetsade rörelse, som den en gång var. Högerut finns det en påtaglig klyfta mellan nyliberalism och reformkonservatism, även om denna konflikt ännu inte framtonat lika starkt som motsättningarna till vänster. Regeringen, som tidigare haft ett säkert grepp om utvecklingen, förlorar i auktoritet. Konstitutionsutskottets aktivitet i Boforsaffären har blottat en strävan att hävda den 349-hövdade församlingens överhöghet över regeringen. Tendensen för tanken till frihetstiden och bidrar till fortsatt förvirring.

Turbulens är ett ord, som brukar användas av väderleksprofeter. Det anger ett tillstånd av kastvindar från olika håll i luftrummet, som vållar svårigheter för flyget. Turbulensen i samhället blir inte mindre genom de psykologiska problem, som växer fram i storstäderna och deras förorter, när glesbygdernas folk strömmar in. Ensamhetskänslorna djupnar i de betonggrå förvaringsboxar för arbetskraft, som de nya förstäderna utgör.

Mitt i denna omvandlingsprocess kommer så problematiken kring invandringen. Människor med helt andra vanor, andra tänkesätt och andra utseenden dyker upp och blandar upp de gamla svenska miljöerna. De uppfattas som ett hot av människor, som redan förut fått sina nerver spända av den sociala och ekonomiska osäkerheten. Det blir inte bättre genom att massmedia driver en ensidig hets mot alla dem, som kräver en fri och öppen debatt om en företeelse, som plötsligt installerat sig utan att svenska folket tillfrågats. De starkt känsloladdade reaktioner, som blivit följden, gör bara ont värre.

Den yttersta förklaringen till detta sönderfall på olika områden är emellertid det kulturklimat, som präglat efterkrigstiden. Det domineras av en kombination mellan individualism och materialism, som blivit ödesdiger. Människan inte som självändamål utan som redskap åt tillvarons ljusmakt, åt de skapande och uppbyggande krafterna i världen, den nya humanismens budskap, måste bli framtidens melodi. Ett samhälle byggt inte på rivaliserande intressen utan på gemenskap i uppgift måste få ersätta det gamla. Då har vi något att kämpa för, då kommer livets hjul åter i rullning, då har vi en framtid.

*1987, nr 3 (oktober):*

# EUROPA KNACKAR PÅ DÖRREN

**Sverige ligger i Europas utkant med kontinenten söderöver. Men det har samtidigt sitt ansikte vänt mot öster. Detta förklarar det kluvna i den svenska inställningen till EG.**

Då och då flammar diskussionen om Sverige och Europa upp igen. Det finns en känslomässig dubbelinställning i Sverige, just när det gäller vårt förhållande till Europa. Å ena sidan anser vi oss vara en del av Europa men å den andra känner vi oss på något sätt som utomstående. Att vi ligger i en utkant behöver vi bara titta på kartan för att konstatera. I den europeiska kulturgemenskapen kom vi in först under medeltiden. Man skulle kanske kunna utpeka Skenninge möte som det sluggiltiga inseglet på Sverige som en europeisk kulturprovins. Gotik, renässans, barock, rokoko, empire, alla de olika konstriktningarna som avlöst varandra i Europa, har också varit svenska. Men vårt geografiska läge har gett oss en något annan inriktning än de flesta andra nationer. Sveriges ansikte har alltid varit vänt mot öster, sa en gång Harald Hjärne. Och mot söder, tillade Rütger Essén. Våra skandinaviska grannar har på ett helt annat sätt varit västorienterade. Vår östorientering har förenat oss med Finland. Redan tusen år före vår tideräknings början hade det svenska Mälarriket vidsträckta förbindelser i öster. Det fanns svenska bosättningar i Finland och Balticum; man har hittat bronsåldersföremål ända borta vid Volgakröken. Vårt förhållande till det vidsträckta området på andra sidan Östersjön har mer än man tror varit av fredlig karaktär.

Det var egentligen först på 1700-talet som Ryssland började uppfattas som det stora hotet. Karl XI hade rätt föga förståelse för östproblemen. Den ende som varnade var Erik Dahlberg. Men med Karl XII ändrades förhållandet radikalt. Han insåg till fullo riskerna. Men Europa lät honom kämpa ensam Europas försvarskamp mot den expanderande östmakten. Polen, Preussen, Hannover, Danmark-Norge, söderifrån påbackade av

Sachsen och Österrike, gjorde gemensamt insatser som beredde mark för den ryska imperialismen. Det var först med Karl XIV Johan som vi fick bättre förhållanden till grannen i öster. Men ekot av Poltava levde kvar under hela 1800-talet. Bakom den yttre formella neutraliteten låg en ständig vaksamhet österut. Det var den som möjliggjorde de nya härordningarna kring förra sekelskiftet. Det var den som inspirerade bondetåget. Och den fick efter första världskriget en ny uppenbarelseform i antikommunismen. Bolsjevikerna hade tagit över.

Efter andra världskriget har vårt grannförhållande österut steg för steg blivit bättre, även om denna förbättring, ständigt bromsas av östliga långtradare i hemliga svenska militärområden, polska "tavelförsäljare" lite varstans i landet och egendomlig undervattensverksamhet i svenska skärgårdar.

Spänningen mellan de två världsblocken är på sitt sätt ett värn för vår självständighet. Vi binder oss varken österut eller västerut. Det är detta som gör vårt förhållande till EG ambivalent. Vi hör till Europa. Men just vår närhet till det ryska området ger oss en särställning. Den franske politikern André Mutter, minister i Fjärde republikens sista regering och anlitad i Europasammanhang av De Gaulle, sa en gång att Sverige tillsammans med Finland gjorde Europa störst tjänst genom att stå utanför EG. Vår uppgift var att övertyga Moskva om att EG inte hade någon udd mot Sovjet. Först när Europas självständiga hållning gentemot både Förenta Staterna och Sovjetunionen var helt klar, borde de båda nordiska staterna ansluta sig.

Samtidigt som vi alltså fullföljer neutralitetspolitiken, måste vi emellertid fördjupa svenskt Europamedvetande. Vi reser runt som turister i Europa. Men vi kommer hem med intryck från levande vykort. Ännu har vi inte blivit ett med de andra. Den ensidiga engelskorienteringen i vår språkutbildning bidrar till vår ställning utanför. Historielösheten i vårt nuvarande kulturklimat försvårar också vår europeiska integration. Det är först när vi står stadigt på den svenska jorden som vi kan agera övertygande europeiskt. I dag är det vår uppgift att nere på kontinenten verka för ett förenat, neutralt, kärnvapenfritt Europa och klargöra för världen, att den dagen Europa gör sig fritt från beroendet av utomeuropeiska supermakter, vilka dessa än må vara, den dagen är Sverige helt och fullt med i Gemenskapen Europa.

*1987, nr 4 (november-december):*

# MISSBRUKAD INTELLIGENS

**Det är med hjälp av våra hjärnor vi skapat kultur. Och det är kulturen, som gjort oss till människor. Men nu har vi använt våra hjärnor till en teknik, som innebär ett dödshot.**

Det har blivit något av en modefluga att tala om miljöhotet. Naturens jämvikt eller ekologi, som det heter på lärt språk, har rubbats. Man efterlyser en ekologisk ideologi. Men det är med enfrågeideologier som med enfrågepartier; de faller på sin ensidighet. Det nya miljöpartiet har därför allierat sig med extrem feminism och extrem pacifism, en föga framtidsduglig kombination. Av de 10 väljarprocenten är det inte ens hälften, som är säker på, att de vid ett verkligt val skulle rösta på partiet. De 10 procenten förefaller därför mest som ett resultat av massmedias sensationsmakeri kring partiet.

Och chanser har de fått. Aktivister med ungdomens äventyrshåg i blodet har stoppat vägbyggen genom skog genom att i hundratal klättra upp och sätta sig i träden. Trogna miljökämpar, män och kvinnor, har i månader vaktat bergknallar för att hindra deras förvandling till förvaringsplatser för kärnavfall. Transporter med förbrukat kärnvapenbränsle från Västtyskland har bromsats till sjöss av båtar med miljöungdom. Man har demonstrerat mot kärnkraftverk, man har hoppat in på förbjudet område för att visa, hur sabotörer skulle kunna lura en än så säker bevakning. Det ena jippot har följt på det andra.

I själva verket är miljöhotet alldeles för allvarligt för att spelas bort av pojkstreck och indianlekar. Det rör sig om hela vår kulturs överlevnad. Tekniken har möjliggjort en produktion, som gjort livet lättare för de många. Skogar och malmer har stått till förfogande. Kol och olja har tillhandahållit behövlig energi. Kärnkraften har kommit till. Samfärdseln har fört folk och länder närmare varandra och därmed gjort oss mera inbördes beroende. T.o.m. rymden har vi börjat erövra. Vi har landat på månen. Kanske skall vi en dag kunna hämta råvaror från andra himlakroppar.

Men allt detta har vi uppnått till ett högt pris. Jordens rikedomar skövlas i en takt av förfärande grad. När tar de slut? Och sedan, när inga nya malmer hittas, när skogarna försurats, när jorden ligger utsugen, när livet i vattnet dör på grund av utsläppen, när ozonskiktet, atmosfärens skyddande hölje, tunnas ut med risk för förintelse, vad har vi då för nytta av all vår välfärd? Först Laholmsbukten, död av gifter. Sedan Gullmarsfjorden, likadant. Träden gulnar utmed vägarna; de dör i bilgaserna. Vätskor från fabriker tränger ner i jorden och gör grundvattnet obrukbart. Dricksvattnet måste kokas, om nu det kommer att räcka. Vart är vi på väg?

Alla är överens om att så här får det inte fortsätta. Miljöpartiet har åtminstone haft den nyttan med sig, att alla partier nu är medvetna om miljöproblematikens existens och centrala betydelse. Men när det sedan kommer till kritan, dyker allsköns förbehåll upp. Vi måste tänka på arbetstillfällena. Vi måste tänka på lönsamheten. Vi kan inte spoliera hela vår sociala ordning. Vi kan inte utan vidare bortse från de väldiga investeringar, som gjorts. Vi kan inte vrida utvecklingen tillbaka med sänkt standard och primitivare produktionsmetoder. Naturligtvis skulle vi kunna det; vi kan till och med bli tvingade att göra det. Men är det nödvändigt?

Vad vi i dag saknar, är ett samlat grepp på både miljö- och ekonomiproblemen. De miljöskador, som i dag kan registeras, måste införas som skuld i vår nationalbudget. Investeringar, löner och priser måste anpassas på ett sådant sätt, att redan förefintliga skador repareras och framtida förhindras. Är den nuvarande liberaldemokratin mäktig ett sådant grepp? Svaret är ett klart nej. Partiernas ständiga inbördes kamp om makten gör det omöjligt för dem att gå in för åtgärder, som blir klart impopulära. Vi behöver en organisation av samhället, där yrke står vid yrke, grupp vid grupp kring en gemensam ledning och en gemensam målsättning. Varje grupp inom alla yrkesområden måste engageras och bli medansvarig i kampen mot miljöhotet. Teknikerna inte minst på det kemiska området, måste bli medvetna om sitt ansvar för sina uppfinningars och konstruktioners verkningar. Det gäller inte bara naturen utan också den mänskliga arbetsmiljön. En lösning av miljöproblemen, som folkets breda lager sluter upp kring, förutsätter den korporativa samhällsomvandling, som är den nysvenska rörelsens stora sociala framtidsmål.

*1988, nr 1 (vinter):*

# NÄRDRÖMMAR

**De stora visionerna siktar långt. De behövs som rättesnören. Men vi behöver också närdrömmar, som kan inspirera nuets detaljplanering.**

V i lever i de svarta sagornas år, sagorna om en värld, som ödelagts av gifter, och en mänsklighet, som pressats ner mot djurstadiet av strålningsskadorna efter bombkrevader. De röda fanorna över det slutande 60-talets barrikader slokar nostalgiskt. Framtidsdrömmarna har spruckit som såpbubblor. Kvar finns som rester efter festyran tre enfrågegrupper: miljörörelsen, kvinnorörelsen och fredsrörelsen. Men de har ingen gemensam nämnare. De stretar var och en för sig och har föga av framtidsglöd i sin förkunnelse. Därtill kommer en fjärde, rasismen. De tre förstnämnda gör korstecken inför denna nykomling. Men i själva verket är det en släkting med en slags samhällslivets ekologi som sitt innehåll. De grupperingar inom mänskligheten, som kallas raser, är resultat av en biologisk utvecklings- och selektionsprocess, som vi bör ha samma möjlighet att bli herrar över som alla andra inslag i det historiska skeendet. Miljö-, kvinno-, freds- och rasistörelserna är alla lika ensidiga. De saknar den stora visionen, den som sätter kulturen i förgrunden, själva grundvärdet på människans väg genom årtusendena och ger ny chans att dikta de ljusa sagorna, sagorna om människor, socialgrupper, folk och raser i samverkan på den blå planet, som blev vår gemensamma hemvist i rymden.

Detta är den stora visionen. Till den hör också drömmen om det korporativa samhället, om det förenande alliansfria Europa och om kulturförnyelsen, som skapar en ny sammansmältning av vetenskaplig forskning och religiös aning, en levande drivkraft i ett handlingens framtidsmönster.

Men vi behöver också närdrömmarna, de som kan ge inspiration åt detaljplaneringen, åt vardagens torra men nödvändiga arbetsinsatser. Nysvenska Rörelsen är som bekant inte något parti och tänker inte bli det. Det är en idérörelse, som eftersträvar bredast möjliga kontaktyta både åt höger och vänster. De gamla politiska ideologierna med rötterna i 1800-talet blir alltmer ihåliga. De har förlorat sitt fotfäste i den faktiska utvecklingen. Men samtidigt är de bestående partierna knutna till dem. Det uppstår därigenom en spänning mellan deras ideologiska traditioner och deras agerande i nutida verklighet. Vad som behövs är en av partierna oberoende rörelse, som utan hänsyn till växlande väljarsympatier kan dra upp en framtidslinje helst i samspel med så många strömningar som möjligt. Det är ett nät av samordnande grupper runt om i landet, som måste byggas upp, grupper, där människor från olika samhällsskikt och olika generationer kan mötas som kamrater i gemensamt arbete, människor, som blivit tända av gnistan i den nysvenska ideologin. Utgångspunkten, grundvalen finns sammanfattad i det lilla manifestet "Detta står vi för". Men den nysvenska ideologin är dynamisk; den är inte färdig och får aldrig bli det. Därför behöver vi folk med olika utbildning, folk som har intresse av att vara med i en ständigt förnyande ideologisk process. Vi behöver människor med förankring i de lokala problemen, och som i hemstad eller hembygd kan komma med nya uppslag, nya idéer. Vi behöver rutinmänniskor, som kan hålla ihop en organisation och se till, att allt fungerar. Vi behöver ungdom med glöd och fantasi, ungdom, som vågar föra ut vårt budskap till en bredare allmänhet. Vi behöver finna nya verksamhetsformer, nya propagandagrepp, som charmar i stället för att stöta bort, som övertygar i stället för att klubba ner. I vår kritik av det bestående måste vi även låta humorn spela med. Det finns tillräckligt av sur polemik och moraliserande tråkmånseri i dagens samhälle. Den stora visionen måste bäras upp av närdrömmen om den inspirerande, arbetande och kämpande rörelsen med en svensk insats för en tryggare framtid som riktmärke. Först när en sådan rörelse står stark, kommer sikten att skärpas, och allt flera bli framtidsmålen varse.

*1988, nr 2 (vår):*

# PUSSEL SOM INTE GÅR IHOP

**Avvikande centermening om kärnkraften. Folkpartisvek i försvarsfrågan. Socialdemokratisk inbördesträta om det mesta. Violamaffia härjar i VPK. Och så de gröna, som lurar i buskarna.**

Sveriges nuvarande regeringsform förlägger hela den politiska makten till riksdagen. Regeringen framstår närmast som riksdagens verkställande utskott; folkomröstningen är enbart rådgivande. Regeringen är helt bunden av riksdagen direktiv, i varje fall formellt. Och utfallet av en folkomröstning kan riksdagen strunta i. Det kunde den redan på den gamla grundlagens tid. Och den gjorde det också i frågan om höger- eller vänstertrafik.

Denna ordning gör riksdagens partipolitiska sammansättning betydelsefullare än någonsin. Särskilt är detta fallet, när inget av partierna har egen majoritet. Och det ser sannerligen inte ut, som om någon skulle få det i årets val. Enligt den senaste valbarometern från Statistiska Centralbyrån skulle socialdemokraterna få 42,3 till 44,1%, moderaterna 18,2 till 19,6, folkpartiet 15,8 till 17,3, centern 9,25 till 10,3, VPK omkring 4%. Mot det socialistiska blockets 46,3% står borgerlighetens 44,4%. Alltså fortfarande en övervikt för det förstnämnda blocket. Skulle VPK klara sig, och miljöpartiet komma in i riksdagen, blir det sistnämnda partiet tungan på vågen mellan blocken.

Nu är emellertid de båda storgrupperingarna minst sagt osäkra enheter. Den borgerliga splittringen ligger i öppen dag. Centerns extremism i fråga om kärnkraften och folkpartiets svek i försvarsfrågan är talande nog. Även om folkpartiet under Westerbergs ledning kommit att i ekonomiska frågor inta en med moderaterna sammanfallande ståndpunkt, är det svagt befäst mellan reformkonservativa försvarsvänner hos moderaterna och folkpartiets nuliberaler med ankargrund på Dagens Nyheters kultursida. Centern har i alltför hög grad koncenterat sig på kärnkraften; dess ställning som socialt balanshjul har därmed försvagats. Samgåendet med KDS blev ett fiasko. Det är en i hög grad splittrad borgerlighet, som skall övertyga väljarna om sin förmåga att inte bara enas kring ett gemensamt regeringsprogram utan också i samförstånd genomföra det.

Socialdemokratin har här ett försprång. Den är ett enda parti. Motsättningen inom partiet är visserligen ibland lika stor som mellan de borgerliga partierna, men man har helt andra möjligheter att dölja sina inbördesträtor, låt vara att de ändå skiner igenom. Faktum är emellertid, att socialdemokraterna inte lär få en egen majoritet. De blir även i fortsättningen beroende av stöd från VPK eller något borgerligt parti.

Konflikten Lars Werner-Viola Claesson gör emellertid VPK till ett mycket osäkert kort. Violamaffian kan ställa till åtskilliga bekymmer för IC:s regering, om den får stanna kvar.

Och ännu värre blir bekymren, om de gröna tågar in på Helgeandsholmen. Miljöpartiets förbindelser med extrem pacifism och extrem feminism tillsammans med dess närmast konservativa fientlighet mot den tekniska utvecklingen gör partiet till ett frågetecken t.o.m. för de egna medlemmarna.

Denna bild av svensk politik öppnar inga ljusare framtidsperspektiv. Allt är bäddat för ett intrigspel utan like, ett korridorspringets, de hemliga uppgörelsernas och de försåtliga krokbenens eldorado. Vem kan lita på vad i denna atmosfär av svek och lurpassning? All makt koncentrerad till en församling, som inte ens kommer att kunna styra sig själv, än mindre styra landet. Detta är resultatet av den regeringsform, som i god sämja mellan de fyra stora partierna trumfades igenom 1974. Bara VPK röstade emot – ja, så en ensam vakthållare kring svensk tradition; Hans Wachtmeister.

Den parlamentariska demokratin är ett system, som i allt högre grad demonstrerar sin oduglighet som svenskt regeringssätt. Fortsätter utvecklingen i samma spår som nu, kommer folkvreden mot politikerna att bli en realitet. Marken kommer att gunga under partierna, och massmedia blir ännu mer hysteriska. Till sist blir en omvälvning ofrånkomlig. Den kan innebära, att byråkratin tar över. Partierna blir dekorationer. Diktatur alltså, förklädd eller svept i fraser. Men det kan också bli en medveten nygestaltning med stöd från olika håll. Parlamentarismen avskrivs, statsministern görs folkvald och en beslutande folkomröstning skjuts in vid konflikt mellan regering och riksdagsmajoritet. Då blir en nyvald statsministers första uppgift att lämna in sin partibok och se till att hans ministrar gör detsamma – om de har någon. I dag är det partiet en regering skall vara trogen. I morgon är det Sverige.

*1988, nr 3 (sommar):*

# SVENSK OPPOSITION

En gång ingick uttrycket "svensk opposition" i Nysvenska Rörelsens officiella benämning. Så småningom befanns det för negativt och fick falla. Nu är det åter aktuellt men med betoning på svensk.

**D**en företeelse, som i framtidens historieböcker kommer att framstå som den kanske viktigaste under 1900-talets senare hälft, är den stora invandringen. Det rör sig i dag om hundratusentals människor av främmande ursprung och med främmande kulturell bakgrund. Det anmärkningsvärda är, att denna utveckling ägt rum över huvudet på svenska folket. Det är en liten grupp inflytelserika, som möjliggjort och stimulerat processen. Från början var det folk i näringslivet, som behövde arbetskraft. Den svenska produktionen fick ett uppsving efter kriget. Men så småningom förvandlades denna import av arbetskraft till en snabbt växande ström av spontana flyktingar. Reaktionerna ute bland folk i allmänhet blev alltmer negativa. Opinionsundersökningarna gav vid handen, att en folkmajoritet önskade bromsa tillflödet av främlingar.

Men alleftersom strömmen växte och motståndet blev allt påtagligare, satte den uppifrån dirigerade motrörelsen in. Här kom massmedia att spela en huvudroll. Kritikerna av invandringspolitiken utestängdes från debatten. Försvararna fick ensamma utrymme i spalterna. Radio och TV hamrade ensidigt sina teser om Sverige som världens rikaste land med outsinliga möjligheter att ta emot hjälpsökande. Man iklädde sig en moralens vita skrud, och detta i ett ögonblick då moralen runtom i samhället var minst sagt urholkad. Det gick till sist så långt, att riksdagsmän som socialdemokraten Hans-Göran Franck och moderaten Sven Munke gemensamt motionerade om förbud mot kritikerorganisationer och därmed ett upphävande av åsikts- och föreningsfriheten i landet.

Konsekvenserna börjar alltså visa sig. Gatubilden i våra större städer håller på att förändras. Dess svenska särprägel försvinner. Hemspråksundervisningen för invandrarbarnen slukar allt väldigare summor. Den syftar till ett bibehållande av invandrarnas nationella känsla, samtidigt som vår egen tonas ner. Socialförvaltningen har fått helt nya uppgifter, som kräver personal med en helt ny utbildning. Tillgången till bostäder krymper, likaså arbetsmöjligheterna. Allt flera tvingas stanna i förläggningarna, även sedan de fått arbetstillstånd. Det värsta är, att den stigande irritationen bland folk går ut över människor, som sköter sig utmärkt och som är något av en prydnad för vårt land. Grogrunden blir allt större för den rena rasismen.

Det är därför på tiden, att vi sätter in en svensk opposition mot denna utvecklingen. Det gamla ordstävet "Inför Vår Herre är vi alla smålänningar" får inte glömmas bort. Det är ett folkligt uttryck för vår inställning till människovärdet oberoende av utbildningsgrad, stånd, nationalitet eller ras. Men detta innebär inte, att vi anser alla människor lika. Om ett äpple och en tidning båda kostar fyra kronor, har de samma värde, med de är helt olika. Varje människa är en del av en grupp, det må vara en familj, en organisation, en samhällsklass, en nation. Vårt beteende är mer eller mindre präglat av den grupp vi tillhör. En blandning av människor oberoende av grupptillhörighet bryter ner det naturliga beteendet, skapar rotlöshet och leder till ständiga missförstånd med ty åtföljande konflikter. Det är dessa fakta, som måste beaktas vid invandringspolitikens utformning.

Det är uppenbart, att invandringspolitiken så småningom lett fram till uppkomsten av en växande skara funktionärer, som lever på dess konsekvenser och följaktligen måste försvara den av eget välförstått privatintresse. Dit hör alla hemspråkslärare, de nya befattningshavarna i de sociala organen och sist men icke minst de advokater, som höstar in arvoden på invandrar- och flyktingärenden. En betydande grupp inom massmedia har också bundit sig vid försvaret av de öppna gränserna, i sådan omfattning att de får svårt att backa ur. Detta bör tas med i räkningen i diskussionen kring hithörande frågor.

Inför Sveriges gradvisa inväxande i EG finns det också skäl att medvetendegöra den svenska egenarten, vår nationella integritet. Dagens trend främjar invandrarnationalismen men kväver den svenska. Den trenden måste brytas. Här måste ett fördjupat och folkligt förankrat Sverigemedvetande sättas in. Sverige behöver en svensk opposition!

*1988, nr 4 (augusti):*

# DET TYPISKT SVENSKA

Mitt i valrörelsen lämnar vi dagsträtorna och påhoppen och tar i stället upp några funderingar om svensk egenart. Mot avundsjuka och rättshaveri ställer vi lojaliteten, naturkänslan och sinnet för det storstilade, det storvulna också nere på folkdjupet.

Det finns alltid nedgångstider i ett folks historia, perioder, då en epok går under och något nytt håller på att formas. Vid sådana tillfällen händer det ofta, att de sämre sidorna i folkkaraktären blir aktuella. Ett typiskt exempel i vårt eget förflutna är åren närmaste efter Karl XII:s död, när det frihetstida adelsväldet etablerades och de nya herrarnas intressen fick gå före rikets. Vi befinner oss i dag i ett skede, då det gamla klassamhället håller på att upplösas i mindre, rivaliserande socialgrupper. Det är naturligt, att man i en sådan situation får se vissa negativa drag i det svenska väsendet sticka fram; avundsjuka mot dem, som lyckas eller har överlägsen begåvning, formalismen, som Fröding gjorde poesi av i Jan Ersa och Per Persa, det irriterat grälsjuka i de grå höstkvällarnas och de försenade vårarnas land. Det finns alltid skuggsidor, där solen skiner, det faller alltid spån och flisor, där ett konstverk huggs ut.

Men det är inte dessa drag, som är bärande, där svenska årtusenden flyter förbi. Vårt väsen har formats av vår historia. Tacitus, den romerske historikern, berättar om svearna som ett folk med en stark kungamakt, stödd på en allmoge, som hade vapnen hemma hos sig, beredd att ställa upp, när kungen kallade. Det var detta Mälarrike, som angav tonen, sedan det förenats med det Götarike, som bars upp av mäktiga jorddrottar och svag kungamakt. När Birka växte fram som vår första handelsstad, hade kungarna en uppsiktsrätt över handeln för att skydda bondeintressena. Den konflikt, som så småningom uppstod mellan kungen och storköpmännen, ledde till Sigtunas grundande och Birkas fall.

Med målmedveten kraft genomförde kungadömet kristendomen för att få en enhetlig ideologi som sammanhållande kraft i riket. De nya kyrkorna blev inte bara rum för gudstjänst; de blev också samlingsställen för bygdemenigheten vid dryftande av bygdens frågor.

Centralmakt och självstyre, kungen och folket, blev svensk tradition. Den traditionen låg bakom kunganamnet Magnus Ladulås. Den kommer till mustiga uttryck i den kungliga propagandan, när Gustav Vasa slog ner västgötaherrarna. Den sammanfogade tre stånd, när adeln avtvingat Gustav Adolf en kungaförsäkran, som de ofrälse sedan gjorde värdelös. Den bar upp Karl XI:s reduktion och Karl XII:s för samtiden fantastiska sociala reformer. Och den var drivkraft, när Gustav III genomförde den sociala omvandling, som samtidigt förverkligades av den franska revolutionen. Jämför i våra dagar arbetarrörelsens känsla för en stark statsledning med arvet från intrigerande adelsvälden i en splittrad borgerlighet.

Detta är bakgrunden till den lojalitet mot förordningar och institutioner, det förtroende för statsledningen, som anses typiskt för svenskarna. Tillfällig toppröta görs därmed till övergående episoder. Nere på folkdjupet lever det typiskt svenska. Dit hör också den starka samkänslan med det svenska landet, det sinne för naturen, som bär upp svensk lyrik alltifrån Wivallius hyllning till våren och Bellmans landskapsmåleri i versrytm och musik fram till Harry Martinsons tolkning av det svenska landskapet och Evert Taubes hövålmdoftande Calle Schewen. Det var inte slagfältets heroism, som gjorde svensk 1600-talsdikt odödlig; det var naturupplevelsen på våra nordliga breddgrader, "Den blomstertid nu kommer" och "I denna ljuva sommartid."

När den svenska lyriken når högst, Fröding, Karlfeldt, Dan Andersson, tolkas landskapet som kanske ingen annanstans i världen, och med A.U. Bååth, Ola Hansson, Anders Österling och Hjalmar Gullberg har Skåne getts en plats i det svenska medvetandet som aldrig förr.

Men det finns också ett drag av pompa i svenskt väsen. Martin Lamm, som på grund av sitt ursprung kan se oss utifrån, konstaterar, att svensk dikt är som störst, när den tågar fram med flygande fanor och klingande spel. Det patetiska finns hos oss inte bara i det officiella; det finns också nere på folkdjupet. Det kommer utmärkt fram i den danska historien om svensken, som blev haffad av polisen i Köpenhamn, och som på förfrågan om vilken religion han tillhörde gjorde ställningssteg och svarade: Kungliga svenska statsreligionen.

*1988, nr 5 (höst):*

# FOLKVALD STATSMINISTER

**Parlamentarisk demokrati har fungerat bäst i Sverige, när den inte fungerat. Det är därför lika gott att slopa den. Det finns en bättre form för svensk demokrati.**

Parlamentarismen är ursprungligen en skapelse av engelskt 1700-tal. Den växte fram i ett samhälle, som behärskades av en aristokratisk överklass, som hävdade sin ställning genom att smidigt suga upp topparna i den framåtsträvande borgerligheten. Sedan har systemet successivt demokratiserats genom en utvidgning av rösträtten till allt bredare folkskikt. Det var under parlamentariskt styre, som England blev världens mäktigaste kolonialmakt. Dess statskick kom därför att bli förebild för demokratin runtom i Europa.

Den engelska parlamentarismens historiska bakgrund saknas emellertid i andra länder, exempelvis i Sverige. Och ett folk är alltid bundet av sin historia. Förnyelse är inte bara möjlig; den är nödvändig. Men den nationella traditionen lever vidare och präglar också förnyelsen. Tsardömets undergång ledde fram till ett gammalt allenastyres ersättning med ett nytt.

Den svenska traditionen har burits upp av samspelet mellan en stark centralmakt och självstyrande socknar. Det är därför, som vi aldrig blivit riktigt hemvana i det parlamentariska systemet. Arbetarrörelsen var delvis inspirerad av marxistiska idéer. Men den anpassade sig snart till svenska förhållanden och blev folkhemssocialismen. Hjalmar Branting, Per Albin Hansson och Tage Erlander blev symboler för den starka folkförankrade centralmakten. Från 1932 till 1976 fungerade socialdemokratin som statsbärande parti. Parlamentarismen var i verkligheten satt ur kraft, även om man höll på den formellt. Det var tvåkammarsystemet, som garanterade kontinuiteten i svenskt statsliv.

Men 1970 föll Första kammaren bort. Och därmed har folkhemmets utförsbacke blivit allt brantare. Borgarpartierna har visserligen trängts tillbaka, socialdemokratin står jämförelsevis stark, men den parlamentariska situationen är osäker. Nästa gång kan den bli ännu osäkrare. Frågan blir då, om vi inte kan finna fram till en bättre och ändamålsenligare form för demokrati. Det finns faktiskt en skiss till förnyelse i det nysvenska författningsprogrammet. Det bryter med parlamentarismen genom att statsministern blir folkvald och därmed får samma folkliga legitimitet som riksdagen. Hans liksom hans ministrars första ämbetsåtgärd blir återlämnandet av partiboken. Regeringen blir åter regering som i 1809 års regeringsform, den som varade i 165 år. Riksdagen blir den naturliga kontaktpunkten mellan regering och folk. En folkomröstning blir det naturliga skiljedomsinstitutet vid konflikter mellan regering och riksdag. Det anrika svenska kungadömet, symbolen för kontinuitet genom tiderna, kan utnyttjas i kampen för social utjämning. Stockholms slott kan bli det ställe, där olika grupper, strömningar och aktiviteter kan mötas under solenna och trivsamma former. Detta skulle ligga i linje med det svenska kungadömets urgamla traditioner, ett samförståndets tillflyktsort undan dagspolitikens triviala små futtigheter.

Vi strävar mot det korporativa samhället. När korporationerna väl byggts upp, kan vi toppa dem med ett korporationernas nationalråd, valt efter korporativa principer. Och denna institution kan sedan bli en ny första kammare. Därmed har vi skapat nya moderna förutsättningar för den gamla svenska modellen. Korporatismen blir grunden för en i ordets verkliga mening svensk demokrati.

*1988, nr 6 (helg):*

# GRYNINGSGLÖD

**Liberalismens idé om marknadskrafter och marxismens om klasskampen har tjänat ut. Det är kulturen i medelpunkten, som är framtidens idé.**

Kultur och folkbildning måste återges den prioriterade ställning, som de hade, när seklet var ungt. Det menade Sven Grassman, kontroversiell ekonom på vänsterkanten, i ett Obsinlägg. Han hävdade t.o.m att minskad vikt vid kulturlivet på lång sikt skulle medföra sjunkande materiell standard. Från högersidan i samhället kommer en röst, som säger ungefär detsamma. Det är industriförbundets ekonom Lars Vinell, som framhåller att ekonomin inte får ställas i medelpunkten; den är en hjälpgumma i tjänst åt övergripande värden.

Nu finns det ingen, som öppet opponerar sig mot kultur. Den är fortfarande ett honnörsord. Det är inte på samma sätt med ekonomin. Men i gengäld är ekonomi ett tungt ord, medan kultur väger lätt, ja fjäderlätt, när det är valrörelse eller budgetdebatt. Kulturen har blivit det dekorativa i nutidssamhället, tavlorna på vägen, som man kan ha hängande eller plocka ner alltefter sinnesstämningen. Kultur är fritidssysselsättning. Kultur kan lämpligen fogas in i nöjesindustrin, det bästa sättet att göra den någorlunda lönsam.

Det är mot denna trend, som Nysvenska Rörelsen vänder sig med verklig skärpa. Vi hävdar i samklang med de båda rösterna här ovan, att kulturen i verkligheten är grunden till hela vår mänskliga existens. Det är den, som gjort oss till människor. Det är den, som drivit oss att bygga samhällen och stater. Det är den, som ger oss livsinnehållet. Det är den, som lärt oss allt det, som vi kallar ekonomi. Den föddes, när tvåbenta varelser i afrikanska urskogar för någon miljon år sedan började fundera över vad som fanns bakom allt det gåtfulla omkring dem och formade de första redskapen i sten och de första vapnen.

Långsamt, oändligt långsamt gick utvecklingen. Årtusendena följde varandra, generationernas kedja blev allt längre, tills att slutligen homo sapiens stod färdig på scenen och började det drama, som vi kallar historia, det drama, där vi själva spelar med.

Kulturen bottnar ytterst i vår förmåga att tänka, att förstå sammanhangen i den verklighet, som omger oss, och låta våra handlingar styras av en målsättning, som kan ge livet ett innehåll. Våra erfarenheter fogas samman av våra tankar, färgsätts av våra känslor och bildar tillsammans vad vi kan kalla ett kulturmönster. Men vi människor är alla olika, olika i läggning och temprament, i uppväxtmiljö och utbildning. Vi upplever verkligheten på olika sätt. Det är de starkaste ibland oss, som formar kulturmönstren, bryter ner dem och bygger upp dem. Flertalet anpassar sig till det rådande mönstret. Det ger dem en känsla av trygghet. 1800-talet var industrialismens genombrottsskede. De tekniska nyvinningarna möjliggjorde ökad standard för de många. Den materiella välfärden blev grundvärdet i dess ledande ideologier, liberalismen och socialismen. Den förra med konkurrensen, den senare med klasskampen som drivkraft. Nu har dessa ideologier tjänat ut. Den jordomspännande miljöförstöringen har undergrävt deras trovärdighet. De gamla idéerna mals sönder i postmodernismens virvlande jättegryta. Men ur virrvarret stiger det nya. Inte den materiella välfärden men kulturen blir framtidens grundvärde. Lössläppta marknadskrafter och klasskamp ersätts av skapande social samverkan. Korporatismen blir den nya samhällsgrunden.

Det gamla samhället grupperar människorna kring rivaliserande intressen, det nya kring gemensamma uppgifter. Klassen ersätts av yrket som samhällsgrundande princip. Detta fordrar emellertid ett byte även av kulturmönster. Dagens mönster bärs upp av prylkult och statustänkande, av känslokall rationalism och jagfixerad sensualism. Det är två ståndpunkter, som sätter krokben för varandra. Framtidens kulturmönster, den nya humanismen, präglas av insikten om människans uppgift som medarbetare i ett skapande uppbyggnadsverk. Det är livsuppgiften, som kommer i första hand. Den materiella välfärden är till som hjälpmedel, som plattform att stå på i arbetet för framtiden. Detta är huvudlinjen i den ideologi, som kan ge samhället en mänskligare prägel, som kan foga samman Europa till en mångskiftande enhet och låta de nationella traditionerna verka vidare i en övernationell gemenskap. Den ideologi, som har kulturen till grundvärde och krafternas samspel till rättesnöre, kan bli den efterlängtade gryningsglöden över det nya årtusende, som vi närmar oss.

*1989, nr 1 (vinternummer):*

# NY SAMHÄLLSSYN

**Skall vi hålla på den offentliga eller den privata sektorn? Den stora gråzonen mellan dem utgör tudelningen av samhället till en pappers-konstruktion. Något helt nytt behövs.**

Det finns många beröringspunkter mellan alla europeiska demokratier. Det finns likartade politiska, sociala och ekonomiska förhållanden, och därmed gemensamma problem. Men det finns också olikheter, ofta betingade av skiftande historiska förutsättningar. Vårt eget land har sålunda ett eget mönster när det gäller relationerna mellan människor och myndigheter. I åtskilliga länder känner man sig stå i motsatsställning till myndigheterna. I Sverige däremot uppfattas statens anordningar som något naturligt. Det finns i Sverige en starkare känsla för det ändamålsenliga i de statliga arrangemangen än på många andra håll. Orsaken är historisk. Sedan urminnes tid har det funnits ett samspel mellan kungadömet och de breda folklagren i Sverige till värn mot privilegiekrävande adelsgrupper. Kungadömet som statsmaktens bärare har därför haft ett välförankrat stöd i folkdjupet. Myndigheterna har uppfattats som kungamaktens redskap och därmed i tjänst åt folket. Samtidigt har kravet på oväld bidragit till förtroende ute bland folk.

Det är dessa fakta, vi måste ha i minne, när vi i dag tar ställning i den nästan upphetsade debatten om den offentliga sektorn. Dit hör inte bara de centrala ämbetsverken och länsstyrelserna; dit hör också skola och universitet, barnomsorg och åldringsvård, sjuk- och socialvård, järnväg, post och telegraf m.m. Samtidigt finns det en gråzon mellan den offentliga sektorn och den privata. Det är främst folkrörelserna inom kulturlivet och på arbetsmarknaden. När det gäller barnomsorg och socialvård kan man peka på Röda korset, Rädda barnen, Stadsmissionen, handikapprörelserna och andra liknande organ och institutioner. Samhällets tudelning i två sektorer är i själva verket en papperskonstruktion utan täckning i verkligheten.

För vanliga människor är sektorsindelningen av samhället mer eller mindre obegriplig. Hemsamariten, som hör till den offentliga sektorn, är för många en ljuspunkt i den privata tillvaron, medan personalchefen i Asea Brown Boveri, som hör till den privata sektorn, för en arbetssökande framstår som en myndig företrädare för det offentliga. Genom att man bara rör sig med två sektorer framstår förändringarna i den offentliga som något av en privatisering. De framkallar därmed olust hos dem, som i den offentliga sektorn ser en garanti för social trygghet. Slutsatsen blir: Stryk sektorsgränsen!

Men vad skall vi då ha istället? Vårt svar är givet: den korporativa samhällsomdaningen. Samhället består av nivåer: 1. Människorna och familjerna. 2. Kommuner, företag och institutioner. 3. Landsting, branscher, yrken. 4. Staten, regering och riksdag. Tvärs igenom dessa horisontella nivåer går vertikalt de två hierarkierna, den regionala och den korporativa. Den förstnämnda är knuten till området, staden-bygden, länet, riket, den sistnämnda till verksamheten jordbruk, industri, handel, penningväsen, samfärdsel, tjänste- och vård- samt kulturyrken. Det gemensamma byggs upp från basen; människorna tillhör både kommunerna och korporationerna; hon har möjlighet att göra sin insats både i den regionala och korporativa hierarkin. Kapitalintressenternas förvandling från ägare till aktivt medverkande långivare i det självägande företaget rycker undan grunden för politiken klass mot klass. Personlig företagaranda och social arbetsgemenskap smälts samman till en ny hävstång i ekonomiskt framåtskridande, samtidigt som en ökad tyngd i kulturlivet ger den enskilde likaväl som de gemensamma organen en ny sporre till aktivitet. Korporationerna ger med sina valda stämmor och styrelser den enskilde möjlighet att inom sitt eget område stiga hur högt som helst i samhället.

Vi befinner oss i en tid av social omdaning. De gamla klasskollektiven upplöses inifrån. Nya kombinationer växer fram. Stat och samhälle måste anpassas till de nya förutsättningarna. Inför detta faktum frågar vi oss: Vilken förståelse har svensk statsledning till den ofrånkomliga samhällsomvandling, som vi står inför?

Vi ersätter tudelningen med en samhällsorganisation, som är anpassad både till enheten och mångfalden i det moderna samhället.

*1989, nr 2 (vår):*

# VARFÖR EUROPA?

**Nysvenska Rörelsen har sedan 1950 varit aktivt engagerad i Europatanken. Efter två världskrig till följd av nationella konflikter måste vi enas om Europa och dess nationer skall överleva.**

I 40 år har Nysvenska Rörelsen varit engagerad i problemet Europa. I det tiopunktsprogram som vi fick antaget på den nationalistiska Romkongressen i oktober 1950, förde vi fram tanken på nationernas förening i en europeisk statsgemenskap med de olika folkens egenart i behåll och korporatismen som ett enande band tvärs över nationsgränserna. När Europaidén tog form vid sexmaktsmötet i Messina 1954, var federalismen ledstjärnan, och vi upplevde detta som ett steg i rätt riktning. Federalismen stod i motsatsställning till maximalismen – nationerna som enbart förvaltningsdistrikt i en styrande centraladministration – och unionismen – Europa som ett löst statsförbund med stormaktsdominans. Federalismen bygger på nationernas bestånd som självstyrande enheter inom helhetens ram. Romfördraget, EG:s grundlag, skapade ett system, där de mindre staterna blev överrepresenterade i förhållande till de större utan att gå till FN:s ytterlighet – en röst per stat med stormaktsveto som konsekvens. EG-systemet har gjort det möjligt för exempelvis lilla Luxemburg att spela en egen roll i det europeiska sammanhanget.

När EG så stod färdigt vid "den glada infartens gata" i Bryssel, fick vi kontakt med kommissionen via den belgiske politikern och finansmannen Paul van Zeeland, på 30-talet kallad den belgiske demokratins räddare. Med vår nationalistiska utgångspunkt var vi särskilt intresserade av bestämmelsen om arbetskraftens fria rörlighet, också i dag en aktuell fråga. I Bryssel erkände man utan vidare, att anhopning av arbetskraft från alla möjliga håll till "lönsamma produktionscentra skapar olösliga anpassningsproblem". Man menade emellertid, att man genom riktade åtgärder – kapital till underutvecklade områden – skulle kunna eliminera skadeverkningarna av en alltför stor rörlighet. Det var efter dessa samtal, som vi formulerade parollen: Skicka kapitalet till människorna, inte människorna till kapitalet.

Man har ibland frågat, varför vi som nationalister så hårt engagerat oss för Europatanken. Det hänger samman med karaktären av vår nationalism. Nationen står för oss som den högst utvecklade psykologiska gruppen. Den har som alla grupper ett gemensamt beteendemönster, format av historia, landskap, rättsföreställningar, seder och bruk, konst och religiös aning. Detta gemensamma mönster fungerar som en trygghetsfaktor. Det ger flertalet människor något att hålla sig till. Upplösning av mönstret medför personlig rotlöshet. Men likaväl som det finns olika hembygder inom varje nation, sammanhållna av det gemensamt nationella, bör nationerna med respekt för varandras egenart kunna utvecklas under ömsesidigt tagande och givande. Likaväl som t.ex. skåningar och smålänningar har kunnat samsas och trivas ihop, bör olika nationer kunna göra det. Vad vore för övrigt svensk dikt utan de skånska slätterna i Anders Österlings diktning, de småländska skogarna i Per Lagerkvists, det leende Blekinge hos Harry Martinsson, Värmlands ljusa skogslandskap hos Fröding eller nordanvinden över Dalarna hos Karlfeldt. Visst kan vi gnabbas landskapen emellan, men än sen då? Det räcker inte i framtidens Europa med fosterlandskärlek. Vi kommer också att behöva fosterlandshumor.

Den tyske författaren och publicisten Hans Magnus Enzelsberger anser enhetssträvandena i Bryssel vara överoptimistiska. För Enzelsberger är den nationella mångfalden det mest karaktäristiska för Europa. Isolerar man de fem senaste seklernas Europahistoria kan man förstå honom. Men vidgar man blicken – Europa har femton sekler att se tillbaka på – blir perspektivet något annat. De nationella motsättningarnas Europa kraschade i de båda världskrigen. Fascismen blev genom sin nationellt motiverade imperialism slutpunkten i ett skede av europeisk utveckling och genom korporatismen och folkgemenskapstanken blev den varslet om något nytt. Men detta nya skede måste få med sig de oersättliga värden, som nationalismen är uttryck för. Vi har i Nysvenska Rörelsen sökt ange denna strävan i ordet "samnationalism". Europa består av särpräglade nationer, men har under mer än ett årtusende varit en fungerande kulturgemenskap. Som sådan skall det leva vidare. Här hemma framstår fördjupandet av svenskt Europamedvetande som vår kanske främsta uppgift, nu när det tjugonde århundradet går mot sitt slut.

*1989, nr 3 (sommar):*

# VID ETT SLUTANDE 80-TAL

**Vad är det, som händer? Upplever vi ett verkligt ombrott, en vändpunkt i utvecklingen? Och hur skall vi i så fall söka forma framtiden?**

Varje tidpunkt inrymmer något av ett ombrott; det sker alltid förändringar, som får konsekvenser för framtiden. Men det är alltid frågan om ett mer eller mindre. Vilka ögonblick, som innebär stora vändpunkter, upptäcker vi först i efterhand. Att vi just nu – i slutet av 80-talet – upplever något, som kan vara slutet på en epok och varslet om en ny, finns det tecken som tyder på. Vi kan peka på den tekniska omställningen; elektronikens frammarsch med datoriseringen och de nya masskommunikationerna i släptåg. Vi kan peka på den sociala omstruktureringen; de gamla klasskollektivens upplösning, höglönare mot låglönare, offentliganställda mot privatanställda. Vi kan peka på immigrationen; uppkomsten av nya minoritetsgrupper med annorlunda kulturmönster och annan etnisk tillhörighet. Vi kan peka på det politiska virrvarret som just nu kommer till uttryck i turerna kring Kjell-Olof Feldt, motsättningen mellan fack och parti inom socialdemokratin, mellan konservativa och nyliberaler hos moderaterna och mellan Olof Johansson och Sjöbo i Centern. Folkpartiet är praktiskt taget det enda, som följdriktigt bygger på sina traditioner; det har alltid varit brokiga blad. VPK däremot blir alltmer ett hopkok av marxister och flumliberaler.

Men vi får inte heller glömma internationaliseringen; möjligheterna att flytta kapital och verksamhet från ett land till ett annat. ASEAs förvandling till ASEA Brown Boveri är det första exemplet av verklig omfattning i Sverige. Nu kommer L M Ericsons planer på utlokalisering av betydande forskning till utlandet. Det är kapitalmaktens svar på regeringens strävan att minska den för hela vårt land skadliga överhettningen i Stockholmsområdet. Båda exemplen visar i hög grad kapitalets makt på de anställdas bekostnad. Saken förändras inte av att C H Hermansson försöker blanda bort de ideologiska korten genom att ersätta ordet «internationalisering» med «transnationalisering». Eftersom Hermansson förut varit en av internationalismens främsta banérförare i Sverige, är det försmädligt, att just internationalismen blivit en hävstång för en kapitalismens renässans, tar vi ett nytt ord för att dölja vårt forna ideals sammanbrott.

Till de väsentliga inslagen i bilden av nutiden hör till sist miljöförstöringen. Den industrialism, som i seklets början upplevdes som grundvalen för en ny och bättre tid, framstår mot seklets slut som ett hot mot hela vår existens. Det begynnande seklets morgonröda soluppgång har efterträtts av det döende århundradets mörkblå skymning.

Det är mot denna bakgrund uppenbart, att vi behöver en radikal omställning på snart sagt alla områden. Först och främst måste själva samhällsordningen reformeras, så att vi anpassar denna efter de olika verksamhetsområdena. Samtidigt måste kapitalinsatsens prioritering i förhållande till arbetsinsatsen genomföras. Den tekniska utvecklingen måste kopplas ihop med miljöproblemen; miljösanering måste ges förtursrätt. Invandringspolitiken måste anpassas till våra möjligheter, anpassningssvårigheterna måste i långt större utsträckning än nu beaktas, och hjälp åt flyktingläger i tredje världen öka i jämförelse med flyktingmottagning. Den politiska strukturen måste förnyas med en stark regering i samspel med fria grupper i samhället som närmål. Ett gradvis uppgående i ett integrerat Europa kan möjliggöra en för hela området gemensam balansering av kapitalets rörelsebehov och arbetskraftens behov av stabila hemförutsättningar. En sådan omställning finns förenklad i de båda nysvenska punkterna korporatism och samnationalism. Men ett villkor för att detta skall nå önskat resultat är den tredje punkten, den nya humanismen. Det behövs en förnyelse av kulturmönstret i hela västvärlden, ett fördjupat samspel mellan intuition och aning på ena sidan, forskning och förnuft på den andra. Här finns det rum för det idéernas och trosformernas möte, som en gång var den stora visionen, signerad Nathan Söderblom.

*1989, nr 4 (sensommar):*

# REVOLUTIONSJUBILEET

Sju befriade kriminella och ett härdat vaktmanskap firas som upptakten till demokratin. Ledarna för världens sju rikaste länder fylkar sig i ett festyrt och marseljässjungande Paris.

Den stora franska revolutionen betecknas i dag som upptakten till den moderna utvecklingen i Europa. Stormningen av Bastiljen den 14 juli 1789 innebar i själva verket, att en upphetsad folkmassa lyckades ta sig in i fängelset, befria sju kriminella och mörda vaktmanskapet. Det var ett vansinnesdåd. Det följdes av en utveckling, som blev allt blodigare. Högtravande deklamationer blandades med anklagelser mot oliktänkande. Bödelskärran körde i skytteltrafik mellan fängelserna och giljotinen. Det slutade med Napoleons kejsardöme.

Nej, det fortsatte. Några småretvolutioner på 1800-talet höll den revolutionära romantiken levande. Lenin fullföljde traditionen i stor stil. Och slutpunkten blev Auschwitz. Nationalsocialisterna åberopade direkt Rousseau, den franska revolutionens mest hyllade filosof. Folkviljan tolkades bättre av en Führer än av en guppande majoritet, menade de.

I verkligheten har den franska revolutionens betydelse måttlöst överskattats. Den faktiska upptakten till det moderna Europa var industrialismens genombrott, men det skedde i England, inte i Frankrike. Liberalism och kapitalism har båda engelska rötter, och socialismen växte fram åtskilliga årtionden efter revolutionen. Liberalerna tog upp friheten, men det ledde till olikhet. Socialisterna stannade vid jämlikheten, men därav blev ofrihet. Broderskapet har råkat i total glömska. Det går varken ihop med hänsynslös konkurrenskamp eller hatsprängd klasskamp.

När Frankrikes socialistiske president bjöd in ledarna för världens sju rikaste länder, var detta symboliskt för den utveckling, som följt revolutionen i spåren. Den gamla adeln har detroniserats, fast det berodde på industrialismen, inte på revolutionen. En ny storborgerlig överklass har sugit upp dess rester.

Den proletära resningen i Petrograd har lett fram till ett dunderfiasko; det bevittnar vi just nu i Sovjetunionen. Ett fåtaligt gäng av starka kapitalförvaltare håller på att få ett allt starkare grepp om den industrialiserade världens ekonomi. Den demokratiska ordningen är i färd med att bli ett kulissbygge, bakom vilket de verkliga makthavarna fortsätter sitt intrigspel med kung Dollar som symbolen, medan publiken i samhället förförs av välbetalda skådespelare på scenen framför kulisserna. Det är denna verklighet, som massmedia i maktens tjänst försöker dölja.

*1989, nr 5 (höst):*

# EN STARK REGERING

**Enpartiregering med majoritet är i dag otänkbar. Ersätt parlamentarismen med en folkvald statsminister. Bryt riksdagens envälde.**

Under åren mellan 1932 och 1976 hade Sverige en stark regering med ett fast grepp om utvecklingen. Per Albin Hansson, Tage Erlander och Olof Palme var i och för sig olika som personligheter, men ett hade de gemensamt; de visste vad de ville, och de hade förmågan att smidigt lotsa igenom sin vilja.

Det blev på sitt sätt annorlunda när Palme kom. Han var den mest utpräglat utåtriktade bland de tre. Men det var inte den saken som gjorde hans ställning svårare; det var övergången till enkammarsystem. Socialdemokratins ledande ställning garanterades av dess ofta eftersläpande majoritet i Första kammaren. Dess bortfall 1970 gav större möjlighet åt tillfälliga vindkast att göra sig gällande. Med de borgerliga regeringarna uppkom partiträtorna även i Kanslihuset. När så socialdemokratin kom tillbaka, var partiet inte riktigt detsamma som förr. Palme lyckades visserligen hålla ihop det hela. Men det började ändå knaka i fogarna. Efter hans bortgång har efterträdaren inte visat sig i stånd att återställa ordningen före 1976. Partiet är splittrat. Skatteomläggningen, kärnkraften och EG är kontroversiella frågor i partiet. Dessutom har det uppstått en ideologisk motsättning mellan dem, som håller fast vid ett äldre klasstänkande, och dem, som med Kjell Olof Feldt i spetsen vill öka utrymmet för marknadskrafterna. Bakom alltsammans döljer sig den sociala strukturförvandling, som håller på att upplösa de gamla klasskomplexen i mindre stundom rivaliserande grupperingar. Partisplittringen i riksdagen, frånvaron av en fast majoritet, gör det ännu svårare att behålla en ledande regeringsmakt. Och det är en sådan vi behöver.

Här framstår den nysvenska lösningen, som vägen ut ur villervallan. Ge oss en folkvald statsminister, modell den amerikanske, franske eller finske presidenten. Låt honom själv utse sina ministrar oberoende av deras partitillhörighet. Inför en beslutande folkomröstning i frågor, där regering och riksdagsmajoritet inte kan komma överens. Återinför de befogenheter, som 1809 års grundlag tillerkände regeringen.

Den nuvarande regeringsformen gör riksdagen enväldig. Men det är just envälde, vi inte skall ha. Balansen mellan en stark regering och en representativ riksdag, kan återge vårt statsskick den effektivitet, som nu håller på att gå förlorad. Den ledande personlighetens roll på Per Albins, Erlanders och Palmes tid intygar nödvändigheten av ökad beslutsrätt åt den ledande funktionären i ämbetsverk och nämnder på voterande församlingars bekostnad. Människor behöver människor att ge sitt förtroende, inte anonyma majoriteter, där ingen tar ett ansvar.

*1989, nr 6 (helg):*

# KÄRNAN I NYSVENSK SAMHÄLLSSYN

**I årets sista nummer ger vi en skiss av korporatismens innebörd, välkänd för gamla läsare men kanske inte för nya. Därtill lägger vi en mindre beaktad vinkling av korporatismen som ett led i framtidens kulturpolitik.**

Samhället är folkets arbetsfördelning. Det består av olika verksamhetsområden. Staten är organet för samordning av verksamheterna. Detta är utgångspunkten för den korporativa samhällsuppfattningen.

Korporatismen vill sålunda sammanföra människorna verksamhetsvis i korporationer. Man blir skriven i en korporation på samma sätt som i en kommun. Samhället kommer då att vila på två pelare, den regionala, eller län och kommuner och den korporativa, eller yrken och branscher. Maktens koncentration till partierna med en enväldig riksdag i toppen ersätts av ett balanssystem mellan två principer, den regionala och den korporativa. Det minskar möjligheterna till likriktning och maktmissbruk. Den nuvarande riksdagen kan bibehållas, men i det korporativa samhällets topp ställs ett korporationernas nationalråd, som kan utvecklas till en ny Första kammare. Regeringschefen tillsätts genom folkval och får själv utse sina medarbetare. Regeringsmedlemmarnas första åtgärd skall bli ett återsändande av partiboken (modell: den finske presidenten); regeringen skall företräda hela folket, inte partierna.

Korporatismen syftar till klassutjämning. I dessa korporationernas fritt valda stämmor och styrelser skall de olika intressegrupperna alltid sitta sida vid sida. Den korporativa företagsreformen, det självägande företaget, förvandlar aktieägarna från ägare till aktivt medverkande långivare, samtidigt som företagschefen blir självskriven ordförande i en styrelse, där anställda och aktieägare har samma representation. Detta undergräver effektivt det nuvarande kapitaldominerande samhället samtidigt som det lägger ny grund för fri personlig företagsamhet.

Denna bild av korporatismen har under årens lopp utvecklats och upprepats i tal och skrift inom den nysvenska rörelsen. Den ger oss skissen av ett samhälle, där en stark statsledning befinner sig i ständig dialog och permanent samverkan med självständiga sociala enheter och fria medborgare, ett samhälle, som ger gemene man större möjligheter till egna insatser än den nuvarande demokratin, och ger olika arbetsuppgifter en mer jämbördig status än dagens klassamhälle. Men det finns en aspekt på korporatismen, som inte i lika hög grad ställts i strålkastaljuset: korporatismens roll i dagens och den närmaste framtidens kultursituation. Det finns en tendens till utvecklingen av ett högutbildat fåtal, som kommer att fjärmas alltmer från den stora allmänheten. Nutidens sofistikerade vetenskap, de högutbildades ämnesfixerade ordval och kunskapsstoffets väldiga ansvällning främjar en sådan utveckling. Medan administratörer, forskare och tekniker blir en värld för sig, utlämnas det stora flertalet åt allsköns kvacksalvare, demagoger och självutnämnda frälsargestalter. Kommersialiseringen bidrar till folkbildningens urholkning. Den offentliga debattnivån sjunker, diskussionen urartar till gräl, och den ömsesidiga förståelsen människor emellan ersätts av sektbunden fanatism, påhejad av smarta och samvetslösa moralpredikanter.

Här kommer korporationerna in i bilden. Alla grupper inom ett verksamhetsområde tillhör en gemensam korporation och är företrädda sida vid sida i stämmor, styrelser och andra organ. Specialisterna, de högutbildade, tvingas ständigt att kommunicera med folk från direktionsrummet till fabriksgolvet, från professorerna till receptionspersonalen och vaktpersonalen. De lägre utbildade rör sig här i en sfär, där de hör hemma, där de har sina erfarenheter och därmed sina egna kontrollmöjligheter. Inom detta område kan de lära sig också det ämnesfixerade språk, som specialisterna använder. Dessa i sin tur måste visa sig mäktiga att framställa sina synpunkter på ett begripligt sätt. De måste kunna behärska språket. Det kan de inte alltid i dag. Därmed skapar korporatismen förutsättningar för en ny kulturfördjupning och minskar de kulturklyftor, som gjort tidigare förfallsepoker till den rådande kulturens ödestimma. Korporatismen är inte bara frihet och klassutjämning. Den är också början till en ny kulturepok i Sveriges och Europas historia.

*1990, nr 1 (vinter):*

# FRÅN 80-TAL TILL 90-TAL

**Det bestående systemet, socialt och politiskt, verkar redan på fallrepet. Det behövs en förnyelse över hela linjen.**

Sällan om ens någonsin har väl ett årtiondeskifte framkallat så intensiva diskussioner som just nu inför det begynnande 90-talet. Det är nu 100 år sedan indelningen i tiotal på allvar kom igång. 1890-talet blev framför allt litterärt ett årtionde med särprägel. Dess nationalromantik med Heidenstam och Selma Lagerlöf på det litterära, och Zorn, Carl Larsson och Bruno Liljefors på det konstnärliga området ställdes i motsättning till naturalismen och den sociala indignationslitteraturen på 80-talet. Dess främsta namn var August Strindberg. Det 80-tal, som vi nu lämnat bakom oss, har präglats av nyliberalismens triumfer. Inom litteratur och konst är det postmodernismen, som slagit igenom. Den s.k. modernism, som behärskade årtiondena närmast efter kriget, har å ena sidan burits upp av tron på vetenskapens välsignelse, på den liberala demokratin som den politiska utvecklingens oslagbara höjdpunkt, på allas jämlikhet i en trygghetsgaranterande miljö, men den har samtidigt litterärt och konstnärligt framträtt med ett metaforspråk, som för de flesta varit obegripligt och med en konstnärlig vurm för det absurda, det chockerande, det för vanligt folk meningslösa.

Det är mot allt detta, som 80-talet reagerat. Politiskt ledde modernismen fram till 68, nymarxismens flammande men snabbt förgångna episod. Nyliberalismen kom i hela västvärlden att ta initiativet. Nymarxismen fick sin definitiva dödsstöt med raset i Östeuropa, årtiondets stora slutskräll.

Den nyliberala vågen har inneburit en gradvis minskning av politikernas inflytande till förmån för näringslivets toppar och massmedia. De sistnämnda har utvecklat sig till en alltmer maktsugen socialgrupp med egna ambitioner. Samtidigt har de fackliga organisationerna fått se sin ställning försvagad, något som man i borgerliga kretsar inte observerat.

Angreppen på löntagarfonderna är ett typiskt exempel. I verkligheten skulle dessa kunna utnyttjas som ett effektivt medel att binda facket vid det ledande företagsskiktet och dess intressen.

90-talet har inletts med regeringsombildning och presskonferens. Statsministern lät ansträngt energisk. Han är inte någon lustigkurre, IC! Det nya stornamnet, Rune Molin, lät inte särskilt rolig han heller. Hans ställning tolkas som ett ökat inflytande för LO. Men det finns en annan tolkning. Rune Molin som industriminister i en regering med Feldt som finansminister kan betyda, att Norra Bantorget via Rosenbad dras in i suget från Blasieholmen. Det är tveksamt, om regeringsmaktens nya organisation kan stärka dess ställning i förhållande till den enväldiga men ack så splittrande riksdagen. Sex partier i permanent tumult, medan den sociala omstruktureringen obönhörligt fortsätter och detta i ett läge, då krafter i det fördolda spelar en större roll än de, som syns på ytan. Och över ytan en atmosfär av ömsesidig misstro, sjuklig självbeskådning och allmänt tråkmånseri. Detta kommer att bli 90-talets signatur.

De nuvarande förhållandena verkar redan på fallrepet. Själva demokratibegreppet måste omprövas. Majoritetsprincipen fick sitt innehåll i en tid, då man uppfattade arbetarklassen som en given folkmajoritet. Majoritetens makt skulle bli de mångas frigörelse. Nu har de gamla klasserna börjat upplösas i en rad smågrupper med skiftande intressen. Partispelet i riksdagen är i viss mån en spegelbild av detta förhållande. Någon faktisk majoritet finns inte. Majoriteten är en tillfällig kombination, som ständigt förändras. En fast och konsekvent statsledning blir allt omöjligare. Detta ger samhällskrafterna fritt spelrum. De starka slår ut de svaga. Som monument i bakgrunden skymtar ett tempel med guldkalven på altarbordet.

Mot denna bakgrund blir kravet på en folkvald statsminister och en regering, oberoende av partidiktat, alltmera aktuellt. Samtidigt växer behovet av en samhällsorganisation, som anpassas till det faktiska samhällsmönstret d.v.s. till samhällets olika verksamhetsområden. Den enskilda människan får då en möjlighet att göra sig gällande inte på grund av en abstrakt princip utan på grund av sina kunskaper, sin erfarenhet och sina intressen. Vägen går från parlamentarisk till korporativ demokrati.

Detta perspektiv gäller inte bara Sverige. Det omfattar hela Europa. Och därmed är vi framme vid 90-talets verkligt stora problem, den europeiska integrationen. EG är hittills det mest löftesrika, som kommit till efter kriget. Staternas ömsesidiga beroende av varandra gör idén om den suveräna nationalstaten till ett föråldrat begrepp. Att göra svenska folket moget för ett aktivt inträde i den europeiska gemenskapen är 90-talets mest angelägna uppgift.

90-talet kommer att kräva problemlösningar, som skär tvärs igenom gamla partigränser och förlegade ideologier. En anpassning av makt- och socialstrukturerna, radikala ingrepp för återställande av en naturlig miljö, förändringar i arbetslivet, som skapar samklang mellan människan och hennes arbete och till sist nationalismens förvandling till en samnationalism, allt detta kräver en rörelse på tvärs av partierna, en rörelse, som utan valtaktiska krumbukter kan ägna sig åt kampen för en ny folkmening, en ny samhällsanda och förena övertygelse och entusiasm med tolerans och frisinne. Det är ett mänskligare, tidsenligare och mera kulturmedvetet Sverige, som måste bli målet för svenskt 90-tal.

*1990, nr 2 (vår):*

# DE UNIKA SVEARNA

**Den svenska modellen är inte något nytt påfund av renläriga demokrater i vårt århundrade. Den har urgamla rötter i svensk historia.**

I vår tideräknings första århundrade berättade den romerske historikern Tacitus i sitt berömda verk om germanerna, att svearna var ett folk i norr, som delvis skilde sig från andra germanfolk. De hade en kungamakt direkt stödd på bönderna, medan på andra håll stormannaätterna hade ett betydligt större inflytande. Det är första gången, som svearna nämns i världslitteraturen. Frågan är, om det inte också är första gången, som vi skymtar den svenska modellen. Ofta har man för sig, att detta typiskt svenska har kommit till på 1900-talet. Det finns t.o.m. de som menar, att den uppfunnits i början av 50-talet av LO-ekonomen Gösta Ren. Det är framförallt vänsterorienterade debattörer, som odlar dessa synpunkter. De anser längre perspektiv ointressanta, ett typiskt förhållande i den historielösa nutiden.

Det karaktäristiska för den svenska modellen är förekomsten av en stark centralmakt, som stöder sig på de breda folklagren, och som medvetet försvarar inte bara de mångas utan också de svaga minoriteternas rätt gentemot privilegiekrävande fåtalsgrupper. Ett samspel mellan regeringen, fackföreningsrörelsen och bondeorganisationerna har kännetecknat den politiska situationen under åtskilliga decennier. För att nå ökat resultat har det emellertid varit nödvändigt att få med även arbetsgivarsidan i samspelet.

Det första försöket att här komma fram till en lösning var arbetsfredskongressen i Stockholm, sammankallad 1928 av den dåvarande högerregeringens socialminister, Sven Lübeck. Den blev en framgång, som tio år senare fullföljdes under socialdemokratisk ledning i Saltsjöbaden. Under Tage Erlanders tid har samspelet mellan regeringen och parterna på arbetsmarknaden varit en stående grundprincip för samhällsarbetet. Gunnar Sträng hade som finansminister ett informellt råd, där finansmän, industriidkare, fackliga ledare och liknande samlades till gemensamma överläggningar. Kända är de s.k. Harpsundsträffarna med Erlander i centrum. Statsledningen hade under denna tid ett helt annat grepp om situationen än den har i dag.

I själva verket är emellertid denna företeelse varken mer eller mindre än en modern upplaga av något, som förekommit under praktiskt taget hela vår historia. När Birka växte fram på Mälarens sydsida som handelscentrum i en välmående jordbruksbygd tycks kungamakten haft en viss kontrollrätt till skydd för bondeintressena. Östhandelns väldiga uppsving under vikingatiden gjorde emellertid Birkas köpmän allt mäktigare. En spänning tycks ha uppstått mellan dem och kungen. Sigtuna byggdes på nordsidan i tjänst åt kungamakten. Det blev centrum för kristnandet; kungen behövde en sammanhållande ideologi för att konsolidera riket i stället för den mera mångfacetterade asaläran. Birka gick under. Kyrkorna, som byggdes, gav centralmakten möjlighet att sprida sina budskap. Men de blev också samlingspunkter för bygdemenigheterna. De blev härdar för folkligt självstyre. Magnus Ladulås, medeltidens främsta svenska kungagestalt, bär i själva sitt kunganamn en påminnelse om den svenska modellen. Den grundsyn som ligger bakom, återfinns i det propagandamaterial, som under västgötaherrarnas uppror utgick från Gustav Vasas kansli. Karl IX:s kamp mot Sigismund och aristokratin, turerna kring Gustav Adolfs påtvingade kungaförsäkran, Karl XI:s reduktion och Gustav III:s sociala omvälvning 1789 är över hela linjen uttryck för samma tendens. Att det inte bara behövde gälla de många svaga minoriteterna framgår av ett exempel från Karl XII:s tid. "Kung Karl den unga hjälte" är i verkligheten en av vår historias största sociala reformatorer. När han införde fyra "expeditioner", föregångare till våra departement, fick en av expeditionerna i uppdrag att bevaka deras rätt, som inte företräddes av de fyra stånden, dvs. de allra fattigaste. Det är sådana minnen vi har anledning att vara stolta över. De vittnar mer om det äkta svenska än vunna segrar på främmande krigsskådeplatser.

Mot denna bakgrund framstår det svenska 1900-talet i ett särskilt ljus. Per Albin Hansson och Tage Erlander betecknades ibland – bl.a. av Herbert Tingsten – som ett slags vicemonarker. Den klassiska svenska kungatraditionen bröts av Karl XIV Johan. Men Gustav V knöt tillbaka till den svenska modellen. Det var han, som genom sin hälsning till bondeförbundets riksdagsgrupp 1936 möjliggjorde koalitionen mellan bondeförbund och socialdemokrati. Men det var då det! Nu famlar en socialdemokratisk regering utan att veta, vart den skall styra eller vart den är på väg. Centralmaktens grepp har lossnat. Samspel har blivit intrigspel: När får vi den svenska modellen tillbaka?

*1990, nr 3 (sommar):*

# NYTT STYRSYSTEM

**Effektiv statsledning och spontant folkligt engagemang.**

Nu har de enväldige tagit semester. Vårriksdagen är slut. Den 13 juni slog kung Petersson i talmansstolen klubban i bordet för sista gången, innan sommarstugor, badstränder och grönskande hagar tog vid. Om någon av Er, kära läsare, skulle träffa någon av dessa makthavare i sommarstiltjen och fråga, hur han känner sig med sin envåldsmakt skulle Ni säkerligen få sanna svar. De har inte känt av någon sådan. Vår förträffliga regeringsform lägger visserligen all makt i riksdagens händer; riksdagen har valts av folket, och från folket utgår all offentlig makt. Den s.k. regeringen – namnet har den fått behålla – har förvandlats till ett transportkompani åt riksdagen. Titeln statsråd skulle lämpligen kunna utbytas mot statsbud. Rosenbad kan döpas om till stadsbudskontoret. Men verkligheten fungerar annorlunda.

Riksdagen är splittrad i sex rivaliserande partier. Dess arbete kännetecknas av ett allas krig mot alla. Det är inte bara partierna, som strävar mot varandra. Även inom partierna intrigerar olika fraktioner i ett inbördes maktspel. Europafrågan, energifrågan, skattefrågan, familjefrågan, försvarsfrågan, allt är de oeniga om. Det finns bara en fråga, som är helt samlande; invandringen. Men på den punkten har de majoriteten av folket emot sig. En SIFO-undersökning föranstaltad av Svenska Dagbladet ger vid handen, att 61 procent av folket vägrar instämma med sina valda ombud i denna fråga.

Hur mycket parlamentarikerna än slåss mot varandra, vet de att de alla sitter i samma båt. Därför måste de ha en fråga, som de håller ihop om, en fråga, där de bergsäkert vet, att de får massmedias stöd. På lång sikt kan det emellertid ifrågasättas, om det varit så särskilt klokt att välja folkvandringen till Sverige som symbol för det nuvarande systemet. Den kunde t.o.m. bli regimens ättestupa.

Maktkoncentrationen till riksdagen betyder maktkoncentration till partierna. Deras oenighet mellan sig och inom sig är en spegelbild av den sociala omstrukturering, som är i full gång i det svenska samhället. Det parlamentariska systemet och dess partiväsen har vuxit fram med det gamla klassamhället som underlag. I det nya läget, med klasserna i upplösning och nya sociala grupperingar under bildning, fungerar inte systemet. Den nominella regeringen gör så gott den kan. Men den måste ständigt vidkännas nya prestigeförluster. Dem och dess partipolitiska underlag saknar greppet om verkligheten. Det gör även de s.k. oppositionspartierna. Frågan är, om Sveriges ledande politiker har upptäckt, vad som i verkligheten sker omkring dem.

Att skapa nya förutsättningar genom manipulationer med vallagen är meningslöst. Hela systemet är föråldrat. Tillkomsten av en riksdagsmajoritet med stöd av valsätt som utestänger eller underrepresenterar vissa grupper strider direkt mot demokratins principer och lär knappast öka folks förtroende för de folkvalda. Att makten skulle kunna utövas av en församling med 349 medlemmar är i och för sig en orimlighet. Vi behöver ett helt nytt styrsystem.

Det första vi måste gripa oss an med vid en förnyelse av stat och samhälle, är socialstrukturen. De olika verksamhetsområdena måste kartläggas och avgränsas. Organ måste tillsättas för varje område med uppgift att sammanföra dessa olika grupper till samarbete. Samtidigt måste regeringstillsättningen ändras. Regeringschefen utses inte av riksdagen utan direkt av folket i val. Den nyvalde statsministern utser själv sina ministrar. Regeringens befogenheter ökas; den återges i moderniserad form den ekonomiska och administrativa lagstiftningsrätt, som den hade i 1809 års författning. Sedan verksamhetsområdena utbyggts till korporationer, kan ett valt korporationernas nationalråd kopplas på som en ny första kammare. En beslutande folkomröstning skjuts in som skiljedomsinstitut vid konflikter mellan regering och riksdagsmajoritet.

Självfallet kommer partierna att beröras av en sådan omgestaltning. Men hur kan inte förutses och bör inte förutbestämmas. Det nuvarande partiväsendet har vuxit fram ur det gamla klassamhället. En nyanpassning blir nödvändig. Men vilken – det blir partiernas egen sak.

Det har statistiskt konstaterats, att tilltron till partierna sjunker bland folk i allmänhet. Utomparlamentariska aktioner blir allt vanligare. I ett nytt statsskick bör därför möjligheten till spontana aktioner t.ex. i lokala sammanhang utformas. Målet är ett samspel mellan en effektiv statsledning å ena sidan, och största möjliga antal aktivt engagerade människor å den andra.

*1990, nr 4 (vinter):*

# HELGONFÖRKLARADE MARKNADSKRAFTER

**Det nyliberala synsättet är lika materialistiskt som någonsin marxismen, men det klarar sig bättre tack vare sitt större mått av frihet. Det kommer att falla på grund av sina sociala orättvisor.**

Kommunistdiktaturernas fall har blivit ett grundskott i den marxistiska idébyggnaden. De s.k. vänsterkrafterna håller visserligen på med ett förtvivlat arbete för att hitta en räddningsplanka, som kan klara dem över till framtiden. Men det är mestadels ett famlande i blindo. Marxismen som samhällsideologi har gjort bankrutt.

Nu triumferar liberal kapitalism över hela linjen. I det egentliga Europa liksom i Nordamerika har den suttit i högsätet under hela efterkrigstiden. Men nu är det den, som införs även österut. I sin nyliberala form går den ut på att marknadskrafterna är det bärande elementet i den historiska utvecklingen. Marknadskrafterna är ett uttryck för människans strävan att skaffa sig personligen eller i grupp så stora materiella tillgångar som möjligt. Gruppen uppfattas merendels som en tillfällig förening av människor för vinnande av gemensamma fördelar. Nationer eller socialgrupper anses naturliga endast i den mån de kan tillföra sina medlemmar materiell vinning. Typisk är den aktuella moderata uppläggning, som signerats Hans Zetterberg. Solidaritet kan erkännas som naturlig blott inom den egna familjen eller närmare vänkretsen. I övrigt råder ett allas krig mot alla i verklighetens obarmhärtiga djungel.

Nyliberalismen är därigenom lika materialistisk som någonsin marxismen. I de socialistiska staterna talade man om social rättvisa. Det var i varje fall ett ideellt moment. Nyliberalismen ser principiellt bort från sådana synpunkter. Den är beroende av ett visst rättssystem till skydd för den enskildes egendom. Men rätten att förvärva görs så vid som möjligt; det är ju just förvärvsbegäret, som man gör till utvecklingens drivkraft.

## DET NÖDVÄNDIGA GREPPET 389

För produktionens ägare i en fri marknadshushållning är det av vikt att för lägsta möjliga kostnader kunna sälja till högsta möjliga pris. Konkurrensen mellan olika företag anses kunna bromsa prisökningen. Men den hotar samtidigt de anställdas trygghet. Exemplet är en gödningsfabrik i Bopal i Indien, ägt av den amerikanske jätten Union Carbyl. En explosion släppte lös giftgas, som kostade tusentals människor livet och gjorde mångdubbelt fler skadade för livet. För den enskilde ägaren är ögonblickets lönsamhet det enda betydelsefulla. Långtidsperspektivet är för honom ett äventyr. Det är endast sällan som den enskilde ägaren har tillräcklig överblick för att kunna ta ställning till långtidsperspektiven.

Det är alltså uppenbart, att en fullt fri marknadshushållning är en orimlighet. Det tycks man också på de flesta håll inse. Man accepterar ingripanden och regleringar från statens sida; frågan är vilka och i hur stor omfattning.

I de kommunistiska länderna har marknadskrafterna helt satts ur spel. Produktionen har förvandlats till en uppifrån byråkratstyrd jätteapparat som alltmer tappat kontakten med det levande livet ute i samhället. Behoven har inte fått göra sig gällande; de har fastställts uppifrån. Det är detta system, som nu brutit samman. Den liberala kapitalismen har vunnit tvekampen, därför att den aldrig drivit marknadsekonomin in absurdum. Men på längre sikt undergrävs den av sin egen mekanism. Makten samlas alltmer till det förmögna fåtalet. Sociala orättvisor blir alltmer iögonfallande. Förr eller senare står också systemet i väst inför sitt fall.

Men det behöver inte bli lika dramatiskt. Kapitalismen är tvillingsyster till liberal demokrati. Och så länge möjligheten för nya strömningar att hävda sig finns kvar, finns det också möjligheter för en förnyelse via en målmedveten reformprocess. Helgonförklaringen av marknadskrafterna kommer att blekna bort. Behovet av ett system, som kan kanalisera dem i ändamålsenliga banor, blir alltmera påtagligt. Känslan för social rättvisa liksom för statens skyldighet att försvara de svagaste gruppernas rätt till en människovärdig tillvaro hör till den djupast förankrade samhällsmoralen i Europa. Det är denna moraliska grundinställning, som måste bli garanten för en förnyelse också i väst. Vi tvekar inte att påstå, att förnyelsens utformning redan existerar som en framtidsskiss i korporatismen.

*1991, nr 1 (vårvinter):*

# ELITTÄNKANDE

**Elit betyder dominerande fåtalsgrupp. En elit styr också i liberal demokrati. Den utses i val, sedan väljarna manipulerats med partiagitatorernas löften och massmedias tillrättalagda information.**

Den som vill vara med i föreningslivet, har säkert fått klart för sig, hur svårt det är att få folk att ställa upp som ordförande, sekreterare eller kassör. Eller över huvud taget att åta sig en konkret uppgift. Och lyckas man, är det inte säkert, att vederbörande passar för jobbet. Ordföranden kan vara representativ. Han för klubban med den äran. Men han saknar initiativkraft. Han kan inte entusiasmera medlemmarna och driva dem till insatser. Sekreteraren skriver korrekta protokoll, men han har inte energi nog för att kontrollera, att fattade beslut verkligen genomförs. Det skulle han annars vara ordföranden behjälplig med. Och kassören bokför pliktskyldigt inkomna avgifter och bidrag, men att skaffa in mer pengar till den skrala kassan har han inte sinne för. Får man rätt personer i ledningen, ökar aktiviteten. Medlemmarna rycks med.

Detta visar, att det bara finns ett fåtal människor, som har förmåga att spela en i ordets egentliga mening ledande roll. Det gäller på snart sagt alla områden. Många är musikaliska, men få är stora tonsättare. Julklappsvers kan åtskilliga skriva. Men få är verkliga skalder. De flesta diktar inte alls. Och för forskning behövs det en särskild begåvning. Bara en handfull befinner sig i Nobelpristagarklassen. Folk i allmänhet har bara kompetens, när det gäller att utforska medmänniskors göranden och låtanden. Den ene är en utmärkt tekniker. Den andre kan knappt slå in en spik.

Det förhåller sig på samma sätt inom politiken. Politik är den verksamhet, som har till uppgift att samordna aktiviteterna i samhällets olika verksamhetsområden d.v.s. det ömsesidiga förhållandet mellan människor och socialgrupper. För en politiker blir det då nödvändigt att någorlunda känna till förhållanden, att veta, hur samhället fungerar, hur folk reagerar i olika situationer, och vilka åtgärder som i givna fall bör vidtas. Det gör inte alla människor. Alla passar inte till politiker. Inte ens alla politiker. Bara se Er om! De flesta uppfattar allt detta som mindre självklara ting. Demokrater uppfattar detta synsätt som en ren styggelse. Ty om detta är riktigt, vart tar då jämlikheten vägen? Nej, just det. Jämlikheten är i själva verket en jättebluff. Finns det någon, som tror, att Bildt, Westerberg, Johansson och IC anser Anna-Maja och Pelle-Jöns på tur i Gröna lund som sina jämlikar? Eller Lars Engquist i Malmö, den höge herre, som inte har tid att träffa vanligt folk, sådana där som man inte beblandar sig med?

Det är således uppenbart, att vi överallt måste räkna med en ledande elit, ett fåtal, som anger tonen. Men denna elit kan vara av olika slag. Den kan vara bättre eller sämre. Det har sagts, att vi har två styrande eliter i Sverige, den politiska och den ekonomiska. På 50-talet företräddes dessa grupper av Gunnar Sträng och Markus Wallenberg. Det var ett samspel, som förde upp Sverige till en topplats i världen. Nu har nivån sjunkit på samhällstoppen. IC har visserligen lyckats hitta en man av verkligt format – Allan Larsson. Och det ryktas om att skolministern Göran Persson har en del tag i sig. Men genomsnittsnivån är inte den samma som förr. En elit, javisst, men en elit av sämre virke.

Om det följaktligen är svårt att vara demokratiskt renlärig, kan man välja att vara irrlärig. Man kan möta begreppet demokrati med en annan utgångspunkt. Demokrati är det samhälle, som förverkligar åsikts- och föreningsfrihet, rättssäkerhet, folkligt medinflytande, personlig integritet och mänsklig solidaritet. Varje människa har sin roll spela, sin livsuppgift. Människans värde avgörs av förhållandet mellan hennes förmåga, insats och hennes uppgift. Ordet jämlikhet ersätts med uttrycket det olikas likavärde. Det är på den grunden vi skall bygga det samhälle, där alla skall ha en chans och alla ha sitt värde, den korporativa demokratin.

*1991, nr 2 (sensommar):*

# INVANDRINGEN

**Den mest kontroversiella frågan just nu är närmast tabubelagd i valrörelsen. Ett klargörande är nödvändigt. Men sakliga intelligenta och kunniga kritiker stoppas i media.**

D et borde snart stå klart för allt fler att det inte råder full åsikts- och yttrandefrihet i det här landet. På ett område framträder åsiktsförtrycket särskilt tydligt; det är invandringspolitiken. Den får inte kritiseras. I den mån en kritiker någon gång släpps fram, väljer man ut en orutinerad ungdom, som vana journalister lätt kan trolla bort. Ofta är kunskapsnivån hos dessa kritiker så pass begränsad att de inte kan sätta in dagsproblemen i de större och djupare sammanhangen.

Det bör först framhållas, att kritiken inte gäller vår skyldighet att efter förmåga hjälpa människor i svårigheter. Den bestrids av ingen. Frågan gäller dels sättet att hjälpa; vad är effektivast? Var hjälper vi bäst? Därtill kommer risken att genom hjälpåtgärder i ögonblicket skapa framtida problem, som kan bli hart när olösliga. Här kommer ett förhållande in i bilden, där meningarna går isär. Människorna lever i grupper, som präglas av sociala, etniska, språkliga och kulturella särdrag. Människorna inom en grupp anpassar sitt personliga beteende mer eller mindre till det för gruppen gemensamma. Missförstånd och konflikter uppstår lätt mellan olikartade grupperingar och djupnar stundom till öppet hat mellan grupperna. Vi har massor av exempel just nu. Motsättningen mellan serber och kroater, mellan singaleser och tamiler, mellan balter och ryssar och mellan kurder och irakier är bara några.

I den mån ett samhälle får in personer med annat ursprung än befolkningen i stort, kan detta verka stimulerande. Ett nytt inslag, ovanligt, färgstarkt, intresseväckande. Sveriges historia har övertygande bevis på den saken. Men det är en helt annan sak, om det kommer hela grupper med avvikande människor. I fåtalsfallet tvingas nykomlingen att så snart som möjligt söka kontakt med den nya omgivningen och anpassa sig till dess villkor. Genom att väcka förtroende skapar han möjligheter för sig själv att bli en viss förnyelse för sin omgivning. I fallet betydande grupper söker människorna kontakt med varandra och först via den egna gruppen med värdfolket. Därmed grundläggs motsättningen.

Det är dessa fakta, som måste vägas in i bedömningen av invandringspolitiken. Vi kan i dag konstatera verkningarna av serbisk invandring i Kroatien, rysk invandring i Baltikum eller indisk i Sri Lanka. Rena folkhatet har blivit följden. Tror någon att vi i Sverige skulle vara olika alla andra folk, att vi skulle inta någon särställning i mänskligheten? För dem, som inte är gripna av någon slags svensk-demokratisk chauvinism torde det stå klart, att vi kan hamna i samma belägenhet som balter, kroater och singaleser. Detta är huvudskälet till kravet på en effektiv spärr mot övermäktig invandring. Att ta emot enstaka fall av uppenbart förföljda är en annan sak; att ta emot stora grupper av folk, som vill höja sin levnadsstandard en annan.

Ett typiskt vittnesbörd om invandringens upplösande verkan är Peter Nobels krav på uppmjukning av svenska djurskyddsbestämmelser för att Islams tillbedjare skall få utöva sin rituella djurplågarslakt i Sverige. Sänk vår moraliska hållning, rucka på vårt ansvar för andra levande varelser till förmån för invandrade ökendogmer – det är nästan det värsta hittils.

Det har nu gått så långt, att vi måste stoppa invandringen för den tid vi behöver för att reda upp problemen. Rosengårdsskolan i Malmö, där 24 lärare sagt upp sig, därför att de inte orkar med en elevkår med över 90 % invandrarbarn, med 31 hemspråk med ty åtföljande motsättningar, talar sitt tydliga språk. Vi klarar inte av situationen. Opinionsundersökning efter opinionsundersökning har talat om, att det finns en stor folkmajoritet mot de öppna gränserna. Det politiska etablissemanget, påhejat av massmedia, driver i dag en politik i medveten strid med flertalet i vårt land. Och sedan kallar de det demokrati!

*1991, nr 3 (höst):*

# VALETS FACIT

**Det gamla partisystemet knakar i fogarna. Partisplittringen växer. Nu mer än någonsin behövs den tvärpolitiska idérörelsen utanför partierna, spjutspetsen framåt.**

Den 15 september 1991 kan komma att bli ett historiskt datum. Den dagen var det en epok, som tog slut. 1900-talet har i svensk historia främst präglats av socialdemokratin, men i samspel med andra krafter, främst näringslivet. Svensk socialdemokrati hade redan på Hjalmar Brantings tid frigjort sig från den marxistiska klasskampsdogmatiken. Män som Ernst Wigforss och Rickard Lindström förde fram ett synsätt, som skulle kunna kallas folkhemssocialismen. Per Albin Hansson förde ut den i praktiken. Sin höjdpunkt nådde den under Tage Erlander, årtiondena närmast efter kriget.

Samtidigt förändrades den borgerliga sidan. Reformkonservatismen fick flytta över från högerpartiet till bondeförbundet bl.a. via K.G. Westman, ecklesiastikminister i 1914 års borggårdsregering, utrikesminister i semesterregeringen 1936 och sedan justitieminister. Högern utvecklade sig under Arvid Lindmans ledning i liberal riktning; man övertog stora delar av sin forne fiendes idégods. Följden blev, att när socialdemokratin efter krigsårens samlingsregering återtog makten, stödde den sig på en förening av nationella och socialistiska idéer kontra en borgerlighet, som alltmer kom att präglas av liberal individualism.

De politiska motsättningarna var emellertid inte så stora. Man skapade slagordet PLM, planhushållningsmotståndare, och med det som tillhygge försökte borgerligheten vinna 1948 års val. Det gjorde man nu inte. Men det kunde hända, att Wigforss vidtog åtgärder, som industrifolk gillade. När de på frågan om Wigforss begrep innebörden i dessa åtgärder fick veta, att det gjorde han, blev kommentaren: "Verkligen! Så förnuftig trodde vi inte att han var." Blockgränsen av i dag fanns ännu inte på samma sätt som nu, främst på grund av det goda förhållandet mellan Tage Erlander och bondeförbundsledaren Gunnar Hedlund. Det var på ett helt annat område, som socialdemokratin undergrävdes. Det var inom kultursektorn. Här kom Dagens Nyheters kultursida att bli tongivande. Liberalism hade sedan länge haft sitt fäste i folkpartiet. Den hade steg för steg erövrat högerkrafterna. Och via främst massmedia sipprade den ut bland folk i allmänhet. Socialdemokraterna insåg aldrig vad som skedde. Blev de uppmärksammade på saken, slog de ifrån sig. Idéerna i fråga hade en gång ansetts radikala. Och därmed ansågs de gångbara. Ordets makt över tanken...

Det är denna liberala individualism, som triumferat i 1991 års val. Centern har böjt sig, låt vara knorrande. KDS har ställt in sig i ledet för att få vara med. Moderaterna och folkpartiet har gjort ett kristligt byte. Bildt har fått igenom huvudparten av sitt ekonomiska program. Westerberg har fått igenom sitt ja till fortsatt invandring. Var Ny Demokrati hamnar, står skrivet i stjärnorna. Partiet kan bli en extremliberal högeryttre. Men det kan också bli den framtidsgrupp, som spränger blockgränsen.

Huvudorsaken till socialdemokratins nederlag är dess oförmåga till en ideologisk förnyelse i stil med den, som genomfördes under mellankrigstiden. Arbetarklassen i gammal mening existerar inte längre. Stora delar av LO-kollektivet förvandlas gradvis till medelklass. Ungdomen i dag möter en helt annan verklighet än 20- och 30-talets. Familjebandens försvagning lämnar många vind för våg. De får klara sig bäst de kan. Grogrunden är förberedd för individualismen. Mot den liberala helgonförklaringen av marknaden har socialdemokratin bara försök till kompromisser att sätta emot.

Men i debattens kulisser väntar tredje man. Socialismen har tjänat ut. Liberalismen är på väg att göra det. Korporatismen ser människan som samtidigt en särpräglad personlighet och som medel i en gemenskap. Den betraktar staten som den samordnande faktorn i ett samhälle, sammansatt av olika verksamhetsområden. Dess ekonomiska princip är *ramhushållningen*, en fri marknad inom de ramar, som staten i dialog med de olika socialgrupperna drar upp. Men detta fordrar ett tillbakaträngande av individualismen med dess materialistiska förtecken. Det kräver en ny samhällsanda, ett nytt kulturmönster. I stället för den materiella vinningen, ledstjärnan för marxismens klasskamp likaväl som för nyliberalismens marknadskonkurrens, måste vi ställa livsuppgiften, den enskildes insats i tjänst åt gemenskapen. Men detta passar inte ett parti, som alltid måste tänka på röstfisket inför nästa val. Nu behövs det en av skiftande valprognoser oberoende idérörelse, grundad på sina medlemmars och sympatisörers övertygelsetrohet. Att en sådan ny typ av rörelse verkligen måste till, bestyrks i högsta grad av valets facit 1991.

*1992, nr 1 (vinter):*

# DE GLÖMDA GRUPPERNA

Förr i världen trodde folk på sagor. Bl. a. trodde de på sagan om samhällsfördraget.

Därav blev demokratin. När man förr i världen skulle förklara samhällets tillkomst, berättade man en saga, som man på sina håll trodde på. Människorna hade levat i vilt tillstånd. Men så kom de underfund med att de behövde en överenskommelse för att få ordning på sina inbördes mellanhavanden. De kom då överens om att gemensamt bilda ett samhälle med regler att följas av alla. Denna överenskommelse kallade de för samhällsfördraget. De utsåg ombud att företräda sig. Eller också överlät de åt en viss släkt att handha samhällsuppgifterna. Så uppstod staten. Men om den styrande släkten bröt mot överenskomna regler, kunde fördraget med den sägas upp. Befogenheterna överläts då på valda ombud. Det blev parlamentarismen.

Det är denna saga, som ligger till grund för vår tids demokrati, även om man knappast längre tror på den. Själva huvudfelet i sagan är att man bara räknar med väljarna, folket, samt styret, staten. Man har glömt grupperna. Varje samhälle är en arbetsorganisation, bestående av olika verksamhetsområden. För att samhället skall fungera, bör det finnas en hierarki av funktionärer, försedda med de befogenheter, som behövs för att en uppgift skall kunna skötas. Det uppstår därigenom olika typer av sociala grupper. En typ hänger ihop med det hierarkiska i samhället: över-, medel- och arbetarklass. En annan bygger på arbetsuppgifterna: jordbruk, industri, handel, banker, trafik, tjänster och kultur. Men eftersom grupper inte fanns med i ursprungssagan, tog man ingen hänsyn till den vid utformningen av den moderna demokratin. Klassamhället fick ohämmat utveckla sig med dess inbyggda konflikt mellan arbete och kapital. Detta fick sin återspegling i de partier, som under inbördes trätor tog hand om den s.k. folkviljan, den som en gång drivit fram samhällsfördraget.

Det parlamentariska intrigspelet av i dag intygar det orimliga i demokratins aktuella konstruktion. Det blir så, när man ersätter historisk verklighet med sagor. Åsikts- och föreningsfrihet, rättssäkerhet, folkligt medinflytande, personlig integritet och mänsklig solidaritet är värden vi alla håller på. De kallas ofta "de demokratiska värdena". Men dagens erfarenhet visar, att parlamentarisk demokrati inte alls är en garanti för deras bestånd. Det är därför vi behöver en ny demokrati, en som låter människorna samlas i sina sociala grupper och där samspelet mellan dem handhas av en statsmakt, ytterst byggd på de många – en folkvald statsminister och på arbetsuppgifterna grundade korporationer. Det är den korporativa demokratin, vi måste fram till.

*1992, nr 2 (vår):*

# TEKNIKEN GER OSS VINGBREDD, MEN...

**Visst skulle vi kunna skapa en bättre värld med teknikens hjälp, men då måste vi veta att använda den, inte att låta oss styras av den.**

Ingen tid i mänsklighetens historia har haft så väldiga möjligheter som vår egen. Vi har haft en produktionskapacitet som aldrig förr. Vi känner mer om naturen och dess sammanhang än någonsin tidigare. Vi kan på kort tid nå praktiskt taget vilken plats på jorden som helst. Vi kan via telegraf och etermedia hålla oss informerade om händelser och skeenden både nära och fjärran. Telefonen ger oss möjligheter till mänskliga kontakter i en utsträckning som förut varit otänkbart. Vi har upptäckt möjligheterna att nå andra himlakroppar med allt vad detta kan föra med sig i framtiden. Vi har redan landat på månen.

Men denna ljusa nutidsbild har sin baksida. Vi förslösar jordens resurser på ett sätt, som kan stänga framtidsdörrar. Vi förgiftar genom våra utsläpp luften, som vi andas, marken som vi går på och vattnet, som vi inte kan umbära. De ökade förbindelserna mellan folk och länder har skapat nya förutsättningar för konflikter och motsättningar mellan kulturer och olika etniska grupper. Kunskapen om kärnsprängning har gett oss vapen, som på kort tid kan utplåna hela mänskligheten.

Det som främst karaktäriserar vår tid, både dess positiva och dess negativa sida, är tekniken. Den innebär ökade redskap i våra händer, men den fordrar, att vi vet, varför och när vi skall använda den. Det är detta vi i långa stycken inte gör. Någon kommer med en uppfinning. Den visar sig användbar. Den ger avkastning. Alla kastar sig på den. Man försöker utnyttja den på skilda sätt. Men man glömmer att ta reda på vilka sidoverkningar den får på olika områden. Och då tar sidoverkningarna överhanden. Det var inte kärnvapen, som hägrade för forskarna, när de trängde in i atomernas och molekylernas inre. Men resultatet blev Hiroshima.

Teknikens utveckling till den stora hävstången i den historiska processen försiggick samtidigt med samhällets industrialisering. Det innebar, att det feodala samhället bröts ner till förmån för ett kapitalistiskt klassamhälle. Dess princip om privat äganderätt tillämpades i lika grad på rent personliga tillhörigheter och produktionsfaktorer. En enda person skulle kunna äga ett företag med tusentals anställda med samma rätt som sin kostym eller en låda cigarrer. Det orimliga i denna princip ligger i öppen dag. Vad en direktör gör med sin kavaj eller sina cigarrer är hans ensak. Men vad han gör med företaget angår både hans anställda, hans kunder och hans leverantörer. Den kapitalistiska äganderättsprincipen existerar därför bara på papperet. Ingen ombudsman diskuterar eller dryftar direktörens sätt att handha sina personliga tillhörigheter, men väl hans sätt att sköta företaget.

Förhållandet mellan arbetare och arbetsgivare har hittills kretsat kring fördelningsfrågor. Det bärs upp av intressemotsättningen mellan löneutbetalare och löntagare. Däremot inte företagens ledning, dess sätt att utnyttja de tekniska resurserna. Tekniken har därför använts med den tillfälliga lönsamheten som rättesnöre. Det har gått ut över miljön, i viss mån också över trivseln på arbetsplatserna.

Det är här en samhällsförvandling i korporativ riktning kan få betydelse. Olika parters medverkan i företagens styrelser och korporationernas organ breddar underlaget för ekonomisk planering och för teknikens användning med trivseln och miljön vid sidan av lönsamheten.

Ty teknik behöver vi, ständigt ny teknik. Just nu diskuteras metoderna att lyfta Sverige upp ur dagens ekonomiska krisläge. Räntor, skatter, priser och valutaregleringar är på tapeten. Men en sak tycks man glömma bort, tekniken. Ett par verkliga tekniska landvinningar skulle radikalt kunna ändra Sveriges ställning i exempelvis förhållandet till EG. Ge vind åt ingenjörssnillena! Men se till att de håller kurs mellan arbetstrivsel inne och frisk luft ute. Låt inte några av våra främsta värden förvandlas till blindskär.

www.ingramcontent.com/pod-product-compliance
Ingram Content Group UK Ltd.
Pitfield, Milton Keynes, MK11 3LW, UK
UKHW041448180426
11946UKWH00001B/1